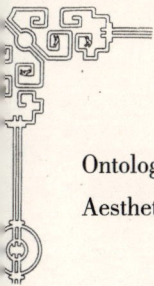

Ontology and Interpretation:
Aesthetics、literature and Art

本体与诠释

美学、文学与艺术（第七辑）

主编·成中英

执行主编·杨宏声 潘德荣 赖贤宗

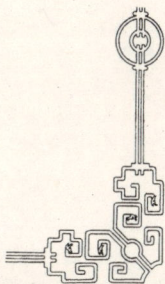

浙江大学出版社
ZHEJIANG UNIVERSITY PRESS

目　录

前言一："本体美学"的重要启示

成中英

　　关于美学在中国的发展与中国美学的发展,经过我多年的思考,得到一个重要的结论:对于美的理解,中国的美学家与哲学家可说比西方的美学家与哲学家更具有开放性、包含性与探索性;这也就说明美学在中国所受到的关注何以比在西方要大得多。在古代,此一关注是透过文人与士大夫普遍的诗词创作而表现出来,例如理学家朱熹、心学家王阳明都能透过他们美学的创作诗词而表达他们的哲学。在近现代,中国哲学研究者关注美学、阐扬美学,也是蔚为壮观。当然这仍然是一个现象,因之仍然需要作出深度的说明与诠释。我的说明与诠释是:在中国哲学中,美是离不开善的,离开善的美不能说是真美;而善也是离不开美的,离开美的善不能说是真善;美善或善美内在是联系在一起的。在善的理解下,天下之物莫不美,因为天下之物莫不善。善又离不开真实的世界,而真实是大化流行,是万物华呈的生命发生、发皇与繁荣的过程,是生生不已的过程,是人所尊贵、所希冀、所喜愉的价值,故而美善就在其中矣。孟子说"可欲之谓善,充实之谓美",就是对此理解的自觉。《周易》的《坤卦·文言传》有言:"君子正位居体,黄中通理,美在其中而畅于四肢,发于事业,美之至也。"不但美在其中,善也在其中,乐也在其中,因为这是一个最具有活力的心灵与身体结合的和谐状态。

　　这里我先提出两个基本原则:一是美在感之中的原则。美一般被看作是表象的感觉经验,但美显然并不限于表象感觉经验,且应内在于感觉与感觉的反思,甚至为表象之感的气质与精神。二是美是由多重关系决定的。故要体验美、感受美,就必须要考虑上下左右的环境与状态以及一个潜在的流程,在此流程中我们可以把定点的非美变成不定点的美,把静态的不美转化为动态的美。画龙要点睛,往往在一个既定的框架形式中开发与凸显出一个生气饱满的管道与窗口,立刻就能唤起美的遐思与共鸣。因此,我们又有了第三个美的原则:美在凝聚生气与开发生气。即使是静物,我们要肯定与寻找的美,仍在其形式所包含的生气以及它可能展现的生命的姿态。我们甚至能问一个静物在说什么，一个动物在做什么。我们必须在物象的生气中体验一个真正生气充实的整体以及一个可以具备激动人心的灵明，让人们能够激荡内心或沉思永恒以获得性灵的快乐。这应该是美的经验的神化力量，同时具有净化力及激动力，也同时具有超越性与实质性。美点化了也提升了现实，但又回到了现实。美的现实化与理想化并行，可以称之为中国美学的第四项原则。

以上四项美学的基本原则与人的本体的自觉与人对世界本体的体验与经验有密切关系。事实上，正因为我对人的生命本体与天地创发万物过程的体验，我说的"自"本体的诠释与"对"本体的诠释包含了美学这一层面，而且可以透过美的发生、发现与创造来说明。美作为本体的体验显然是属于本体的，也是属于诠释学的，它同时包含了体验与理解，具有个体性也具有人与人之间的共通性。因之，我们也可以称这四项原则所代表的美学为本体美学（onto－aesthetics）。显然，中国美学是本体美学，且为其最突出与优秀的代表。

"本体美学"中最重要的问题是主观的"观"与客观的"象"如何融合为一体而呈现为主客一体的观象之态。主观的、原初的美只是感觉（aesthesis），它必须透过心灵的感情与想象作用并运用理性认知概念中所含的意义以及经验（记忆）所沉淀的形象来进行一个吸取、一个延伸，使它像胚胎或种子一样能够扩充与机体化，成为一个有生命的整体形象，充满在人心中，也可以透过视觉洋溢在人的环境空间与时间之中，表现为无尽的视野。这可称为观的状态，这也显示了第五个美的原则：美在观中原则，依此人可以以大观小，也可以以小观大。① 就主体的我来说，我的感觉已蜕化为包含主体情智的综合直感（synthetic intuition）或整体的心灵综合感受（syn－aesthesis）。在此感受中智、情、意、感已形成为一体，故不排除它同时具有对世界事物的理解、感情与感觉，并激发一种对自我的热情与对世界的喜悦。这也就是中国传统美学所说的因情生境、因境生情的体验，并标示出美感在主体的我的心灵的综合开发与包含延伸的现象。进一步，我们还要问：美或美感在客体世界中的地位又如何呢？我在此也想指出客体的事物在主体的感觉的观照与凝注下，也进行着另一种展开与延伸：事物的表里精粗逐渐透露出来了，它的深层的结构也显露出来了，甚至它的来龙去脉也露出了端倪。由于时间的开放性与空间的包容性，事物也由表象进入到真相，从静态转变为动态，成为一个开放于未来与过去的存在，而不限于现在那一瞬间。这有如一个精

---

① 参见我的论"观"的论文《论观的哲学意义与易的本体诠释学》，收录于我所著《易学本体论》，北京大学出版社 2006 年版，第 78－105 页。画家、画论家刘继潮教授引述此文，据此以说明中国山水画远近自若、生动描述山水人物、不受西方定点透视方法控制的理论原理，参见其所著论文《观和看的文化分野：对中西绘画史的意义》，收录于《笔墨之外》，安徽美术出版社 2008 年版，第 58－86 页。

密照相机镜头在一定时间的曝光下,能把最隐秘的东西或远处的星辰与暗中的物象都能摄影出来一样。当然,人们可以说我们要的正是那一瞬间的感觉,那一瞬间的感觉正是美的焦点。不错,我们可以很重视那一瞬间的美,那一瞬间的神秘,而我们也能捕捉那一瞬间的感觉,像捕捉日食的最后的一刻,日出与日落的最后一刻。因为我们可以客观化那一瞬间的经历与体验,而给予它一个定位与形象,因为那一瞬间也是属于时间的一瞬间,是有客观的基础的。凡是有客观基础的现象我们都能捕捉,我们有此能力。我们也可以深入那一瞬间的象,可以扩伸那一瞬间到时间的深处而体会它根源的存性,因为它是属于这个世界的一个发生,而不只是属于我的主观的自己而已。我将此一原则定名为美学的第六原则:美感与美是人与世界本体的根源发生而具有永恒的生命意义。

在以上主客融合的理解下,aesthesis 既是感又是境,所感与所历之境可以深浅大小自如,但却永远彼此相应,因而 aesthesis 可以从纯粹的感觉转化成为美的感觉。在此理解下,我要提出下列美学的表述与要求:主体的开发不因情意的参与而失其客体性,客体的显露不因境界的出现而失其主体性。我提出此一命题的原因是:中国美学十分重视境界的呈现,但对境界的理解却十分模糊,往往把境界看成主观心灵的投现。此一理解如果从佛学唯识论的观点自然是说得通,但从中国哲学的本体学的眼光看却是不足的。境因情而起,但同时情也是因境(此境也因此可名为景)而生。此情此境都有各自更属于自己的因缘与背景,因之也具有相对独立的存在状态,也就是有其相对对立的主体性与客体性。在此理解下,因其各自的动力与潜能,双方才能够相互激发,相互转化,相互提升,带向一个极为纯净的境地。当然,两者也可以因各自的因素而丧失其情境相应互动的内在关联而陷入混乱与失落,成为无境之情或无情之境,甚至麻木不仁。如此,这将是人类不幸的处境,对此处境的描述与表达,固然也包含了一个情境的情结,可以成为美学的对象,但它的目标在唤起人们的思想与注意,使人们从一个扭曲的美感中感受到一个存在的问题。此一表达的手法可名之为"问题美学"。我在德国柏林一个博物馆的冬夜的展出中看到的"废弃的厕所"正好说明此一问题美学的意向。因此我一再强调,问题美学的终极目标仍是在本体的失落中寻找本体。

此一美学发生与发展的过程在哲学上解决了康德、黑格尔、海德格尔与伽达默尔之间有关美与艺术各自有所偏重的矛盾。康德指出美感是一种非范畴决定性的判断是非常正确的。美感不应只是感,也是判断,这正说明美感是一个开放的自由开发的心灵活动,不受制任何先行概念的约束;也就是一种心灵发现与体验的自由。但美感仍然可以在历史、哲学以及认知科学的认知基础上体现其丰富的内涵而发展起多元的形式。此点正是伽达默尔所强调的,他把美感从感受提升为知觉与知识。当然这也是海德格尔把美看成为发现的、透露的真理的理由。黑格尔重视创作艺术的自由精神,开拓了美感的发展途径。但海德格尔与伽达默尔的意见以及黑格尔的观点也都不必脱离康德的美感判断之论,要点在于重新扩大诠释康德美感判断了的内涵与其所以形成的可能性。我提出的在主客之间融合及互动的美的发生与发现过程正好说明该此一可能性,故为四者之综合创新。

正因为美感的经验可以因为人修养与选择的多样而具有丰富多元的内涵,柏拉图重视感觉的向上提升成为智慧而反对知觉的向下沉沦成为浮象与欲念,因而要把诗人驱逐于理想国之外。但柏拉图看到的只是他所担忧的那种诗人。他可能未想到还有更多的诗人是在追求美中之善、善中之美。中国美学中多是这样的诗人,形成了中国美学的传统,名为礼乐教化、诗书传家。诗人的诗唤醒了人们心中之善、心中之美。即使是诗中所表现的悱恻哀苦之情,也能带来人心的同情共感而有启发与警惕的作用。古希腊的悲剧与中国元曲的正面美学价值也在于此。显然,亚里士多德对悲剧的理解远胜于柏拉图而更接近中国美学的精神。

基于以上所阐述的本体美学精神,我们可以看到美学教育的重要。美学教育的重要性在于激发及培养人心与人性中的美善之情,使人更能看重生命,发现与体现生命,更能爱惜自我与他人,以及人我之间的内在联系,也因之更具有欣赏与创造艺术的能力。我常常强调美感与艺术的一体性。深度的美感不但能够带动艺术创发的愿望,而且也提供了一个艺术创发的内在标准。事实上,就我说的主客互动与融合的美感深化原则来说,美感的动态性与发展性就是一种艺术,也就是一个在一定形象下参与与表达为语言或某一符号的过程。此一发生、发现与创造的过程在人类的诗歌、音乐、绘画等活动中可说表露无遗。美学教育自然必须以此为起点,然后推广到其他文明层次,包含文学、历史、哲学与宗教等。

本辑《本体与诠释》论文集是经过一段时间的思考而筹划出来的,最后由我邀请上海社会科学院杨宏声君、华东师范大学潘德荣君、台北大学赖贤宗君共同担任执行主编。三君对美学很有研究,又都是诗人,很有创意地把此集发展得极为充实。我对此表示欣赏,也对他们表达感谢。我也在此感谢本集的其他作者。此集收集了我早期的美学与文学论文,并将篇幅较长的美学讲义另分为集《美的深处:本体美学》(浙江大学出版社 2011 年版),对理解我的美学思想,甚至我的本体学与本体诠释学不无帮助。是为序。

前言二：本体诠释学与今日美学复兴

杨宏声　潘德荣　赖贤宗

　　这一辑以《本体与诠释：美学、文学与艺术》为题，收入本书的论文以及富于创作意味的文章，驻足于文艺审美现象的经验，而作进一步的本体探询和诠释。这些经验既是中国的，也是西方的；既是历史的，也是现代的。我们充分留意于人类文明在当代视界中，及其现代以来中西文艺审美现象经验之历史发展在时间上的共时性与空间上的同步性。自 15 世纪以来的地理大发现，推动了东方与西方文明在世界范围的交往与交流。犹如一个巨大的圆环，人类文明间相互交往与交流呈环型状和环流结构，因而越来越具有更多共同的相关性。这种相关性若能放在更大的历史视界中就会看得更清晰些。① 以"四大发明"对世界文明的影响为例。中国的四大发明——造纸术、指南针、火药、印刷术传入西方世界时，其对于阿拉伯文明圈及文艺复兴时期的欧洲都是全新的发明，其中指南针和印刷术的发明之于近现代文化的形成与发展尤为重要。人类科技率先由中国人作出贡献的观点，在思考西方近现代文明之兴起乃是根本性的历史事实。再以中国"政术"（政治行政和管理的理论及学问）的西传为例。中国在全世界首创整体性的政治管理学说，在行政、考核、褒奖、统计等制度方面，都比西方早数百年以上。中国的一些制度原则，于 12 世纪（几乎与"四大发明"西传同步）通过阿拉伯人传至欧洲，而以西西里的罗杰二世和英格兰的亨利二世最为著名。中国政术的西传，为欧洲现代性的文官制度、法律制度的建立和完善，起了相当大的影响和作用。从文化史的观点看，现代制度性的政治体制的建设，本身即具有哲学

---

① 黄仁宇的"大历史观"（参阅其《放大历史的眼界》等一系列卓越的历史学著作）以一定长度的时间为尺度，对人来人往文明的现象及其基本经验作整体的审视，可谓卓识。探讨诸如文明的冲突或融合，最好置于某种"大"的时间段（孟子归纳为"五百年必有王者兴"的"必有"一说，很有意思）和空间视界（这是一点必要的补充）审度其关系和关联。毛泽东的诗"风物长宜放眼量"所体现的也是以长时段的眼光乐观其变的观点，足见史与诗互证可也。这种"立其大体"、"有容乃大"的观点，可以调和种种偏见或偏好，富于启发性。

上的美学意义。因为欧洲市民社会的艺术活动,实际上是作为市政规划的主体部分得以推动的,在充满生气的社会生活和较为宽松的政治环境中,个别的艺术创新得到鼓励和奖勉。当然,在随后的历史演变过程中,西方也是回赠者。近现代中国文明的演化和整体推进接受西方的馈赠甚多。东方与西方近现代文明兴起而导致的世界化,是在人类发生日益密切往来的时代背景下发生的历史过程,美学作为哲学学科分支的诞生乃是属于这个历史巨变中最重要的事件之一。

一

　　将与当代紧密相关的近现代,作为规定着我们当下的生存状态的历史背景和处境来理解,同时又不囿其既定的界域,一直是必要的。因为当代的美学和审美情趣和近现代的,乃至更久远的传统审美方式和观念之间,虽然保持一种张力,但也承担着与其迥然相异的课题。然而,虽说事过境迁,这种张力的存在同样也属于当代,且作用于当代。现代与传统的相关性,尤以中国为突出,因为今日中国美学总体仍处于审美现代性确立的过程中。本体诠释学的美学探讨,则力图使这一确立过程从"本体论的转向"中得以深广地开启。

　　深入一种丰富而复杂的历史见地,当代中国文明的伟大实验也许确实可以说是独一无二的。由这种文明的实践而催生的艺术活动,业已形成一些范例可供美学反思:例如,"2008年北京奥运会"开幕式和闭幕式的文艺表演、"2009年中华人民共和国成立六十周年"八万人参加演出的"黄河大合唱"、"2010年上海世界博览会"的主体建筑设计和布展等等,都是极佳的美学研究课题。中国文明成就的世界意义以及她在今日之求索,业已初见成效。从本体与诠释的观点看,审美现象既是其表现,同时也构成一道内在审视的目光。

　　因此,对文明及其历史的审美反思,或许可以让我们更明了一些与今日美学研究相关的重大事情:除了生活世界的表面的审美化,还有一种更深层次的历史性的审美观照,多源、多元的历史由此而成为一个审美经验构成与反思的领域。中国现代化的实践,若从晚清洋务运动算起,已经整整经历了一个半世纪,中间历经戊戌变法、辛亥革命、五四运动、新民主主义革命、"文化大革命"一系列历史事件。几乎每一种历史运动所造成的变化,都可以发现其历史性诉求的审美情调发生变化的状态。试着作一白描:洋务运动不仅发现了种种机械器具之实用和实利,同时还发现和创造了一种体现近代之美的器物和景观。我们或许可以从当时留下的武汉汉阳制造厂或上海江南制造厂或福建马尾船厂一类照片,发现一种新的景致、情调和美感,如何悄然凸显于当时人们的视界,并逐渐向周围的环境和生活世界悄然投射。这是一道新的审美地平线,我们称之为现代的或近代的审美地平线，与此之前的业已兀然耸立于中华之地的西洋教堂尖顶，在视线上构成对角关系。戊戌变法前后的新式学堂、社团、党派性的刊物，以及各种各样的以新兴市民和知识分子为对象的报纸，为培养公共审美情趣和价值追求开辟了道路。刊物和报纸上的照片、美术插图、白话诗文等等，无形之中就培养了一种新的审美趣味和鉴赏力，新的文艺话语有助于激发新一代的想象和理想。晚清宪政改革实由戊戌变法而激发，而求制度的调适，已预先由洋务运动奠其新基。辛亥革命变帝制为民主共和制，国歌和国旗可视为政治之审美的象征，对国民政治情怀有陶冶作用。而北洋政府的复辟与反复辟，其实已被曲折地推向创立新政治、新法律的途径。作为五四新文化运动中心的北京，同时也是北洋政府的政治中心，南方则处于各省自治的状态下。新文化、新生活、新思想、新的审美风尚将富有理想的年轻一代，从相对封闭的地方生活带向城市，推向世界。五四运动的新思想、新诗歌、新戏剧、新文学、新美学、新音乐是在一个日渐开明的历史背景下发生的。所谓启蒙与救亡的事情孰为要务重业，受近代以来中日关系之牵制最大、最直接。这一点或直接或间接地与研究中国现代美学史、艺术史、文物史的课题有关。晚清之新政，形成政权与政局的多元化，北方政治的混乱为甲午以后日本持续的入侵打开门户。这一事件影响中国社会、文化、经济、政治、学术、文艺之程度，仍有待重新理解和阐释。概言之，琉球、台湾的瓜分是日本侵华的第一阶段；东三省沦陷是日本侵华的第二阶段；接着是中国反抗日本侵略的全面抗战。抗战对中华文化的摧毁，大大损伤了中国风土之美，中华文物之散失损伤难以数计。救亡图存之文艺是崇高的，中华之优雅美妙在满目疮痍的战乱背景下，犹如广陵一曲，弦断音散。"后五四"时代的中国文化为之一变：有慷慨悲歌，有靡靡之音，唯独优美或超功利的超越之美的寻求是不合时宜的。新中国时期的审美和文艺事业以批判旧文艺、批判陈旧的审美趣味为导向，以政治指导文艺和一切审美活动。"文化大革命"期间，革命的文艺和美学发挥得淋漓尽致，隐然与世界范围的后现代思潮和"文化大革命"运动有相契之处。其经典作品是革命样板戏、歌颂毛泽东和中国革命的歌曲、宣传画（从黑板画、连环画、油画到国画）、社论式的政论，业已在现代中国社会、文化乃至日常生活和语言中留下永远的印记。今日再唱红歌、小说文艺中的革命话语的反讽式的拟写、波普艺术、民间对毛泽东画像和革命文物的崇拜等等，构成"后文革"多元审美景观中突出的现象。对伪审美经验的失望不足为奇，却依然为艺术创新保留地盘，表明现实生活世界的容纳力，且具有制造或重塑理性的力量。对现代审美的效果历史之制约性及其诠释学过程之应用结构的反思，洞开了中国现代人文事业的一个反思性维度。

　　创造性的发现也许直接缘起于对于我们自身的质询。与此并行的则是先锋文化的标新立异，与国际范围内的各种以"后"标记的后革命观念、后现代文化思潮和泛美主义的生活风尚相呼应。充斥现代建筑风格的城市、规整的农业和林业，造成了都市和农村彼此类似的景观和视域，对人们日常审美感觉的影响广泛而深远。在都市化的空间中，几乎一切都在整容翻新，时髦流俗却也不失其生气。然而，此乃不同于古典情调的另一种"生气灌注"。生态美学的兴起，表明现代科技文明业已把都市的、制造业的和自然的环境整个改造成一个超级的审美市场，其意义见仁见智，大相径庭。随着人的个性化程度的提高，审美的多样化达到令人瞠目结舌的程度，但我们仍然可以进行现象的分类和经验的归纳。对现代以来的审美和文艺之变进行基本的考察、理解和阐释因而是可能的，也是必要的。由此而涉及在更大范围和愿景中与传统的对话。在这样的对话中，作为传统的阐释者，总是被引向一个新的、被扩展了的自我理解，内设于语言之领会的审美目光亦随之而变。与传统的对话应当被置于一个对话的世界、一个由诠释学理解开辟的境域中。在对话中，每个人更丰富地意识到自我，从而领会每个人都只是作为他人的自己而生活着，而且也只有在与他人相协调时，才能够过上真正成功的生活，"功成而不居"（老子语），本体诠释学所谓的审美和谐之要义即在于此。由此看来，对生活世界作审美的历史性的领会，根本上确实可以归之于一个内容博大的、从语言（话语）之核心所兴发出来的哲学本体诠释学的话题，即我们生活形式的世界交往状态。

　　进而讨论，对于历史性的生活世界之变革的审美理解，涉及对与其意义指向以及审美经验的理解性特征的揭示。因此，审美的理解与非审美的理解确实是不同的。概而言之，本体美学研究与艺术作品欣赏与批评相联系的理解过程的特点，占据了由美学诠释活动而开辟出来的工作场域的中心，从而体验到作品意义的高深与无穷。因此，与实用语境中意义获取的种种结构相区别：非审美的实用语境中每一意义的承担者求一时之效力和效果，终究都会在一个效果性的意义建构中浮现出来。当然，驻足于具体的审美现象的经验，审美的理解与非审美的理解的界限往往不甚分明。尽管如此，理论的区分还是很有必要的。

　　当代中国的伟大实践，一方面走向现代化步伐坚定，富于成效；另一方面又努力保持中国传统的特色，力图在推陈出新的过程中维持两种倾向的平衡，步履维艰。在一种经历了历史剧变的背景下，两种倾向中的取向，都可以见出一种复杂的新旧交织的现代状态。美学研究的最近及长远的目的正在于：发现改善我们生活的途径。可以进一步提出批评的是，现代中国实践的初步成功，同时也由实验性的探索转向实用性的固守其成，富于理想的构想力就弱化了，不但文化和社会风尚如此，学术和文艺往往也有屈从实利、实效之虞，顺应其表面的功用性。少数的诗人和思想者勇于作孤独的探索，但由于势单力薄，其作用就弱化了。当然，中国社会仍有广阔的的文化发展空间。今日之中国，做任何事情都有回旋的余地，仍有十分有利于实验的沃土，容易找到革新的基地。驻足于审美现象的经验而求拓展中国的生活世界和心灵境界，或许正是适时之举。或许，今天仍可一问：我们今天仍然处身于一个漫长的文化革命的时代么？这种文化革命乃是政治革命的转化或深化么？以革命来命名的行为和活动又在怎样的意义上不同于非革命的呢？当思想者和艺术家默然沉思，退守一隅或归隐于所从事的纯粹事业，难道就远离革命了么？所谓"后革命时代"之"后"、之"革命"、之"时代"的说法，究竟表达了什么意思？其美学意义又如何呢？

世界存在着恶的事情，或许这是所有的革命兴起所要革除的东西。一般而论，恶未必不美，善未必很美。由此表明，革命中面对善恶、美丑的问题，时而会涉及道德与审美的冲突问题。再具体而论，道德伪善必定不美，道德真诚必然是美的。由此表明道德本身有深化审美意识的作用。再进而论之，审美直观作为非动机的动机而自我领会、自我欣赏、由己及人、由近及远。审美诉求实际上一直是卓越的创造性工作的标志。不合乎美的根本原理的所谓善或真，总是可疑的，我们可以在时代之变的背后读出其美学得以成立的背景状况。而当既成的价值基准崩溃之际，审美乃是拯救之道，现实的善恶、好坏、真伪，首先只能用是否合乎美来加以衡量。因为，美是人类的专横的意志所无法左右的东西，是人类劳作于天地之际而创造的文明回报于人的真正卓越的东西。艺术具有自己的目的和目标，而与向善的道德与求真的认识相一致。处身于当今这个大变动的时代，重要的是培养健朗的审美观，重新恢复已经丢失了的美的感觉与鉴赏力。世界仍然存在着恶，却无一物不可善用，这是中国哲学所达到的哲学上的洞见之一，或可进一步作现代美学和哲学的推阐。

二

前言一《"本体美学"的重要启示》是一篇纲领性的美学论文，较细致地呈现了成中英先生基于中国审美体验与艺术经验而阐发"本体美学"的基本思想。近年来随着本体诠释学研究的深入和展开，成中英先生越来越突出地关注美学理论和文艺创作的具体课题，颇类康德继形而上学和伦理学之后再以审美构想力理论而求其贯通的情形。我们这里也许不必顺着编序而对全书作介绍，而从问题或论题入手似乎更有意思，本辑的第一编和最后一编的编撰围绕美学与文艺的本体诠释而展开，对成中英先生强调今日"美学本体论转向"尤为关注。

成中英先生较系统地涉及文学、美学与哲学课题是在 20 世纪 70 年代。这一时期的成中英频繁地往复于台湾和美国之间，这是台湾文艺界最富于创作的氛围并富于论辩风气的时期，各种现代主义思潮此起彼伏，相互激荡，充满朝气。收入本书的成中英的三篇早期文稿，前后虽相隔有十多年之久，其主题思想深入且具体，确有内在的相关性。第一篇是《论悲剧意识与悲剧》，写于1953年，成中英刚升入台湾大学念书，即频频在校内外各种文艺学刊物上发表诗歌创作、论文和翻译作品。《论悲剧意识与悲剧》所讨论多是历史的事例，却内涵一位青年诗人和智者的浓郁的现实感怀和悲情；根本的文化取向是现代的，充满激情，又试图超越于其矛盾的不能自拔的一面。刊于同一期《事与言》的刘述先先生(成先生称这位同学为精神上的"诤友")的文章《自由思想史简述》好像(或许正是)接着成中英先生的悲剧论题而作发问："江声浩荡，人类精神像无与伦比的激流，既已冲破了数不清的险阻，更面临未来无尽的障碍，不断地奔腾向前。这不可抑止的巨流，果真是盲目的冲击吗？……"在青年成中英看来，悲剧精神对于中国人实有启蒙之效。

《论现代文学理论的适当条件———一项哲学性探讨》、《从哲学看文学——论文学四义与文学十大功能》两篇洋洋数万字的长文，文气充沛，写于20世纪六七十年代之交。前文从手稿打印，是首次发表。20世纪70年代是台湾现代主义文艺创作旺盛时期，各种文艺新潮涌动。成中英先生一方面在国际哲学界积极充实哲学性的创建活动，致力于中国哲学的现代化与世界化，另一方面则以台湾为舞台，推动哲学界与文艺界的对话。成中英先生不仅是新文艺理论的倡导者，他还是一位文学创作的实践者和探索者。大学时代文艺创作的热情现在又一次被激发了。成中英先生发表了一系列以"哲学诗"命名的诗作，尤以组诗《印度行》为成功，堪与台湾这一时期最出色的诗作(诸如洛夫的《石室之死亡》，周梦蝶一系列以禅悟为机的诗作，纪弦、余光中等诗人优秀的抒情诗)媲美。《印度行》是一篇由12首诗构成的组诗，颇有剧诗的构思，结构宏大。正是在这一时期，成中英先生结识了不少台湾文学界与艺术界人士。其中交往最多且最深的是颜元叔、洛夫先生。成中英曾与他们多次就"文学、哲学与人生"、"诗的哲学问题"展开联合讲演、对话、讨论，涉及"诗中之我"、"近代诗与存在主义中'无'的问题"、"诗与哲学"等一系列文学、美学、哲学的课题和问题。有心的研究者，可以从这两篇论文中看出，成中英先生对当时台湾文艺界和学术界所讨论的一些基本问题的回应，以及如何作进一步的理论思考。这些问题今天或许可以接着从文学与哲学的相关性和差别性及两者兼顾的观点，进而展开探讨。所谓文学与哲学的相关性，首先要从文学来看哲学到底是怎么一回事，然后再从哲学来看文学有什么价值，代表什么意义。成中英先生强调，一位学者实际上是一位作家，同样都以创作为务。一位作家或诗人，必须自觉关注自身生活的形式和内容，因而必须懂得自己的生活，进而反省自己的生活，并能艺术性地、审美地对生活经验不断加以评价与组织，从而使整个生活充满意义与价值。这就是人之为人的美的、善的、真的价值。所谓差别性则可以从文学所突出的主观性这一点来领会。文学最主要的功能，乃是将主观的情绪所适于的艺术形式投射出来，这种情绪本身虽然牵涉到"生活情境"（context of life），因而可作并允许加以极端的主观化。这种偏向若能作极致的发挥，往往可达到巨大的艺术效果，而不必一味恪守中庸之道，因为它也是在创造一个与生活世界相关的状况。由于这种状况深度地涉及主观性的对客观情势的了解，因而不同于哲学的概念性把握客观的方式。因此，当文学的客观表现完成之后，最后作者和读者所感受的乃是一种基本的"生命情态"（life mood），这是文学和哲学明显的不同之处。哲学上所表现的生命情态可能只是一个简括的命题，或是发人深省的问题。由于哲学所作的情态之抽象表现同样离不开可感的形式，因而哲学也会借用比喻和隐喻的修辞手法。因此，文学和哲学的两种主客观化的方式仍有可能结合起来。即是说，主观的生命体验可以给予普遍的形式而形成客观化。因为主观的生命体验已然有它的普遍性，这种通过文学特殊形象或意象而体现的普遍性，在它对人生的启迪作用和影响方面，与一位哲学家的写作所透过的思想或观念形式来陈述的真理，往往有异曲同工之妙。我们得充分留意成中英先生想法的现场性，即与当代中国文艺与美学的发生、发现与创造的事情有所结合而力图求其变、求其创发的实际意图和深度意向。"本体美学"既是一种古老传统的复兴，是对其历史性发生过程的再发现，又是一种开启和创造。我们应依据自己创作的成果，衡量其创造的程度和实际效果，变颓废之势为振作奋发之力。

第一编"美学与本体诠释学"的一组文章，长短不一，其命题和命意却相对集中和明确，即对成中英本体美学的论域、命题、概念试着作阐释。近年来，成中英先生与大陆和台湾的艺术家、作家、诗人、剧作家时有往来。这种交往并非浅尝辄止，而是身临现场，观摩作品、参与讨论，进而作美学的哲学阐释。这种交往在艺术家、诗人和美学研究者那里引起的回应是积极的。收入第四编的文章"《〈宇宙系列〉：基于本体美学的艺术诠释》颇有"实验"艺术的意味。《宇宙系列》为旅日画家的大作，分为七篇，全部完成有 210 幅之多，整个创作历时十年。成中英先生的序文和诗，赞赏今日艺术家再度自觉回归宇宙的整体观念和立场之见之举，劝勉有加，可视为成中英先生对当代艺术创作进行译论的佳例，与第一编的文章颇有呼应。此外，杨宏声的长文《本体诠释学的美学架构——一个方法的探讨》对成中英先生的美学论述，颇有归纳和推阐，可供参考。

第二编"中国美学传统与艺术精神"着重论述中国文艺与美学。宇文所安（Stephen Owen）的诗学文章《中国诗歌：古今之变》，着眼于中国诗歌的古今之变而作辨析，对中国诗歌的未来发展及其意义寄予厚望，与成中英先生近年来一再强调的论题"了解中国,要了解中国的诗"相呼应。杨宏声的论文《先秦诗歌与城邦文明——兼论诗歌与哲学的相关性》有取于成中英先生的"先周文化说",强调"周文中国"对而后整个中国文明的导向作用,进而提出从"周虽旧邦"之"邦"须从城邦史演进的路向进行历史的理解和阐释。承之久者谓之"旧","旧"而能新则能久。"周文中国"在中国文明史上的开创就是城邦政治的自觉,礼乐文艺之建与公共性的思想领域的建立是,乃从同一个历史性的源头上开辟出来的。该文提出的从"城邦史的观点"重新研究周秦文艺、美学和哲学的问题,可以进一步展开探讨。演音的《和平的音乐——道家音乐思想诠释》和演音、海波的《道乐的艺术精神》,这两篇论道家、道教音乐的文章较有创意。历来研究者多重视儒家礼乐,而对道家的礼乐往往忽略不顾。文章通过文献的重新疏证分析,呈现道家和道教作乐制仪而一脉相承的历史面貌。老子、庄子长于韵文,深通乐理。"音声和平"乃先秦乐论的主导观念,八"音"五"声"的观念含义丰富而复杂,"音"和"声"构成音乐中的"和生平成",犹如宇宙中"道生德成"的过程。乐调声音所展开的和平的结构,源于宇宙的"阴阳和平"(《淮南子》),寄托了作乐制仪者祈愿"天下和平"(《周易·彖传》)的淳美敦厚的人文理想。道家、道教古乐风格高古清越,其"大乐"之作已不复其旧,只留下一些通俗的作品。除非我们有能力从存世的道乐中辨别出她那高贵的基因,用富于创造性的音乐敏感性,用善解古人的心灵,用深邃的艺术精神培植之,才能使它重新回魂赋形,那将是中国古典音乐的重生。林盛彬先生的论文《"美"与中西美学的基本问题》是一篇力作,例如对"美学"一词的译语在史料上有新发现,可供进一步展开讨论。

第三编"西方美学与诗学"既重视本体论诠释学与中国哲学、美学的交叉研究,也重视西方哲学中与之相应的课题。赖贤宗的论文《海德格尔生态诗学》所引进的"生态"概念,接近道家的"场域"观念。并进而揭示本体诠释学如何提供一般而系统的强于存在而大化运焉的视域,根据这一领域而形成新的哲学论题。海德格尔生态诗学颇有宇宙诗学的立意,他对老子书的诗性的领会及对荷尔德林、特拉克尔诗歌的阐释,隐含了一个整体的视界。海德格尔本人诗歌作品中所灌注的生意、生气、生机,同时也表明了作为一位诗人他如何接近道家,如何从整体的视界领会哲学与诗歌的相关问题。帕尔默的论文《〈言词与图像〉中的四个关键词——美、同时性、实现、精神力量》乃是他在将伽达默尔的《言词与图像》译成英文时撰写的多篇专题论文中的一篇,阐明晚年伽达默尔美学思想与文化政治、社会、实践等论题如何相互交叉叠合的精微之见。伽达默尔论文的译文已刊于上一辑的《本体与诠释——美学研究与诠释》(上海人民出版社 2007 年版),有心的读者可参看。郑涌师从伽达默尔,他尤为推崇伽氏的《美的现实性》这本篇幅不大却有深刻思想的书。郑涌先生一再强调伽达默尔哲学诠释学的实践意向和归旨与他自己倡导的"行"的哲学多有契合。郑涌《谈谈"美的现实性"》用了谈话体，并强调哲学著作的谈话体，宜于生动地处理哲学中一系列实际问题，其识见与成中英先生本体论展开为"本、体、用、行"的进阶与构造之说法，多有不谋而合之处。近年来，维特根斯坦哲学思想研究颇有展开，涉及形而上学、伦理学、美学、语言学等诸多论域。孙斌的《维特根斯坦的语言游戏》的论文则从语言游戏的概念涉入维特根斯坦的美学课题。在人类的语言运用中，最令人困惑莫解的或许是音乐般的诗歌语词之意义领会的问题。在一首诗中，音乐般的语词自成世界，有不用之用之功。当然，当你读一首妙不可言的诗，你仍然有可能根据乐思般的无思之词作出自己的审美判断。一首深奥的诗虽不是语词的逻辑排列，却也是可以被人清晰而理智地谈论的东西。比如，在阅读时，你感觉到一首诗的语速急促或沉缓之意味。因而，完全有这种可能：你读一首诗时早已有一些感触，但并没有理解这首诗；或者哪怕你读诗时没有产生某种感触，却理解了诗歌。同样，李元的论文《加缪美学思想的基点：荒诞感》因涉及法国新哲学与新文学的相关问题而引起我们的兴趣。真实的生活的真实性，往往不像我们所意愿的那样是顺遂的，而有荒诞性。构成现代文学范畴的荒诞性在貌似喜剧或滑稽的外表下，内含了对人生的悲剧性的领会。因此，荒诞不同于荒唐。荒诞是对荒唐之本质的揭示。李元从哲学和广义诗学的视角契入加缪的文学创作和理论，在国内的加缪研究中颇有开拓性，她的专著《加缪的新人本主义哲学》一出版即获佳评，我们可以留意她的进一步的研究如何呈现了更细致辨析和阐释的眼光，如何落实于哲学与文学的相互开启作用的问题上。

　　第四编"文学、艺术与美学"，重点是个案研究和文本细读。王学海先生的论文《悲剧、生活世界与现象学——以熊秉元〈中国悲剧引论〉为例》，对中国悲剧艺术的精神作现象学的审视，涉及中国与西方悲剧的本体与诠释问题，可与成中英先生论悲剧的论文参看。希腊悲剧渊源甚古，也是古希腊城邦世界中达到高度成熟的艺术，其艺术性之精湛和思想性之深邃，至今令人赞叹。希腊悲剧从神话史诗中取材，而将生活世界的节庆的仪式化的活动加以艺术化、戏剧化。上演的舞台本于原始的议事厅和广场。希腊悲剧首先是悲壮的，表明人生是壮观的而不仅仅是悲观的。悲观的阴沉之趣一旦体现于悲剧，就表明悲剧的反思意识的确立，从而哲学化了。在中国，悲剧晚起，大兴于元朝(1206－1368)。新兴的悲剧多从世俗生活世界的故事取材，兴盛一时，也以元代悲剧最为典型。典型的中国悲剧往往以悲惨的情节构成。剧中人物由于受到不公正的非人的遭遇，怨气冲天。经过一番命运的转折，怨者或诉怨者最后终于获得公正的对待，释然于世俗的慰藉或了悟于空无之道。似有一种心理运行的机制在牵引着剧作者、演剧者和观剧者。后世的昆剧、京剧以及各种地方风格的戏剧则更进一步化解元剧的悲剧模式。这种悲剧模式从其意识结构看，是现实的，乐天的。哲学性的"空"、"无"并非虚无化，而是善解人情的、同情的，作了通达人情世故的处理。在中国，也许还有一种悲剧意识和观念，见于"先周"时代先王祈天禳灾时的牺牲仪式。再后则见之于诗人的作品，如《诗经》中的一些诗篇流露的欢愉之情背后有一种辛劳沉郁的心情。庄子的悲情则兼而具有诗人的善感和哲人的深邃，饱含一种刻骨铭心而挥之不去的痛惜。楚辞的悲情更是倾诉不尽的。到了陶渊明的时代慢慢地确立了一种达观天地之变复观人事、人世的观念，益以道家的"无"和佛家的"空"。王才勇的文章《美术现代性的起源及对中亚传统美术的再认识——走向跨文代美术学》从东亚美术、文艺的近代历史和现状展开一般的考察，用思颇深，更多地还是作史料的疏理和一般方法论的论述，多少也表明国内近现代的东亚美学和艺术研究尚处于初步确立课题的阶段的状况，颇有开拓之功。赖贤宗追随成中英先生多年，热心于文艺实践，长草书、擅画，所作诗多被谱曲，时作临场的演唱和表演，展示他作为哲学学者之另一面的才华。本书收入赖贤宗一篇论艺之文《东方抽象绘画的美学反思与意境美学》，由技进道，是有心之作。弘毅的《十牛图诠释》则属于文本诠释。《十牛图》在禅宗艺术史上极有创意，它将原来道家"牧牛八图"的止于"无"境的图式转成为"无"中生有的意境，也可作为禅宗于道家有所发挥的佳例来阐释。牛年过半，犹如禅者之寻，反本还源，寻求之意渐渐明了。重温禅宗寻求之意，对其过程中的寻求之意的重新领会，同样也寄托了我们在编撰本书时深切的探询之意。

编撰本书的指导思想或有必要再作重申：在经历了 20 世纪 80 年代的"美学热"之后，从本体诠释学的观点再次强调：以审美方式把握今天的生存条件、以新的方式来审美地思考至为重要。现代美学，自鲍姆加登—康德以降，久已认可此一跨文化的共识，即我们称之为现实的基础条件的性质是审美的。现实的合理性之合理的实现根本是审美的。美学成为理解现实（发现与创造的发生着的现实）的一个更广泛、也更普遍的媒介。审美思维现在今天变得举足轻重起来，美学这门学问的结构便也亟待重建。我们对形形色色的美学"征服"或艺术拯救论不感兴趣，然而对哲学精神根本是一种审美精神的主张则完全持赞成的态度，因为发展一门超越传统美学的新美学，正是本体诠释学的题中义义。本体诠释学倡导的本体美学致力于将审美活动的方方面面都囊括进来，诸如日常生活、科学、政治、文学、艺术、伦理学等等。美学须扩充对艺术问题的理解，从而涵盖社会生活实践、感知态度、传媒文化，以及审美与非审美体验的冲突和调和。对于传统美学的基本问题也亟待结合当代美学的新语境重新理解和阐释。在以后的各辑中，美学与哲学诸多论域和课题的实际关系和理论联系，还将有进一步的展开，这是可以预期的。

I
美学与本体诠释学

美学的本体论转向:本、体、用、行

芜 弦

在我们所处的时代里,美学最重要的动向就是有一个本体的或本体论的转向,与此相应则有诠释与诠释学理解的深化,肯定这两点对于美学研究的推进非常重要。这种重要性在于,它有助于在美学上沟通中西哲学和文化,重新认识中西差异的意义及其处于生成中的共同点,以确立一个世界性交往和对话的临界点。

成中英的本体与诠释整体之道即是本体诠释学,本体美学与诠释美学之道即是本体诠释学美学或美学本体诠释学。本体诠释学贯通本体与诠释之"道",兼含了本、体、用、行之落实的过程。这一落实过程从其构成看,既是递进的,或有隐显、先后、深浅、远近、大小之别;又是平行的,有如整个世界的敞开,隐显、先后、深浅、远近、大小同时呈现,交互而作,交相辉映。本体的层次及阶段与诠释的维度及相位多元而源于一,约略可以明辨。因此,美学的本体论转进实际已在本、体、用、行各个层次上实行。根本问题在于,深化我们对本体论的整体认识:敏感而善思,艺术化地加以运用和具体推行。

本、体、用、行四端的全体作用之要义,一言以蔽之,曰:本体。作为全体作用的本体,即是兼具根源和功能的体系。这一体系之构建,自上而下,即从本到体,从体到用,从用到行。仅仅抽象地提出美的本质问题见识尚浅,还须进而提出美之本质的本原及其功用问题。

分而论之,"本"是根源,是本质的本源,是时间性的来由,是内在性。"本"取之不竭,用之愈多。"本"或具体,或不具体。具体之本已显体,已展化为体。具体之体乃"本"显之于"体",是落实的"本"。不具体的"无体之体"的说法更接近"本"的意思。究极而言,本如根,隐而不显。本然之本,微妙难言,称之为道、为存在,为大有、为太极、为易、为无,都是形容,不得已而托诸象。由此可见,"本"的概念本身是以审美方式确定的。"体"有天体、地体、人体、身体、心体、事体、物体、性体、理体,"体"乃整体的、全体的体系,是空间性的展开。我们现在使用的

"本体"一词,既可分别探究,取其字源之深义,又可连绵求义而作哲学和美学上的深入阐释。如果说,"本"是原初的时间的根源,是世界的时间性的呈现,那么,"体"则是空间性的展开。"本"乎内而"体"于外,"本"内"体"外的说法表明,"本"由于"体"之构成的整体关系,可以从内与外两方面加以把握。"本"是先验的,"体"则是对先验的体验或经验。"本"先天而"体"后天;"本"自然而"体"自我,从而表明本与体根本上是动态的。

"本体"一词东汉时期成为连绵词,既突出"本"与"体"字义的原理上的相关性,又表明这么结合的"本体"是能够直接感受到、体验到的,是激发思想、兴发灵感的一个动态的创生根源。同时也表明,"本体"在中国哲学和美学中具有感性与理性两个基础层面。感性的本体得道之"有",理性的本体才能得道之"无",从而推动"无中生有"、"有无相生"的创造过程。因此,对本体的体验也是对创造性的体验。对创造性的体验之落实就是"用",就是"行"。所谓"用"就是发用、占用、使用、功用、有用、无用、作用、耐用等等。而"用"本身即有体之用或本体之用:由体用而用体,而把握微妙之用,而显全体大用。最微妙之用,乃是艺术之用,见于艺术之技艺的精湛发挥。而技艺发挥之极致业已由技而进道、由用而显体了。"行"自人而言是推行、实行、施行、践行,是行之进退,是行动。"行"自存在或客观世界而言则是流行:或先天流行,或后天流行。后天之流行,业已有人之行参与其中,与世界之周流行相依相违。而当人间种种流行——试想今日世界审美之流行的情形——流于偏涸,返本归源的力量就会一再突出地发挥作用。因此,"本体"授之、予之,提供了"用"与"行"之资源,"用"与"行"受之于本体而有变化的力量,其反作用力亦不可谓不大。

或可用老子的语式来对本、体、用、行的整体关系从方法论上加以理解:"行"法"用","用"法"体","体"法"本","本"法"自然"。我们有理由认为,自然自由自在,知所行与用的大行大用,合乎目的性。概而言之,本与体的结合,体与用的结合,古人多言之。由"本、体、用、行"而立本体的整体原理和多层次的方法,则是本体诠释学创建的新义。这里关键的事情是本体(论)与方法(论)、理论与实践、思辨与审美的结合和融会、互动和相互证义,从而让真理生动地呈现。由此而显露出本体诠释学的本体观念之构架的一显一隐、一进一出的理路、层次和进阶。

本体内在对立而流行,是一个动态的,具有创造性的本源。本隐而体显,体验本体即探微索隐,因为体验本体即体验生命。对本体的体验首先是对创造的发现,进至最原始的经验或原始的直观。

形象地说,所谓本源原本只是一滴活水。它潜藏着,它所伏之处实际上是有高度的,那是大地上最适宜见本显源的地方,因而也是适宜含蓄潜藏的地方。我们找到了长江大河的发源处，但它还不是本源。这种意义上的见源，实际上还只是见流。源隐而流显，因而不能仅仅顺流而掘出这个源头。源头就在这里，几乎可以全然地证实了，但你不能实证。本源被你证实，但你不能实证：它汩然，盈然，源源而涌，永不枯竭，你不能像挖起一根树那样挖开它的本源，因为你若看得见它的根系，就会发现它向大地的整个深处输送生命的液汁，你领会本源的神奇，但你不能够以挖一口井的方式去发现本源。善于观水者，善观其源。

无中生有：艺术的发生、发现与创造

陈惠兴

艺术中的"发生"乃是持续的创造之一环，《周易》所谓"既济而未济"，说的是这种"发生"的情形，且表明发生、发现、创造三者的并列性与连续性。一件艺术品创造性的完成是一个新的发生事件，创造作品的力量同时也是超出其艺术框架的力量。艺术品向世界敞开其发生、发现、创造的过程，这不仅见于它们怎样表现世界，而且体现艺术作品创造的世界观。

发生的力量在世界诸多的发生现象中，艺术的"发生"具有范例性，犹如老子所谓"道生之"意义上的发生：道的"发生"或发生的道。整体意义上的发生就是道，它是在已然实现又期待于进一步实现的情形发生的。当"道"发生于这一发生过程中，老子又揭诸"道法自然"的命题来加以说明：它让"天道"公正地落实到各种发生的事情的异质性上面，因为每一种发生都是自我的发生。进而：每一种发现和创造都是自我的发现和创造。所谓自然，从一以贯之的观点看，就是自我而然，自然的实体意义并非刻板的、既成不变的。艺术所欲体现的道，是要塑造那些我们还不能完全掌握的缘由，在我们未及发现时，它就发生了，就先于创造完成了。这是造化假艺术家之手完成的工作，因此，道的发生原理，同时也是创造原理：不再否定原始感性，不再疏离于感性的发生过程，因之也就真正审美地对待事物，认可与公正之"法"代替了控制与压制，所有创造之物以会心的目光相互欣赏，这是"发现"，同时也是从事持久的发生和创造。

随着现代世界的建立，在艺术领域里，产生了数不胜数的多样化的作品形式和视角，真正意义上的多元性(不只是多样性)越来越成为一种最根本的创造样式，与之相关的发生和发现，不再是建立在共同基础上的差异，而是根本性的差异。艺术作品的创造，体现着不同的谱系，表现着不同的范例，所以需要以不同的标准判断它们。现代艺术似乎并不崇尚清晰可见、明白无误、辉煌灿烂、光彩熠熠的风格，而是扬其所抑、推崇疏离的空间、裂隙和另类(最新的类型)。在许多地方，现代艺术恰恰是转向那些艺术社会上被贬值的东西，它在尚未有而将有的"虚无"之处，往往会有最大的发现。

艺术创作从无到有，无中生有。"无"则被理解为创造之源，发生之源。发现意义之无，绝非子虚乌有。发现者从其"有无"这么一回事而知无之有用，有因无而相生而成为一个莫大的问题。"先天"之有无之变，或没有后来如"后天"这般有，故可以称之为"无"；而"后天"之无的发生过程：本来有的东西现在没有了、消失了，不是这般有了，就像原来的样子：一切似乎恢复了无的莽然、茫然的模样。可仍然有什么东西健行不已，不倦地从事有无相生的游戏。这游戏的性质，哲人和诗人或称之为"虚无"，或称之为"大有"，或称之为"太和"，或称之为"实体"，或称之为"空相"，或称之为"真理"，或称之为"绝对"，称名不一，指意却是相关的。由此表明知觉与知觉概念总是引导着注意力，将意识导向对不可见、不可听以及闻所未闻的事物的认可与发现。所谓"无"的认可，乃是所有发现中最深的意图，并且要促使这些进入语言、艺术表达和认识之中。

本体诠释学所理解的整体审美经验提示：哲学要从先验走向超验，从现象学走向本体论。一个理论模式构成所有特定美学内容的基础，并范导所有美学的内容。哲学方法与美学方法在本体论的规范下，突出一个整体的层次性与相关性及其联系的形式结构。因此，美学作为一个独立的课题确立起来，其理论与实践一开始就建立在哲学思考的基础上。这个事实并非偶然，它在相当程度上是推理本身合乎思想的事情之本性的结果。

形象地说，原始的发生犹如种子般神奇地发生。创造性的根本或根本的创造性之发生，就像一颗似乎微乎其微的种子，这颗种子已经包含了生长的本体之全体：不仅包含其本体之显，还包括其本体之隐。一颗种子收藏了全部生长的秘密：发生的秘密，发现的秘密，创生不已的秘密。有理由认为，宇宙、万有、人类，都是这颗种子的果实，是它神奇生长的成果、成就、收获。那么，原始的发现乃是果实对种子的发现，原始的创造则是一颗种子由小到大、由隐到显而微弱成长到果实的过程。

在我们时代的这片新的土壤中，新生的美学理论如种子已经破土而出，它从经验的土壤攀援而上，受到先天之气先验之水的灌注。我们像佛教哲学家那样为种子概念添加一个作为其体现的想象之表象，而此表象凭借自身就促发了如此之多的思考，以至于它不囿于确定的概念而被确实地把握，以某种不受限制的方式形象地、审美地扩展概念自身。所以，所有的种子都是一个原始的、原初的创造性根源，它是一个发生的、发现的、生动的概念。种子可作宇宙本体——道的譬喻。这种意义上的种子拥有多重关系。种子是一又是多。作为观念，其抽象和具象是相结合的。种子在总数上实现其全部的生长潜能，而发生、发现通过差异性的可能性体现出表达出宇宙方面的本质。有生长的种子，有不生长的种子,这种差异并不是种子的无限可能性的限制,恰恰表明即使是种子的限制性也是敞开的,是更大的可能性的体现。可能性或不可能性,这不是简单的二次方,其中的变化很多,很微妙。种子所要呈现的关系是与整个世界的关系,甚至它的未能生长的缺憾也是世界之丰富性的表现。它在一种连续和持久的进程中生长、发育、结实、衍化,从而保持着种子之为种子的不断分化和个体化的实在的潜在的和谐。因此,凡生之物皆如种子,不仅仅与道相联系,而且在一种宇宙时间的本体生成意义上彼此相互联系。

自然美与自我发现

——本体诠释学的启发

吴跃东

自然与自我,先天与后天,先验和与经验之间的转化,或可表述为自然、自我、自由之递进或发生、发现、创造的往复展开。而本体自身(自本体)与对象本体(对本体)的自明性,表明先天的自然与先验的自我关乎先天与先验原理的自由本性。

一

所谓自然美,乃是自然合目的性的明证性之最生动的表现,因为自然的合目的性,根本是从自我的意向性来确认的,而自我的合规律性又是从自然的先天性中发现的。自然的概念最初是从自我意识衍化而出,因此,进而在自我意识的深处发现自然,可以理解为更深的存在的自我显现。进而言之,自然作为对象,根本上乃是自我的对象。自我作为主体与自然客体的宾主关系,其实是可以互置的。中国古代哲人往往设宾主而论天、地、人"三才"之道,从而发明自然的奥义如何与自我相依相违之缘由,颇为本体诠释学所取。辨察而析,自然的先天性既是自设的未定之象,又是被设定的对象,而自我的先验性反思判断,实际是按照审美情感能力的原则来判定自然之合目的性的。康德的见解仍然可取:在起源上,自然美的目的论判断乃出自于自我审美判断力,自然与自我的一致性原理可以作为我们讨论自然美的出发点。

康德本人偏爱自然美的话题,这一点与中国美学思想颇多相互发明之处,它在西方美学史上则属创见。中国哲学与艺术家一贯强调内师其心,外法自然的道理:心乃感观之心,感应之心,能照澈外象,纳万有于此心;自然则适我所遇,劳我,养我,依违于吾心之事不止一端。自然之关乎心者,皆可亲、可爱、可欣赏,而乐于受之也。康德的深刻之探求在于,他在揭示了审美判断中的各种主体能力的自由协调之后，进而思考自然与自我能力的偶然性的协调之机。现在已经可以看得更清楚一些了：现代以来的美学发展，虽然如此注意于在艺术家身上揭示出类似于那个建立科学的自我(ego)之为一种先验的自我的活动，却对先天的自然之美的存有忽视了。然而，一如既往地，艺术家们一直受到自然的启示的：既按照其使命，又按照其行为的自发性。一些艺术家即使看起来如此背离自然，其实也是在表现自然。因此，在艺术的发现和创造中，自然的世界，同时也是艺术的世界。艺术家被世界的美所激动，从而去发现和创造自然能在其中得到的表现和美。通过美，自然表现出比善意更多的意义。正如康德所揭示的，合乎自然奥义的审美判断所涉及的目的性可能是一种无目的的、主观的、形式上的目的性，其现实性即存在于"我们的主观能力的关系的内在目的性之中"。因此，归根结底，自然与自我是协调一致的：自然之美似乎模仿自我的艺术。我们可以接受康德一问：由于艺术活动是有意识地为自我的知觉愉快地安排的，那么，这种协调的偶然效果是否也体现了自我意志的必然性的诉求呢？

　　看来是这样的：如果仅仅从批判的先验观点去考虑自然的话，就像那多变的经验，它是理解力的领会所赋予形式的原材料。然而美的现象要求自然的观念合乎心愿。通过经验的多样性来看，能够形成美的自然，就是一种隐藏着的形象化的力量。那经验的多样性虽然不是真正自然的，因为业已加诸手、眼与心的人类感受力的标记，但却根本上合乎自然。人类不只是被动的意义上是自然的产儿或自然的关联之物；自我受之于自然，复授之于自然。从最好的意义上讲，自然借人之手、之眼和整个的身心而行其道。自我发现的自然对人类说话时，给人类无数显示自身的图象，以便人类能够理解它犹如理解自我一样。因此，自然的好意和美妙既不是虚构的，也不是偶然的。这绝不是说自然是事先考虑的。只有人类才提出目的，而是因为人自身就是由一种唯有在自己身上才能被认识力量被当作目的而产生的。因此，自我之艺术活动响应自然之美发出的亲切的邀求：艺术在表现自然所孕育世界时表现伟大的自然，它赞美自然，汇集于宇宙之美的形象上。这些道理如果能用诸如自然与自我、先验与经验、先天与后天的相互发用去加以阐释的话，它们的根源可能就在自然的自我启示的光明之中。最后，自我力求在世界上实现自由的理想："万类霜天竞自由。"审美的自我意识针对的是自然与人的终极关系，它是亘古常新的世界之戏剧。

二

　　人类自我是有层次的，或可谓之自我内在意识和体验的层次。佛教的"八识"有助于我们对人类自我意识及其与世界的关系作总体的理解和领会：八识中前面五个是眼、耳、鼻、舌、身,谓之"五根"的五蕴之感,乃最初的自我审美之发生、发现和创造的基础。五蕴之合乎"意"(随身体性的整体领悟而确立生存意志和主意)产生意识的自我或自我自觉的"意"念,念念于兹。"意"念之后,这个"意"的自我意识仍然维系且充分起作用。"五根"相杂相激,最有幻相可观,"意"的统领、综合作用就突出了,却显得十分必要。如果说"六根"根于"自我",自我于世界之所受构成自然之境。相应于"六根"而有"六境":声、色、香、味、触、法。六根之识依乎自觉。因此,六识中贯通了自我之"心"的作用。六根进至意。"意"之后或意所本乃是第七识末那识,即意所谓的那个"是"(意指)或称"我识"。"末那识"所谓的"我识"颇有自我自立本体的意味,自我的本体如何既自足又有所待的意思表达最微妙。历来有佛学是否有本体论的争执,从"识"的层面上看,"末那识"既"建构"自我本体,又随之"解构",可见其"非本体—非非本体"推理式的运用。"末那识"的深度在于它确立我识、确立我之存在和所是的意识。我之所是、如是,系于根本的"我"。然而,犹有所待,因为"我识"是意象性的:"我识"求其真相,但也有沉湎于幻象的倾向,从而表明认识和审美之间有着微妙的争执。丰富的体验往往能出于困境而达澄明,但实际上却难而又难。总言之,识可分为身识(六识)和心识。心识可再分别为两个层面:阿赖耶识(或译藏识)和末那识(或译心识,旧译"意识"似易与第六意识相混淆)。阿赖耶识比其他各识更为基本,实际上就成了心本身或心本体的同义语:此心主意。因为其他七识不过是想象所生,为了达致清净就必须随建构随解构,它们不过是本体之用之功能:海与沤的譬喻就是说明。由各识所变现出来的一切经验似乎是海的波涛,众沤融汇而呈现海之无量。当阿赖耶识之海的想象之沤停止的时候,即达于涅槃,寂然,超然,善哉善哉!故《大乘起信论》里面又有接着的第九识:寂然而动的"净识"。理由是只要世界还在继续,身与心就有一个继续浮现的问题。这个"净识"可以称之为本体的本体。所有的染识染尽风光而复归于寂静沉静。在审美感知过程中,六根显于形相最为活跃,至末那识,主于内而隐,最后大隐。大隐而大显大有,万有毕显,然犹有隐于至深、至赜、至奥、至妙者。动静由心,意境是也。在生命中浮现的意识而至无差别的无意识。所谓"净识",实际就是意识之后的无意识,乃自我赋予自然以意味、以胜义的意识。因此,生命的意识也有可能这么展开:反其道而行之,从复归原始的高级意识(无论是阿赖耶识还是净识)入手,那是觉识之本,类似一个虚无空灵而又应有尽有的状态,慢慢地恍兮惚兮。其中有物,其中有象,其中有情、其中有景、其中有境;慢慢身心俱动、感通,五官灵敏、八识咸应。这种意识就是本体意识。虽有执著,苟能自觉,无碍于执著。概而言之,识必有染,染而不必静,必以求净而静。因此,染识的问题比净识的纯粹状态问题更有意思。意识的退染进净,乃微妙的自觉体验过程。自我之自觉可以体验这个过程。

自我追求最终的价值，实现这种价值乃是自我的完成，相对他人来说则是一种至善的价值。因此，他人构成自我的世界可以从自我实现的程度加以衡量。自我的主体间的互为主体，已然设立了更高的主体或主体的主体的意思，这就是主体的本体化和主体的本体性的发现。主体的本体化和本体性的获得乃是对主体发生意义的发现和创造。因此，本体意识的确立，根本上就是创造性的。自我从心灵状态来说是本体，是心灵开显和自觉的状态。心灵自觉有知、有情、有意、有感、有想、有念、有思，种种知识意念思维有染、有净、有真、有幻，不一而足。中国哲学的心性之学和意识之学。由自我的认识和体验进至自然的认识和体验。自然呈现的自我与之相亲的状态乃是一种原初的生命，自我呈现的自然最初则往往以拟人化的形象加以形容。宇宙间的自然发生、发展过程就会涉及自我的主体问题，且将主体本体化。因此，从意识发生的观点看，自我与自然之发生，自我观念的确立在前，自然的概念反倒是次生的。自然乃自我意识确立而随之确立的概念。由后天的自我而设立先天的自然，乃哲学上的一大成就。自然的概念确立后，反过来也深化了自我观念：它呈现了自然发生的能力，所谓"道生之"、"道法自然"是也。自我则体现为发现、创造而做的努力。因此，不仅自我的概念是从反思而出来，自然的概念也是从反思里面出来的。不是先天就有自我意识之疏导，先天概念乃由自我而设，从而导致先天自然的发现。佛学八识，由后天而返先天，由经验而先验。佛学的意境论和境界论颇多胜义。例如自我的自觉如何成为无我而崇高、无位之位的格位（所谓"无位真人"）如何达到主体与本体合一、有我之境与无我之境孰胜，等等，都可以从美学的立场展开辨析和探究。

三

自我回归与宇宙自然的原始联系，就是要从人的生命发生、性命自觉、生活创造而加以领会，因此，自我与自然循环生义，最好从这个循环递进，相须生义的立场展开探讨。

自我不仅是认识者或意识的主体，也是行动者、创造者。自我从宇宙自然取资，仿佛宇宙间早就存在着创造的潜能，而所有的资源都是为创造活动所准备且具备无穷无尽的创造可能性。孟子"万物皆备于我"的命题从语义上将自然与自我的联系从根本上加以揭示，从而表明万物自然合乎自我，自我之所以备自然有取于万物的道理。我们有理由认为，审美的艺术领域里的发生、发现和创造，在自由的层面上展现自我生命与自然生态的关系和状态即生命的真理、创造的真理。没有生命，真理无由透显；没有创造，真理就不成其为真理。人的心灵需要自我理解,自然也需要深切认识。理解自我和认识自然的论证性和自明性在艺术中有最生动的表现,从而表明宇宙与人的本体关联性:自我之所是与自然之所是的语言性与非语言性。艺术的经验非语言所能尽,故有众多的超语言门类的艺术。然而,若脱离语言,艺术经验之不可言或言外之意亦难体贴入微,故艺术语言的非非主义(非语言,非非语言)的说法是可以接受的。指空、说无、言虚,往往以隐喻为宜,语言自身设立了建构—解构的机制。因此,经由人类心智创造的语言文字,业已创造性地建立且配备一套自然逻辑,而供我们学习、运用、分享的语言,似乎早已成为类似自然资源的东西,它整个地构成个体心智成长的环境。

本体论、诠释学、美学之贯通

——跨文化视界

王学海　高建枢

本体诠释学的美学观的基本特征,一言以蔽之:本体论、诠释学、美学三者的疏证和贯通。现在学术界通用的这三个词:本体论、诠释学、美学都是德国学者的创造用语,其根本意图在于深化哲学的研究,开拓哲学的视界。就其历史缘起的意义上说,也许只有德国的美学、本体论、诠释学与其名义相称,待其展开,则开辟出一个跨学科的、跨文化的视界。

一

在西方哲学文献中,Ontologia 一词最早见于德意志哲学家郭克兰纽(Rudolphus Goclenius)用拉丁文编撰的《哲学辞典》(1613)中。他将希腊词 on(即 bing)的复数 onta(即 Beings,“存在者”、“在者”或“是者”)与 logos(意“学问”、“道理”、“理性”)结合在一起创造出新词 Ontologia ,意即“存在学”或“存在论”、“是论”。稍后,德意志哲学家卡洛维(Abraham Calovius)在《神的形而上学》(1636)中把此词视为“形而上学”(Metaphysica)的同义词。1647 年,另一位德意志哲学家克劳堡(Johann Clauberg)又将 onta 与希腊词 Sophia (“智慧”、“知识”)结合创造出同义新词 Ontosophie,也即关于“存在(是)的学问、知识”之意。稍后,法国哲学家杜阿姆尔(Jean Bapistte Duhamel)也使用了这个词。笛卡儿(Rene R. Descartes)把研究实体或本体的第一哲学叫做 Ontologia(拉丁文),即“形而上学”。莱布尼茨 (Gottfried Wilhelmvon Leibniz) 及其继承者沃尔夫(Christian Wolff)试图通过纯粹抽象的途径建立一套完整的、关于于一般存在物和世界本质的形而上学,即独立的 Ontologie(德文)体系。沃尔夫把哲学分为理论哲学和实践哲学两大部分,理论哲学再分为逻辑学和形而上学,形而上学包括 Ontologia、宇宙论、理性心理学和自然神学。这样沃尔夫就把 Ontologia 视为哲学中一门基本的、相对独立的学科。他并且对这一学科作了如下界定："关于一般性'在'(entis)就其作为'在'而言的科学。"黑格尔在《哲学史讲演录》中引述了这个定义："Ontologia,论述各种有关于'有'的抽象的、完全普遍的哲学范畴,认为'有'是唯一范畴,善的;其中出现了唯一者、偶性、实体、因果、现象等范畴;这是抽象的形而上学。"

　　美学诠释与本体论的关系的隐蔽性仍然值得深为留意,我们可以借助伽达默尔的历史性的洞察而掌握其要点。伽达默尔陈述道:"这项事业最终明显地为一种效果历史所改变,并最终根植于一种非常有限的德国哲学和德国文化的遗产之中。别处远远比不上德国,在德国,所谓的人文学科都将科学及其决定性的功能统一在自身之中。或者更确切地说,它们与其他地方不同,它们已经在它们的科学过程的方法意识背后,十分连贯地取消了对它们的旨趣的决定性的、意识形态上的规定。这种有关所有人类知识的不可分解的统一体比别处更为明确地表达自身。"(《论哲学诠释的起源》)可以略加说明的是,所谓科学的方法意识相关的单纯的认识论,缺乏本体论的识度,以诠释为本体的哲学诠释学在一个更为广泛的关联中,揭示出诠释根植于一种基本的语言性或语言相关性之中,而语言本身从名言与超名言两面来理解,表明伽达默尔也注意到语言与存在相对称而未必对应的关系:"理解的基本的语言性不可能认识到的这一切都是那些前语言学的和元语言学的启明、暗哑、沉迷,在其中,与世界的直接相遇表达了自身。"(《论哲学诠释的起源》)这种语言的本体论理解,在一种或可称之为"无限知识"的"诠释"之中才得以确立,而美学的认识深化我们对无限知识的领会。诠释学的基本任务就包含了通达如何在语言中具有束缚力的背景——而概念在此背景中发挥作用——确立美学在诠释学中的地位。正如伽达默尔所启发的,语言如何变成诗歌的艺术与哲学的艺术,这样的问题之所以会进一步提出,不仅因为诠释作为理解的艺术总是涉及到言语和文本的形式,还因为在这种深入于语言之理解的意义上,美学包含或整合了诠释学和本体论。

　　现代西方美学作为一种学科化的美学理论,一开始就在科学与形而上学之间摇摆不定,因为后两者皆以一般世界观作为先决条件。所谓"世界观",其字面含义意味着"观察"世界,理解现实,并且解释现实的一种方式。在德国,美学理论的起源大体发生在 1700 年至 1750 年期间,它渴望知道一个人在现代科学关于感性世界的新方法所给定的范围内应如何"观看"世界。鲍姆伽登发明的"美学"一词源于古希腊的用法,最初意指 aisthsta,意指感觉,即以经验为根据的"感觉"(das Sinnliche)。现代理论物理学及数学模型科学的发展彻底改变了西方世界观的感知和观看方式。一般说来,美学之发展,由最初新的和现代的感性观看事物的方法,演化为一门探求美和艺术真理的理论。德国美学初兴时的"空

想"的方面则可能与美学家所信任的形而上学有关,而本体论概念的确立则把形
而上学的核心问题揭示出来。

成中英先生的本体诠释学的美学论从美学与本体论、诠释学内在相契着眼,
进而将其纳入中国思想经验的基础上进行综合,这种工作类似于康德在"判断力
批判"名义下展开的工作。从本体诠释学反观德国本体论、诠释学、美学由分立
而交叉、而综合、而突出美学课题的情形,就可以看得很清楚:若没有启蒙时代德
国美学的争论,将不可能有康德、马克思、海德格尔、伽达默尔的发挥,因此,德国
文化与历史既有一个有限的倾向性(归之于本土性)又有其普遍性的追求:康德
对审美主观性与客观性的论证,已然巧妙地运用本体论与诠释学思想于美学。
成中英先生本体诠释学的西学渊源中隐伏着对中国哲学的浓厚兴趣,由此可以
解释成中英先生美学研究及整个本体诠释学的双重关系:西方与中国的交叉,本
体论、诠释学与美学的贯通。成中英先生对德国古典哲学与汉学关系的历史洞
察颇有卓见,为我们重新研究中国哲学美学实有揭明根本问题之效,好学善思者
可深而留意。

本体诠释学的确立和创建,首先重视方法论的建设。这是一种兼重自然科
学和人文科学的方法论,体现了新哲学的创建者在当代世界哲学的语境下,试图
结合现代英美哲学重分析与欧洲大陆哲学重综合的传统,并更进一步地综合中
西哲学本体论与诠释学。

因此,现代以来的种种哲学的基本观念和见解的分歧,在美学上也有相应的
体现,本体诠释学的基本方法论运用于美学同样有效。当然,随着问题境域与话
语之异,相应的视角调整,随后有方法论上的精微的运用,这是必要的。

与海德格尔、伽达默尔的本体论与诠释学的立论有所不同的是,至少在艺术
和诗或精神科学领域里,海德格尔和伽达默尔解构逻辑和方法论,代之以修辞
学、语义学的隐喻的、类比的领会;成中英先生则强调,即使在纯粹精神性的领域
里,逻辑与方法论仍有其基本的作用,问题是如何适当限制或扩充其用。成中英
先生对逻辑和方法论的重视,首先针对中国哲学的现状而下针,其次也考虑到理
性思维弱化整个哲学的不利影响。

本体诠释学的本体观,甚至肯定本体二分为主体与客体的意义。这是一种
有见于整体的二分,因此,即使分而无碍于分。不仅如此,主体与客体,愈分愈显
鼓荡之张力。这一点,《周易》分阴分阳、分有分无、分显分隐、设主设客,实际上
确立了一种整体性的二元论。二元论之失在于光分不合,偏而不返。苟求其合,
无碍于分之、离之、折之;知其返也,则虽有偏向或偏取亦能成为中正之和的动
力。成中英先生的这种二分论与海德格尔所谓的"本体论区分"颇有相契。成中
英先生更进一步强调,"本体论区分"在各个概念和问题上都有显示,归之于道或

存在只有一种约化的说法。成中英先生的见地更有意思的地方在于,他将"本体论区分"理解为整体的"承诺",其层层两分隐然以整体立界,因此往往容易自行遮蔽。所谓见主不见客,见客不见主;见心不见身,见身不见心;见心不见物,见物不见心。苟有自觉,种种分际已显出其合处和整体的视界。"本体论承诺"的说法颇有取于奎因,将其运用于伦理的、管理的、社会的、文化的领域则是成中英先生"本体诠释学"的又一创设。

本体诠释学的创设的第三个方面是在美学。理性永远是对感性的超越,理性之超越方式不仅是思辨的、抽象的、概念的,也是感性的,为兴趣和意向性所导引,这一点早为康德、胡塞尔所揭示。海德格尔一再强调其哲学旨趣在于基本本体论,其立论得之其生存(他称之为"思想经验",这种经验是活生生的,承受历史性的考验),而非出于单纯的文本和学院哲学传统,尽管他的著述给人以一种学院风格和文本诠释的外貌。成中英先生思想的发展同样顺应了中国现代社会的时代之变,其作诗、从事文学批评、创建本体诠释学,以及根本上强调美学的意义,其志业全然是一派哲人风格。美感乃包含和谐、真理及争议之历史成果的价值学,这种成果也会将问题本身作为思想的成就而予以珍视。依据我们的领会,本体诠释学的美学或美学的本体诠释学,在西方哲学的语境里,成中英先生回到康德以"审美构想力"沟通纯粹理想与实现理性的问题。成中英先生甚至用了审美理性的说法(由感兴而不囿于感性而通达理性)。在中国哲学的语境里,成中英先生则回到《周易》,回到大易之"观",把观念和经验密切结合而融汇为基本观念和基本经验,二分而不流于两橛。对易的感性经验之感兴的特点作理性的反思,从而实现抽象与具象的密切结合。于是,天地之心可睹,天地之意沛然、兴然,品物流行,宇宙文章就是一篇大诗了。这是从易的感兴体验、感性经验而到易的性理之道的建立,其深义与康德、海德格尔哲学运思,虽异而可相互对照、发明、诠释。今人仍能透过《周易》取象网络和系辞构想来理解古今文化思想变异之所以然、所当然。如此之反观深思"易"的体系的建立之对于哲学与美学之始分而终合,分合如环然的可能性与必要性实可供我们作创造性的领会。

二

现代性的西方哲学与美学创始于欧洲启蒙时代的笛卡儿、鲍姆加登和康德,若欲深入了解启蒙时代以来美学与哲学的关系,最好将笛卡儿、鲍姆加登和康德的美学思想联系起来进行整体的考察。从更大的范围看,此乃具有世界性背景的现代美学谱系构成之一环。还有一环则在远东世界中国与日本或隐或显地展开。作为欧洲文明的"泰西"与"远东"的联系所构成的线索则是自 15—16 世纪之际来华的耶稣会士。在二百余年的时间里，一批批博学而多才多艺的耶稣会士往返于中国与欧洲之途，携带无数的书籍和器物，从事宗教、哲学、科学与文艺典籍的翻译和传播工作。东方现代美学的兴起，研究者一般把它追溯至明治维新时期的日本，归功于西周或中江兆明。西周与中江兆明以汉字"美学"翻译Aesthetik 一词，遂为日后东方"美学"学科之定名。此见大体不差，却没有进而探讨日本之所以能创新名词以建立美学乃至获得整个现代哲学的灵感，以及得以深探现代学问的更隐蔽的来源。整个地看，西周、中江兆明等日本学人初具现代品格学问，除了江户时代的日本兰学和东亚传统汉学外，他们还深研过早期西方科学、神学、哲学的汉语译著，获得了根本的启发。例如，西周在"哲学"译名创说，更多受中国早期典籍用语的启发，我们知道，在《尚书》《诗经》中"哲人"、"哲王"一类词的含义与西方 phylosopher、phylosophy king 一类词的词义相近。而作为译名的"哲学"一词的构词法，合乎汉语的构词法，且有先例，如"文学"、"玄学"、"道学"等，即为显例。相比之下，日本学者立"美学"之名较有原创性。此原创性缘于他们对西方现代哲学深有兴趣，且有创建新哲学的自觉意图。敏感善思的西周和中江兆民接触到 Aesthetik，即意识到此学问对于更新东方文化和生活的重要性，遂动念作专门而深入的探讨，启发后来日本和中国学者之处多矣。对新知识、新学问的好奇会对外来的思想概念和问题特别敏感，西方启蒙时代对中国古典文明的倾慕，东亚近代之初对西方新知识的渴求，即其例也。

　　就美学而论，现代美学及与美学相关的哲学与文艺创造在一个族群或传统的文化、思想与社会转向中所扮演的角色和所具有的地位，必须具有本体意识的架构与重建，此其内部的转进，或可谓之"内缘"的发展。而在一个新开辟的世界化的背景和环境中，内源的发展因外部环境因素的刺激而剧变，亦成为现代世界历史发展的常例，或可谓之"外缘"发展。处身于现代世界，其生存与发展的内源与外缘之协调，至关重要。这同时也是主动发展与被动发展的区别。由此来看，如何从整个现代哲学、美学与文艺的发生与发展而着眼于中国、西方与东亚构成的环节，分析与彰显其各自的本体意识典范的转化、架构与重建，不仅对于今日东西方哲学在方法学与本体学上的创建具有极大的重要性，而且也肯定了兼能基于分别的本体典范的诠释及对新时代的社会、经济、文化的变迁进行创造整合，对于建立新的全球化的本体典范具有根本的重要性。

　　现代性的美学既是西方哲学的创造，也是西方哲学现代发展的标志。美学初兴正当新哲学兴起之初或当哲学发生变革时期，也是欧洲与中国及东亚在文化、思想、典籍、器物、语言、艺术发生全面交往与交流的时代。同一时期，在中国和东亚(朝鲜和日本)，在哲学和文艺领域里，出现许多现代性的倾向，如中国的王夫之、黄宗羲、傅山、扬州八怪、郑板桥、八大山人、石涛，日本的道元、世阿弥、芭蕉、芜村、一茶等,他们是中国和东亚处于前现代与现代转变过程中最有创造力和自觉创造意识的思想家、艺术家和诗人。其中有许多人直到今天仍对当代的思想和文艺产生影响,其影响早已跨出本民族的范围。因此,无论从眼前的还是从长远的观点看,现代意义的美学并不是发生于西方的一个孤立的事件,源源不断的来自东方的文化、思想、典籍和艺术作品,对西方人的审美观、文化趣味、艺术样式,乃至人生观和世界观或隐或显地都产生了持久的影响。当然,现代美学虽非发生于欧洲的一个孤立的历史事件,但现代美学和文艺在欧洲才有突出的根本的发展却是一个重要的历史事实。我们今天批判欧洲文艺、文化、文明的世界中心主义,不应否认或无视欧洲现代型文明对于形成世界文化的导向作用,而是该深而探问:西方能够起到世界性的导向作用的动力与能力是怎么获得的?还要进而具体考察,欧洲在实现其现代化的过程中如何从阿拉伯、印度、中国、日本吸取其文化、哲学、文艺的资源和养料。有见于此,过于突出西方现代化运动的地方性或许只是某种民族主义情绪的表达,无助于相互的深入对话和理解。平心而论,西方整个现代文明的形成和发展所体现的丰富性和复杂性,既有特殊性,又有普遍性,其普遍性乃是合内源和外缘而综合而创造的结果。概而言之,今日国际美学潮流在中国、东亚和西方的展开,如果不周密地分析和研究由三方面历史地构成的数百年间彼此的影响,既无法考证各个现代国家的美学传统和民族性格的本来形态,对其敏感的差异和一切创造性的努力及其可能达到的一致性缺乏判断力。

　　美学课题对于全部哲学研究的重要性,在当代东西方世界获得越来越多的共识,此亦基于数百年来的交往双方及对于对方的成就认识并欣赏的结果。美学初兴,或作为哲学的感性认识课题,或作为艺术哲学,或作为审美思辨与审美经验问题加以探讨。哲学家对美学作为独立的哲学学科的必要性和意义颇有质疑,随着理解的扩充和深入,遂由起先消极定位而进至哲学的审美确立。今天,美学全面展开其重要性,业已越过诸如美的本质、感性、艺术等分别的问题,成为一般哲学研究领域中的具有整体性的课题。现代哲学自康德以降,久已认可这一见解,即我们称之为人类现实的基础条件是审美的。我们有理由认为,以审美方式把握我们今天的生存条件,以新的方式来改良现实生活至为重要。值得深为留意的是,成中先生英倡导并推动的美学本体论转向,赞成现代美学的康德-胡塞尔-海德格尔路线,进而回到孔子和《周易》,基于中国哲学与美学的本体论立场,而对西方最精辟的思想作出深切的理解和创造性的回应。这看来似乎是绕道而行,其实是不蔽于枝节之见而直探本源。

中国现代美学的方法概念与方法论问题

古 冈

一

本体诠释学乃本体论与诠释学贯通之学。本体论美学乃诠释学与本体论在美学上的统一。本体论与诠释学乃贯通之学。美学之贯通思想与文艺的作用，可以从本体论与诠释学相关的意义上展开探讨。因此，本体诠释学乃继伽达默尔哲学诠释学之后的又一种新的诠释学形态。潘德荣认为："本体诠释学的建立具有双重意义：它既可视为对西方诠释学的发展，同时亦始开建构中国诠释学之先河。"(《跨越国界的世界哲学》)伽达默尔的哲学诠释学更新了西方哲学一系列的思想和概念：古希腊哲学与诗学、古典诠释学传统、德国浪漫主义精神、狄尔泰人文科学方法论、胡塞尔现象学方法、海德格尔思想、表现主义诗歌等等，由于这些背景和境域之沟通，伽达默尔对艺术、历史、语言和实践哲学等都形成了自己的全新的看法。所有这些看法，准之以其审美观艺术观而从理论的真理而进至感性实践的真理。伽达默尔强调："通过艺术作品而获得的真理经验，以反思那种被科学的真理概念弄得很狭窄的美学理论。"(《真理与方法》)成中英强调，作为真理的本源与整体之本体之一体性，本身就具有拓展方法论的意义。故本体诠释学以重建方法论为起点。本体诠释学与伽达默尔哲学诠释学的差异即表现在彼此对方法问题的看法有所不同。伽达默尔以精神科学的理解与自然科学的方法相对照，而作方法论的解构；成中英则就着眼于渊源于历史文化传统里的"方法"及蕴涵于不同的本体论与诠释学的"方法"，因此，方法论的讲究为哲学与美学的题中之义。重视美学和艺术哲学的方法论，强调审美和艺术创造的合理性，似乎一直是东方精神活动构成的特点。理性与直觉、灵感与技艺之间的紧张关系难以明言，故不如现代西方人那么强调。

概言之，对方法问题的自觉首先与哲学思辨之寻求共识的意图有关。共识不必是见识相同。共识容有所异,虽有差异仍然是相关的,否则,各种不相关的私见不能构成共识。共识具有公开性,与秘识有所不同。虽然相对于一个社团或精神活动共同体,这种秘识在其内部一定程度上也是公开的。因此,所谓秘识,也是共识的特殊形式之一。共识乃达成一致性之识。不同之识虽绝相异,所求却可有一致性,都有可能构成共识。无论公识还是共识,在一个人类交往公共体中,表明知识活动具有奠基的作用。在这种意义上,求知识已然隐含求方法的意图,求方法则表明有一套渊源于历史文化传统里的"方法",也形成因求知方式不同的哲学方法。而当东西方文明相遇,两者的差异性发展至目前,出现了一种微妙而深刻的关系:即两大相异的哲学形态的思潮不仅呈现其相异性、冲突性,同时也彼此"汇合"(convergence),形成"公识",更因彼此间的"对话"(dialogue),萌生"共识"。这种趋势发生的动因,乃系"天下相见",人类彼此反省其过去,审视其现在、展望其未来之新的需要所致。因此,方法亦是求一种新的"意义视界"(horizon of meaning)的方法,以达到理解、沟通的目的。

在中国哲学和美学的传统里,方法问题的重要性在周秦时代一直是很突出的。西周"正字"(规范文字。所谓"篆定",隐含释义及文字义群的归类),道家有名无名、名实言意之辩,儒家"正名",名家的名辩学,墨家由名的分类而求其实际和公理,等等,表明其方法的突出性,与希腊、印度同时代"哲学突破"的情形相类似。先秦诸子、印度诸子、希腊诸子在这一点上形成共识:要真正地追求知识,就必须把所有的观念及表达观念的语词都给予定义,定其名义。这种对定义及名义的要求及对意义本身澄清的要求,涉及对名与实、言与意关系的深入探究,乃是一种对"方法"的重视。秦汉以后,玄学、理学、道学、佛学,多讲求"无法之法"的方法,表明在中国哲学传统中,方法问题的重要性仍然是突出的。但由于哲学往往从属于意识形态的"经学",视重方法的唯理是求的自由精神,由酌情度势而加以调和,方法论之外显的性格从隐设的意义上加以培植,故其思辨的分析从属于领会的综合,求其周纳,害怕出现偏向而成异端。这种传统延续至明清之际西方哲学的传入有所改观。治哲学和美学者重新唤起对方法问题的自觉,重新留意先秦诸子学,再度要求有一种理性要求的突破,亦即肯定理性,重视方法。

以跨文化的学术观点回顾中国现代美学的历史发展过程,确实反映了西方思想所造成的冲击。新兴的知识分子求道于西学,或可归之于当时动荡的政治与社会所迸发的激励因素。这些因素,使我们对中国哲学与美学传统进行理性的反思及重建带来便利,但也有遮蔽的作用。王国维作为推动中国美学现代性之确立的人物,由援引德国美学的哲学入手。德国古典美学的基本特征之一就是强调审美与艺术的独立性及其对现实生活的超越性,从而有了"无利害性"(disinterestedness)、"游戏"(play)、

"形式"（form）等独立自足的美学观念。王国维对康德、席勒、叔本华、尼采深有兴趣，倾心接受这些具有典型的现代美学特征的概念。王国维对源于西方美学的概念和范畴，往往先从名义界说入手，而求其领会、求其与中学之会通，其方法论意识极为通透。强调美之"无利害性"表面上与儒家"正其谊不计其功"之义相契，实际上却与现实文艺的主流相左。"维新变法"、"五四运动"的新兴文艺思潮以新文艺而行教化过于实在了，虚实之间断然分隔。治文艺者一涉群己之辨，即将个人风格之求收敛不张，较其利害求其功利，其历史效果反而弱化了。因此，王国维在美学、文艺上为"无利害性"张本，求之于原理，付诸"人间词"的实践，可谓兼重本体与工夫、诠释与方法。惜其后来悬置哲学和美学，而广求于中国史地之考证、于文字典章制度之渊源流变之研究，虽贯之以诗心，终究不足以突出美学之感兴之力。虽然，其论"古雅"、论"境界"方法之精微，可见其本体论观念并不是抽象的。

二

　　在美学和哲学的领域内，语词和概念史的研究方法所起的作用，渐渐受到重视。本体诠释学由最初的命名和命题之确立，然后经多方推阐，业已涉及广大的哲学领域。仅就美学而言，业已提出许多新的概念，之所以谓之新，首先是就其语用赋义的意义而言，例如：本体、本体论、本体化、本体诠释、非本体的本体诠释空间、观、非方法的方法等。若就命题而论，则可进一步领会其用词和概念运用之命意：如将"本体与诠释"并称，以替代伽达默尔"真理与方法"的叙述模式，至于沟通"知识与价值"的命题在美学上则体现了对认知价值作本体论的整体把握和理解的意图，等等。所有这些说法，都是立言者从中西哲学和美学的文本和思想经验中细心绎演而成。成中英先生的根本用意不是建立一个本体诠释学的美学体系，而是在具体而深切的问题境域中，邀求我们继而深思、对话，给我们以启发。然而，有心的研究者或可从语词和概念的关系着眼，求其贯通、联系，以立新论，以建系统。本体诠释学的美学观，重新从审美的、感性的艺术着眼，省察一系列哲学概念、命题和设想，以印证，对价值、精神追求、生活世界和人生意义的研究，如何不违理性、知识和科学。因而这是有时代的针对性的，而非虚设的空论。

　　对本体诠释学展开概念史研究，最困难之处就是对一些涉及中西哲学双方的用语展开细致的辨析。例如，本体与本体论、诠释与诠释学、方法与方法论等用语，每一个用语在中西语言和哲学性的背景中，都须从概念史与历史文本相关的语境中展开疏证、辨思、阐释，将概念史的研究展开为问题史的研究。成中英先生一再强调，在中西哲学本体思想的领会中，对思维在其中得以表现自身的概念和语词要进行深思，这一要求与海德格尔、伽达默尔关于"哲学思维的技艺"（handwerk)的说法在根本意见上是一致的。哲学的语词和概念运用而显思,它是从哲学思想在其中运作的历史来源和语词本身的意义形成过程中获准其意义规定性的,它总是在业已形成的语言形态中产生,由衍义而生新意。当代中西哲学家在复述对方文本时系统地运用了自己的基本概念和语词,这些基本概念和语词,可以进一步从概念史和问题史的观点进行疏解。对于先哲所给予的阐释,所有哲学思维都是有效的,因为有助于提高哲学思维的技艺,但只有在诠释学的意识中明心见体才能获得其真正的彻底性。

在本体诠释学开辟的哲学领域中,语词与概念的历史性研究,赋予构成一切哲学思辨之本质的再认识以独特的属性,它被理解为对一个由文本的陈述(这里首先可以确立的文本是伽达默尔的《真理与方法》)所唤起问题的回答,而"本体与诠释"作为主宰着所有问题之提出的概念被意识到时,就要为它作概念性的加工,斟词酌句,让它宽泛周纳到使回答得以可能,在新的语境中充分展开。

"哲学诗"四题

刘佑军

"哲学诗"是成中英本体论诗学的核心用语。成中英是现代"哲学诗"概念的确立者,也是一位参与创作的实践者。已有人就成中英的创作及其诗学和哲学意义的论题作专题探讨,这种探讨对于哲学研究和诗歌写作都有启发的意义。这篇笔谈仅就"哲学诗"一词展开初步的阐释,以期引起进一步的讨论。

一、"哲学诗":诗与诗歌的区分问题

在德语中,相应于汉语"诗"一词,有两个意思区别而意义相关的词:Poesie,意思是诗歌,作为文学门类的诗歌与其他文类(诸如小说、论文)在文体上相区别。诗歌这里主要与散文区别开来;Dichtung,或可译为"原诗",中国古典诗学中"原诗"表明诗歌之本原先于诗的体式和风格而起作用,例如古风之为古风、词曲之为词曲的问题,都可以还原为原诗的问题。作诗者确立原诗的概念,有助于对诸如诗歌格律等复杂问题作严格而又自由的探讨。因此,随着诗歌体裁的完备,哲学家再度喜爱袭用各种诗歌体裁表达其有关哲学的深奥微妙的想法和难以用概念话语言表之物,诗歌与哲学之间又有了美妙的接近。诗人的独白,如何同时具有哲学的典型性的特征,是一件只能通过具体的作品才能加以亲切领会的事情,它不只是一个抽象的问题。"哲学诗"的提法似显得生分,但为了突出问题起见,不失为积极的建议,期以引发对诗与哲学的重新思考。实际上,已有一些与哲学诗相近的用语,诸如咏道诗、禅诗、观念诗、玄学诗或形而上学之诗、存在之诗、思想诗、哲理诗等等。立名而反观其实,求其言意之间富于启发的问题,并无不宜。

原本意义上的哲学不外于诗,反之亦然。正如惠特曼所言,诗表现科学和哲学,"赋予人和宇宙的广袤、光辉和现实感"(《民主之韵》)。而在当代的语境里,

诗与思、诗歌与哲学之间是一个宽广的领域：诗与信仰(宗教)之间、诗与物质世界的本质的探求(科学)之间、诗与语言自身的领会(语言学、修辞学)之间、诗与思想活动(形而上学)之间所具有的持久的含混性和黏着状态，构成一种对两者有所帮助的既充满张力又富于成效的关系。这种关系有时显得可信，有时则显得暧昧可疑。哲学诗概念的确立或可视为在一个敞开的"既济而未济"的领域所作的勘察。初步的研究，既可用"格物"的方法经验性地从身边的事实的注意和理解入手，格而求其通，求其根本的推广；也可用直观的方法，借助于一些具有范例性的文本和引导人物来综观、论列历史上的特定的范围和时代，"通古今之变"。宏观和微观分析、历史概观和细节说明，主题性的把握和具体内容的描述，应当是互为补充的，从而揭示一些恒常而又变化的事情。

二、哲学诗：古典与现代范式

"哲学诗"是一个历史性的范畴，又是一个现代概念，至少可区分其古典和现代两种形态。首先得对这种形态及其特性作分别的说明。哲学真理的诗体记录本身也许并不重要，但在诗性经验中遭遇思想或意义总给人以一种愉快的惊奇。诗歌的令人称奇的一面也被置于哲学中来观照，而禅宗"本来无一镜"的说法让我们领会"哲学之镜"的假设之辞。而在后现代的语境里，诗的观念化的情形则更为突出。细辨之，观念化的诗与哲学性的诗有所不同。后现代是一个情绪无端、观念更新漫无节制的时代，诗与哲学的区分和相关性，看似相当突出，却是以遮蔽的方式突出的。因此，用来作标识作用的"哲学诗"一词，在"诗"之前加上"哲学"，表明问题已有实际的重要性。坚持并突出地使用这个词，表明使用者选择基本的历史性的立场：在古典与后现代之间确立一个立场：强调诗与思两者间必要的区分和结合，这是古典与后现代之后的"中道"。

古典哲学诗，诗与哲学浑然一体，浑然于诗体。诗与哲学区别的亲密性与疏离性尚未被历史所经历，诗与哲学的紧张关系尚未成为问题。

古典哲学诗最典型的例子和文本是老子的《道德经》和巴门尼德的《自然论》。已有一些学者从诗学的角度从事老子书及其思想的研究。在现代学者中，朱谦之是一位开创者，他的《老子校释》对传统老学中的音韵学著作进行综合性的研究，得出"道德五千言，古之哲学诗也"的论断。许结、许永璋的《老子诗学宇宙》，则试图开辟老子书的"诗学研究领域"，其诠释多有新意。近期来，以诗体译老，颇有人从事，体现了老学研究最有创意的一面。《道德经》通篇用韵，其形式和意义与其音调韵律内在地结合在一起。古今字义递变，一些字的读音也发生了相应的变化。辨其古读，识其音韵，对于理解、领会《道德经》的诗意和思想，不应忽略。在古希腊,巴门尼德时代的所有的学问都是哲学,继史诗的叙事性诗歌之后得以表述思想、表达哲人对世界之根本看法的抒情诗,同时也陈述哲学思想的要点:这种诗歌足以表达哲学性的统而不分的学问,足以将微妙深邃的哲学思维表达出来,它还能表达言外之意。因此,对巴门尼德《论自然》适当的解读既要回复诗歌的立场,又须将这一立场作历史性的推进:即是说把这部作品看成是一种灵活而又确定的哲学姿态的诗性的呈现或开显。进一步的问题我们这里不必展开,然而可以一问:为何要将巴门尼德的作诗运思视为西方本体论的开端?许多研究者(例如海德格尔)认为,巴门尼德代表的前苏格拉底哲学思想的更早的开端。这个开端全然不同于由柏拉图和亚里士多德确立的本体论。然而,这后一开端以及随之而兴的整个西方哲学难道不正是巴门尼德哲学思想进一步展开吗?也许,我们还须像希腊人那样以初步的问题作为准备,循此而继续将问题问下去:什么是本体论?更确切地说,什么是巴门尼德或柏拉图、亚里士多德哲学本体论之同之异?若能将问题前后映照,本体论的整体视界就会显现出来。同为本体论的哲学家,由于表达方式及契入问题的途径的不同,两者的差异可以得到更有意思的说明。老子与巴门尼德共同的卓越不凡之处就在于,他们向我们揭示了世界与自我的最重要的方面。作为哲学和诗歌的开创者功绩甚伟,它们即使在产生他们的时代消亡以后也不会随之丧失其真实与伟大。在今天的研究者看来,老子和巴门尼德的诗体著作,它们哲学的重要性远过于其诗歌,而在当时它们还以诗歌的美妙吸引那些追随者。老子和巴门尼德写诗是在做历史性的事情:"立言",所谓立言,既是作诗又是运思,兼而立哲学和诗歌之言,可谓毕其功于一役。

现代哲学诗则在诗与哲学久分之后试图作新的结合。这种结合正视诗歌与哲学之各自所取和所守,并强调所有的结合取决于结合的强度或能力。现代哲学诗仍处于推进的过程中,它的意义既取决于它的效果,也取决于它对理想的坚持,取决于实际努力的成果 :即作品及其艺术效果和思想效果。现代哲学诗从事文化的探求,对人的内在精神世界及其需求作整体的把握和表达,担当起哲学性的精神探索的重任。

现代哲学诗风格多样,可举艾略特(Thomas Stearns Eliot)、庞德(Ezra Pound)、帕斯(Octavio Paz)的长诗为例略加说明。艾略特的《荒原》呈现整个现代世界从根源上与自身脱离时漂泊无依的状态,那是干涸的大地上的情形,而救济则自上而下地降临。在诗人看来,一个更高的世界是可以期待的。在《四个四重奏》中,这个更高的世界变得依稀可辨。作为诗人的先知性活动,一旦在纯粹诗歌的意义上得以实现,它在哲学上的贡献就得以彰显。诗人有意地在一种极端排外和意识到的孤独中寻求其位置,结果反而在大众意识中开辟并建立起与更广大的自然的联系;读艾略特深奥的诗作,虽然难懂,但知所求知所努力知所创新的意识的确立所受到的影响,其作用无形而持久。这是"玄学诗"时代诗人对诗学与玄学内在关系之发现的卓识之一。如此理解,则艾略特的一个高明论断:当代文明中的诗人犹如最晦涩的哲人,只能是难以理解的。我们可以补充一句:诗人晦涩的方式为文明消除晦气。庞德的《诗章》不仅是哲学的,也是历史的、诗学的、政治的,是现代人文主义双重性和复杂性的呈现。《诗章》同时以间断、分割而又关联、连贯的方式,呈现着诗人对人类精神创造、文明、历史、政治、经济、道德、语言、文字、文本、艺术乃至诗学本身的理解和领会。《诗章》最大特异之处也许就是,如此殊相,如此具有多面性,又如此具有整体性,其构思与《易传》"天下一致而虑,殊途而同归"的想法相符合。帕斯的《太阳石》中古老的历久常新的世界观,幻术般地迷人地呈现,让我们在美感中去领会这种世界观的真理。《太阳石》也有一种组合的风格,犹如巨大的拉美风格的壁画的组合,既有宏大的主题,又有迷人的细节,强烈的瞬间经验和复杂的历史意识、个体的生命直觉和人类的文化传统达到了高度的统一。与玛雅太阳年的无数相对应的诗行,呈现的是周而复始时间观,在空间上则作全幅的敞开。

一首诗的"本事"或事体乃个体的兴感,待到一首诗完成即体现它的"非个体性"(impersonality),我们或许可以将这一过程称之为:在一首诗的写作(海德格尔谓之"作诗")过程中展现的"本体论转化",即其个人的私自的痛苦或欢乐在作品中就转化为丰富的、奇异的、具有共通性的东西。

三、诗意的本体与诠释

当我们说"这首诗写得很有诗意"、"这首乐曲很有诗意"、"这个人很有诗意"或"这个地方很有诗意"时,很显然我们是在不同的语境里运用"诗意"一词,而"诗意"似乎是一种能贯通种种不同事情的不同寻常的东西。

让我们深切地感到诗意最为微妙之处与我们的内心感受密切相关,但并不能简单地归之于心理活动和作用。饶有兴趣的问题是:是什么构成一首诗的诗意,一首诗的诗意如何赋予一个词或一件物以力量?

这样,诗意就被视为诗歌作品的本源或诗人美妙地、生气勃勃地从事艺术性创造的本源。在本文里,我们不能展开,谨将视线眼光限制于诗意和诗歌作品的本源这一中心问题,围绕这一中心问题而展开。

古语云:"诗之为诗。"以今语释之,即是说,诗的本源源于诗,或诗的本质由诗而得到规定。从字面上看,前一个"诗"是行规定者,后一个"诗"则是被规定的"者"。细辨之,后一个被规定的"者"其实并非全然被动,而由被动施主动;前一"诗"亦并非全然主动,而由主动而显被动,即是说,前后两相同或相异具有互为规定的意思在里面,构成一个意义生成的循环。这就给我们一个根本的提示,从诗意到诗歌的"现实"的过程及从诗歌到诗意的"返虚"的过程,不应理解为单向的过程,而是相互激发生成的过程。

在汉语中,"诗"一字既可指诗本身,也可指诗本身最为美妙的体现,即诗歌既可作为动词来使用如作诗、诗化,也可作为形容词使用如诗性、诗情;或作为名词来加以命名如诗歌、诗意。只需加上某个字作为"词尾",就可以突出"诗"的基本词性。这是现代汉语的新的构词法带来的语言变化。在一首哲学诗里,思想即诗意,诗意即思想。思想不是某种标记,它让这首诗成为或呈现这一标记。因此,阐释一首诗的思想性其实就是在抒发或感受它的诗意。诗歌的诗意阐释乃出自一种思的必然性。诗意之"思"的"思",孔子解说的最有意思。孔子说:"诗可以观、可以兴、可以怨、可以群",这种观、兴、怨、群,若不至流于浅薄,必然深于思。而思非凭空而思,思依凭于学。从诗学的立场看,学与思皆为"作诗"的事情。

一首哲学诗,里面包藏着诗意创作物,与另一类优秀的诗作也许并无区别。区别仅仅在于,在一首以哲学诗命题或命名的诗里,思想的用意更深,更自觉,因而内涵更为丰富而复杂。人性天然地倾向于哲学,人类本质上是一种哲学性的生灵。人同时也是会退化的,诗人也是。"不进则退",这句成语表明了一个诗人在人生历程中的现实之处境。进取具有精神性的向度,思想的方向感随时会起作用或停歇下来。所谓"思前想后",不仅是空间性的环顾,也是时间上的观照。一首诗一旦把人生中的"思前想后"的景况呈现出来,其犹豫或决断,都会感发我们。对一首哲学诗的深入阐释,势必会涉及真正的诗艺问题(要完成一首好诗仅仅靠基本的技巧是不够的,得精益求精)也不要以为仅仅具有思想就够了。不能让思想在一首诗里赤裸裸地现身,还得让它穿上形象的衣裳。在一首哲学诗里,思想隐藏得越深越好。当然,偶尔的浅露甚至赤裸是允许的,有时是必要的。但它更喜欢用形象的方式去敞开它、呈现它。思想是灵动之物,你只能在诗意中去感受它,它不只是邀请或召唤,它是邀请和召唤本身。

四、孔子"诗可以观"释义:本体论诗学的一个范例

"观"有先天之观与后天之观,及观显与观隐,观有与观无,乃至及物不及物之观等种种区分。其区分的真正揭示及整体的阐释,乃成中英先生"观"的本体诠释学的奥义所在。成中英先生论"观"的根本哲学意义与易学本体论,从《周易》入手,进而求与德国哲学(康德与海德格尔)、希腊哲学之本体论的"存在"洞见相互

发明,胜义迭出,实有纲举目张之效。推之于中国的"六经"之"观礼"、"观乐"、"观诗"、"观史"、"观政"、"观邦"、"观天下"之种种的"观"亦无不宜。待观之深,或可推及东西方文明、典籍、制度、文章、礼仪、器物,通而观之,统而观之。追随成中英先生接续而作,远非一论文所可揭明,谨就《诗》之例,而论"观"诗之意义。

《诗》之观可以追原到《周易》之观。《周易》之"兴"的殷周之世也是《诗》兴之时。《周易》存先王乐观之志,忧患之怀,亦诗人之志之情所源源发动者。故云:《周易》之观早已为《诗》之观开辟了视域。此视域,既超乎万有之上,又显乎万有之中。《周易》之观可以追溯到伏羲之"观"。伏羲之"观",乃诗意之观,乃极富于想象力之观。伏羲"一划开天",再往前已探入天地未分之原始境地,宇宙既分,则天地分明,万有始显,这里"划"画者就是人的作用了。三才之观已为观"诗"者划分先、后天的界域:求显求隐、求有求无,莫逃乎大易。我们这里首先要讨论的是孔子"诗可以观"的命题与《周易》"易"之"观"及老子"道"之"观"的相互发明之意。

孔子"诗可以观"的命题,不仅强调其直观的功能,更进一步地洞察隐然突显"诗"的可能性。此"可以"的具体前提:以依而可乃是可能性的实现条件。这一点,回到孔子语录而揭诸此命题的原义,意思就更清楚了:

> 子曰:"小子何莫学夫诗? 诗可以兴,可以观,可以群,可以怨。迩之事父,远之事君,多识于鸟兽草木之名。"①

孔子在这里向他的弟子们发出邀请:学诗。设问的语气表明孔子的自问自答是追问性的,接下来的一系列论述亦大有讨论的余地。通过语源的研究,我们对诗之"兴"有了更多的理解:原始的"兴"是行为性的,诗之兴起犹如抬举什么,托出什么。进一步的领会或可作大胆的释义,诗之兴,乃作诗者之兴然出场。后来论诗者所谓"兴起"、"兴头"、"兴致"的说法似乎都是对这种行为和行为者的描述。如果说,"兴"更多的是"自发"的行为,是诗之"发生",接下来的"可以观",则是自觉的观,是一种"发现"。"观"的"发现"则展开种种的诗观或观诗法。诸如:由先王诗以观先哲之志,由"诗言志"以观诗人之志,由诗之"兴"态可以观邦和民风,由诗之赋则可以观人,求其友声,求其同志之情。再接下来的"可以群,可以怨",则从群、己关系论诗,与接下来的意思相接:"迩之事父,远之事君。""事父"乃在"家"之事,"事君"则是在"邦"之事。"父"乃父母之辈之简称,为家庭、家族之主,"君"乃君王首领之简称,为城邦执政或首领。这就将诗的政治、历史功用以及"士"所处的伦理、政治境遇和盘托出。特别值得留意的是,孔子这里所谓的"君",不一定是父母之邦的"君",也可以周游列邦的"士"可以适志以求知遇的

---

① 《论语·阳货》。

"君"，与秦汉以后诗歌与诗学所言的"父"与"君"，含义已有历史性的不同。孔子求政教与诗学之相通，乃是在春秋城邦世界的语境而言。至此，孔子一系列命题全是从人类的群体与个体着眼，隐然包含着：由内心的感受而突显个人，而在家，而在邦，而适志于天下的意思。接下来的一句，"多识于鸟兽草木之名"，则将人类之外的万有之大者概括而举：鸟兽乃飞禽走兽总名，草木乃植物之总名。这里所谓识名，既有认识"鸟兽草木"之名称的意思，更有对"鸟兽草木"之所以命名的体认。诗歌之名异乎常名之处，就在于它常而非常，非常而常。诗的可能性系乎此，一言以蔽之，命名的可能性。在一首诗里出现的名物，虽循旧称，必有新意而后成诗。这些意思在孔子的话里全都有了，可供我们作深且广的阐释。

孔子论诗之"可以"，肯定的意思是明显的。若从春秋时代"可不可"之辩着眼，则可发现，孔子"可"字的用法通于《道德经》。老子"道经"首章，"道可道，非常（恒）常也，名可名，非常（恒）名也"之"可"，从"可不可"之间论道与名，与孔子许其"可"而立言，似有不同，其深于可能性而论可，论可与不可，则有共同之处。概言之，两者循名理之意相同而发挥相异，这是可以留意的。让我们更感兴趣的是，孔子之"观"与老子之"观"在视域之上递进和展开上可以相互发明。

深于史的诗，甚至比历史更接近历史，更具有史学的洞见，这一点早由亚里士多德加以说明。深于思的诗，于思维之微奥多有发现，甚至比哲学的世界观更为澄明地呈现世界的敞开性，这是海德格尔的洞见。诗与学诗者的相须相生的关系表明，为我们领会的诗，在诗的发明的想象中，向我们展开出一种对新世界的新观点。在最好的诗中，犹如在最好的哲学中，新世界与新观点是同时形成的。诗的语词已然有一种自明的明见性，它所表达的不仅是它与存在的亲密的形象关联，它还将某种新事物带入到未曾说出的领域中，它通过自己之所是而向存在中的新的可能性开放。学诗者的领会同样举一反三，妙不可言。

孔子论诗所体现的文学精神和艺术观念，不在外在的无所不包的可能性，而在于其诗所包含的文、史、哲意蕴的相互融通，群与己的并重，进而为道所贯通。诗之大者，可谓大学问的诗：作诗乃不外于哲学、艺术及种种文化创造之事，故可兴、观、群、怨，洋洋大观。

本体诠释学:从诗学的观点看

——与成中英教授的诗缘

杨宏声　赖贤宗

在历史上,有一些诗歌与思想之间奇妙接近的时刻,这样的时刻似乎往往是短暂的。回想起来,让人顿生好景不长之慨。20世纪六七十年代,当时几乎所有具有创新意义的文化活动都围绕着大学校园而展开,而台湾大学在许多方面成了台湾新思潮的发源地。我们无意要对这样的时刻或地点进行虚构或美化。也许,最为奇妙的仅仅限于超越的诗歌和思想,因为,若从外部环境看,20世纪六七十年代的台湾,绝不是诗人和学者的乐园:政治的高压,校院里密探到处都是,大多数人经济并不宽裕……可在这种艰难的情形下,仍不乏热血之士和热情的诗人,他们满怀激情,不以个人得失为意,追求更合理的现实和更美好的未来。当时,成中英先生离开美国的教职,回到台湾,任台湾大学哲学系主任,已是一位颇有国际知名度的年轻的哲学家。在台湾的三年时间里(1970—1973),成中英与许多台湾新潮诗人都有交往,他的"哲学诗"在台湾的诗坛吹入一股清新之风……

须略加说明的是,这里"诗学"一词的使用,既是限定性的,即仅就与诗歌相关的问题展开诗学讨论,又作了一定的引申,即把哲学的写作视为诗学的本来问题。那是以往诗学研究较少正面谈到的一个问题。

我们要再次强调哲学家成中英的另一面:他是一位现代诗人,一位现代"哲学诗"的倡导者,一位诗学的热情的探索者。成中英先生在哲学上的主要贡献在于创建本体诠释学。本体诠释学试图创建一种新的整体性的哲学理论与方法,这种理论与方法既是中西哲学传统的交汇而实现的综合,又是个人慧眼独具的创作,具有鲜明的个性风格。在天性上,成中英先生是一位诗人,他对人生的感悟富于情感和想象力,其强有力的知性倒是后天训练所致。在汉语文化的现代语境里,选择文学还是哲学,一直是个两难的问题,即是说,要么是文学,要么是哲学,很少有回旋的余地。作为一个知识分子,他也许首先得从职业上考虑,其次才是个人志趣或责任问题。在一个人作出选择和决定之前，影响一个汉语哲学家和诗人成长和发展的文化背景或条件，已然在起作用。现代以来，汉语诗歌与哲学的区别日益突出。这种区别还由于诗人文化身份的暧昧而加深。只有少数天性极高的人才可能成为越界者。在很长的时期里，成中英先生是一个特例：作为一个哲学家，他不仅关心现代汉语诗歌的发展，他还热情地投入创作，推动新诗的事业向哲学的领域靠拢。

成中英先生对语言极为敏感，这在其诗作中有鲜明的体现。他早就深切领会，在诗歌的现代表达中，语言必须挣脱种种俗套，让它出其不意地露出新意，就好像是在一个早晨刚刚睡来，睁着惊异的眼睛。成中英先生在七十年代发表的诗歌，已经初步形成自己的语言风格和诗歌主题，他当时翻译的诗歌（偏重浪漫主义诗歌，尤喜爱济慈）也相当鲜明地体现了他作为诗人的审美趣味。而在哲学的表达中，语言似乎在向一些原初的词（如道、太极、理等）作不知疲倦的回归。成中英先生的哲学著述具有自己的语言风格，其最突出的特点也许就是喜爱对句及对偶式的命题。记得惠能大师在谈到如何"说法"时说，要"出语尽双，皆取对法"（《坛经·付嘱品》）。成中英先生走得更远，他将修辞与诠释纳入本体的基础上来周纳深用，我们将这理解为哲学语言的诗意之用的一种特例：更像是文言化的诗歌语言的现代化用。成中英先生对对偶句的喜爱，也许受到他父亲成惕轩的影响。成老先生长于诗，尤善骈文，胡晓明教授对成老先生的骈文极为推崇，称他为"中国骈文的最后一位大家"。不过，若从现代诗歌语言的角度看对偶句，不得不作一定的拒斥。这乃因为，在现代诗歌中，对偶句极难应用，只可偶尔为之，非有大能耐者不能有新意。因此，成中英先生哲学表述上对偶式的遣词造句，更为接近古典的诗歌语言，反而偏离了他早期具有现代诗歌风格的反修辞取向，这须细心留意才能辨察。由此可见本体诠释学的发展本身所呈现的语言张力。

本体诠释学的"内源"乃是"《周易》哲学"，成中英先生视《周易》为既是理论又是方法，既是本体又是诠释的原始本体诠释学，从而强调其学说乃是《周易》原始本体诠释学在当代中西交汇的世界性的语境中的重建。成中英先生一再提醒我们，《周易》哲学的"观"致广大而极精微；其本体的构成，是一种历史性的、具有创造性转变和创造力开放的动态系统。多年来我们和成中英老师在讨论《周易》时，曾就卦象和卦爻辞的双重象征意义展开辨析，受益匪浅。依据我们的见解，卦爻的象征指涉和卦爻辞的诠释之间的互动，敞开了思辨的理解空间及诗意的想象空间，两者既是迭合的，又呈现分化状态。就其内容而言，这种迭合既可理解为诗和思的本体亲密关系，又可以理解诗与思的原始区分已经显露，这就意味着本体诠释学内在地就包涵诗意的感发。从"外缘"而观，本体诠释学可说直接针对伽达默尔的哲学诠释学的论题而作进一步的展开,其具体进路就是:"从真理与方法到本体与诠释"(这里依据成中英先生本人的提示)。伽达默尔的哲学诠释学的最为精微之处乃是其诗学和美学,他自己曾作为这样的表白:其学术生涯的开端及与众不同的地方在于,专注于研究艺术的合理性和真理性问题,并进而探讨诗歌作为哲学现代课题的意义。成中英先生在实践上走得更远,在他从事哲学之初他就钟情于诗。作为一位诗人,成中英雄心勃勃地试图将哲学和诗歌作本体上的结合。这种结合在一多元本体的连续构成中,突出了本体的人文化、精神化之一极,可称之为"极精微"。还有一极,即伽达默尔称之为"方法"的领域。成中英不赞同将真理与方法相对立的立场,而试图对"方法"进而作本体论的理解,他强调方法不必限于"科学",方法在人文领域里有极广的运用。因此,方法作为理性的自觉也就有了多方面的要求:先验理性、逻辑理性、理论理性、技术理性、实践理性、实用理性……,理性的意义被扩大了,可谓"致广大"。如何统一真理的方法的问题就成了如何理解本体与方法相互转化的问题。

由此看来,本体诠释学的精微之处可从两个方面加以领会,其一是精密的逻辑分析,这种分析一旦纳入本体论的基础上,就现出它的灵活性和调适功用。即是说,知识论和方法论在肯定其科学规范的必要性的同时,揭示了它们在人文领域里应用的价值。成中英的一篇纲领性的文章即以《从真理与方法到本体与诠释》①为题,阐释本体诠释学如何在一个更大的跨文化、跨学科的视界里发展伽达默尔的哲学诠释学的基本构想。如此看来,哲学的分析和归纳构成了富有新意的循环:哲学分析实质上是达到新的哲学整合的极有效的方法;方法乃本体的方法,本体乃方法的本体。不说自明,这种分析与归纳,同样也是成中英先生建构本体论诗学和美学的基本方法。其二是诗歌的创作和诗学的探讨,这既是一种向着广大文化领域施展其影响的艺术的、诗意的活动,也是本体诠释学最为精微之处。诗歌与艺术本身就是一种本体论意义的构成状态和诠释活动。本体无体而成体,它命名着道。诠释则是语言之道的活动,"道"一词是本体的生动写照。语言之道回响着事物及其自身的原始关联,它让事物世界处处显示诗意的光辉。因而,"本体诠释学"也可以看成是"道的哲学"、"道的美学"或"道的诗学"。从本体诠释学的观点看,当代汉语诠释学在广泛涉及人文领域而显示其种种的长处的同时,如言其不足的话,那就是规避诗歌,尤其是现代诗歌。而在现代诠释学发源地的西方,诗歌和诗学构成了哲学诠释学的核心问题,对现代以来的诗歌的具体理解和阐释构成诠释学的最为精微玄妙之处。

再可以补充说明一点,成中英"哲学诗"的创作,首先可以放在 20 世纪 70 年

---

① 刊于成中英主编:《本体与诠释》,三联书店 2000 年版,第 1 页。

代台湾多变的现代诗潮中来重新展开历史性的考察,我们将它看作是当代汉语诗歌与哲学之辨早已悄悄拉开的序幕。不过,直到现在,还很少有人留意这一出戏剧的开场对于汉语文化未来发展的意义。必须加以强调的一点是,这种创作不仅可以视为台湾当代诗歌的成果,而且对于整个华语诗歌都具有启发性的意义。

通过这种历史性的回顾,我们进而发现了一个极为有趣的现象:中国现代哲学家中,很少有人关注现代诗,更少有人从事这方面的写作。诗未必得分行书写,未必一定得强调今体古体之别,但分行书写及现代形式的诗歌在诗的磨炼中无疑是最早受到考验的部分。一个哲学家若无意于关心诗歌,特别是当代最富有活力和探索性的诗歌,结果也就难以体会到文化创造本身的诗意中最为生动微妙之处。

历史地看,汉语文化和思想的现代之变,首先具体而微地体现于语体新诗中。白话文、语体文被人们广泛接受,意味着中国人的情感和思想表达之新的可能性的基础已经建立。后来的语言史的事实表明,现代汉语是一种高度的理性的语言。至于它是否同时也是一种高度诗性的语言,这与我们如何体认它和运用她以及运用方式本身是密切相关的。

在现代哲学兴起的很长的时间里,中国的新哲学家们通常都很少关心新诗。胡适也许是一个少数的例外:他不仅是一位现代意义上的新哲学家,同时也是第一位自觉倡导新诗创作的新诗人。很可惜,新诗的思想意义或哲学意义的问题却一直在胡适的视野之外,诗歌和哲学在他看来似乎是两件事情,这或许也是他不能从根本上推进新哲学和新诗的缘由。胡适之后,新哲学和新诗之分途,似乎已形成定势。作为中国新文学一系列新文体——特别是小说、散文诗的创作的先行者——鲁迅,他对现代意义的诗人期盼甚殷,他呼唤真正的诗人:"感得全人间世,而同时又领会天国之极乐和地狱之大苦恼的精神。"《野草》的创作表明,鲁迅不仅是一位优秀的诗人,同时也是一位深刻的思想家。从《摩罗诗力说》看,鲁迅对汉语现代诗学也卓有建树,是一位先行者。不过,鲁迅总是提醒自己:是否自己走得太远了,思想是否太阴郁了,言说是否太晦涩了,这种担忧遮蔽了他眺望未来的视线。鲁迅后期对新诗批评,多少包含着对自己既有的探索而作的自我检讨的意味,然而把问题归结为新诗语言太晦涩之类的枝节问题,未免失之简单。毛泽东对新诗理解同样缺乏哲学见识的维度,他自己潜心于古体诗歌词的创作,且达到很高的艺术造诣,但似从未一试新诗。虽然他的旧体诗词极有新意,可对新诗的意义却缺乏敏感性和洞察力。鲁迅和毛泽东对新诗的评价,反映了主流文化对新诗发展一直存着疑虑。

若再进一步从现代哲学形成和发展的观点反思新哲学与新诗歌的关系,也许更有意思,更能反映问题。我们且列举20世纪中国最有创造性和最有代表性的哲学家:马相伯、杜亚泉、梁漱溟、熊十力、马一浮、冯友兰、张东荪、张申府、贺麟、金岳霖、方东美、唐君毅、牟宗三等等。这些人物多有诗情诗才,且具有极高的语言领悟力和表达能力,可他们对新诗或新诗问题一般并不关心。造成这种漠不关心的原因也许并不复杂,即自新诗兴起以来,主流文化对新诗往往不屑一顾,对新诗以浅薄视之。这一成见未经质疑地就在社会各界流行开来。至于新诗在现代汉语和思想领域里所作的贡献及其深意,很长时间里都在绝大多数哲学家和学者的思考范围之外。回想起来着实让人惊异。

以张东荪、唐君毅、方东美为例。这是现代中国哲学家中三位最富于诗意的人物。张东荪早年试图为中国建立新的知识论哲学体系,垂暮之年,犹不忘诗歌,他继承了中国诗哲学的传统。所作《咏西哲诗》咏史抒怀,遍咏自泰勒斯至萨特等为他倾心的西方哲人,近50首皆为旧体七绝,未能用新体。今翻其遗集,未留下任何关心新诗文字。唐君毅所创哲学,以儒为宗,体大学博,文采斐然。早年所著《人生之体验》,通篇用四言体,可见其诗才不凡。此书若能用新体,则汉语新诗史必为之改观矣。方东美纯然是一位诗哲,他对中国古典哲学和诗歌以及西方哲学和诗歌皆有极深修养,他极爱论诗,却未能对新诗及其诗学作正面的对待。大量事实表明,自中国现代哲学兴起以来,现代性质的新诗一直未引起哲学界的充分的留意,其中的原因和缘由是值得细细深究的。

倒是现代诗人们在写诗的同时对哲学表现出极浓厚的兴趣。试以郭沫若、废名、冯至、穆旦为例:

郭沫若的《女神》有其基本的哲学思想,这就是斯宾诺莎-歌德式的泛神论。《女神》在当时有极大的轰动效应,对于接触新文学的读者,其观念的解放作用似比意象的作用还要大。许多年轻人发现:新诗原来可以这么写! 自此以后,新诗的自由与自律,一直是一个二律背反的问题。

废名的诗具有很浓的禅味,这是他对佛教思想作自觉探讨的结果,他师从熊十力和周作人,其兴趣是理论性的。他不仅是一位诗人,在佛学和诗学理论上也有所建树,其诗学与思想可说是对他的老师的学说的一个发展。

冯至最有代表性的作品受到德国诗歌和哲学的影响的双重影响。鲁迅对冯至也有一定的影响,不过这种影响主要是精神上的。冯至的《十四行诗》所开辟的一个诗意的世界,同时也是一个思想的世界,这是一种沉思着的诗意,他被称为"中国现代诗里的哲人",是很恰当的。

穆旦的诗歌闪耀着智性的智慧之光。他的诗受艾略特、叶芝、奥登的影响较深,诗人的思想富于玄学色彩,又有对现代事物的敏感。其诗风为玄学思辨与具体象征的结合,"走在汉语写作的最前沿"(王佐良语)。这种前沿性用今天的流行用语就是先锋性、前卫性,我们得从诗、思想和语言的结合来理解。

因此若将中国早期的现代哲学和诗歌写作加以对照,就会吃惊地发现,有一种基本偏向始终存在的,并一直在起着不良作用:这就是一开始哲学家对新诗的几乎完全地漠视。而在新诗歌发展中,对哲学的关注则形成了一个优秀的传统。应该遗憾并严重地指出,这种反差似乎是现代中国所独有的现象。虽然它显得如此突出,许多人却全然不察。这种哲学与诗歌之间的现代性的隔阂,世界上没有一个民族像中国人那样历时如此之久。在现代性的哲学与诗歌之辨隐然展开中,真理站在诗人的一边。正是基于思想的自觉,诗人们担当了发展汉语、改造思想的重任,即使在发展哲学的思想方面诗人们也作出了重大的贡献,尽管这种贡献至今仍未引起哲学界的足够的重视和文化界的积极回应。

转机终于姗姗而至。最初的努力已经体现了新一代学人的文化上的自觉性,这就是成中英、唐力权(这是我们继成中英之后又发现的一位汉语哲学诗人)于 20 世纪六七十年代初期从事的诗歌创作。唐力权先生在此期间(20 世纪 70 年代中期,其时间较成中英稍后)创作了诗歌集《道》,他以后虽然几乎不再作诗,但他似乎将作诗的风格运用于哲学性的写作上,喜创新词,其思想陈述兼重思辨和想象力。成中英先生从大学时期(20 世纪 60 年代初)开始诗歌创,除了在报刊上发表诗作外,更多的是把诗写在日记和书信上,作为狂飙骚动的“心灵”历程的记录。成中英的诗风于 20 世纪 70 年代开始成熟,热情地倡导:“哲学诗”,创作了许多出色的诗篇。在我们看来,其长诗《印度行》可视为作者倡言的“哲学诗”的范本,是思想与形象优美的结合。可惜的是,由于汉语哲学界对新诗继续持漠视的态度,成中英、唐力权两先生在新诗创作的探索的哲学意义,当时和现在一直很少被人认识到,这种孤立无援的状态,一定也在很大程度上影响了他们在诗歌上所作的继续努力。随着他们后来在哲学上的成就的突出,作为诗人的一面几乎完全被遗忘了。然而,道路终于开辟了。在新世纪之交,我们联合台湾几位从事哲学工作的年轻学人林盛彬以及上海的志同道合者古冈、吴跃东、陈惠兴等,毅然踏上将现代诗歌与哲学从根源上加以结合和推动之途。我们将自己看作是诗人冯至、穆旦及哲学家成中英这些先驱人物的追随者。我们同时充分留意汉语当代诗歌的重大发展,且认定,当代汉语于汉语思想和语言的发展,业已跨出重大的步伐,其成就已相当可观。我们坚持认为,对现代汉诗发展的意义的评价,本身就是一项意义深远的基本的哲学课题。

本体诠释学的美学建构

——一个方法论探讨①

杨宏声

　　成中英作为哲学家的特点是,他同时也是一位诗人,一位热忱地推进中国文艺现代化和世界化的文艺批评家。他将诗歌和文艺视为哲学的感性活动和最重要的实践领域之一。因此,成中英的文艺理论与美学思想,既具有高度的思辨性和理论体系化的特点,同时又涉入直接的创作领域,重视经验,就具体作品的创作和批评加以分析、欣赏、综合,作出即时的反应。我自己兼涉诗歌与哲学的写作,且对理论问题深感兴趣,我从成中英先生那里获益之多,难以一一尽述,此文的写作基于对成先生一些创作和学术论著的研读和多年来的亲闻教言。发挥之处,间出己见,因为这正是成先生所嘉许的。

绪论:审美乃真理的呈现与意义的创生

　　"本体与诠释"作为具有整体的耦合性的判断力的概念,其中包含着令人惊异的启发要素似不难察觉:②比审美意识更为根本的东西乃是一种丰满的感觉,

---

①　本文为笔者正在撰写的《成中英哲学思想研究》之一章。

②　我着意于将"本体与诠释"的美学理解与康德哲学联系起来。在本体诠释学的理解中,本体是一个综合创造的概念。作为本体超验和先验之根本规定,这两个概念是通用的,既指在经验之前,又从中转化出整个的经验活动。诠释具有经验性,先验的本体是一种逻辑性的设定,它呈现于我们的诠释和经验当中。本体是一,又是二,又是多。本体作为"一",也就是一种既有的潜在的可能。本体作为"二"则呈现其既济而未济、既隐又显的过程和结构。本体作为多,表明本体同时具备个体性。个体体现本体的不同发展方向,这么多的个体都是本体丰富性的体现。至于这种"多"能不能回归到"一"的原始,能不能贯通一与多而成为具体,能不能致广大而极精微,这些都是重要的问题。审美创造就是一与多的超越和融化。成中英谓之"超融",这个概念从康德那里得到启发。康德隐然揭明审美判断对每一种知识形式的根本意义。至于先验自我的审美判断的普遍有效性,康德并没有解释它的来源,只是说我们可以理解成一种自发的东西,这种见解仅仅接近儒家本体发动的想法:整体的美感加上持续发用就是"超融"。超越和融化乃是整个经验的潜在的,具有发生、发现、创造之完整展开的自觉形式。概言之,超融之美是逼真的。

作为一种精神性的惊异去感受。本体的全体发动缘乎感兴,诠释兼而为知、情、意并作之活动。意义不单单来自纯粹的静态的个体的孤立的感观、省思或认知,同时也必须来自对事物之动态关系的过程性的认识。概而言之,由"本体与诠释"确立的对偶性观念,之所以能够成为本体诠释学的中心课题,就在于它可以继之而将种种的对偶性观念,构成一种动态的网络关系。① 事实上,动态来自关系并呈现其形态,关系则动态呈现真实的意义。概而言之,并非先有本体才有诠释,亦非先有诠释才有本体,两者相即相离、不即不离、互为条件,这正是一切对偶性命题构成的特点。"本体与诠释"互释生义,因此本体观念与诠释观念必须同时提出,两者的意义才能相互决定,才可深入"本体与诠释"的关系问题。由一系列对偶性构成的耦合作用或可称之为构想力。② 进而言之,"本体与诠释"是本体诠释学的根本问题之一,两者的合一,乃是基于中西哲学观念的对偶性课题的发现和重新阐释。今日世界性范围内的哲学问题之最重大的课题,或可从理解和说明两两相对的对偶性观念之关系、关联、沟通与统一入手。

　　因此,首先可以确认的是,本体诠释学以本体论、诠释学、美学的整体关联为架构。我们有理由认为,审美乃是"本体与诠释"两者为"一"的构造活动中最为活跃的部分,这种理解于康德哲学颇有所取。成中英一再强调康德与中国哲学的相契点:"值得注意的是,康德的《判断力批判》不只是讨论了艺术、美学的问题,还讨论了生物、生命的问题,而纳入情感性(而不囿于情感)的本体之中。康德的批判哲学有其本体论基础,其中有一个真、善、美的排列或递进次序,美处于其中,联结真与善。这种美学本体论与后来西方日渐占主导地位的立足于经验的一般美学认识论很不相同。"③自启蒙时代以来,在西方美学理论乃至整个哲学理论构成一个关键转折点,就是康德的审美判断力之综合性之揭示以及构想力(一般译为"想象力")的理论,胡塞尔创建的现象学以及现象学美学、海德格尔

---

　　① 由种种具有对偶含义的语词体现的对偶性观念及其概念化,笔者称之为"辩证修辞法"。如何运用辩证修辞法,从而体现语言方法的自觉,是本文探讨的论题之一。

　　② "构想力"是日本哲学家三木清(1897—1945)对康德 Einbildungskraft 一词的翻译。中国学者一般译作"形象力",在日本则有"想象力"和"构想力"两种译法。后一种译法是三木清提供的,且成为他最有代表性的一部著作《构想力的逻辑》写作的灵感来源。康德的 Ein-bildungskraft 一词的用法又来自鲍姆加登 Logik der Einbildungskraft(构想力的逻辑,一般译为想象力的逻辑)。鲍姆加登对 Einbildungskraft 的定义是:知觉对于曾经显现在感觉的对象具有再次表象(即想象之像的表现)的能力。康德沿用其词,并认为即使对象不曾显现,在直观中仍然能够表象出对象的能力即是 Einbildungskraft。因此,康德的 Einbildungskraft 已经不再是鲍姆加登所说的心像的再生或二次加工的能力,而是独立的自己制造出像的能力。三木清对康德和鲍姆加登皆有所取。若从观与观想的角度看《周易》所谓"象者象也"的命题而区分象与像的内在构造性以及种种对偶之象与像,或可用"构想力"一类词加以说明。

　　③ 成中英:《21世纪中国哲学走向:诠释、整合与创新》,《21世纪中国哲学走向》,商务印书馆2003年版。

的基础本体论或根源本体论中最富于创造性的思路,都可以追溯到康德。正是康德(继起响应的有席勒、谢林、黑格尔)使美学在哲学进程中成为一个中心角色。① 19世纪20世纪之交新兴的美学思潮反对黑格尔的运动,在美学上体现为两极,一极以认识论的思辨分析对美学问题进行疏理;一极则仍持本体论的立场,而突出个体生命体验对于美感经验构成的重要性。新康德主义虽然重视康德,提出"回到康德"的口号,然而,囿于认识论并不能深入康德哲学的奥义。真正回到康德而于哲学和美学作出重要建树的是胡塞尔和海德格尔。康德之卓越,在于他阐明构想力在感性、知性、理性之递进及实证、实践乃至美学和目的论中的运用。成中英认为,康德确立了一种广义的理性观:"理性是一种提供普遍存在的不可或缺的法则,这种能力在获取知识、培养道德甚至审美/目的判断等活动中,显示了多种功能的统一。"②成中英进一步指出,这里的关键问题乃是确认理性的本体论特征,问题在于:理性本身如何成为理性或理性如何向着对立面转化的超越性的统一体。这种统一性具有构造的功能,而其功能根本上正是构想力发挥作用的表现。自主的思辨理性,有见于正反双遣的二律背反构成本质或客观的判断的片面性,那么进一步贯通的问题就是:实践中展开的理性能否确立其本体论的一致?如果不能,理性的统一性就受到了威胁。康德试图从先验(先天)感性的立场探索理性的本体论的基础或先决条件,这就是哲学中审美领域的发现。③ 从《判断力批判》回过来再看《实践理性批判》和《纯粹理性批判》,康德最初作出的结论:审美判断(或趣味判断)不可能变成理性原则的看法,现在作了修正;审美"联系"成了批判哲学的客观有效的标准。在《康德书》④中,海德

---

① 如果说欧洲中世纪经院哲学家写作之勤令人惊叹(他们用各种文体来表述哲学,对后世的西方哲学家影响深远),那么,现代哲学家对哲学的文学性的体认则达到高度的自觉,尤以法国新哲学(罗兰·巴特、福科、梅洛·庞蒂、德里达)表现为突出,使文学的美学或修辞学的美学在哲学的进程中发挥作用。更早些时期的叔本华、尼采、柏格森、怀特海、维特根斯坦、海德格尔等人的哲学著作体现了浓郁的美学韵致,风格鲜明。

② 成中英:《回归未来:从康德到海德格尔到孔子》,《合外内之道——儒家哲学论》,中国社会科学出版社2001年版。

③ 从认识论向美学的拓展即是回到感性的整体;从伦理的实践理性向美学的拓展则是对感性的生存之美的道德诉求。所谓"美德"的说法已然合伦理与审美为一。作为美学的感性学(Asthetik)对是对感性(Sensibility)的审美的、艺术的、认识的系统研究。哲学中审美领域的发现乃是对感性之审美之维的构想力之再探索,意义深远。

④ 所谓"康德书",是指包括海德格尔一系列的阐释康德论著:《对康德纯粹理性批判的现象学阐释》(1927—1928)、《康德与形而上学问题》(1929)、《物的追问——康德先验原理的学说》(1962)、《康德关于存在的论题》(1962)。

格尔首次论证了审美功能在康德批判哲学体系中的核心作用,见地颇深。① 当本体诠释学确立其西方美学批判课题时,成中英同样地回到康德的基点上来。成中英对此评论说:"海德格尔只能在其基本本体论框架中述说康德形而上学的含义,但是他对'先验想象力'进行了分析,称之为理性的各种基本运用的源头,这倒是有助于我们理解理性的统一性的危机,以及可靠的出路。"② 成中英感兴趣的基本问题乃是:康德的理性统一与海德格尔的存在问题所开辟的路径与中国哲学(特别是孔子与《易经》)之间建立起真正的比较,使得两者能够相互诠释。成中英的根本思路很清晰:从审美的本体宇宙论的观点,证明理性具有本体论的力量:理性与存在之间的张力可以表述为本体论的差异性原理。③ 于是,从美学到真理,再从真理到整体哲学的路径被找到了。海德格尔把此在(Dasein)的展开状况与存在的真理联系起来,并强调所有哲学的及日常的对于真理的理解,都需要与更为基本的真理经验相联系。因此,基于审美经验所提出的问题,并不是关于某种特定的真理,而是关于真理的本性的问题。海德格尔说道:真理的本性之间,"关注的只是一个东西,即一般地标识出'真理'之为真理的东西"。④ 因此,真理的本性即本性的真理,这种对偶性的对照成趣的表达句式深得成中英的赞赏。海德格尔对真理的本性作了富于艺术性的揭示:从真理到艺术之思、诗意之思,传统的形而上学实际并不能被哲学所抛弃,但形而上学和一般哲学却必须相应改变。海德格尔提出,一旦有限性的人类处境被整体性地恰当地经验到,哲学就必须以一种全新的方式思考艺术问题和其他相关的问题。因此,在《艺术作品的本源》与《判断力批判》之间存在着内在的思想的联系,若从《康德书》对康德哲学的诠释看,本体论、诠释学、美学(尽管海德格尔不喜欢这个词)之间的整体性的或限定性的关系被留意到了。这种关系当然不是现成的,而须加以再次发

---

　　① 沃夫冈·韦尔(Wolfgang Welsch)认为"在20世纪海德格尔是指出超验审美意义的第一人——判然不同于新康德主义的康德阐释模式。康德在《纯粹理性批判》中,在'超验的审美'的标题下表明,审美因素对于我们的知识来说是至为根本的。但海德格尔的阐释着眼于此一美学与他的'此在'分析的关系。在他对康德的阅读中,海德格尔一直在寻找康德美学起步的时间,并且在1927年(《存在与时间》)找到了它"。

　　② 成中英:《回归未来:从康德到海德格尔到孔子》,《合外内之道——儒家哲学论》,中国社会科学出版社2001年版。

　　③ 理性之所是,理性之为理性,用汉语来表达就是理性的存在。而存在之所是,存在合乎理性且规定理性,或可称之为存在理性。理性的存在与存在的理性之差异与一致,若用西语来表达可归之存在本身或理性本身,根本上仍然是差异性的作用。

　　④ 海德格尔著,赵卫国译:《论真理的本性》,华夏出版社2008年版。

现。海德格尔关注艺术作品,是沿着探求"真理的本性"所开辟的道路行进的。①值得注意的是,他在进行艺术作品的诠释时引进了诸如"世界"、"大地"等一系列新概念,并将"世界"与"大地"视为真理之发生的场所和境域,接近中国哲学和艺术的原始宇宙观。海德格尔认为,艺术作品根本上不是对象性存在,也不仅仅是对人的内心情感世界的表现。每当我们深思存在者的存在时,作为存在者真理呈现的艺术作品的作品性才接近我们。艺术作品呈现了"无蔽"的真理以及实际也是真理的本性之表现"遮蔽"之间的张力。意义的创生总是"在世界与大地的对立中的去蔽与遮蔽"的冲突中显露出来。这种对立所呈现的对偶性,因而是亲密无间的对立。一件艺术作品只为了创造,犹如这个世界,总是混合着遮蔽或非真理。艺术作品在我们面前揭示的真理是真实的,它容纳了这种实际的紧张性,既非掩盖,也非一味美化,从而呈现了我们人类的处境。已有一些学者留意到,海德格尔艺术论和诗论中的"世界与大地"对偶说,既受到荷尔德林诗歌形象的启发,也有来自中国观念的影响。葛瑞汉·帕克斯据中西哲学交流史及其相关文献作了哲学性的考证,他强调海德格尔从早年起就熟知中国思想的基本典籍,因而可以建立合理的推论:"假设海德格尔读过卫礼贤的《易经》译本(出版于1923 年),那么举例而言,我们可以看到他的真理观念,既表示着世界(Welt)与大地(Erde)之间的相互作用的敞开(riss),又是一种对道的观念采用,同时也是乾坤(与阴阳紧密相关)循环力量的共同根源。"②"世界与大地"是海德格尔"思与诗"的根本观念之一,而两者为"一"的问题,乃是基于哲学观念的对偶性立言。在海德格尔最有代表性的著作《存在与时间》中,就已经运用了一系列对偶性用语,而全书的标题《存在与时间》本身就是对最基本的概念和论题作对偶性的处理。诸如:经验与解释、现象与逻格斯、有与无、状态与境域、指引与标志、因缘与意蕴、本真与非本真、言说与语言、时间性与历史性、上手与应手等等。值得留意的是,在海德格尔后期论艺谈诗的一系列论文和演讲录中,也有大量运用对偶性用语的情况:诸如去蔽与遮蔽、真理与非真理、世界与大地、人与神、思与诗、语言和语词、看与听,等等,兼而具有诠释学与本体论的含义,且从诗意创造性的意义上予以阐释。那么,在对偶性观念中,一种相互肯定又否定的感觉到底意味着什么呢?而当全部理智被理性地理解和诗意地领悟时,海德格尔提醒我们,在类似

---

　　① 艺术中的真理同时也是思想中的真理。真理即是"去蔽"(Unverborgen),即是彰显索隐。艺术作品呈现的真理还关乎其他的真理呈现方式,诸如本质性的牺牲供奉(Opfer)、心思之维系(Denken)、城邦的奠基(Gruendereines,Staats)等等。因此,海德格尔认为,艺术在真理的诸多昭示自身真相的形式中乃是最好的形式。

　　② 葛瑞汉·帕克斯著,张志强译:《黑森林上空升起的太阳》,《海德格尔与东亚思想》,中国社会科学出版社 2003 年版。

情形下,我们通常称之为感觉或情绪的东西,其实是更理智的,亦即更具有知觉作用,因而比一切理智更深地向着存在而敞开。海德格尔更强调美的真理的发现意义与创造性:"在美的艺术中,艺术本身无所谓美,它之所以得到此名是因为它产生美。"①艺术作品乃是活生生的真理呈现和意义创生:"在艺术作品中,存在者的真理已被设置于其中了。"存在者在作品中走进了它的存在的光亮里或幽暗之处。观赏艺术作品,犹如"格物":"存在者之存在进入其显现的恒定中了。""显现的恒定",如同"格式",以观变易之不易或不易之变易之双重性。立其象而缘援以求:象静而像动。这里的思考关涉到"艺术之谜",这个谜就是艺术本身。探询艺术本身之谜,不同于传统的美学的考察:"美学把艺术作品当作一个对象,而且把它当作 Aesthetics 的对象,即广义上的感性知觉的对象。"这种认识论的美学并不留意艺术本源之本质,只是照搬现成的知识而已。海德格尔强调,重新追问艺术的本质乃是新艺术实践的首要之举:

> 为什么要做这样的追问呢? 我们做这样的追问,目的是为了能够更本真地追问:艺术在我们的历史性此在中是不是一个本源,是否并且在何种条件下,艺术能够是而且必须是艺术本源。

这样一种沉思不能勉强艺术及其生成。但是,这种沉思性的知道(das besinnliche Wissen)却是先行的,因而也是必不可少的对艺术之生成的准备。新艺术的"发生"继美学"发现"之后成为"创造",这是一种新美学思想。海德格尔对自己的新美学思想有所表述:

> 真理是存在者之为存在者的无蔽状态。真理是存在之真理。
>
> 美与真理并非比肩而应的。当真理自行设置入作品,它便显现出来。这种显现(Erscheinen)——作为作品中的真理这一存在和作为作品——就是美。因此,美属于真理的自行发生(Sichereigenen)美不仅仅与趣味相关、不只是趣味的对象。②

海德格尔这里是在与康德作讨论,也是对流行美学见解而作的批评。真、善、美三者的关系,现在从与真理的关系展开追问:如果说美是真理的效果,善合乎真理的本性,那么,作为真的本质的本源的真理-非真理性如何揭示,亦是真理论的题中义。真理如果从构成其自身的对偶性来理解就成了一个关键问题。海德格尔运思甚深:"真理的原初的非本性(即非真理性)中'非'(Un—),却指示着那尚未被经验的存在之真理(而不只是存在者之真理)的领域。"③因此,

---

① 海德格尔著,孙周兴译:《艺术作品的本源》,《林中路》,上海译文出版社 1999 年版。
② 海德格尔著,赵卫国译:《论真理的本性》,华夏出版社 2008 年版。
③ 同上。

真理的本质即使昭然若揭,也还有更深的根源可寻。在这个重要问题上,海德格尔显然受到了《老子》中"知其白,守其黑"或《易经》阴阳相济的思想的影响。在今天,问题依然是:"艺术对我们的历史性此在来说仍然是决定性真理的一种基本的和必然的发生方式吗? 或者,艺术压根儿不再是这种方式了?"①海德格尔这里的"艺术"一词指的是"伟大的艺术",创造性的艺术。

真理这一概念既相关于知识,又相关于价值。知识是价值的自觉,价值引导知识又是知识的实现。真理观念所唤起的价值意义是人人能够体会的,然而它所唤起的自觉致知进以及对体会进行反思,即深知何以真或所以真之故,却非人人所能言。即使哲学家也会感到言说真理困难重重。顺着海德格尔的新美学思路而进,这就是真理的"本体与诠释"问题:

> 就真理所涉及的深度与广度涵义来说,它可说是涵盖了本体与现象、宇宙与人生、真实与意志、存在与思维、物质与心灵、自然与文化、理性与情性、知识与价值、审美与道德等各方面的理解认知与体验感受。更重要的是,真理可说更体现在这些对偶概念内在的联系关系与这些对偶概念外在关系上面。但此一"可说"又是"不可说"的,因为可说的语言无法承担我们能够赋予它的所有意义,同样作为一个时期的人类我们也不能显示语言所能包含的一切意义。如果以意义作为真理的基础,真理自然也是可说和不可说的。②

所谓"对偶概念外在关系",乃是说不同的对偶性概念之间构成关系。而对偶性概念所呈现的真理的意义之"可说"与"不可说",事实上说明对偶性概念呈现的真理一隐一显,显者或近"可说",隐者则多"不可说"。因而,知其不可说而默然,或更进而求不说之说法而求诸隐喻方式,就接近艺术和诗了。故仍然可以充分肯定命题语言的意义和作用。对偶性概念可说是一种解说"可与不可"问题的语言,这种"命题(语言)是用来阐述真理的呈现的,在呈现中真理与意义是合一的"。③

本体与诠释、真理与意义、审美与认识及其本体论的相关性,或可初步揭示为如下的进阶或递进关系:

---

① 海德格尔著,赵卫国译:《论真理的本性》,华夏出版社 2008 年版。
② 成中英:《回归未来:从康德到海德格尔到孔子》,《合外内之道——儒家哲学论》,中国社会科学出版社 2001 年版。
③ 成中英:《真理呈现与意义创生》,《本体与诠释》,北京三联书店,2000 年版。

根本体①的真实—真理—体验—体会—理解—认知—美感

所有的关系贯通于：

本体论—诠释学—美学

一、从"本体与功夫"到"真理与方法"

"本体与诠释"之为本体诠释学基本课题的确立，缘于对哲学之真理问题的对偶性的重新理解和阐释。这是成中英创建本体诠释学最初抵达的哲学洞见之一。"本体与诠释"从"本体与功夫"的命题蜕变而出②，伽达默尔的"真理与方法"则为重新深思"本体与功夫"的深义提供了新的视界。而当"真理与方法"的课题在融合了中国哲学传统的实践性和创造性之后，就得到了进一步的丰富。

"本体与功夫"自宋儒对决而出，成为宋儒理学和心学的根本课题之一。两者的合一与对分，则基于中国传统哲学观念之对立性而设论。中国哲学和美学思想之妙理即显于理解和阐释，两两相对、"皆取对法"（惠能语）的对偶性观念之关系、关联、贯通与统一。或可举孔子"学诗"与"知言"之相接相应③，具体领会"本体与功夫"之着重感性实践所呈现的意向："学诗"乃本体的功夫，"知言"（知所以言焉）则是见功夫的本体。本体乃意义所系，天地间盎然之诗意，不是来自纯粹对一个静态的个体独立的抽象省思或认知，而必须来自对事物形象及动态关系的直观和认识，诗人对此体会独深。因此，学诗不仅仅是学习诗作，还要学习诗人感物而发现事物的奥妙而命名的道理。由知言而立言，其实就是在作诗或类似作诗。因此，"作诗"可说是一切创造性功夫的本质特性。在"本体与功夫"的对决中，并非先有本体才有功夫，也非先有功夫才有本体。只有当本体观念与功夫观念同时提出来，两者的意义才能相互抉取。因此，才有"本体"与"功夫"的关系问题。

成中英的本体诠释学以"本体"与"诠释"作为最根本之对偶性立言，于宋儒

---

① 由三个字组成的用语，《庄子》内篇多用之。从词汇结构看，概念构架可用单个的字，如道、天、理，等等；也可用连绵词，如道理、天地、世界。汉语中，由三个字组成的概念具有复合性，呈现更丰富的概念构成关系，如《庄子》的"人世间"兼有人间的世代诸含义；"养生主"兼有葆保养和生命本身之主义与作主的意识和活动等相关含义。"根本体"一词以植物作比喻，表明"本体"由隐而显的整体构造。

② "本体与工夫"既是宋明理学的本体论题，也是工夫论课题，可作为区分概念理解其相关性。成中英在对传统的"本体与工夫"的深入阐释时触及了如何处理伽达默尔的"真理与方法"的论题的基本思路。"本体诠释学"的提法始于成中英对《真理与方法》而作的评论（1982），其理据是朱子学，即从本体与工夫不二的观点理解作为真理的方法及作为方法的真理。

③ 参阅《论语·季氏第十六》："不学诗，无以言。""以言"，明所以言，可谓知，可谓智。故可设"学诗"与"知言"两端。以下的分析是借题发挥。

"本体与功夫"说有所取,有所发挥。也许正是在这一点上,成中英发现伽达默尔的哲学诠释学之"真理与方法"的对偶性的论法及其对偶性尚不够圆融,欲加以进一步阐扬。成中英在明确地提出"本体诠释学"的论题之前(1982),就尝试着从"本体与功夫"入手对伽达默尔的诠释学展开富有发现意义的探讨:

> 就以"本体与功夫"问题与伽达玛的《真理与方法》(*Truth and Method*)一书所呈现的问题相较,吾人可以看出两者实有相互发明、彼此激引的功效。伽达玛"真理与方法"问题的提出,也就是"本体与功夫"问题的提出。这一划时代问题的提出是基于人类哲学经验的自然趋向,也是基于人类理性思考自我批评的自然趋向。解决"方法与真理"的问题,需要另一个本体认知与体验的境界,也需要一个功夫反省与重建的努力。于此吾人就可以看出"本体与功夫"问题及其解决的现代哲学意义了。就实而言,此一问题的提出,乃是向着一个更宏大、更深刻、更高明的理性思考结构与经验结构以及两者之统一过程,为整体人类开拓中西兼涵的哲学水平线。①

成中英首先认定,伽达默尔以"真理与方法"立题,实际是以自己的方式提出"本体与功夫"的问题,因而具有划时代的意义。后来成中英提出,伽达默尔与儒家相近,其根本理解或许即缘乎此学理上的发现。这里颇有将"真理与方法"与"本体与功夫"内含的思想互释的意思,进而提升新时代的本体认知与本体体验的境界,基于功夫概念或方法概念的反省而努力重建。顺此再进一步,具有全新意义的课题和命意之表述,就是"本体与诠释",就是本体诠释学了。

"本体与诠释"作为本体诠释学的对偶观念的根本结构和运思方式,具有统领其他一系列对偶概念和范畴的作用。本体诠释学这一理路之确立,根本认定以《易经》哲学的思维方式的无形而实际发生广泛影响之启发。自《易经》之后整个中国文化发展过程来看,哲学课题基本都是趋向此一对偶性动态关系或关系动态的理解、把握、阐释与辨析:言与意、名与实、寂与感、充实与空灵、形与神、乾与坤、性与心、天与地、有与无、隐与显、形上与形下、无极与太极、理与气、未发与欲发、格致与敬诚、内圣与外王、先天与后天、既济与未济等等。宋儒论"本体与功夫",讲究身心修养的实践,于生活的困顿磨炼中求"孔颜乐处",此乐感之求有着浓郁的"游于艺"而涵泳而求索的意味。正是在感性实践的意义上,这些对偶性的概念发生了动态性的关联而展开认知和体证。经过宋明理学与心学的整理(禅宗或有简易之功)中国哲学和美学中的论题都更趋于对偶性地范畴化和体系化,为中国的现代哲学和美学的重建奠定了基础。成中英认为,循因这一相关的对偶性的范畴化形式而加以辩证和条理化,无疑可以指向对偶性的统一境界,并

---

① 成中英:《创造和谐》,上海文艺出版社 2002 年版,第 220 页。

可将西方哲学的对偶性观念,诸如存在与时间、真理与方法、过程与实在等等观念结构加以统摄。从成中英对伽达默尔的批评中,可以看出本体诠释学的整体对偶结构已立其大体,已呈现协调古今、综合中西的解决方案或面貌。其基本协调和综合方式就是"本体与诠释"之基本对偶模式及其合一之论。

因此"本体与诠释"论题的提出,也即是新时代的"本体与功夫"课题的确立,从而将批评的理学和批评的心学及批评的中国古典诠释学付诸实施,以求实用且实证于当代人类广大的经验领域中。形而上学之批判与阐扬,有助于道德实践与审美创造。而将"本体与诠释"投向现代科学、哲学、伦理、审美、艺术的领域以求创造性地展开,反过来又可以成为重视批评、辨析和论辩的本体诠释学的考验场所与思考的对象。因此本体与诠释不仅可以视为从对偶性的动态关系或关系的观点,反思中国哲学史的一系列中心问题而作的重新考察,而且是与现代以来西方哲学中的重大问题和基本课题相呼应的。以现象学、存在哲学、过程哲学为代表的西方哲学之最值得注意的动向,可说是逐步地趋向于关系的动态和动态的关系的认知与领会,因之也逐渐表现于观念的并联性与以对偶方式提出哲学论题,这就为中西哲学的整合提供了种种耦合性模式。因此,本体诠释学以"本体与诠释"引出的一系列并联性及对偶性观念问题,与现代以来的西方哲学中的种种基本的对偶问题都有密切的关联。

二、从"真理与方法"到"本体与诠释":方法论重建

伽达默尔的哲学诠释学从方法的批判开始:可谓破中有立。同样,对方法的重新确立和阐扬,也是成中英创建本体诠释学的起点:可谓立中有破。哲学诠释学的方法论批判,首先区分了精神科学与自然科学的方法,且特别强调人文主义传统对于精神科学具有异常重要的意义。《真理与方法》著作的基本意图,乃是为了反对"科学方法"的普遍性要求,通过阐扬人文历史和精神科学,重新把"存在与科学方法的支配领域之外的真理"正当化。从而在哲学的经验、艺术的经验、历史的经验中,明确地把存在真理揭示出来,主张"精神科学的真理"。成中英认为,《真理与方法》一破一立:"我们可以把此书看成是对 20 世纪上半叶的泛科学主义的逻辑实证主义的总批判,更加可以看成对科学与人文的真理的价值的现代性的深度肯定与认同。"[①]不过,由于对近代科学作完全的排斥,"真理与方法"观念的对偶性却被削弱乃至解体了。"真理与方法",事实上就成了"真理与方法"(真理反对方法或真理与方法的不相对应),或"精神科学对自然科学"。

----

① 成中英:《世纪会面》,《本体诠释学》第二辑,北京大学出版社 2002 年版,第 220 页。

虽然富于论战性的挑战色彩,立论却难以周全。细察之,伽达默尔并不是以自然科学与精神科学的对立为主题,或忽视"方法"的主题,而是不满于既有的"方法"观念,他是想论述超越"方法"的问题或方法根底上确立方法的问题,从而阐明"理解"对于所有"方法"的原始性。

《真理与方法》全书的基本内容和线索可以用伽达默尔在该书"导言"中的话来概括:

> 本书的探究是从对审美意识的批判开始,以便捍卫那种我们通过艺术作品而获得的真理的经验,以反对那种被科学的真理概念弄得很狭窄的美学理论。但是,我们的探究并不一直停留在对艺术真理的辩护上,而是试图从这个出发点开始去发展一种与我们整个诠释学经验相适应的认识和真理的概念。

即是说,哲学诠释学的意图在于把施莱尔马赫、狄尔泰开始的现代诠释学的从方法论和认识论的一般性质的研究,转变为本体论性质的研究。诠释学的这种根本性转变的根本推动者乃是海德格尔。海德格尔通过对"此在"的时间性分析,把理解作为此在的存在方式来把握,从而使诠释学由精神科学的方法论转变为哲学的"基本本体论"或"生存诠释学"。按照海德格尔的诠释学的洞察,任何理解活动都基于"前理解",理解活动就是此在的前结构向未来进行筹划的存在方式。伽达默尔沿着海德格尔本体论转变的方向,把诠释学进一步发展为哲学诠释学。伽达默尔反复强调,诠释学不只是一种方法论,而是人的世界经验的组成部分。《真理与方法》开宗明义地在第一部第一节"审美领域的超越"立的第一个细目是"方法问题",但他没有正面讨论方法问题,既没有定义方法,也没有列举其前提或阐明其内涵,而是特别揭出精神科学的逻辑问题。伽达默尔认为,"随同 19 世纪精神科学实际发展而出现的精神科学逻辑上的自我思考而试图摆脱受自然科学的模式的支配",从而肯定及精神科学确有某种"自身的逻辑"。并认为,正是"精神科学"独特性及独立性的确立,"抵制了对现代科学的顺应,精神科学便成为而且始终成为哲学本身的一个难题"。在他看来,精神科学在方法论上的发展及其缺陷,都是由于受到自然科学方法的影响所致。伽达默尔着手追寻的是一条通向真理的超越方法的大道,这条道路唯有经过"人文主义传统"的重新确立才变得可行。伽达默尔后来在《真理与方法》"第二版序言"中写道:

> 我们一般所探究的不仅是科学及其经验方式的问题——我们所探究的是人的世界经验和生活实践的问题。借用康德的话来说,我们是在探究:理解怎样得以可能? 这是一个先于主体性的一切理解行为的问题,也是一个先于理解科学的方法论及其规范和规则的问题。我认为海德格尔对人类此在的时间性分析已经令人信服地表明:理解不属于主体的行为方式,而是此

在本身的存在方式。本书中"诠释学"概念正是在这个意义上使用的。它标志着此在的根本运动性,这种运动性构成此在的有限性和历史性,因而也包括此在的全部世界经验。

伽达默尔将康德的理性批判从理解的方面加以阐释:康德使近代科学成为可能的认识的条件是什么的追问,现在则从人文精神的向度展开,成了探究人类一切理解活动得以可能的基本条件的寻索。伽达默尔对海德格尔的《艺术作品的本源》的"艺术作品的本体论及其诠释学意义"的领会,被运用于解决康德的"判断力批判"所导致的"美学主体化倾向",进而展开"对审美意识抽象的批判",这是对批判哲学之批判的批判。康德、海德格尔指引着伽达默尔确立其哲学诠释学的基本思路:通过研究和分析一切理解现象的基本条件,寻找人的世界经验,在人类的有限的历史性的存在方式中,发现人类与世界的根本关系。康德,海德格尔与伽达默尔对本体论、诠释学、美学三者的关系都有所探询,但显然各有侧重。海德格尔偏重于基本本体论的思路,伽达默尔则致力于诠释学的创建。伽达默尔的美学三书:《艺术作品的本源》表明他如何理解和把握海德格尔的"真理"论,找到了在精神科学研究中寻求克服自然科学方法论模式的途径;《真理与方法》则系统地阐述了"诠释学"的深广的哲学要求,创建并发展出以"哲学诠释学"命名的关于诠释学的认识和真理的概念。《真理与方法》依次展开了三个课题,分别是:艺术经验之诠释而展现的真理问题;艺术真理的诠释扩大到精神科学的理解问题;以语言为主线的诠释学的本体论转向。值得留意的是,伽达默尔在《真理与方法》中更多地使用"认识"一类用语,而少用"方法"一词。《美的现实性》则从诠释深入到人的感性活动的实践领域,对生活世界的艺术加以领会与把握,意味深长。

作为成中英本体诠释学的基本课题之"本体与诠释",若为了突出它的问题性,可以读作"本体与方法"。将"诠释"与"方法"互释,可见成中英对哲学方法论之建树的重视。本体诠释学的方法论之建树,最直接地,也许可以看作是对伽达默尔"方法观"的批评和创造性的回应。更深入的意图则是试图为中国现代性的哲学和美学的重建和创造重新奠基。中国思想家对方法论建树的重视始于晚清,但一种现代方法意识的确立和强化往往半途而废。成中英强调中国传统哲学"综合创造和创造综合"的特点:宇宙论、本体论与方法论一体而建,因而有待经过一番疏理论证的功夫,使其方法论重新发挥效用。在致力于中国哲学中的方法论问题探索及创建本体诠释学方法之时,成中英极为重视西方哲学在方法论上的成就,对西方哲学的范式展开透彻的研究。成中英一再强调,方法是西方哲学思想的内在动力,实质上也是伽达默尔哲学诠释学建构的动力,围绕着哲学诠释学而展开的几次争辩,同时也是哲学方法论的交锋。因此,对伽达默尔"真理与方法"而作的方法论的批评,成中英将它们纳入引发当代西方哲学方法论分歧的整个语境展开辨析,他更关注的是伽达默尔的哲学诠释学在论争时敞开的语境,而将整个讨论归之为方法论与非方法论之辨:

> 此书(《真理与方法》)虽然立即影响了欧美哲学界对真理与方法的探讨甚至争论,但探讨争论的结果却得到两个与此书立意相反甚至对立的立场:一是科学方法论者及理性主义的回响与批判,强调科学方法及理性方法的普遍重要性以及对漠视方法所产生的主观主义与相对主义的危险和混乱后果的警告;另一是解构主义与后现代主义的回响与批判。指出生活世界一如科学世界必须解构而不需作整体的重建。甚至也无须进行思想的对话(如德里达所表现者),因为现代性的一元中心主义已走入后现代性的多元相对无中心主义了,不必多此一举。人们不需要找寻共同语言,人们各自站在自己的语言世界里理解世界即可。因为语言一旦脱离了主体,它只是一个符号而已。①

英美哲学的分析方法与欧洲大陆哲学的理性综合,两者各持己见,各有所见。前者坚持科学方法及理性方法的普遍重要性为成中英所取,因为"漠视方法"到处造成主观主义与相对主义的混乱。虽然持这种批评者对伽达默尔隐含的方法论考虑或失之深察,但其重视方法且强调方法论的一般意义却是可取的。后者似乎突出的是一种非方法的方法的方法论思路,这其实也是伽达默尔的思路。这种非方法的方法,海德格尔已有精微的运用,这一点上,海德格尔既启发了伽达默尔,也启发了德里达。德里达避开伽达默尔的争锋也许是意识到问题的根本难处已超乎言表。由海德格尔启发的非方法的方法的理会也为成中英所取。"本体与诠释"的方法论的建树是对伽达默尔"真理与方法"开辟的两条不同路线而作的交叉的考察,进而探索其综合的可能性。如果说,严格的方法缘于科学之完善和思辨之深化,那么,非方法的方法则是艺术的方法、美学的方法、构想力的方法。在西方,康德的判断力、目的性、先验想象、构想力之类的想法,实际已涉及非方法的方法的哲学课题,海德格尔则在现象学和诠释学的综合中看到了一种新的思想方法的可能性:它既是思的方法也是诗的方法,整个地就构成一种既限定又敞开的哲学之域。② 伽达默尔追寻的也是一条非方法大道,然而对非方法之方法之领会反而不及海德格尔之深切。成中英将中国哲学中的方法诠释学,归之于"非方法的方法论",由本体与方法的相互转换,归纳出本体诠释学

---

① 成中英:《从真理与方法到本体与诠释》,《真理呈现与意义创生》,《本体与诠释》,北京三联书店2000年版。

② 成中英:《真理呈现与意义创生》,《本体与诠释》,北京三联书店2000年版。

的本体性的方法原理。

面对人类文明整体发展而从事哲学活动，应该面对人类探求真理的实际，应该同时重视东西方文化中的文化发展活力与其传统资源中内涵的文化精神。从本体诠释学的观点看，中西哲学与美学异同之理解，首先是为了提供一个更具有普遍性的方法的概念，通过对方法的批评与自我批评，建立起对世界作真实了解的观点，即把本体与诠释当作真实的两个方面或根本的对偶性关系来研究。

本体诠释学中本体与诠释或诠释与本体之对偶性形成的循环，体现其方法论圆融的特性。哲学历来就是理性的一种知觉，是理性的反思，通过对既有的概念和知识作理性的探讨，来取得更精微、更深入的理解。西方哲学如此，中国哲学也如此。可谓百思而一虑，殊途而同归。

三、美学的诠释、整合与创新

作为学问的美学以 Aesthetic 命名，缘自 18 世纪中叶在欧洲确立起来的论述美（优美、崇高）与艺术以及感性的哲学，即作为感性学的美学。作为感性学的美学事实上是一种认识论，随着它的创立，哲学研究的又一附属学科确立了。Aesthetic 一词是德国鲍姆加登（1714—1762）的发明，他也是这门学科的奠基者。在后来哲学演进的过程中，美学与本体论、诠释学关系日密，可说乃学者的自觉及学问本身的照明之效使然。有意思的是，西方哲学"本体论"（Ontologie）和"诠释学"（Hermeneutics）也是德国人的发明和创设。尽管成中英在英美哲学领域用功甚勤，他在创建本体诠释学时，取资于德国哲学最多，并在德国哲学与中国哲学中体认出许多相近之处。回过来看，鲍姆加登在确定 Aesthetic 一词的含义时作过许多考虑，他对美学作为"研究感性认识的科学"这一点论述得最充分。同时值得留意的是，德语中"科学"（Wissenschaft）一词包括自然科学理论和人文科学理论；而在更早的《诗的感想》中，Aesthetic 也是"哲学诗学"（Philosophiapotica）。诗歌中独特的"虽是混乱却是明晰的意象"之启发认识的作用被鲍姆加登留意到了。为了用德国理性主义术语——以莱布尼茨、沃尔夫为背景——来掌握从鲍姆加登那里发端的美学理论，必须注意他所使用的形而上学方法，即注意其概念性的推理过程。依靠形而上学的推理过程，事物的真实可理解为判断的事实。实际上，鲍姆加登确实曾把美学设想为美的形而上学，他在其《美学手稿》（1750）中记下一些很有意思的想法："如果人们喜欢比喻，热爱古代神话学，这样人们称美学为缪斯和格拉茜（Grazien，赐人以欢乐和美丽之女神）。不仅如此，由于形而上学包括的科学包罗万象，因此人们可以根据一切相似性称美学为美的形而上学。"鲍姆加登本人把形而上学定义为:"形而上学是关于世界本源的人类科学,它包括全部人类知识的最初成因或最初的基础真理。"①鲍姆加登的美学思索从艺术入手,艺术(他主要把诗歌当做考察对象)的特长在于美,而艺术之美乃是从感性来认识的,由此而树立了一个艺术、美与感性的同心圆结构。鲍姆加登美学思想的思路的重要性在于,它揭诸 Aesthetic 之为一门学问的整体视界。要言之,它区分艺术的逻辑或逻辑的艺术、与形而上学相关的认识论美学及确立"审美眼界"的感性论的三分法,启发了康德,并为康德所取法。由此看来,由于美学的认识论研究一开始主要涉及艺术领域的问题而非一般认识论问题,这就赋予美学认识以不同寻常的意义,美学自然也得从艺术哲学的含义上加以理解。即使后来,当黑格尔重新考虑 Aesthetic 之命名恰当与否时,他对美学所作的更周密的界说,根本也是顺着鲍姆加登提示的思路而展开的。在《美学演讲录》的一开头,黑格尔就区分了"美学"一词广义的用法和专门的用法。广义的"美学"的对象就是"广大的美的领域";至于专门的美学,"它的范围就是艺术,或者毋宁说,就是美的艺术"。黑格尔认为,一般而论,"埃斯特惕克"这个名称并不恰当,用"卡力斯惕克"(Kallis-tik)才符合"美学"的原意。不过,再进一步看,"卡力斯惕克"也有不妥,"因为所指的科学所讨论的并非一般的美,而只是艺术的美"。所以,"正当的名称是艺术哲学"②。经过这么一番辨析,黑格尔事实上将挂于"埃斯特惕克"名下的几层意思又重新进行疏理,虽循旧名,其自觉留意之处是有提醒作用的。

对于鲍姆加登-康德确立"美学"的意义和作用,成中英作了积极的评价:

美学(Aesthetik)是一个近代用语,最初由德国哲学家鲍姆加登在《哲学全科全书纲要》(1735 年)一书中提出来,意即感性认识之完美性的学问。而在康德的美学著作《判断力批判》中则通过采取探究各种感官的性质(知觉、情感、意志)的方式,进而探讨:人能知道什么? 人应该做什么? 人可以希望什么? 在康德看来,人的理性不满足于从感性、知性两种能力所得到的知识,而要超出这样的认识方式,超越人的经验,去寻找事物的最初原因,得出关于宇宙的总体性看法。这种理性在科学方面是不可证实的,但在逻辑和实践的双重意义上都是不可缺少的。值得注意的是,康德的《判断力批判》不只是讨论了艺术、美学的问题,还讨论了生物、生命的问题,而纳入情感性(而不圈于情感)的本体之中。康德的批判哲学有其本体论基础,其中

①　鲍姆加登:《形而上学》第 1 节,第 3 节。引文多从零星的中译文(诸如北京大学哲学系编:《西方思想家论美》、《缪灵珠美学译文集》等)转引。笔者从 L. P. Wessell 的《活的形象美学:席勒美学与近代哲学》(中译本学林出版社 2000 年版)、Manfred Frank 的《德国早期浪漫主义美学导论》(中译本吉林人民出版社 2006 年版)等西方学者的研究中获得许多启发。

②　黑格尔著,朱光潜译:《美学》第一卷,商务印书馆 1979 年版。

有一个真、善、美的排列或递进次序,美处于其中,连接真与善。这种美学本体论与后来西方日渐占主导地位的立足于经验的一般美学认识论很不相同。①

作为一门学科的美学理论的美学之创建,是以一般世界观为先决条件的,这并非成中英对形而上学有特别偏好,而是从本体论的深度及根本哲学立场重探鲍姆加登—康德的美学识见。德国的新美学把本体论运用到美学现象,以便推论审美活动的本性,从而为美学"科学"建立先验的、因而是必然的理论基础。"判断力批判"理论作为一门给美的定义增加新内容的"批判"美学,富于发现性和创造性,这一点特别为成中英所推重。为了确立"批判的"或"先验的"美学基础,康德从先验分析入手,集中注意人的推理认识能力,这种认识能力提供先验原则,即绝对条件,这种条件构成事物所感性显现的而不是存在于事物自身的那种属性。相应地,理性是针对感性领域里实现它自身的超感性领域的极限。因此,审美判断力或判断之特征与其构想方式的既特殊又一般的特征有关。康德写道:"判断力是凭借一般推想的特殊能力"。然而,"人们却能够从判断力的本性里——它的正确的运用是这必然地和普遍地需要着"②。判断总是关于其事物,即一种内容、一个特点的断言,它服从于构想,其特殊的内容被归入一般概念。审美普遍性的形式不在于情感作为审美意识的内容(杂多),而仅仅在于反映的行为,这种反映行为靠认知主体及根据它的反映内容确定它自身。举一个例子,"旅行是愉快的(对我或像我这样的人)"和"山水是美的(对所有的人)"这两个判断之间的不同就在于方法与方法的形式或判断情感之异。此外,判断力还有一种较深的含义:判断力不仅是一种联系的能力,而且它还涉及真正的自由意志的"生活"原则。判断力在悟性和理性的指导下起作用,而悟性和理性则是通过把特殊完全归入由任一能力所提供的普遍概念来知道判断力。这种行为是一种本体论规定。进而探讨,判断力还能面对一种没有任何一般概念所适应的特殊,它必须寻找适合这个特殊的普遍性。这种反思性的活动其实就是"诠释"。诠释性的反思判断表现出对总体统一的需要,乃"自"本体的综合力的表现形式。要言之,判断力原则所需要的恰恰是这种无所不包的整体,这种要求构成判断力的先验原则(批判原则):完整的美学一定是感性的,可这个事实并不排除它同样来自存在物的客观性。

鲍姆加登—康德以后的美学发展,作为艺术哲学的课题占了绝对的优势。

---

① 成中英:《21世纪与中国哲学走向:诠释、整合与创新》,《21世纪中国哲学走向》,商务印书馆2003年版。

② 康德著,宗白华译:《判断力批判》上卷,商务印书馆1987年版。

19世纪以后,作为艺术哲学的美学、关于美和感性之哲学考察的美学。三者的同心圆结构解构了,出现了不美的现代艺术,此乃不是靠感性而只是靠理智才能理解的艺术。积极地看,作为感性价值的美之变化,具有认清新价值的规范意义。而处身于巨大的社会变迁,辨别真伪的审美判断就成为非常重要的课题,而艺术的创造者则希望在美的判断这一主题上,竭力弄清采用什么样的观点能够对于美作出正确的判断。

当代艺术中,晦涩的、难懂的、莫名其妙的作品让人不禁会问:这也是艺术么? 当然,一些作品之所以难懂,好多是因为我们不知怎样对待它。当此时也,艺术是被知觉的,同时也是可以去思考的东西。当代艺术,一面拓宽了知觉探索的领域,一面就艺术是什么的问题深入到哲学层面,换言之,美学的层面。这就显出前现代艺术与现代艺术的差异。艺术皆以创新为务,然而以往的艺术之新异性乃基于艺术家的意欲,而现代艺术的日新月异的变化,根本上乃是艺术意识形态的要求。日本当代美学家佐佐木健一观察甚深,他指出,作为艺术之现代意识形态性,就是其本质在于精神的创造这样一种思考方法。[①] 说艺术是美的,似乎已经是过去了。19世纪以后,艺术上的关注点开始向精神性以及艺术的自我反省——何谓艺术的问题意识——的方面转移,艺术创造与伴随着创作的意识活动与作品同时呈现,犹如禅宗的公案。

如果说,现代以来西方艺术追求抽象和离异之美,与艺术家创作意识的自觉有关,那么,相对而言,美学家事务式的流于感性表象的美学论证就少有可取了。成中英的分析具体而深切:

> 这里我想简单分析一下西方美学的演变如何流于表象而逐渐脱离审美本体的过程及其表现方式。在实际的艺术活动中,近代西方人越来越追求抽象之美和差异性的美感。这种追求在印象主义、未来主义、超现实主义等诸多现代派文艺中有典型的表现。现代派文艺经过想象把对人的生存状态的感受表现、表达得既逼真又抽象,既具体又琐碎,既深刻又零乱,有意识地偏离或拒斥形而上的本体,一切都成为表象,存在的本体深度性及玄奥莫测的一面被抹平了,变得平面化了。上世纪末的最后一年我在伦敦观赏达利画展,留下良深的印象。我觉得当代西方文艺和美学越来越问题化,一幅画、一首乐曲、一首诗、一部小说都像提出一个又一个问题,结果成为问题文艺和问题美学。一个好的问题无疑自有其美感或可以激发对美的新的感受,但由于缺乏本体论的整合,这种美感就会大大削弱,乃至产生偏向。解

---

① 参阅佐佐木健一的《美学入门》特别是最后一章(第七章):弹性的回应。

救之道应在本体论的回归。①

现代以来，艺术家越来越倾向于从最广泛的意义上来理解艺术，艺术大体等同于人类从事价值判断的标识。尽管如此，仍有许多艺术家和美学家坚持主张，美学中最前沿的主题仍然是美的问题，存在的善恶、好坏则需要从美的角度来直感。在跨文化的语境中，导致现时代特征以及其中的艺术、美和感性，应该作为规定着我们当下的生存状态的历史来理解。

四、美学概念之本体结构：美、艺术、感性

汉语中，"美学"一词最初是对 Aesthetics 的翻译，随着美学作为一门哲学性的学科而建立，美学已成为显学，它本身也开辟了许多课题，美学史的广泛领域之外，按照不同的艺术门类形成专门的研究领域和方向，诸如：诗歌美学、绘画美学、书法美学、悲剧美学、音乐美学、古琴美学、昆曲美学，乃至技术美学、神学美学、禅美学、摇滚美学，等等，不一而足。"美学"一词的含义可谓广泛而难以界定。近年来，也有人主张依 Aesthetics 之本义而译为"感性论"或"感性学"，以提醒"美学"之为学的缘由和缘起中容易被忽视不顾的因素。当美学问题探讨入于微奥，这种概念性的辨析，自有其化解无谓争议之效。然而，一种名词既成惯例，自有其补正之方。美学作为译名即是最好的例子。在中国现代学术史上，"美学"之为学，偏重于美之为美的本质问题和艺术之美的研究。美学作为"感性论"或"感性学"的问题，至近期才有学者重视。现在看来，美学及感性地对美作直观，隐含感性之义。成中英亦主张沿用"美学"之名的必要，他辨析道："由于中国文化传统中没有如同'感觉学'或'感性学'意义上的'埃斯特惕克'（Aesthetik），有人主张对中国类似学问的研究以采取'审美论'一类描述性的用语为好，而不用严格规范性的学科用语'美学'一词。其实在了解西方'美学'一词特定涵义之后，不必如此拘泥，而可依据东西方文化交流的历史事实对美学概念本身及其引申、发展，进行创造性的诠释和整合。"②

中国现代美学，兴于晚清民国之际，多从文艺入手，王国维、蔡元培、宗白华诸位多有创发。追求美学理论之思想体系性、学说的逻辑性和方法的科学性的最初的推动者是朱光潜，其后有蔡仪、蒋孔阳、高尔泰、李泽厚诸家，各有创说。在今日中国哲学界，美学蔚为大国，或创生存论美学，或主美学实践论，或援引道

---

① 成中英：《21 世纪与中国哲学走向：诠释、整合与创新》，《21 世纪中国哲学走向》，商务印书馆 2003 年版。

② 同上。

家、禅宗、儒说、现象学、诠释学、符号学、结构主义、解构主义而入美学,而力图创立新说。回过来看,自现代学术兴起,新兴的美学发展总体上呈现了一种现代文化创建的意愿,即以学术方式致力于传统中国文化的现代转换,为新中国社会设计民族振兴、文化进步、奋发精神、生活幸福的模式。由此,现实与理想、困顿与超越的矛盾势必融入各种学术的努力之中,既影响了学术活动的构成形态,又影响其具体理论的表现形式。译名之订正,问题之确立,课题之规划,在每个时期都具有基本的重要性,但美学的本体诠释强调的是美学理论本身的结构的连续性。

　　根本的反思仍可以从回到 Aesthetics 的命名,从名义辨析入手,深而探讨它在再度进入汉语的语境、进入本体诠释学的整体视界时展开的可能性。由鲍姆加登发明的 Aesthetik 一词,其词源来自希腊语的 aisthesis;意指感性(sensation)、感知(perception)。相近似的词还有感觉(aistheta),即以经验为基础的感觉。鲍姆加登虽然将 Aesthetik 界定为"感性知识的科学",但审美涉及美的形而上学问题也被考虑在内。因而美学的研究对象可以概括为美的本质、艺术与感性认识三个方面。历来有用艺术、感性学来涵摄、补正美学的努力,表明美、艺术、感性,三者皆可偏重,每一概念内含是多层次的,含义很丰富。三者的分疏则表明以 Aesthetik 名义命名的学问丰富性和复杂性,以及作为专门学问之内部展开,仍有深入理解和阐释的可能性。

　　值得留意的是,现代美学的感性或感觉方式与希腊人的感性、感觉方式已有不同。现代美学确立之初,作为一门科学的理论,事实上是以一种新的世界观为先决条件。根据这种世界观,人们从"现代科学"的角度来观察事物和世界。新兴的现代科学的发展,彻底地改变了传统的 aistheta 之感知或观看方式。根本上说,新的美学观的确立及美学理论的发展,正是根据这种新的或现代"感性"(Aesthetik)观看事物的方法,演化成一门关于美、艺术理论或感性论的尝试,它渴望知道,一个人在现代科学关于感性世界的新方法所给定的范围内如何"观看"客观世界,如何反省精神活动的主观性,如何谋求主客观间的结合。

　　鲍姆加登确立美学的出发点是理性主义。鲍姆加登对英国美学观点批评的立论所持的基本观点是:如果美学要成为一门哲学学科,它必须从经验中摆脱出来。这一点得到康德的赞许,但他认为仅将感性与理性作判然有别的理解并不能达到成功。康德感兴趣的问题从他对鲍姆加登而作的批评中大体可见:"他试图将对美的评判引入理性原则之下,并将评判的原则提升至科学的层次。但是这样的努力是徒劳的,前述的(即感性的——引者)规则或标准,就其主要的来源而言,仅仅是经验性的,因此,绝不能用来决定对我们的趣味判断具有指导意义的先验性原则。"①对康德而言,从事美学首先意味着"先验"的批判。在康德看来,反思性的审美判断不是单纯的感官审美判断。这种判断以他所谓的趣味判断的无利害为开始,它一方面独立于对象的单纯感官的舒适,另一方面也独立于确定的概念,以及对它进行的分类所带来的关于它作为善的认识。这似乎是一个审美反应的审美判断之本性的纯消极概念,因为在其直接的意义上,它告诉我们的是其所非而非非其所是。而接着康德给出了一个对审美反应的特征更有启发性的描述,即审美感乃应建基于想象力的认识能力与知性的认识能力之间的构想或自由游戏。在此构想活动或自由游戏中,认识的主观条件能动于认识通常的客观条件,即将一个对象及对象概念归于一个确定的概念之下(例如,确认优美之物为美的认识)的满足而被满足。这种关于概念自身的概念的宽泛使用,转向一个作为审美理念之表达的艺术概念,以及自身作为道德的象征,因而既作为想象力的自由呈现,也作为通过想象力的作品,从而更宽泛地理解为自由之表象的美的经验性概念。正是在对审美判断的先验批判中,康德找到了一个将以往哲学家(尤指以经验主义与理性主义为对立的哲学家)分离开的东西连接起来的方法。正如成中英所提示的,康德在哲学上最常见的观点恰恰是他的卓越创建,即走向对偶性观点的建立:直觉与概念、感觉摄入与知性分类,等等。以往的思想家据此而建立的两个对峙的哲学观点和立场各持己见,康德则认为,只有当两者牢牢地结合在一起时,才能为人类提供知识。据此,在美学中,康德也找到了一种将感性与理性、美以及艺术的经验中对那些先验性的说非此即彼的和对立的想象自由的概念,一一连接起来的方法。

　　审美判断的对偶性之合"一",犹如美学之美,是完善的一种形式,构成美学理论的繁殖力原则。美之为美需要本体论的具体限制和整体规范:因为作为一种存在,美的存在一定是并确实是本体论存在的对偶性结构的一种范例。在本体论的领域里,美具有完善性,所以本体论存在的原则一定包含了完善的原则,并提供了美的存在的形式结构。由于美的存在规则具有完善性,所以美学理论涉及到"客观性"。与此同时,美学理论也必须留意产生和体验美的心灵和主体。保罗·德曼(Paul de Man)强调,对于康德来说,最重要的是体验,这是他对康德的再发现之一。在人与非人类的摩擦和冲突中(道家所谓靡靡于物),体验涌现出来。"体验"(experience)一词源于拉丁文"ex"和"periculo",这两个词暗示了某种得自于冒险、危险或考验的东西。② 那些结构、法则和形象既与自然的区别,又是人类与自然的纽带。康德哲学从根本上是与唯心主义相对立的,也从根

---

① 康德著,邓晓译,杨祖陶校:《纯粹理性批判》先验感性论,人民出版社 2004 年版。
② 德里达著,蒋梓骅译:《多义的记忆:回忆保尔·德曼》,中央编译出版社 1999 年版。

本上与唯物主义相对立。康德并不主张区分主体与客体。至于康德是否确立一种把物质关系和感情放置到首位的体验本体,可以进一步讨论。美感离不开心理的、主观的作用,体验关涉"自我"的本体论结构。因此,自美其所美的事物原则,同时建立在人类原初认识原则之上。根据自身来制定本体论客观性原则的同一个思维之我,也可根据自身去制定美学客观性的主要原则,即美的完善。在美学史上,人们一再对探索美的本质及美学理论的最初原则的问题感兴趣,也就毫不奇怪了。审美判断之对偶性的理解表明,想象力之构想需要一个双重结构,即被设想的客体(思想)和正在认知的主体(思想行动)。这种双重性在认识和体验中找到了调和与统一。作为想象力的心灵是一种表现力,因为心灵把实际存在的事物再现给自我,这个自我由于其自觉性而在存在物中具有优越性。所谓美的完善性,根本上即是美的创造。鲍姆加登以其诗人的洞察,已把事情看得十分透彻:"在这方面我们是这样理解的:一件事物第一次被这样想象,以至使它进入和触动我们的知觉。创造包括这样的规则,即想象事物的美和动人,而至今人们还没有这样想过。创造属于美学的一部分,因为认识美是美自身的一个目的"。[①]　美已然发生,美又创造属于美学的功能。这种见地,深得成中英的赏识。

　　因此,自鲍姆加登—康德以来,美学所提出的古老而常新的问题可以区分出三个核心的问题,第一个是美的定义问题,再一个是艺术的定义问题,第三个问题则是感性的定义问题。进一步的讨论从定义的界说入手而展开也许是最合适的。三者的合并或综合研究并非所有的学者都赞同,尽管三方面的问题及相应的概念时有交叉和混同的情形发生。因此,美学的主张如同哲学上一样,也有多元论与一元论之别。

　　美的定义问题首先涉及美学话语的特性:给不可经验的抽象或理想中的实体冠以美的称号;作为感性价值的美;以美的范畴整理类似于美的性质的概念而加以组合,等等。美学之美的概念的确立虽然如此地不确定,却揭示了美是向所有的人和事物开放的事实。现代创立时期美学的重要主题之一,是关于美的存在理由或美之为何及如何的问题。至于美何以高于善或低于善的伦理,是必须加以论证的。谢林、黑格尔、叔华本、克尔凯郭尔、尼采直至海德格尔、伽达默尔,其美学思考在这一问题上运思甚力。顺着成中英的提示,我们从伽达默尔的《美的现实性》而涉入美学的美的内涵问题,进而讨论审美的要点也许是合适的。

　　伽达默尔的哲学诠释学的理性以"普遍"与"个别"为媒介,个别参照普遍被规定,而普遍又按照个别被重新规定,顺着康德基于"判断力"而作先天综合判断

---

　　①　鲍姆加登著,缪灵珠译:《诗的感想———关于诗的哲学默想录》,《缪灵珠美学译文集(二)》,中国人民大学出版社1998年版。

的思路。因此,理性同时也是审美化的理性,归结于人的自我理解问题。《真理与方法》直接指向"人到底是什么"的问题,直指心性。伽达默尔的基本论断是:"人就是历史性的存在。"通过周延的分析,伽达默尔想呈现和表达的乃是:人之存在的"历史性"根本就是审美化的、艺术教化的历史性。人之为人的历史性的存在,在总是被过去的传统所规定的同时,对未来也是开放的。通过"视界融合"的方式,我们可以开辟新的世界。因此,哲学诠释学推进的人类理性的复兴乃是审美理性的复兴。

《美的现实性》①最有启发性的思路是如何对美与艺术的问题作出理论与实践的区分。例如,我们不能把艺术的本质等同于艺术作品提供审美经验这一预先设定的能力,而艺术作品的本体论意义得从艺术方面来领会。因此,艺术属于美的理解的模式之一。伽达默尔对艺术合理性的辩护,基于美的本体论立场,乃是为了对业已被科学的真理概念弄的很狭窄的美学理论,尤其是美学主观性理论,以展示另一种完全与之不同的审美经验,它是更广阔的人生经验的展示,表现于"游戏"、"象征"、"节日"中,这种人生经验也是一种认识,一种真理。因此,即使是康德所陈述的纯粹主体鉴赏和无利害的愉悦对象,及与社会生活和人类生存的实践也是有关系的。伽达默尔对美进行本体论的探询,他把艺术理解为与人的此在相类似的存在者:在时间中人类的有限性与历史性相互作用;而在艺术作品、艺术活动与理解者不断生成之中及永无止境的审美经验构成中,伽达默尔力图把握美在其自我表现中所体现出来的种种存在方式。伽达默尔一直很关心这样一个事实,即当下感受艺术时人们所感兴趣的并不在于艺术的形式——与行业的沙龙的艺术鉴赏显然不同——真正打动人心的东西是艺术面向人们诉说的东西。这种注重意义和内容来理解艺术的倾向,已经使哲学诠释学同形式主义的理解相对立了。因此,光用意义活动的主观性去表示理解的美和艺术对象是不够的,艺术事实上就是一种意义之谜,这种谜挣脱任何主观性的束缚,使艺术之构造成为一种自为的存在者。因此,尽管受海德格尔反形而上学倾向的影响,伽达默尔也没有明确提出对美的本质的看法,但其思路还是清晰的,他并不满足于仅仅提出美的本质的问题,而是实际地从事美的本质之本质的追问,进而从人类广义的艺术活动的语境中展开美的现实性的追寻,从而把艺术的本质问题作为美学的根本问题加以探讨。因此,整个艺术问题的疏证表明,由运用科学方法所提供的审美经验不足以保证艺术的真理。伽达默尔的美的艺术论清除审美活动中固定不变的思维和态度,人类存在的在世经验的艺术纬度重新得到

---

① 《美的现实性》有郑涌(前有伽达默尔作序)和张志扬两种译本。本文主要参考张志扬译本,三联书店1991年版。

理解。依据其新艺术观，"游戏"(Spiel)乃艺术真理的入门概念。伽达默尔是在隐喻的意义上使用游戏一词的，他之所以引进此词，是为了说明艺术中所包含的是何种的美、知识和真理，以及人类如何从事艺术。伽达默尔的游戏观与康德、席勒的游戏说不同之处在于，它并不表示一种主观的意义，即鉴赏活动中的情绪状态和某种主体性的自由，而是指艺术在艺术活动的存在方式。游戏而非审美意识才是审美的对象。伽达默尔在分析游戏的特征时，首先强调了游戏的主体是游戏本身，而非游戏者："游戏具有一种独特的本质，它独立于那些从事游戏活动的人的意识。"①游戏最突出的意义就是自身表现(Selbesdarstellang)，这是游戏的存在方式，因为自我表现乃是自然的普遍的存在状态。"人类的游戏的特殊之处在于，它能够把理想这种人特有的标志包含于自身之内。人的理性自行设置目的，并有意识地追求这一目的。人类的游戏把理性纳入自身，从而也就可以巧妙地超越这种追求目的的理性。"在自由自在的漫无目的的游戏活动的形式中同样包含着规则，这是有规则的游戏活动与即兴的嬉戏之别。"人类游戏中的无目的的理性表明了一种对我们来说至关重要的具有特质的现象。也就是说，它在此表明一种同一性，尤其游戏的重复现象指明的这种同一性，即自我同一性。"正如伽达默尔所指出的，对游戏的艺术性真理的揭示对于现代艺术的讨论有着预想不到的深刻意义。现代艺术的发展不断跨过艺术门类，乃至艺术与非艺术的界限，"现代艺术的基本动力之一是，艺术要破坏那种使观众群、消费者群以及读者圈子与艺术作品之间保持的对立距离。无疑，最近五十年(伽达默尔写下这话是在 1977 年——引者)来的那些重要的有创造性的艺术家们正是在努力突破这种距离"。因此，美的经验有如游戏的重复，即是说"美的经验，特别是在艺术意义上的美的经验，是对一种有可能恢复的永恒的秩序的呼唤"。而"象征"之为艺术符号，犹如信符。对象征性的东西的感受有如一半信物一样的个别的、特殊的东西，显示出与它的对应物相契合而补全为整体的期待。通过象征，审美经验的复合体的特征及重要性就显露出来了。伽达默尔的阐释细致入微：面对艺术作品或处身审美情景，"我们始终要求并一再反复在我们称作艺术作品的各种不同的特殊情况中要求同样的愈合的信息。在我看来，这实际上是对如下问题的中肯的答复：'决定着美和艺术的意指性的究竟是什么?'这个答复表明，在与艺术的特殊的东西相遇时，人们所感受到的其实并非独特的东西，而是可经验的整体，以及人在世界中的存在位置，亦即人的与超越性相对的有限性"。伽达默尔意味深长地建议说，为了避免"作品"一词的狭隘性，不妨用另外的词，如"构成品"(Gebilde)一类词来替换：这种"构成"首先不能够理解为它是某人故意生造

---

①　伽达默尔著,洪汉鼎译:《真理与方法》上卷,上海译文出版社 1994 年版。

出来的(例如总是把它同作品的概念相联系)。谁创造一部作品,事实上就等于他与任何人一样地站在他的手所构成的东西面前。这是从构思和制作向成品的一个飞跃。艺术作品意味着一种存在的呈现和扩展。因此,"象征并不单纯是指示出一种意义,而是使意义出现,它本身就体现着意义"。"为艺术所提供的象征性的体现不需要规定为依赖于被假托的事物。恰恰相反,艺术的标志正好在于,在它里面所表现的不管是丰富的还是贫乏的内容,甚至是纯粹的空无,都使我们流连感动和赞叹不已,仿佛是一种重新认识一样。"正如游戏、象征,节日更是对于所有人而言的。如果艺术事实上与节日有某种关系的话,艺术必须超出文化特权和商业结构的界限。伽达默尔很早就着意于对游戏概念的探讨,他早期的游戏概念实际上是"辩证伦理学"或"教育国家"的同义语,与海德格尔、施米特留意于城邦政治遗产而论艺术和哲学的理解相近,同时也接近了美学上的柏拉图主义。或可称之为一种与时俱进的柏拉图主义:黑格尔主义。伽达默尔对柏拉图的理念与现实、原型与摹本的宇宙论模式进行思考,认为它用来说明艺术和美仍然有说服力。他认为:"对于我们对美的反思来说,柏拉图的遗产是渗透一切的。柏拉图把真实的存在思考为原型,把现象世界思考为这个范例性原型的摹本。关于这一点,在艺术中有令人信服的东西,只要我们不把它看得无足轻重。"伽达默尔认为柏拉图一黑格尔的诗意想象具有重要的美学意义,它指出了艺术经验所包含的真理性体验的根本原因,且指出了美与理念的最根本的关联:"只能被远远地一瞥的理念在美的感性形式中,呈现出自身的当下存在。""无论在哪儿被实现,美的经验,尤其是艺术中的美的经验,都是一种对事物的潜在整体和和神圣秩序的召唤。"不过,作为艺术真理的理念并不能用概念来把握,否则就有以哲学取消艺术之虞。美之显现与领会具有直接性,美的事物都是美的自我表现,美自身与美的摹本不可区分。美涌现着,源源不竭,然而对于审美者,"美是突然地出现,并且同样突然地,并且无中介环节地消失"。①

　　如果说对艺术和审美的显着而持久的兴趣是现代以来西方哲学的基本特征的话,那么,中国现代哲学家的谱系中,对艺术审美感兴趣似乎只是少数的特例。新世纪之交的中国,围绕着的艺术进行哲学探讨兴趣出现了显着复兴,似非偶然。审美复兴的同时也是哲学的复兴,或可视为哲学复兴在最精微的方面显露其生机。在国际范围内,那么多的第一流的哲学家把美学和艺术哲学作为一个专门而又具有跨学科意义的领域,从中获得哲学发展的动力,就是很好的证明。

　　近年来,成中英的美学和艺术哲学研究,从早期诗歌、小说和悲剧的研究拓展到中国诗歌史、绘画史、音乐史的领域,并对一系列艺术范畴进行美学阐释。

---

① 伽达默尔著,张志扬译:《美的现实性》,三联书店1991年版。

成中英在其早年的文学批评中就指出,我们与文艺作品的交流的独特之处在于这种欣赏和批评是以审美经验、审美批判、审美知觉为特点的。当然,审美反应不必是我们对艺术品确定性的反应,即是说艺术经验并不等同于审美经验。海德格尔将审美体验的本体论意义解释为存在显现的思想深得成中英的赞许。在成中英看来,海德格尔所谓真理的本性就是本性的真理,这里的真理乃指宇宙的真理,即作为宇宙真实的真理。成中英很早就留意到海德格尔与孔子《易经》哲学之互释的可能性和意义,并一直予以重视,他在《海德格尔、孔子和易经哲学》(1987)、《回归未来:从康德、海德格尔到孔子》(2001)等专题论文中展开讨论。在最近的中国美术学院和台北大学所作的美学系列讲座中,成中英进一步涉及海德格尔和美学和艺术思想的课题,并从中国哲学的立场展开评论。

在海德格尔《艺术作品的本源》中,艺术成为存在之澄明,因此与真理紧密相关,这在西方哲学史上完全是一种新思想。其新颖性在于完全着意于艺术与真理的关系,而根据传统美学观念,艺术与真理无关,艺术是美,而美属于美的理念的表象。这是柏拉图以来通行的观点。按照海德格尔自己的想法,《艺术作品的本源》不应归于"美学"的名下,甚至也不能归于"艺术哲学"的名下。海德格尔关于艺术的思考,并不是把艺术作品作为 Aesthetik 的对象,即作为感性理解的对象,这从广义上说一般称为审美体验的对象。海德格尔对这种审美体验的评价,可以从《艺术作品的本源》的"后记"来判断。海德格尔的艺术之思,不仅仅涉及艺术而且也涉及一切的思想。我们可以称之为后哲学、后美学的思想,正是从这种思想里,还保留着哲学与美学贯通的可能性。明乎此理,我们将海德格尔的艺术之思纳入美学或哲学的范畴来重新理会,并无不可,因为它对美学和艺术评论的进一步展开显然有启发作用。我们或可依据成中英的提示进而一问:这是"对"艺术的思考还是"自"艺术的思考?"自"艺术的思考缘其是而显真:艺术作品不仅仅是感性的,它还是神秘的,它源于存在而真、而善、而美。那作为其来源的存在,也是本真的人类生存所属的存在。"对"艺术的思考则是反思性,如镜相照,对照出彼此的形貌神理。对历史上伟大的艺术作品和流传物的沉思及诗意的阐释,乃是一种纪念和回答的思考(ein andenkendes Denken),如同吟诗时的唱和,它是对存在之诗的酬答。因此,即使是对艺术的思考,一旦触及其存在,其对象即如对偶而相对成趣,用源于呼唤并使自身走近呼唤的回答来应和存在现身的呼唤。"自"我而相"对",彼此"转让",这乃是"自"与"对"的对偶性观念的要义。这就意味着,人类存在是一本真的对偶关系中是其所是,面对大地与天空、面对诸神与先人的现身和隐去、面对事物以及自己。这意味着让所有这些在成功敞开其天性,而不居功,因而向存在或道敞开。一己之所是,或为农夫、或为诗人、或为祭司,皆无碍于是其所是,多以自己继续行进于生活的道路,来转让地认识和应答存在。一件发人深省的作品,无论是一幅画,一首诗,乃至一处历史性的遗存的建筑,正如海德格尔在演讲中以动人的方式讲述的,作为实现的表达,乃出自一人生之路敞开的漫长生活,它们无一例外地属于真正的人类的丰富生活和创造活动。海德格尔描述了这样一种创造的运动:本源上,完美的万物必定发生,它远离表象思考的浅薄抽象和科学理艰涩的构造,朝向真正生命体验的丰富的具体和复杂的统一。入乎存在之思的"艺术自身之谜"的思者,乃是表达存在自身发生、产生和现身的自然而然的方式,是作为存在自身,而不是作为我们理解、意志和知觉的自我方式。再细而辨之,"对"艺术的思考,所面对者是艺术作品和艺术家;"自"艺术的思考,则是艺术本身,即作为"艺术作品的本源"的艺术。艺术本身无从对象化,这正是"本体"的根本特征。艺术本体的真理在作品中作为真理的实现,乃是作为显明、敞开、澄明、朗照,是存在物在显明中的自我显现,而不仅仅是作为对象的存在者与存在者的相符。艺术、艺术作品与艺术家的"本体论区分"乃亲密无间的区分,自我而重复相对,相对而顺乎自我。海德格尔在《艺术作品的本源》中称之为 Das Eeignis,或可译为"生",我们须从《周易》"生生之谓易"或老子"道生之"之"生"的意义上来领发"生"(Eeignis)一词的丰富含义。[①] "生"就是世界及其发生、现身。世界的"生"就是世界世界化。艺术作品则形象地呈现世界世界化。世界中的天、地、神、人,进入其"生",四者处于四者的原一或原生。在世界中,由于四方任何一方于域中能聚集、相拥、结合于彼此转让和自我承让的环动中,鼓之舞之,在四者的自化其化中,亲近者能在其同属中联合起来。易之所谓"一分为二,二分为四……",大体就将海德格尔所谓的"四方域"的世界结构呈现出来了。天与地相对:神人居焉,戏焉;神与人亲矣,离矣,天与地亦随之而变色、变容。这是存在的戏剧的基本剧情。今日艺术之事,归于本,其本事一言而蔽之:曰"生",其本体则一言难尽。海德格尔以希腊文 Aletheia 表明真理如何是真理,又是非真理,运思已深:同时在两重意义上理解 Aletheia 这个词。

近期来,一些学者试图重新提出作为感性的美、艺术乃至哲学对于美学研究的意义问题。这些问题概括地说就是"感性论"或"感性学"。进一步的讨论仍然得回到 Aesthetik 这个词的希腊文词源 asthesis。如果要译作"感性",那也得从希腊文的意义上来理解"感性",而非现代的仅仅相对于"知性"(understanding)

---

　　① 自从 20 世纪 90 年代初期孙周兴在其博士论文《说不可说之说》中提出 Ereignis 的翻译问题以来,国内对这个词的译法已有十余种之多。Eeignis 汉译已有多种译法:"大道"、"本有"(孙周兴),"缘构发生"(张祥龙),"本成"(倪梁康),"本是"(陈嘉映),"会成"(王均江),等等。本文试译作"生",兼取于大易"生生"之义。演易者观"生","自"我而观,"对"我而观,似更接近 Ereignis 一词的一般意思。海德格尔 Ereignis 一词则接近老子所谓的"道生之"、"有无相生"的"生"的意思。

和"理性"（reason）意义上的"感性"（sensation）。在希腊哲学中，与"感性"（asthesis）相对的用语是"理念"。根本的理念就是"是"或"存在"，即"是"之为"是"或"存在"之为"存在"之本身，依据其理念即可对某种可感性直观的物性存在进行探讨。因此，感性乃存在的感性。后来作为用概念的逻辑推论建构起来的、追求普遍性和必然性的纯粹原理的本体论，根本上基于感性直观，由此形成存在与存在者的感性区分。在希腊哲学中，表达审美的感性的词是 Kalon，即"美"。作为对美之物、美形象的命名，Kalon 带有抽象意义，具有指称"美本身"的意味，具有更多具体意义的 Kallos，或可译为"美者"。① Kalon 无意是希腊美学中核心概念。由希腊文献看，从荷马史诗、赫西俄德神谱所讲的神与人外形的形体、形态之美，到苏格拉底的具有客观实在性的"美自身"，到柏拉图的先于可感事物而独立存在的"美理念"，到亚里士多德的形而上学意义上的"美"，可以见出西方最初的美学思想即以一种根本的方式展开探讨；并将与美有关的问题与社会伦理道德问题及文学艺术密切联系起来。

进一步的问题是：希腊人的审美"感性"与"美自身"的理念的关系可以展开怎样的理解和阐释？海德格尔对前苏格拉底"存在历史"的探源，为我们重新领会古希腊哲学本体论概念的感性特征，为作为美学的感性论研究开辟了道路。我们这里或许可以跳过许多实例，一下得出现在的结论：希腊人把"存在的意义"命名为 asthesis。犹如英文中 sense、sensation 等词来表达其微妙的用法。Asthesis 包含着令人吃惊的因素，汉语用"感觉"来翻译大体是恰当的，因为感觉作为一个连绵词包含了整体之综合性的含义：从五感意义上的感受到根本的觉悟。汉语中"感"一词语义极丰富：直感、预感、通感，如是而感，既与对象的本体保持一定的距离，又能物我一体。感觉既是提供诸多隐喻的领域，又是思辨性的抽象所本。感觉之义大矣哉！如此反观希腊哲学：logos（逻格斯），感召也；on（昂），如是而感也；ousia（乌希雅），感兴也。此感性通乎希腊哲学理念之大概情形，海德格尔释之甚勤，可以深考细究。

因此，分清或确立感性的本体论差异也许是重要的。成中英在论述并确立作为方法论和本体论的本体诠释学的统一之"观"时，揭示了由"感"而"观"，复由"观"而"感"的循环诠释的辩证结构，同时又对感与所感、观与所观的相对的两重性作了辨析。循此理解而进，盈盈天地之物，乃数不胜数的形象，所谓"象"乃总万有命名为"物"的对应者，唯感之纯、观之深而立其名。所谓"形象"、"品物"或"物品"则与所感、所观相对应。在感性的意义上已足以展开深度的名理之辨。所以"观"的哲学意义之阐释立足于感性论的立场。成中英联系海德格尔的"存

_____

① 参阅《希英大辞典》第 869 页"Kallos"词条。

在"进一步解释"观",事实上就将"易学本体论"与希腊哲学本体论在感性论的新的识度上进行相互阐释,与海德格尔立于"原点"而立言的意图相近。① 为了突出"观"的感兴作用,或许可以径直称之为"感观",可以把感观看成是表达和阐释了理解感性世界之现实的本体诠释学过程。感观的本体蕴涵来自对现实、自我和实践之真、之美、之善的捻熟的理解。感是心感、身感、五官百窍之感。作为感之体的身体,乃指人所具有的肉身,即人赖之而成长、而发展、而得以维持和发育的实体。此实体结实又不失虚灵,因此,作为感之体的身体,"在宥"天下而不囿于一身之既成。它不只是物质元素的有机构成而已,还具有一种超越肉体之上的蜕化功能和魂魄健顺而不息的结构和系统。宇宙之间唯"生"意最可观者的根本意思即在此。可以说,"此在"借助于这个易朽的、短暂的肉体之形,生命的本体立德、立功、立言,实现了其充满活力的精神和生命力。借助充满活力的精神和生命原力,感性盎然的肉体维持着其有机的统一和组织,创造了令人叹为观止的文明。因此,感观具有两种可能性,乃是对事物之双重性的"透视":我们可以同时观"存在"与"存在者"。当然,感观的可能性的说法表明,我们也可能一无所感,一无所观。此无所感、无所观又可浅言或深论。现代以来,所谓"意识"与"潜意识"之辨触及了无感之感,不观之观的玄学问题,且从感性的方面展开探讨。由于确立一种自觉的感观意识,我们能够看到,存在之道的揭示或遮蔽之更迭,呈现出一种辩证关系。

将"观"之同时观入存在与存在者而观妙或观徼,事实上就将观理解为一种本体论的差异。本体论之观,观其所观,如是而观,与此相应的感也同时是不同的感性。感性论的丰富性从本体论的意义上被揭示了。我们可以初步将本体诠释学的感性学称之为"观"的感性学,基于观的本体与诠释的统一而综合各类感性学的问题。

回到前面的论题上来。无论将美学归之于艺术的哲学,还是回归其感性论的原初语境,还是从感性学与美学、艺术哲学相异或相关性来展开理解,都有展开进一步理解的可能性。从本体诠释学的观点看,论述美与艺术以及感性的哲学同时又是美学,前者从广义的理性深化美学、后者则从感性的整体理解哲学。整体的感性活动基于审美与艺术,并超越了唯美的、艺术的观点,或可从发现与创造的立场深化美与艺术的含义。

因此,感性作为现代美学的主题,虽然并非一味求美,但仍强调美与人类正体存在的结构性的相似。这一点也许可以视为联结精神与肉体的感性的特质。

---

① 成中英《回归未来:从康德、海德格尔到孔子》,《合外内之道——儒家哲学论》,中国社会科学出版社 2001 年版。

体验美具有恢复精神和肉体之协调性,从而形成人类生存之平衡的效果。作为感性价值的美在整个社会变革时期,具有认清新价值之规范意义。唯美的哲学未必是深刻的哲学,但可以肯定地说,没有一种深刻的哲学是不美的。哲学追求理论的美感可以说乃是哲学之分内事,运思时的微妙感觉难以言表。敏感的哲学家,具有根据判断作出准确反应的综合性能力,因而能够准确地把握时代和哲学的状况,在其中设立恰当的主题,展开论述。这种作为精神的感受或感授,体现在作为感觉用语的隐喻的用法上。哲学上的"观"不仅是视力好,否则作为先知的盲诗人何以能突破眼睛的视线,而能"看"得更远。因此,哲学上的"观"与"听"已经成为隐喻(metaphor)。五感八识是指供诸多隐喻的领域。例如一些人政治嗅觉灵敏,意味着迅速捕捉隐蔽的怀疑和对权益的敏感。在审美领域,味觉的隐喻尤其重要,"味道"是指艺术表现之趣味的微妙差异。而哲学意味之"观"可以看作是看、听、触、尝、闻等情绪之所有感觉一起作用的自然统一体。由视觉而深化或提升到心与大脑,而形诸本性与原则的语言。因此,五感八识之隐喻上的适用维度乃是感性问题的要点所在,是一个跨越身体而抵达精神领域的现象。

五、悲剧意识的和谐创造与创造和谐

美具有一种力量,或可称之为能量。美之力乃绵绵不绝的生命力,乃宇宙的伟力。整体之美乃是一种大美,古人所谓天地可以观美,表达的就是一种整体的审美观。此乃领悟宇宙时欣欣然之情的流露,与万有同其跃动。

成中英早期美学的课题,重视悲剧的研究,所留意的是西方文化中崇高的精神追求,这是有缘由的。"五四"以来,中国现代哲学、文艺和政治之兴,追求科学与民主,追求思想解放。传统固有的价值信念之崩溃,深思熟虑的学者,诗人和思想家内心的悲苦之情与新生代的欢欣之情恰成对照,其中的冲突乃是历史性的、命运性的。五四时期的人物,无论新旧,其性格和遭遇大都具有悲剧色彩:王国维、吴虞、吴吉芳、李大钊、陈独秀、鲁迅、熊十力、梁漱溟等等,皆以化解悲剧,求和谐于冲突为归旨。成中英哲学思想的形成和发展,大体亦循此轨迹。仅就此点而言,成中英或可作为"后五四"时期哲学和文学(这里尤指他的"哲学诗"的创作)的代表人物来理解:他自觉地认定"五四"精神开拓的意义,并自觉以化解现时代不良之对立而求其和谐为己任,进而卓然求其立于哲学、立于诗、立于文化、立于精神之冲突和创造交汇之域。此一"立"一开始即伴以"心灵成长的狂飙",这是成中英自我描述的用语。"狂飙"一词最有意思的用法是歌德。歌德于德意志文化建树甚丰厚,他一生的创造确立了德意志古典精神,继用浪漫主义的灵氛来浸润它、培养它、激荡它,并用"狂飙"一词形容由古典主义而向浪漫主义跃进时的神采飞扬的情形。大学时代的成中英于西方文化向慕以求的是古希腊哲学和文学,他由希腊悲剧入手进而探讨悲剧观念之确立,对于西方文化的意义及对重新认识中国文化精神的启发性。青年成中英喜爱济慈、雪莱、拜伦,对尼采的悲剧思想也有所采纳。写于大学时代的《论悲剧意识与悲剧》(1953 年)已可见出成中英既重分析,又富于综合精神的运思方式与特点。在希腊戏剧中,悲剧之区别于其他类型戏剧的地方,是戏剧意识,所谓"悲剧意识",然而悲剧意识并不限于戏剧。因为,戏剧中所体现的悲剧意识,乃是戏剧诗人将现实城邦世界中的冲突意识或意识冲突搬上公共舞台,使之形象化而已。再细察之,戏剧场面之悲或喜,并非一目了然。越是高明的悲剧,越能深入悲剧本质的本源。因此,悲剧意识之与喜剧意识的不同或许是表面的,悲剧不一定是悲惨的,喜剧也不一定喜气洋洋的。从悲剧意识的分析,成中英进而探讨悲剧本质的本源为何的问题:"实则,许多戏剧并不以悲剧场面而作为结尾而仍不失为悲剧。亚里士多德说悲剧要能引起人的怜悯与恐惧,有时,悲剧反能激发人的同情或超脱之感。"①这里隐含了对亚里士多德悲剧的净化说的初步分析,或可称之为消极的净化说。成中英这里感兴趣的问题是悲剧何以具有精神转化的力量,他认为,亚里士多德的《诗学》依据诗所"固有的性质"之不同,而将戏剧分为悲剧与喜剧的观点,根本的着眼点乃是形式。亚里士多德所谓的"诗所固有的性质不同",或指由于所模仿的对象不同而分为两种,或指由于诗人的个性不同而分为两种,而尤指"诗人的个性":比较严肃的人模仿高尚行为及高尚人的行动;比较轻浮的人则模仿下劣者的行动,而将悲剧诗人和喜剧诗人截然分开。成中英对悲剧的理解更接近苏格拉底的见解。苏格拉底多次表达过这样的想法,深刻的悲剧性其实也是喜剧的精神,乐于担当悲剧精神的并非悲惨的:最重要的事情不是活着,而是要活得好。② 基于同样的见地,成中英认为,悲剧的意义在于其内容而非其形式,因而不为其文学形式所限:"透过悲剧,我们发现悲剧作者心灵关于悲剧情节内在意义的一种意识活动,这种意识活动决定悲剧的创造,而早发生于悲剧创造之前。"在这里,悲剧意识的向度乃其崇高性,是崇高的创造。因而悲剧意识不是消沉的,而是昂扬的,或者说兼而具有沉潜与激越的特性:"悲剧意识不是悲观,而是一种富有艺术性的心灵创造活动。悲剧意识可以引起悲观,而要求人生的解脱及寂寞;也可以引起乐观的情绪,赞赏生命,渴慕生命。"因而,无论乐观还是悲

---

① 原刊《事与言》第一卷第二期,国立台湾大学学田社发行,1953 年 6 月 15 日出版。引文不注明出处者,均引自《论悲剧意识与悲剧》一文。

② 参阅柏拉图:《克里同篇》,48B。《柏拉图全集》第一卷,王晓朝译,人民出版社 2002 年版。

观,都具有积极性,是对生命的及其意义的追求之探索。基于以上的理解,成中英肯定了生存的悲剧性,其中蕴涵着人类生命的基本精神:"人类生命具有二种精神:一种是超越向上的精神;一种是实践行为的精神。生命的理想需要超越向上的精神来创造和推远,也需要实践行为的精神来实现和完成;生命的现实需要使行为的精神来确定和体验,也需要超越向上升的精神来提升和拓展。从理想俯临现实,这是超越向上的精神作用,同时从现实瞻仰理想,这是实践行为精神的作用,有俯临才有提升。有瞻仰才有追求。理想和现实之间原有一段距离,但两者都调和于上述二种精神的交互活动中,理想倾向于现实化,而现实却倾向于理想化,这就是两种精神活动的结果,也就是生命内涵价值的表露。……生命的实践行为是经验的我,生命的超越向上精神是观赏的我诞生。"即是说,悲剧意识具有自我超越的机能,直面生命悲剧有益于人的精神的健全成长,论述中的论辩语气可以留意。论者在为悲剧的合理性作辩护,显然是有实际的缘由的。成中英后来用超越与内在、内省与外观的对偶性观念来说明构成精神之整体性之两面的超越向上与笃实践行的特点,而对现实与历史的悲剧性有更为细致而深入的考察和辨析。深刻的悲剧,乃是历史的大悲剧,身处其局,个体道德之超越向上与社群伦理实践之牵扯于人者,无形中很剧烈:"我们可以说道德的内涵精神及总体目标是反思人性决定的,而道德的外在形式及具体内容则是现实的文化和社会环境决定的。但两者交互影响,逐渐相成定型而不可分离。"[①]因此,伦理与道德的定性与定位之和谐和冲突,说明宇宙的事物与人生的环境是变化的。宇宙变易不居,人生荣衰无常,"只是在这变易无常之中,人的整体价值也就是人的整体性与尊严却不能不透过道德法则表现出来。"[②]因此,儒家和道家的道德意识包含着对生命的悲剧性的洞察和自觉。作《周易》者之"忧患元元",孔子之"知其不可为而为之",老子之"昭昭之明",庄子之深悉"无可奈何"之事,皆是对人类生命所具有的精神力量之作用的肯定。成中英的哲学思想乐观通达,这是很容易认出的。然而,隐含于著述和行动的忧患之怀却微妙难识。虽然,仍可留意其立言之深义。在近年来的著述中,成中英不时地在些序跋中抒发其心志,隐隐然与其早年的悲剧情怀相呼应。我们不妨在这里抄录几段文字:

> 但当我回顾和检讨自己思想的发展方向和它所必须要承受的历史命运,我愿意说我是在一个极不和谐的时代里极力想创造出一些和谐,也想在诸多价值的概念中深入到和谐的核心来掌握创造真理,以使创造和谐成为可能。对我而言,和谐是形上学,真理是诠释学,正义是道德学,而美感则是

---

① 成中英:《创造和谐》,上海文艺出版社 2002 年版,第 105 页。
② 引文同上。

包含和谐、真理及正义的价值学。这可说是我自 1960 年以来所寝寐以求、无日不思的关怀主题。

20 世纪 80 年代,我运用了"本体诠释学"一词以表达我认为具有时代性的中心课题:如何结合知识与价值,如何融合东方与西方,如何在天与人、知与行、古与今、内与外、人与己之间取得和谐与创造和谐。天地之间的不平与人与人之间的不义或许是天地创造万物过程中的大数与边际效应,但人之作为自觉的存在,其自觉的意义却不能不说是在人可以凭借其智慧来弥补天地之缺失;然而为此天地要付出的代价却又必须是人的用知与用智以行恶与逐恶的能力与自由。因之如何完善人的心以为天地之心,就成为本体诠释学中所蕴涵的一个道德的命题了。诠释学必须预设了知识与价值的前提,而本体却必须是同时呈显于主体之外又包含于主体之中的世界及宇宙。诠释因之同时是理智性的与意志性的创造活动。它包含了知识和对知识的认知,也包含了价值与对价值的评价。它同时反映了一个时代的问题,但也针对一个时代指陈了问题的所在和未来的走向。一个人的恶莫大于自觉的为恶,也莫大于自觉的制造持续的矛盾与不和,一个人的善也莫大于自觉的克服自觉为恶的动机与性向而努力于创造持续的与较多的和谐。①

这里虽然没有运用悲剧意识或悲剧一类词语,其运思方式与基本精神却是一贯而下的。这是用《周易》、道、儒的语言表述希腊悲剧和西方悲剧思想的问题。正是有见于《周易》、道、儒与中国佛教及宋明理学的基本关联,有见于中国哲学与美学的基本关联,成中英每每能发现中西哲思之深度的契合处。

我们今天或许可依创造的和谐或和谐的创造的理解来对悲剧意识作出重新阐释。我们必须深入到和谐的核心来领会生命悲剧性的意义。生命既是崇高的,也是优美(幽美)的,既崇高坚强,又柔美脆弱。许多美好生命的毁灭,显示了美与善的脆弱性。在悲剧中毁灭的东西在精神的反思都升华了、再生了。绝对的对立在根源上一再地向和谐回原;否则,生命将不再继续,文明不再新生。正是在对悲剧的意识之丰富性的阐释中,可以见出成中英所说的和谐的创造或创造和谐的深度意义。悲剧中的合理性是一种所有人坚持其合理性而发生合理性冲突的合理性,因而其和谐性仍有待实现。悲剧性的真理也许就是:"和谐的创造最终必须假借对人生与宇宙问题的深度思考与再思考,不但使个别的差别明显出来,也使差别的彼此间更能欣赏与郑重珍视彼此的差别,再进而产生一种融合差别的崇高意志:无论融合或维系其旧都是创造和谐的开始。故而崇高的融

---

① 成中英:《创造和谐序》,上海文艺出版社 2002 年版,第 2—3 页。

合的意志来自于对根源的思考,而和谐的创造则决定于崇高的融合的意志。"①
这是一种本体诠释学的新悲剧观。诉诸文艺的实践,则可能创作出一种新悲剧。

六、崇高与优美之一体观

　　成中应在哲学与美学上的另一卓识就是:确立本体诠释学的崇高的理性观。
他基于本体宇宙学立场,说明如何维系于力、维系于生命的生生之力、维系于宇
宙的原力,融崇高与优美为一体。虽着语不多,却富于方法论的启发性。成中应
认为,崇高与优美,贯通于大美。他十分赞赏伽达默尔将美同真(真理)的概念联
系起来、同追问形而上学的立场联系起来,由于"能量"(energiea)的作用,美不
仅仅意味着优美,还意味着崇高。成中应对此评论说:"伽氏用 energiea(能量)
尤能表达中文中所说的'气韵生动'、'气势滂湃'的意思。把美之为生动与奔放
的一面活泼地表现出来。在这种动态的表达中,优美与崇高也能融为一体了。
对自然之美的体会与对艺术创造的体验,不正有这样的特质吗?"②成中英这里
所强调的是对崇高与优美作动态的理解和表达。从康德以来,哲学家已留意于
崇高与优美的一致性,但多从概念的抽象性和范畴的静态关系展开理解。以康
德为例,他的审美"判断力的批判",从分析开始以求美的先验性与经验性之转成
的"先天综合判断"成立的模式,运思缜密。构成康德批判哲学的诠释学与先验
哲学的本体论之连环的"判断力批判"之意向,在于他力图接其"实践理性批判"
中建立的自然概念基础和自由概念基础之间的沟通关系,由此而发现了位于认
识能力与意欲能力之间的对快感和不快感的反省判断力的构成原理:"自然的主
观的合目的性"原理。而当认识的根本限制性(例如"物本体"不可知)与意欲之
事多大而无当而仍能立其大体之微妙关系发现,余下的问题就显得显豁了。康
德指出,在由于对象适合人们的认识能力而产生快感的情况下,其原理是可以适
用的。用这种根据快感和不快感来判定主观的形式的合目的性能力,就是审美
判断或趣味判断。康德的运思模式,从质、量、关系、形态,对优美与崇高相关性
从四个方面展开说明。

　　优美与崇高有其一致性:就量而言,两者都是普遍有效的;就质而言,两者都
是无利害感的;就关系而言,都是主观的合目的性;就模态来说,两者都是必然
的。在展开讨论时,康德也试图超出概念的静态关系而从意向引动的方面加以
阐释。首先,"两者都是自身令人愉快的"。判定某物为优美是一种情感活动,是

①　成中英:《创造和谐》,上海文艺出版社 2002 年版,第 31 页。
②　成中英主编:《本体与诠释——美学研究与诠释序》,上海文艺出版社 2002 年版。

与快感及不快感相联系的。事物的审美表象能够引起情感上的愉快,崇高的情形也是这样。康德说过"崇高感是一种不愉快的感觉"的话,但只是论证过程的初步,经过演绎转折,得出崇高与优美"同时引起一种愉快感"的结论。① 崇高判断是单称判断,但它同美的判断一样,也要求有普遍性与必然性。因此对崇高的审美判断与认识判断及感官判断具有原则区别的。

在康德看来,崇高与优美虽有一致性,即同属审美范围,但崇高却是与美有别的另一范畴,它有一系列独特的性质。就量而言,优美在于对象的形式,并且仅仅在于对象的形式,崇高的事物却必须是无形式和无限的。"自然的美关系到存在于受限制中的对象的形式,与此相反,崇高却可以在无形式的对象上见到,如果这种对象自身表现出无限性,或者由它的感召而表现出无限性,同时这无限性又被想象为一个整体的话。"康德所说的"无形式",具有"混沌"(chaos)的特征,所谓"无限",主要是就心理感受而言。崇高的愉快与量有关。就质而言,崇高事物的无形式和无限性决定了它属于理性范围,因为在人的主观能力中,只有理性才能处理和把握无限的事物。崇高属于鉴赏范围,是一种反思判断,本来无需也不可能有确定的理性理念,但理性又要参与其间,于是只好以某种不确定的理性理念来处理无形式和无限事物。而优美与不确定的知性概念有关,属于知性范围。对美的判断,知性没有提供确定的概念,只是作为概念能力以一种不确定的概念参与游戏。美的愉快与质有关。就关系而言,在美的判断里,主体的想象与知性处于无概念的游戏状态。美感是一种静观的愉悦,两种主体能力是和谐的。在崇高判断里,参与其间的想象力与理性的关系是对立和严肃的。因此,崇高感不是单纯的愉快,它能直接促进生命力,而要"经历一个瞬间的对生命力的阻滞,接着便是生命力的更强烈的喷涌"。② 崇高不只是吸引我们的心灵,同时人还拒绝和排斥它,两种心灵感觉不断地快速交替,就产生了特殊的消极性的愉快。就模态而言,崇高感是由不愉快的感觉转化而来的快感。在对崇高与优美的差异性作了揭示以后,又不知不觉回到两者的一致性的课题上来。成中英认为,在这里,康德运思中的贯通的整体理性论的见地是值得嘉许的,因此,优美似已隐伏着向着崇高理性或理性的崇高而敞开的维度。即是说,康德对崇高论的阐释最有胜义可探:"康德之伟大,在于他指出了理性在实证、实践甚或是美学和目的论中的运用。理性是一种提供普遍存在的不可或缺的法则,这种能力在获取知识、培养道德甚至审美/目的判断的活动中,显示了多种功能的统一。"因

---

① 康德:《判断力批判》,第27节。
② 康德:《判断力批判》,第23节。

此,崇高的理性与理性的崇高问题"在于理性本身如何成理性的或超理性的统一体"。① 至于康德在他的崇高论中是否"回避了理性的本体论的特征"的问题,正是成中英试图要进一步展开探讨的。

历史地看,不论是在功能的层面上还是实质的层面上,理性的统一性确实存在危机。若从转化的过程看,危机也是转机。转机就在理性之实证、证实、实践以及美学和目的论的运用中。康德所理解的理性之理念已经隐含着存在意义的含义,理性的理念意指存在者的存在,这一识度由海德格尔予以更为深广的阐释。或许可以进一步作如是理解:崇高的理性乃"先验想象力"运用的领域,此乃理性的各种基本运用的源头,而崇高与优美的一致性乃理性统一性乃理性统一性的表征。作为审美判断的崇高与优美是一种合乎目的判断,由此,崇高与优美又可说具有合目的性。康德的判断力批判建立在他认为人所共有的关于知识、道德、审美的价值判断的经验之上。尽管人类对其固有的相对独立性和自治性的认识和价值五花八门,康德仍然坚持将它归之与理性的名下,并总结出它们的概念和原理或法则等理性形式。这一点特别为成中英所赏识,他认为康德的基本思路仍然是行得通的:"在他(康德)看来,知识得自于常识和科学,常识和科学中包含着可知的因果关系法则和可知的客观世界。道德则体现在使个人得以在社会中发展,使社会保持整体性的德行与义务之中。对美和崇高的判断,以及作为一般生活的手段和目的判断,则是反思的材料,以便以此为基础,因循其可能性及结构以发展其他观念。"②崇高与优美,合乎崇高的理性目的,如此深切理解的理性总是能使自己与现实或客观世界相联系,因此理性运用总是具有本体论的意义,且承认崇高的理性的本体论根源及理性的崇高性。崇高的理性与理性的崇高具有本体论力量。美的知性形式的一致与崇高之形式的理性统一,在一定意义上就蕴涵着一定的本体论的统一。

七、问题美学与美学问题

感性意识的深化,一旦契入审美本体的过程及其表现方式,就造成感性与理性的连接。然而,现代以来的诗人、艺术家往往以情感之名攻击智力,从而流于表象的感性或感性的表象。这种感觉主义的艺术表象,虽借感性之名却缺乏生动性和具体性,反而显得生涩空洞了。由追求抽象的、差异性的美感为由的审美

---

① 成中英:《回归未来:从康德、海德格尔到孔子》,《合内外之道——儒家哲学论》,中国社会科学出版社,2001年版。

② 同上。

观,成中英称之为"问题美学"："在实际的艺术活动中,近代西方人越来越追求抽象之美和差异性的美感。这种追求在印象主义、立体主义、未来主义、超现实主义等诸多现代派文艺中有典型的表现。现代派文艺经过想象把对人的生存状态的感受表现,表达得既逼真又抽象,既具体有琐碎,既深刻有零乱,有意识地偏离或拒斥形而上的本体,一切都成为表象,存在的本体深度性及玄奥莫测的一面被抹平了,变得平面化了。"①即是说,现代以来的西方文艺并不缺乏创新立异的优点,但若是削弱并根本上弱化了本体论意识,莫衷一是,驳杂的文艺问题就产生了："我觉得当代西方文艺和美学越来越问题化,一幅画、一首乐曲、一首诗、一部小说都像提出一个又一个问题,结果成了问题文艺和问题美学。"②回应问题文艺和问题美学的最直接的做法就是,不回避问题,顺着种种问题的合理性或可疑处,展开进一步的追问。

那么,有什么理由有把问题与美学在一起命名呢？为什么要突出当代文艺和美学的问题性呢？深刻的问题与浮浅的问题并不是一类问题,但两者的关系不知不觉地容易造成混淆。问题本身具有晦暗不明的特性,犹如观物,必欲照明然后显其形态。当我们认识到现代文艺实际上也是对其本身的哲学的一种回应时,冒险性与效果的结合,就有点像禅宗的公案。文艺问题和美学问题中,一切都是公开的,因而往往引起争辩。我们现在业已卷入并置身于争辩的问题性中。针对当代问题文艺和问题美学,或可进一步设问:如果艺术能从本体论上转入次要的、衍生的、替代的实体——诸如阴影、假象、妄想、梦境、单纯的表相以及纯粹的反映等的领域。如果我们能让人们接受一个没有本体位置的世界景象,那么我们是否就会有更多的发现和创造的自由？因此,询问问题美学与询问抽除了本体论的美学会是怎样的美学这一类问题或可相提并论。成中英认为:"一个好的问题无疑自有其美感或可以激发对美的新的感受,但若缺乏本体论的整合,这种美感就会大大削弱,乃至产生偏向。解救之道应在本体论的回归。"这种回归,成中英称之为美学本体论的转向。对于中国的艺术家和美学家,则是向中国文艺和美学的深厚的本体意识和诠释经验的回归。

本体诠释学体大思精,它的创建基于文艺实践和创建者丰厚的审美经验。最后引用成中英的一段论述,以作回顾、展望:

中国人深厚的本体意识同样鲜明而又突出地表现在其传统的文艺和一切审美活动中。而在中国的琴曲、绘画、诗歌中有最为精微的表现,其中洋

---

① 成中英:《21世纪与中国哲学走向:诠释、整合与创新》,《21世纪中国哲学走向》,商务印书馆 2003年版。

② 同上。

溢着一派对宇宙本体的信赖、亲和的气息,现象与本体浑然一体,而成大美,现实的苦难并不能消解中国人乐观其变的自信。20 世纪中国现代文艺的形成在很大程度上受到来自西方的影响,因而其非本体论的倾向也有所表现,但我相信这只是一时的表现。随着中国文化的整体复兴和创新,我们可以更好地掌握中西美学的动态的发展关系,开创真、善、美在更高层面上整合的新境界。①

---

① 成中英:《21 世纪与中国哲学走向:诠释、整合与创新》,《21 世纪中国哲学走向》,商务印书馆2003 年版。

II
中国美学传统与艺术精神

中国诗歌:古今之变

宇文所安(Stephen Owen)

一、中国传统中的诗歌

抒情诗从未在西方文明中产生过直接的或重要的影响,这是一个简单的事实,尽管诗人和诗歌爱好者们盛称于此。别的文学形式倒的确产生过巨大的影响,尽管人们一般并不承认它们。荷马之梦推动了亚历山大王的征服事业;尼禄在帝业中和在舞台上都扮演了一个天才的悲剧演员。在最近的历史时期里,电影体现了人们的欲望和价值观,这一艺术形式决定着我们日常生活中羞羞怯怯的模仿行为。但抒情诗与这些叙述的和戏曲的形式不同,它一直是一种独特的和单一的消遣形式。得到少数人不由自主的尊重,但为大多数人所忽视。不过,在中国的文明中,诗歌曾经而且仍然是中国人理解他们自己以及历史的方法的重要一部分。诗歌在中西方两个文明中的不同作用,基本上是由关于何为诗歌以及诗歌的目的不同概念所造成的。

西方关于文学的概念是从古代史诗和戏曲发展而来的,即把故事讲述和表演出来。当代最流行的文学形式小说和电影即产生于这一传统。西方的抒情诗佳作仍与史诗和戏曲相近,并与它们有着共同的价值观:创造和制作(在语源学上"诗歌"一词的含义就是"制作")。诗歌讲述传说,描写或重新创造美景,并间接地谈及自我,就像戏曲一样。这样的诗歌是诗人的作品,他们自视、也被别人视为与众不同的一种人,写写诗歌完全不是一般人日常生活中所做的事。也许很多人都在年轻时写过诗,并做过当诗人的梦,但只有少数几个人会得到随着这一美梦而来的社会的承认,得不到这样的承认的,创作的冲动一般也就消退了。

中国人对诗歌有着很不相同的看法,诗歌在中国社会占据了一个截然不同的位置。它从私人的和社会的用途上来说都是一门友好的艺术,尽管有人会梦想靠诗歌来出名,但最终只有极少数人可以得到这种名声,但这绝不会减少诗歌创作的快乐和价值。抒情诗的定义就是"言志"。简言之,最出色的中国抒情诗被认为是与别人交谈的最高形式,它是一种在某种场合和某种思想状态下适合于所有人的行为。

对这样一种众人皆宜的诗歌的向往在西方传统中并非全然付诸阙如,但关于诗歌艺术特殊性的强烈的幻觉使得这一向往成了问题。威廉·华兹华斯曾为诗歌下过一个定义,它看来与中国人的定义相近。他说:"诗歌是某人对众人的叙说。"这一著名定义是西方诗歌历史的特别时期,华兹华斯试图界定抒情诗的与小说和戏曲完全不同的那种冲动。但西方文学的历史致使他用了一种错误的方法来表述那个定义,这一种错误表述使得它无法摆脱陈旧的西方的文学观。当他说"某人对众人的叙说"时,他就把抒情诗与史诗和戏曲一样作为向共同性的众体叙说的艺术了。无论是谁,如果他向每一个人叙说,也就等于不是向任何一个特定的人叙说了。

中国人把抒情诗理解成不是向作为整体的人类,而是向别的"某人"叙说的艺术,即诗人所知的某一个或某一群人,或者甚至是另一个时代和地区的什么人,另一个诗人想要认识的人。他将是诗人希望通过诗歌来认识自己的一个人。中国人描述诗歌的词汇很丰富,但其中却没有比较接近于西方"听众"的那个词,即华兹华斯的"某人对众人的叙说"中的那个共同性的众体。中国诗歌评论家用来替代"高明的欣赏者"一词的是"知音",此词源于老子学派经典《列子》中的一个古老的故事:

> 伯牙善鼓琴,钟子期善听。伯牙鼓琴,志在登高山,钟子期曰"善哉,峨峨兮若泰山!"志在流水,钟子期曰:"善哉,洋洋兮若江河!"伯牙所念,钟子期必得之。伯牙游于泰山之阴,卒逢暴雨,止于岩下,心悲,乃援琴而鼓之。初为霖雨之操,更造崩山之音,曲每奏,钟子期辄穷其趣,伯牙乃舍琴而叹曰:"善哉! 善哉! 子之听夫志,想象犹吾心也,吾于何逃声哉?"

"知音"就是诗歌高明的欣赏者,这个词义丰富,它也指一种特殊的朋友,即好心的善解人意者,他能够从音乐(或诗句)中理解别人以及别人的思想状态。一首诗长期流传于世,也许会遇上成千上万个知音,但他们绝不会构成"听众"。一首诗每次遇到像钟子期那样的高明欣赏者,两者的关系都是非公开化的、因人而异的和独特的。这一形式对文学来说绝非一个荒唐的模式,因为我们在生活中与别人相结交的方式就是如此。而一首诗想拥有一群一心一意的听众,则像要当诗人那样不容易。

相对于华兹华斯的"某人对众人的叙说",中国的抒情诗是某人对别人的叙说。这种叙说的动机可能很高尚,也可能很微不足道,例如谴责社会弊端,解释自己在政治危机中的态度,陈述自己最珍视的价值观,游山记事,排忧解愁,甚至只说说诗人一天的活动。这种叙述就西方文学观看来也许"意义"重大，也许没什么意思。但如果你成了诗人的知音和朋友，因为你关心诗人，你就会对其诗感兴趣，诗之情结也就成了人类之情结。

诗歌在人们之间形成的联系并不限于当世人之间。儒家哲人孟子曾说到过交友的冲动，他说人之觅友当向一个更广阔的境遇寻找，以致超越今人而去读古人的书，为了赢得这样的知音，一个人在写诗时也许就得想着点将来。

中国的诗歌成了在人们之间形成共识的一种基本方式，它既可以向当世的别人叙说，也可以超越时间达到一种实现的共性。对一位 19 世纪、20 世纪的读者来说，8 世纪的诗人杜甫可以像日常生活中每一个人一样的真实。诗歌被看作是使自己为人所知的手段，也是知人的手段。这一功能有助于解释为什么诗歌在中国传统中的某些用途常常使西方读者感到吃惊。例如，写诗在科举中被用来衡量某人是否有资格当官。从西方的观点看，这一用途简直是异想天开，但如果诗歌显示了作者是"怎样一种人"，那么它也就可以成为判断某人是否适合于做官的重要手段。

想要理解诗歌在中国文明中的重要地位，看一看它们的起源是很有必要的。我所描述的这种诗之所以产生于其中的那些诗歌的起源，形成于一个漫长的时期，它们可以上溯到儒家经典之一《诗经》的历史。《诗经》是一部诗集，收诗 300 余篇，它们创作于公元前 1000 年到 600 年之间。这些诗反映了周王朝生活的各个方面，如祭祖雅乐、对创业和拓展疆域功业的颂歌、伦理诗、婚礼诗、燕乐以及民歌等等。

对于熟悉早期西方诗歌以及近东文明中古代宗教作品的读者来说，中国这些诗歌引人注目的特点是它没有描写恐怖的作品。我们可以在诗中读到人们对鬼神的敬畏，以及人间的诸多不幸，却没有对一位不可理解的神灵专横行径，或对人类内部同样令人害怕的力量的恐惧。希腊关于某物或某事起源的神话常常始于强暴或谋杀。但在《诗经·大雅·生民》篇的第一段中，姜嫄之创立周族则出于自己的意愿，她通过祭祀天神俯首听命：

厥初生民，时维姜嫄。

生民如何？克禋克祀，以弗无子。

覆帝武敏歆，⋯⋯

时维后稷。

周族始祖后稷就像各地民间关于神婴的故事中常发生的那样，被抛在了荒野。但与别的文明中相同的故事不一样的是，《生民》对后稷为何被抛于荒野不感兴趣。婴儿海格力斯勒死了赫拉派去杀他的毒蛇，而被抛在荒野中的后稷却受到各种生灵的保护和抚养。即便如此，被抛荒野和受生灵保护也不怎么重要，只占了诗文的一段。诗的大部分篇幅都被用来愉快地列举后稷所种植的各种谷物,以及关于农时季节的庆典。诗文以把古老的农时季节及其庆典连续到当代为结尾:

> 诞我祀如何? 或舂或揄,或簸或蹂。
>
> 释之叟叟,烝之浮浮。
>
> 载谋载惟,取萧祭脂,取羝以軷。
>
> 载燔载烈,以兴嗣岁。
>
>
> 以盛于豆,于豆于登。
>
> 其香始升,上帝居歆。
>
> 胡臭亶时,后稷肇祀。
>
> 庶无罪悔,以迄于今。

诗文对禋祀礼仪与人神关系稳定性所表示的极大的自信心,不太可能导致代代不绝的悲剧或祸患。不过它的确把人们引向了一种不同的美感,即一种不是以神秘力量,而是以人与自然或神灵世界关系的均衡或秩序为基础的美感。

周代文明在《诗经》成书后的岁月里瓦解了,它的封臣成了互相征战的列国。春秋战国期间虽然社会饱受灾难,但这些祸害似乎都是由人本身的错误造成的,尽管可怕,却有可能被纠正,与任何上天的以及神灵的神秘力量无关。

《诗经》的大部分篇章看来都是民歌,主题与其他民族的民歌相仿:

> 野有死麕,白茅包之。
>
> 有女怀春,吉士诱之。
>
>
> 林有朴樕,野有死鹿。
>
> 白茅纯束,有女如玉。
>
>
> 舒而脱脱兮,无感我帨兮,无使尨也吠!

以动物死亡来比喻少女失贞的手法在世界各地的民歌中都可以看到。不过诗篇的末章与一般关于诱奔的民歌有所不同。少女推三推四地表示抗议,但她告诫的是因为担心惊醒狗,狗一叫,就会吵醒家里的人。

《诗经》是中国诗歌的开端,而且它更多的是一种抒情诗的、而非史诗和戏曲的开端。中国诗歌的成熟受惠于这种起源甚多。但相比于《诗经》本身,中国诗歌的成熟倒更多地得益于应用并诠释这些古诗的悠久复杂的历史。通过多年的诠释,《诗经》成了所有诗歌的原型。在这本诗集最终成书以后的时期里,背诵《诗经》对那些跻身仕途的人来说,是他们的教育的基本内容。在政论中能够引上几句恰当的诗文被认为是一种必备的素质。孔子的《论语》告诫说:"不学诗无以言。"出使别国的使臣和哲学家们为了论证自己的观点,或使听众倾向于自己的观点,都不时地引用《诗经》。

早在秦统一前,《诗经》就已赢得了极大的权威。秦始皇为了摧毁传统价值观,代之以他自己的功利主义的中央集权制,下令焚毁《诗经》,因为它是儒学的一部主要经典。但随着汉朝的建立,《诗经》给人根据记忆复述出来,并重新解释以符合汉儒的兴趣。汉儒之重新解释《诗经》,对于确立诗歌在中国文明中重要地位的贡献,比其他任何历史时期都要大。

根据汉儒的说法,《诗经》反映了周朝伦理道德的历史,是为"内史"。《诗经》所体现的历史并不是关于具体的历史事件,而是通过了解诗作者的反应,给予读者一个关于历史事件在当时是怎么一回事的真实的感觉。据说后世读者通过读《诗经》,可以从前代人的思维与观察中得知天下之事。诗歌并不是匠艺或艺术,而是一种被创作出来的那个特定历史时期及特定社会密切相关的强烈感情的不由自主的表露。

汉人的这一解释写在《诗经》第一章序言的笺注中:

> 诗者,志之所之也,在心为志,发言为诗。情动于中而形于言,言之不足,故嗟叹之;嗟叹之不足,故永歌之;永歌之不足,不知手之舞之,足之蹈之也。情发于声,声成文谓之音。治世之音,安以乐,其政和;乱世之音,怨以怒,其政乖;亡国之音,哀以思,其民困。

虽说汉人的序注是个一般性的陈述,对它可作多方面解释,但它提出了一个影响后世诗歌发展的准则。首先,吟诗作词被看作并不是诗人的,而是整个人类的行为,它是某种当人们的感情激化到一定强度时"发生"的东西。它与日常语言并无根本性的不同,而只有程度的差别。诗缘可遇不可求。聪敏的读者既可以从这样的诗中认识作者的思想,又可以理解那个作者发现自己所处的社会的状况。

前引《诗经》序注是以儒生传统解释为基础的。那些儒生主要关心的是伦理道德的变迁。他们认为,某一特定历史时期的社会风化的种种表现必定会在诗文中反映出来。像前引《野有死麕》这样的诗,就会被引来证明伴随着周室政治上衰落的婚恋习俗的败坏。虽然早期儒生所作的那些特定的注释现在看来有些牵强,但蕴藏在这种注释背后的基本精神依然有效,而且它实际也就是维持着西方许多马克思主义和历史主义式解释的那个原则,即认为某一历史时期的社会政治状况必定在诗歌中反映出来。

儒家对伦理史的兴趣促成了中国诗歌传统的一个倾向,即为揭露社会弊病而创作。诗人用诗文把社会弊病的祸害描述得哀婉动人,以期促使统治阶级去铲除它们。唐代诗人白居易(公元772—864年)就曾创作过好几组这样的诗歌,人们从这一传统意义上对它们的称赞甚于对它们的吟诵。下引《卖炭翁》诗,就是谴责皇帝的宫使向民众豪夺巧取宫廷日常用品现象的:

> 卖炭翁,伐薪烧炭南山中。
>
> 满面尘灰烟火色,两鬓苍苍十指黑。
>
> 卖炭得钱何所营,身上衣裳口中食。
>
> 可怜身上衣正单,心忧炭贱愿天寒。
>
> 夜来城外一尺雪,晓驾炭车碾冰辙。
>
> 牛困人饥日已高,市南门外泥中歇。
>
> 翩翩两骑来是谁?黄衣使者白衫儿。
>
> 手把文书口称敕,回车叱牛牵向北。
>
> 一车炭,千余斤,宫使驱将惜不得。
>
> 半匹红纱一丈绫,系向牛头充炭直。

朝廷用丝织品作为交换媒介,但宫使所定价酬只能供老翁买五到十斗米,很难使他捱过冬天。

人们不仅试图从像《卖炭翁》这样的诗中,而且还想从含义较为委婉的诗中去发现关于社会状况的信息。下文引自《古诗十九首》,可能创作于公元2世纪。对它作一社会性的诠释,就可以发现其中所透露的是一种由于东汉社会瓦解而引发的绝望感,而不是对人类普遍状况丧失信心:

> 去者日以疏,生者日以亲。
>
> 出郭门直视,但见丘与坟。
>
> 古墓犁为田,松柏摧为薪。
>
> 白杨多悲风,萧萧愁煞人。
>
> 思还故里闾,欲归道无因。

汉人的诗序也许助长了人们的这种政治性的社会性诠释,但诗的含义远比政治性作品要来得广。如果说诗歌表现了人的思想状况,那么它就不仅意味着诗人发现自己身处其中的那个政治、社会环境,而且也显示着他的性格。

陶潜(公元365—427年)也许是把诗歌作为表达自己无心仕途性格的手段而充分利用的第一人。在陶潜生活的那个时期,就像在中国文明其他大多数时期一样,一个受过教育的人只有出仕服务于国家和社会,才被完全视为是正业。然而也有另外许多士人希望在别的私人性目标中得到自我的实现。这些人的诗在今天比那些走仕宦正途的人的有更多的读者。这些个体主义者著述比别人丰富,也比别人的有说服力这事实,并不能当作是个体主义在当时占主导地位的标志。更准确地说,这是因为诗人之决定隐逸山林,使他有必要作更多的自我解释和自我肯定。

　　陶潜曾一度出仕,但后来他断然决定弃官回家,以余生隐居田园。考虑到他生活的那个时代危险的政治环境,这也许不失为一个明智之举,但作出这一决定绝不容易。他用诗作为一种手段,既是对自己也是对别人,来肯定自己的选择。陶潜的诗成了某种诗文式的自传,因而在诗作为自我标榜手段这一概念的发展中是个重要阶段。下引为他五首《归田园居》诗之第一首:

> 少无适俗韵,性本爱丘山。
>
> 误落尘网中,一去三十年。
>
> 羁鸟恋旧林,池鱼思故渊。
>
> 开荒南野际,守拙归园田。
>
> 方宅十余亩,草屋八九间。
>
> 榆柳荫后园,桃李罗堂前。
>
> 暧暧远人村,依依墟里烟。
>
> 狗吠深巷中,鸡鸣桑树巅。
>
> 户庭无尘杂,虚室有余闲。
>
> 久在樊笼里,复得返自然。

　　作出这样的生活抉择并不一定要求人们去吟诗填词,诗只是一种手段,它赋予这种抉择以价值,把它们"公布于众"(虽然陶潜一定会声称他的抉择和诗作都是个人的私事)。陶潜通过一再吟诵自己返归田园的选择,替自己创造了一个"自然生活"的神话,他认为这种生活是与为人们更普遍地接受的出仕为宦的价值观相对立的。

　　唐代的诗为1000年来中国传统诗歌创立了一个模式。8世纪、9世纪的诗人们一直是后世最有影响的人物,他们不断地使人们想起诗歌之于表现人性可以做得如何的成功。7世纪下半叶,武则天把写诗引入科举考试,当时朝廷为贵族阶层所垄断,科举则是一种从贵族阶层之外选拔官吏的方法。大致在同一时期,作诗开始在士人中流行。以前作诗只是少数人的事情,例如廷臣和像陶潜那样的怪人,但从8世纪初起中国的诗开始实现从前的诺言,即诗是一种"情动于中而形于言"的手段。

　　在唐代,作诗更多的是一种活动,而不是文学"创作",它是士人在一定的场合必得做的事情。有些写诗的场合是高度程序化的。一个人若应邀参加一个聚会,就可能得写一首诗,就像现在客人得参加主人选定的客厅游戏一样。诗的这种用途的结果之一是产生了大量二三流作品。这样的作品给主人和其他客人做带来的乐趣有限,那就是他们所熟悉的一个人以对聚会的庆贺和华丽的词藻来表白自己。这些有限的乐趣对1000年以后的读者来说就很少有吸引力了。不过,唐代一些最伟大的诗篇就创作于这极大量的应景诗中。

分别与饯行是作诗的另一个重要场合。出行者的亲友常常会伴送一程,然后停下来设宴为出行者饯行,痛饮至晚。翌日清晨,泪眼模糊的出行者就真的要挥手上路了。这样的事真叫人为之动情赋诗,这些诗通常都抄写在一个长长的卷轴上,送给就要分手的出行者。

顺路去拜访一位朋友,或者访友不遇,也都是使人为之写诗的事情。像酒席宴上的以及另外场合的应景诗一样,这种诗歌式的"上门礼品"或许是平平之作,但也可能写出稀世佳作的水平。《访戴天山道士不遇》就是李白的一首名作:

> 犬吠水声中,桃花带雨浓。
>
> 树深时见鹿,溪午不闻钟。
>
> 野竹分青霭,飞泉挂碧峰。
>
> 无人知所去,愁倚两三松。

此诗值得我们稍费笔墨来分析一下,它是怎样作为一种社会行为而起作用的,以及它怎样超越其直接目的而成为李白最著名的诗作中的一首。就其一层含义,即多数西方读者可以直接明了的那层含义而言,李白只是在描述隐居者住处周围的景致,以及委婉地表达对主人外出的失望。但若想成为李白的"知音",就得作特别的分析。我们必须跟上李白知觉的运动,而且在其中我们必须理解诗人知觉之所在以及诗人所关心的事情。做一个对中国诗歌的高明的欣赏者,是一门像做一个杰出的诗人那么精细的艺术。

理解此诗所须知的某些东西属于"学问"。一个高明的读者一定会把桃花与"桃花源"故事联系起来。这个故事说的是一位渔人沿桃林小径来到一座深山之中,发现了一个与世隔绝了数百年的村落。高明的读者也会知道深山古寺总在中午敲钟;松树象征着正直和隐居的生活。但除了这些有限的学问,欣赏的艺术就只需要一种直觉,去感受叙述者所叙述之意表示特殊的思想"姿态"和状况的方式。如果我们学会了这一阅读艺术,就可以轻松地理解这首诗为什么是在这一特定的场合中的合适的"上门礼物",以及理解为什么它在后世成了名作。我们也可以开始明了唐诗为什么在从前以及在今天仍对中国人有着极大的感染力。

首句"犬吠水声中"把两种声音大胆地并置一起。聪明的读者一看便知:李白翻山越岭去寻访隐士,所闻于耳的只有流水声。有只狗突然叫了起来,对来访者说,这表明此地有人烟,而对隐居此山中的人来说,犬吠则宣告着有人从外部世界而来。但在把来访者告诉隐士和把隐士居处之闭塞离群显示给来访者之外,流水声与犬吠声还构成一个突入的结构,即给人以一个诗人的不速造访打破了隐士清净世界的类似感觉。

请注意桃花暗指前文所说"桃花源"的故事。就像犬吠告诉诗人他已来到了隐士的居处,"桃花带雨"则向我们披露了诗人是怎样找到了路径的。我们不禁要微微一笑。桃花带着厚厚的露水落入溪流(我们在前句已听到了水声),顺流而下,走出山林,形成了一条向外人显示通向避世隐士居处的路径。

诗文写的是寻访的过程,诗人在找一个"避世"者,但只找到一些隐士存在的捉摸不定的迹象,这些迹象在自然中忽隐忽现。在山林深处不时见到鹿倏忽一现,这种动物之对人类,就像隐士对世人一样小心提防着什么。对一心寻访隐士的李白来说也许是他自己惊动了鹿,但鹿愿意让人看到它的事实本身则是一个迹象,说明隐士就在那儿。在那种地方,这一羞怯的动物对人并没有什么可害怕的。像犬吠一样,鹿的出现又是一个隐士就在附近什么地方的标志。

流出山去的溪水形成一道沟壑,诗人就是沿着这条沟翻山进来的。陡耸的峭壁和茂密的树林使得整条沟从早到晚树荫蔽日,只有正午阳光直射时才见天日。当诗人翻越荫蔽的山沟,接近隐士居处之时,阳光突然穿破山荫照射进来。于是他驻足聆听,知道远处可能还有一个寺院,该是寺里的午时钟声传来的时候了,然而却听不到,他找到的只是一片寂静。在寂静中他认识到自己已深深地进入野山了。

下面两行诗写得极美,它们是唐代对仗艺术和以写景寓事的表现手法的佳例。但见青霭修竹,翠绿可爱,在雾中隐约可见。忽然有只狗叫了起来,诗人于是知道自己已经接近隐士居处,隐士也由此得知有外人来访。对一心寻访的李白来说一切都是那么的恍惚,有什么东西隐隐约约地一闪,然后又消失了,那鹿,那青霭中的翠竹都是如此。然后,飘忽的青霭中修竹的实在形象变成了飞泉直落的形象,实在的碧峰衬托在后面。飞泉接着又变成哗哗的溪流,载着桃花流向俗世。

在末了两句中,诗人终于来到了隐士的居所(幸运的是,茅屋中还留着一个仆人,他告诉来访者说主人外出了)。所有忽隐忽现的形象都消失了,留下的是松树。由于寻访不遇,诗人倚松叹息。在这里又需要一点学识,因为李白和他的读者都知道松树是隐士的象征。李白在寻访那使隐士所以成为隐士的处所的过程中,就已找到了隐士的真谛,寻找其人本身并不必要。就像狗叫之前的林声,隐士已完全与自然融为一体,消失在自然之中了。而李白则试图装作一个不明白寻找隐士就已真正找到隐士其人的"凡夫"。

与李白同时代的丘为也写过同样以访友不遇为主题的一首诗《寻西山隐者不遇》,但他在诗尾把基本思想表述得比李白要清楚:

　　　　虽无宾主意,颇得清净理。

　　　　兴尽方下山,何必待之子。

就一种层次而言,李白写的是一首纯应景诗,颂扬隐士在野外美丽的居处以及他在那儿所过的清净无暇的日子。这是当某人访友不遇时写的那种诗。就另一层次讲,这是一首更深刻的关于人与自然的诗。也就在这一层次上,它超越了应景诗的水平,成为一首1000多年来一直为人吟诵的佳作。

应景诗是人们参与社交的重要形式,社交是人们写诗的最一般的起因。但诗并不只是有这一种形式。像西方的诗歌一样,中国人也有关于普遍性主题的诗作。尽管诗人多半都是应事而作的,但这些事不一定非得是社会性的。在李白的这首诗中,他为了表示敬意而以世俗的造访者自居,去寻访隐士的清净之域。而在别的作品中,例如《山中问答》中,他又假设自己是一名避世的隐士:

> 问余何事栖碧山,笑而不答心自闲。
>
> 桃花流水窅然去,别有天地非人间。

杜甫(公元712—770年)和李白一起被认为是传统中国最伟大的诗人。在安禄山叛乱的中期,杜甫曾一度落于叛军之手。他在叛军一方的遭遇,他的出逃回朝,以及后来他在瓦解中的唐代国家的西部省份的游历,使他成了那一系列重大政治事件的见证人。他的这一身份使得他在诗的创作中把自己个人的经历与那个时代的社会经历结合在一起,从而完美地实现了《诗经》序注中提出的关于诗的定义。他的作品有许多直接评述战事和朝政的,但到晚年,当他沿长江游历而下时,创作出了一些他的最好的诗作,把个人经历与唐人的宇宙秩序观融会了起来,下引《宿江边阁》就是这一时期的作品:

> 暝色延山径,高斋次水门。
>
> 薄云岩际宿,孤月浪中翻。
>
> 鹳鹤追飞静,豺狼得食喧。
>
> 不眠忧战伐,无力正乾坤。

像李白的诗一样,这首诗的叙述也是随着杜甫注意力的转移而发展的。首先,他看到暝色逼来,沿着山径漫遍群山(当太阳西下,群山吞没了最后一缕阳光时,暝色似乎就升"上"群山来了)。杜甫当时在夔州,这是一座建立在临江陡坡上的山城。他高临江边阁,感到就好像紧靠着天边。放眼望去,看到薄云也像自己一样一动不动地宿于岩际,就像要掉下去似的。这一危险的境地使他的目光不由得向下看去,他看到了长江,看到了月光在波浪中翻滚,就好像月亮本身掉了下来一样。看来黑暗与危险包围住了他。

身临危境,就有两种可能性:掉下去毁灭或自由飞翔,后者就是看来岌岌可危地宿于岩际的薄云实际的趋势。杜甫写的这一类诗讲究对仗工整,每一样东西都有其相应相对之物。薄云欲飞,与鹳鹤相对,这里的鹳鹤使人想起隐士和神仙两者都能自由翱翔天空。在暝色中的鹳鹤下面,杜甫听到了能让人联想起恶人的"豺狼"在黑暗中向猎物嚎叫。在这个令人心颤的高处,包围他的是那些可怕的东西和逃脱的希望。那些可怕的豺狼自然让他辗转难眠,但不眠还由于他意识到自己的渺小,他的"无力正乾坤"。

此诗纯属个人的表白,但到了末了却上升到了社会价值观的高度,即便它仅仅为了承认难以实现那个价值观:如果做得到,杜甫力欲"正乾坤",可惜他心有余而力不足。

中国诗歌力图成为生活的一部分,用辞句表达复杂的生活感情,而不是与日常生活相分离的艺术。即便在像杜甫这首诗一样的私人作品中,诗歌仍是一种对社会问题表达意见的工具,尽管这种意见的表达将不得不只是表达本身,而不是行动。大诗人们并没有脱离中国的文明,而一直是其中最为人们所怀念的人物的一部分。像陶潜、李白和杜甫这样的诗人,在历代都是中国社会活生生的成员。

(包伟民、陈晓燕译)

二、何谓世界诗歌?
——对具有全球影响的诗歌之期望①

在讨论中国现代诗歌的开头,允许我先阐说一种个人看法,即迄今从未有过只为诗人本人而进行的创作,诗只为读者而写。而且,与诸多实用艺术的读者群不同,诗歌为之而写作的向来是那些假想之中的读者。我承认这一说法本身也带有假定性:它促使我们设想了一位诸如爱米莉·狄金森似的诗人,她梦想着作品在一个世纪之后为人们广为重视。但是,这种说法甚为有用,因为它有助于我们理解创作中的动力,而那种创造却是以前从未存在过的——世界诗歌。

诗人们假想中的读者,他们对自己讥蔑的作品毫无宽容可言,而对推崇的作品的赞许又过分无度。但现实中的读者们对这两者要温和中庸得多。这样,诗人在想象中的好恶观的威慑下,创作受到假想中读者更强大的引导力。而且这种假想中的读者群保持着异乎寻常的高速增长趋势。诗人写诗的动机可能从设想中三四位对诗感兴趣的读者的反应开始,出于交情,他们会诵读乃至于喜爱上他的作品。一旦人们接受这些作品,诗人很快就会得到一定范围的荣誉,旋即就汇集了自己的读者群,成为经典,最后流芳百世。

美国的诗人得天独厚,他们由于使用当代主导语言——英语写作,他们所拥

---

① 编者按:原文见 Stephen Owen . What is World Poetry . *The New Republic*, November 19, 1990. 另一中文译本参见《什么是世界诗歌》,洪越译,载《新诗评论》,北京大学出版社 2006 年第一辑。

有的庞大读者群使之在相当长的时期里把握着文化领导权，他们轻松、享受着写作的无上乐趣。而处在其他国家和语言环境中的诗人们，由于希望读者数量的扩展以使自己的作品得到传译，就不得不为那些想象中将要领略他们作品的读者写作了。对一位诗人来说，这种玄想无异于走火入魔。无法想象一个诗人超出语言学边界被赏识，相反，必然接受十分痛苦的束缚，一种区域界限性。也许有一些坚韧不拔的诗人能够接受这一事实，但他们恰恰又极少出现在译本中，因而我们对之几乎一无所知。

诺贝尔文学奖在造就"世界诗歌"中饰演了一个十分有趣的角色，尤其是对第三世界诗歌而言，它的吸引力十分魅人：毕竟是"国际的"（换言之是西方的）认可。它预示着这一时刻荣誉将属于作者自身的民族，并且他所在的国家将处于世人瞩目的中心。现在，候奖名单上的排列已经很长了，普遍的意见是每个国家的作者都应轮到，对文学天才的品评理应如联合国席位分置般公平，然而不难发现，诺贝尔文学奖最显著的特点便是获奖作品往往是原作之译本。当它授予一位诗人，翻译的成功与否是至关重要的因素，甚或是决定性的。

这样就需要一个人的创作在翻译作品中同样得到认可，换言之，变成了一种日益增长的词语互换性的压力。诗歌仍然被传统的构筑于某一单一语言——无法转换成其他种类的语言——的特殊历史时期，以一种"不通用语言"（像人口极度稠密的错异语言，如汉语等）写作的诗人，不仅想象自己的作品被传译、有相当量的读者，而且还必须参与想象一种世界诗歌并以自己的特殊行为置身其中。虽然他们臆断性地脱身于所有地区性的文学史，但不难想象，这种"世界诗歌"将成为盎格鲁—美利坚或法兰西现代主义的一种体现，而所有这一切是建立在殖民文化对地区文化阶层的冲击上，当一种主要的区域性传统（盎格鲁—欧罗巴）在全球得以广泛的传播时，便是表现文化领导权的最佳典范。

我的一位朋友，他作诗用古典汉语，写"新诗"则用现代汉语，他把古典诗歌当作"汉语"历史之深层的奠基，以填词作赋自得其乐，并不当作那种全然的严肃创作，那只是他为朋友写的东西。而"新诗"则相反，是他自我确认为诗人的基础，是他为人最终承认之希望。他知道"新诗"作为简单化诗歌的一面，似乎在于它毫无民族性或历史可言。但他并不认同在一些他使用的传统隐喻或习惯性意象中隐含的正是区域性欧洲文学史的影响力量。

世界诗歌的形成，即那种谁都可以写作以及那些能被译转为某种仍旧所认可的诗歌，要求对"区域性"进行一致的再定义，换言之，在"世界诗歌"的内部，作者必须寻找一种可接受的方式以表明他（她）的民族性。在表现手法上，真正的民族性被鲜有种族特性所取代。诗人们经常诉求于风物、想象力，以及有助于保持该地区引以为荣的传统，满足全球读者寻找"当地文化色彩"的愿望。"世界诗歌"的目的便在于，由于它的出现，使原先那些贸然揣测的不着边际的结论被废弃。一首诗中，表现地方色彩的要素均是民族性的语辞标志，犹如一次装备精良的巡航，将国际读者直接地带进一个被有序集合起来的异地文化的景观。

除这种小心翼翼标示界限的"当地色彩"外，"世界诗歌"还存在一种对全球图景的强烈偏爱。这种诗歌往往被具体的事物充塞——即那经常被引入或输出的为人喜好的东西，这样就能被准确快速地翻译出来了。区域性辞句的力量或丰富的地方传统中对象都被避开了，或者他们都受到框限，就是说，他们因写诗的顾虑而被阻遏了，只提供一些脚注以解释他们何以在诗句里的出现。但对于许多当代美国诗人来说，则又是另一种情况了，他们随心所欲地把美国俚语中某些污秽意义与流行文化时尚结合起来，毫无顾忌地运用那些 50 年内的美国人也不能明白的暗喻和文字游戏。

我们最终将把自己引入 20 世纪末期中所发展的抒情诗这一奇异的文化戏剧。我们是真实的国际听众，而不是什么假想中的读者。我们来了，渐渐地占据了原来为属于想象中的国际读者空出的座次：只不过我们还寥寥无几，零星散落在一座巨大的演播厅里。但是我们的叫喊越过空座彼呼此应。我们成竹在胸——因我们清晰地看到书中扉页的介绍——那正是这场盛会的最完美的场所，就像是诗人的家乡一样。演播厅将腾出来专为蜂拥而至的兴高采烈的听众开放。

值曲终人归之际，常常使地方听众获得了一种置信。世界性盛会只表演给欢欣热烈的听众欣赏。以往只有在本地，诗人才会取得如此毫无保留的宠爱。

在步入这一演播厅时，我们又在搜寻什么呢？国际听众，无论是真实的还是假想的，他们常因对诗人传统文化背景，所要求的深刻理解程度而气馁，但听众又不愿消除诗歌里所有的民族和种族印迹，他们希望诗歌再现别的国家和文化。他们寻求一种诗歌中的地方色彩和文化史事基本熟悉的、易于领会的诗歌，也就是说，他们寻求一种不难理解的种族性。倘若事如所达，那么我们，作为国际读者，必须认识到这一来自另一片土壤或源自另一文化的诗歌至少是部分地为我们而写，至少他所想象的那部分会满足我们，因为他的风格形成于我们对诗歌的理会。甚而，这些"新诗"——新汉诗、新印度诗、新日本诗——常常是通过阅读西方诗歌译本而写的，虽然这些译本常常糟糕透顶。这就是说我们，盎格鲁—美利坚或欧罗巴中的国际读者，正在阅读那些源于通过阅读我们诗歌遗产的译本而创作的诗歌的翻译稿。倘若诗歌中陈词滥调盛行，加上翻译所失去的内涵，实在是最令人困扰。

也许诗译本的国际读者根本不参与搜寻诗歌，但确实热衷于寻求了解其他文化的窗口，他们渴望知道一些别具特色的宗教传统或者政治斗争。这些外来的和自我引导的西方时髦均只是昙花一现。现今谁读泰戈尔?他的诗集成了旧书肆书架上的廉价品。对于当今的中国诗歌,国际读者可能是将其当作一面反映最近民主奋斗的镜子。在中国,为民主奋斗是个热点;尽管其他国家为民主而奋斗早已赢得承认并从焦点上消失。

　　中国诗歌迥然不同于我们的政治观点,而且与行之有效的政治手段断然有别,使得在表达痛苦上有一种战栗——哀怜和恐惧的传统经验,与道德上的义愤维系着。然而,被压抑的痛苦并不能保证产生优秀诗歌,只不过给受害者套上伦理道德的枷锁。同时,为个人喜好而利用别人的苦难是相当危险的:在这种情况下,凭借一名国际读者对政治道德的渴望了解,而将自己售往海外,往往是行得通的。写民主奋斗方面的诗歌对民主奋斗本身几无作用。也只有与将其从赚钱意义上区分开来,我们才能知道其中是否有值得一读的内容。

　　谈了"世界诗歌"宽广的领域,我们转而投向现代汉诗这一分支。中国古典诗歌传统非常复杂漫长。在19世纪与20世纪初,帝制末期,这一传统体现了一种必须是敏锐、智性、充满暗示、意味无穷,甚至满载历史的诗歌。它成了强弩之末,濒临消失。也许1949年出生于北京的北岛概括了汉诗的传统,他在一段哀美绝伦、充满遐想的《随想》中写道:

　　石碑
　　包裹在丝绸般柔软的苔藓里
　　如同熄灭了的灯笼

　　尽管中国在与西方文化撞出时,肯定有着自身传统的衰减以及被视为累赘的至深感受,那种撞击对许多其他伟大的亚洲文化的诗歌无异于一次动乱。携扶着军事和技术力量的现实,西方文化充满着自信,渗入亚洲。西方诗歌,特别是浪漫主义诗歌,好似一缕新鲜空气注入了这些传统文化。东方对于陌生的外来的欧洲诗歌的热情不亚于撞击中对亚洲文化传统所产生的巨大影响——在这种情况下,文化冲击、民族耻辱常紧紧相连。

　　浪漫主义诗歌开辟了一个主题与模式上的全新领域,开创一种贯穿对本源语言不完善知识的全新感受。因而,它很少借助文化内质或文学的历史影响力进入中国或其他国家的。它给人感觉似乎是脱身于历史的诗歌,似乎只述说自身,是一种奇迹般的新事物,但这恰恰是个弥天大谎。那些熟谙英语的人也许不会相信关于浪漫诗歌的传说(中国特有的殖民地式诗歌输入),但是对于外行人,这种新奇的诳语是可信的,它给人一种从历史中逃脱的希望,而那历史似乎已经失效。

　　基于诗歌独立于历史的愿望,也出于语言必须是解放想象力和人类纯粹情感的高透明度的工具这一初衷,一些20世纪初的亚洲诗人创造了一种突破传统的新诗。这是一个宏大的愿望,然而极少现实的成功性。在与浪漫主义诗歌的最初接触后,中国诗歌根据其涉足的西方现代主义诗歌继续发展。而且,如同任何单向文化交流,那类接受影响的文化总发现自己处于被动位置。它总显得稍稍"落伍"。尽管西方作品被很好地同化甚至转用,但是东方新诗总显得那么单薄虚乏,尤其在与传统诗歌杰出成就的对比之下。

当代中国诗歌命运自然承担了一个痛苦的角色,由于对文化的失落和衰退深切的体验,由于从世界重心跌落到彷徨的境地,它不知道曾经被自己分得清清楚楚的世界不再有中心,不再有明显的界限,世界已无法通过自我来确认。北岛在《结局或开始》中表达得极为贴切:

> 呵,我的土地
>
> 你为什么不再歌唱
>
> 难道连黄河纤夫的绳索
>
> 也像绷断的琴弦
>
> 不再发出鸣响
>
> 难道时间这面晦暗的镜子
>
> 也永远背向着你
>
> 只留下星星和浮云

正是因为所谓纯真的,脱口而出的许诺,新诗中充满了伤感。诗总是试图表达心灵的困惑的真实,试图摆脱那些无意中世俗的陈词滥调,一个成功的诗人会认识到这是一个搏斗的过程,需要付出代价。文化历史越漫长,简洁可信的词汇越难捕捉;只有那些漂亮而简单的句子才可能在诗中冲透裂隙,就像植被只能在山岩的罅隙里生长。当一个诗人获取了这样一个灵感,可以说是在创造奇迹。

这种简洁化倾向的突然爆发,发生在现代诗坛。我们赞誉它们的出现,但当诗人试图写下如此词句而尚未把握它,尚未赢得表达的权力,我们就会处在一种矫揉造作的表演中。我们为之伤感,我们远离。当北岛开始一首诗时,我退避三舍:

> 对于世界
>
> 我永远是个陌生人

我在14岁那年撕毁了前一年写的一首诗的唯一底稿。我想我们都有过如此的经历,我们会在重读时产生巨大差异而将其销毁。这种伤感(或者,可能是故作自我意识姿态)正是现代中国诗坛的病症:较古典诗歌中令人窒息的重荷更为不堪忍受的欺骗。在现代中国,这种病症出现在政治性诗歌中,也在反政治的诗歌中出现,在北岛诗译本《八月的梦游者》中也出现了一些。学会避免写出像以下引自《雨夜》的段章恐怕是一名诗人最主要的任务:

> 即使明天早上
>
> 枪口和血淋淋的太阳
>
> 让我交出青春、自由和笔
>
> 我也决不会交出这个夜晚
>
> 我决不会交出你
>
> 让墙壁堵住我的嘴唇吧
>
> 让铁索分割我的天空吧
>
> 只要心在跳动，就有血的潮汐
>
> 而你的微笑就印在红色的月亮上
>
> 每夜升起在我的小窗前
>
> 唤醒记忆

还有在《橘子熟了》中的

> 让我走进你的心里
>
> 找到自己破碎的梦

尽管有以上令人批评的例段，《八月的梦游者》仍为北岛带来了声誉（也为杜博妮），它比其他所有我曾读过的现代中国诗情调更为伤感。北岛的才气，加上杜博妮出色的翻译技能，使之成为现代汉语中唯一一本总体是成功的诗译集。

北岛是一批富有才华的年轻诗人中的一位，他们脱胎于"文化大革命"，接着目睹了动荡与巨变的中国。这批年轻诗人比他们前辈更富有大胆的想象与联想，在主题的择取与感情的表露方面也更有勇气。尽管 20 世纪的西方读者可能几无察觉在他们的意象群与伤感情调中所蕴含的胆魄。虽然"狂妄"只是名声不佳的所谓匹夫之勇，但在中国文学体现强烈保守主义的文本中，像这样的诗歌给人某种刺激，那是 19 世纪末 20 世纪初西方读者在现代主义诗歌诞生之际应该体验过的。（倘若这批诗人未能精确的表达这种刺激，以及未曾以西方现代主义诗歌为摹本。）这种对比将很难使人信服，毫无疑问勇气的刺激不会持久延续，但烟云消散后，真正的诗歌就现出了。虽然理解北岛和同代人作为主要诗人是困难的，但真正的诗歌就在其中。

从另一个角度来看也一样，北岛与某些同代人的努力展现过中国当代诗中受欢迎的倾向，一种同政治参与的狭隘定义及肤浅化的观点背离的倾向。现代国家力量以十足的野蛮逼迫我们对那种本身索然寡味的东西感兴趣，这真是巨大的不幸。像《八月的梦游者》中诗歌的主题，国家的暴力无处不留下伤痕，而北岛将这些诗写得非常出色（比如《结局或开始》）。并且，如果北岛的诗有一种英雄主义，那不是表达在对制度的公开对抗上，而是作为对这一制度的漂亮谎话的讥刺，作为对逼迫他们的邪恶的嘲弄。这种对抗是一种政治上的姿态，即便是最强烈,也并不出人意料。其实,他的英雄主义隐藏在寻找人类生活的其他方面以及值得一名诗人关注的艺术的决心背后。

写有价值的东西而不是公开和热门的政治话题,在中国大陆是文学上一次小小的突破,然而这在我们关于世界诗歌假说的文章中却几乎未加留意。杜博妮的导言有一个明智而主要的观点,即在这个如此高度政治化世界中,纯粹反政治诗歌是不可能的,自诩反政治的诗歌本身就是激烈的政治宣言。北岛在更为保守的新创词语中,在那些展示他的"政治正确性"以对抗制度的诗歌中尽了他的政治责任,然而,他也包容了更多。

西方读者一般来说会欢迎北岛作为一名更完美表现"世界诗人"将具备的反政治范畴的诗人。这里又出现了一个令人感兴趣的问题,我刚才论及的"新诗"的中国读者倾向于欣赏北岛那些早期参与政治的诗歌,并且,他们有点惋惜他从政治转向更个人化关涉。在一名诗人的工作中该由谁决定何谓有价值,何谓好的倾向——是西方读者,还是中国读者? 哪一种称赞更有分量? 现代中国文学学术研究往往将文学评判的西方尺度强加于中国文学。这真是明智的审慎。然而,这究其是否是中国文学,或者是那种在汉语言中发轫的文学? 这正被写作的诗歌是为了怎样的假想听众?

在创造"世界诗歌"中的成功并非没有标准。北岛,一般而言,已写出世界诗歌。在其诗中,地方色彩被运用了,但用得很少。真正的国际诗歌并不仅仅依靠翻译者的成就,比如技巧娴熟的杜博妮,这些诗作大部分由自身内涵决定其能否被接受。这些诗也不难被一名斯洛伐克、爱沙尼亚或菲律宾诗人传诵,它甚至也能成为美国诗歌的一种,虽然这种极端的假设中有个最困扰我们的问题显示出来:倘若作者是位用英语写作的美国诗人,这部诗集会不会出版而且名声远扬? 我们必须明白,如果翻译诗集成为可能,出版者和读者都确信诗在译本中仅仅丧失了一部分,然而,倘若诗翻译未有失损,又如何? 要是这样它是什么?

它就在这里,《八月的梦游者》中的诗正是一种穿越重重障碍的诗歌,它自豪地表达着事实,如《真的》所述:

　　春天是没有国界的
　　白云是世界的公民

　　与人类言归于好吧
　　我的歌声

这或许正是切望成为一种世界诗歌,它逾越国界,但有地区性根源,然而该根源不是汉语的,因为诗中拟人化的称呼,"我的歌声",是与传统中国诗歌大相径庭,而在西方诗歌传统中则是常见的。世界诗歌的轮廓像一朵云,择取得很妙。北岛的诗常常描述无形运动中的形式:瞬息间通过某些不可能的、优美的错综复杂,接着变得很少停顿。这是一种新诗:它瞎摸乱闯,某些时候发现了真正的美。它是一位盲聋的运动,飘过无国界天空的歌之云彩能轻易经受一种可见的形式变化进入写作者的手中,那手在白纸上移过,创造实形而不留痕迹,就如《期待》中所写:

> 一个盲人摸索着走来
>
> 我的手在白纸上
>
> 移动,没留下什么
>
> 我在移动
>
> 我是那盲人

在另一种意象的变形中,歌之云彩,国际旅行者,一页白纸可以变成翩翩白鹤,而这正是中国传统的不朽的文学形象。

> 要和我交换什么
>
> 白鹤展开一张飘动的纸
>
> 上面写着你的回答
>
> 而我一无所知

当北岛的诗歌成功——有时出人意料地成功——并不通过文字,并不通过那总是被围困在语言的民族性及其边界中的、通过想象仅可能用文字表达的意象。杜博妮在导言中提到这一点。这是对"世界诗歌是什么"的一个有可能的解决。像基本上可译的写作实质(黑格尔相信所有诗歌均能不走样地被翻译,因为它的真正的媒质并非文字而是"诗的理念"),将诗歌意象保留在心中,如同被风吹送的云彩,我们可以来察审北岛的成功之中的一个例子,开篇之作《你好,百花山》的最后一节:

> 那是风中之风
>
> 使万物应和,骚动不安
>
> 我喃喃低语
>
> 手中的雪花飘进深渊

他那呢喃宛若微风,裹卷在周遭世界吹拂的大风中。从诗人唇际滑出的歌之云彩经历另一次变形而变成手中一片雪花。为诗人的呢喃之风追赶和吹送而飘向深渊,那里既无边缘也无国界。这可能是真正的世界诗歌那更晦暗、更令人战栗的景象。民族诗歌具有历史性和全景纵观:诗的形式多少由它在如此一种的形态学上的位置固定和定义了的。相反,世界诗歌,是处在无国界的一片空白背景上一种复杂的形式,一种经受变形的形式。它抵达美的瞬刻,却无轨迹可寻,也没有留下可能缔造一条历史轨迹的能力:

书打开在桌子上

瑟瑟作响,好像

火中发出的声音

好像折扇般的翅膀

华美地展开,在深渊上空

火焰与鸟同在

　　只有诗歌通行,书才会是火焰与鸟。杜博妮观察到北岛的诗在"在语言的整体上,不是过分地依赖于文字图观,一批特殊的语汇,或者特别的音乐效果"。以上段中,书像鸟一样翱翔在深渊上空,在翻译的感觉中是一种夺目的意象。这一意象本身在几乎任何语言中都是美的。诚然,杜博妮已将这世界诗歌性的互换意象译成了正统的英诗,后者绝对依赖于文字和图景,依赖于特殊词汇,以及音乐效果(尚未提及英美诗歌的几次重大思潮),任何高声朗诵以上诗节的英语读者将见识到这一语言的真正魔力,这是一种独特的词语以及它们的排列的魔力。我们微笑着读诗,不但对意象自身颔首称许,而且对这一意象中内在的节奏,诗行中的停顿以及词的独特的选择与安排方式赞叹。

　　举这一事例只是很平常的,当诗人光彩照目的想象遇到翻译者语言的魔杖点触,平衡了这一新世界诗歌深入的和困扰的方面,而这一世界诗歌正是国际听众,也就是西方听众赞扬的结果以及动力。我以为西方听众的注目是一种成功的广告功能。北岛是一名著名的中国当代诗人,但他绝不是名声最响的。通过写卓越的可译传的诗歌,通过遇到一名天才的翻译者以及一家善于推广的出版机构,他才可能在西方赢得成功,并且无可争议地成为当代中国诗人中最著名的,仅仅靠他自己则不太可能获得成功。而广大的西方人认同这一事实又促使他的杰出性在中国得到承认。我们应当了解这样一个奇怪的现象,即一名在他的祖国成为领袖的诗人只不过是因为他的作品译本比别人翻译得好罢了。

　　国际读者欣赏一首诗时,会想象如果诗未在翻译中失真它可能是什么样,他们这样设想的同时,就喜爱上它了。而在诗人的祖国,当人们了解他的译作在国际上取得的辉煌成就时,同样会极力赞美它。

　　世界诗歌,让我们拭目以待吧!

(南方译)

先秦诗歌与城邦文明

——兼论诗歌与哲学的相关性

杨宏声

一

　　如果我们试图透过表象和形式去力求把握、理解中国诗歌的精髓——中国诗人对生活的追求、他们观察世界的方法、他们的丰富的想象力以及性格各异的主体投射方式——我们就必须跨过单纯农业文明的眼光,进而将中国古典诗歌的研究与中国独特的都市文明联系起来。经过一番深入透彻的考察,将会发现,我们原先所理解的所谓城市与农业的原始对立性,现在被一种新的历史联系方式代替或消解了。城市作为文明确立的标志,日益成为推动文明发展的策源地。人类早期的城市世界并不排斥农业,而是将农业活动包容进来。东、西方古典时代的城市都曾经历过由兴起而达到兴盛,复由兴盛而经历衰败的过程。而当古典城市文明由于战乱或政治动荡最终衰落时,城市颓败不振,又落到村落世界的包围之中,这种状态,西方人将其称之为"黑暗时代",中国人则称之为"衰世"。因此,只有经过多重眼光的透视,才能破除成见,去掉遮蔽历史层层覆盖物,重新理解诗歌与生活世界之间真实的历史联系。从而发现:眷恋城市生活的趣味,或以批评的眼光审视都市生活的态度,如何成全最初的诗人、如何完善他们的表达方式以及作为独立的社会个体表达自我感情的独到的诗歌形式。

　　值得注意的是,中国早期典籍对诗歌所作的讨论,同时包括诗歌、音乐与舞蹈。所有这些合在一起,就构成了一种典礼仪式的演示。更确切地说,最早的诗歌本身就是典礼仪式的组成部分。艺术化的典礼仪式或典礼性、仪式性的艺术,本身就是城市文明兴起以后的产物,无论中外,概无例外。由此看来,礼乃城邦之礼,诗歌的兴盛受到新兴城市文明的极大的推动。所以,最早讨论诗歌的典籍,直接关涉的是作为艺术的诗歌本质与作为礼仪性的诗歌之间的关系。人们被诗歌所感动是有其内在缘由的,而不限于将它看作是一种纯粹的语言形式,或像现代人那样,将它归结为某种抽象的艺术本质。由此看来,原初的诗歌涉及到极为复杂的表现基础,这一点早为中国的先哲所领悟。中国最早、同时也是最有影响的关于诗歌性质的陈述,来自一部古老的经书——《尚书》:

> 帝曰:"夔,命汝典乐,教胄子,直而温,宽而栗,刚而无虐,简而无傲。诗言志,歌永言,声依永,律和声,八音克谐,无相夺伦,神人以和。"

这是《舜典》中舜命夔担任乐官(传习典乐)时所说的话。舜首先强调以乐施教,要符合中和的精神,接着分别就诗、歌、声、律的性质及其相关性作了说明。夔接着作了回应:

> 于! 予击石拊石,百兽率舞。

夔所补充说明的是舞蹈如何与诗和乐进行配合。如此看来,作为典礼艺术的"乐"有狭和广二义。狭义的乐仅指音乐或乐器、乐曲,广义的乐则包括诗歌、音乐和舞蹈的互动整体。后世有"礼乐"并举之说。从原初的意义上来讲,礼与乐互为说明,各以指向对方的方式指向自身。礼即施行乐的活动,乐即具体体现的礼。后来礼和乐的形态变得丰富而又复杂,强调其区分变得必要,就成为两个相对独立的范畴。值得注意的是,在诗、乐、舞三者的关系中,诗的主导性的意义被初步肯定下来了。诗、歌、声、律四者,诗是表达志意或思想情感的文字,歌按谱而咏诵,声音节奏依据歌唱的方式而定,乐律则起了和谐各种声部和表演因素的作用。总之,声、乐、律以及与之相配的种种舞蹈都是为着传达诗之"志"而带动起来的。由此可见,诗贯通整个典礼仪式,自始至终担当了重要的作用。《尚书》的"诗言志"之说,在春秋、战国时代为人们广为接受。《左传·襄公二十七年》文子告叔向曰:"诗以言志。"《礼乐·乐记》曰:"诗,言其志也。"《礼记·仲尼闲居》记孔子之言:"志之所至,诗亦至焉。"《庄子·天下篇》:《诗》以道志。《荀子·儒效》:"诗言志也。"足见"诗言志",已成为当时赋诗、论诗者的一种共识。从字源上看,"诗"与"志"可以互训。上面所引的孔子的话把这一点说明了。志是内在的诗,诗是外显的志,而言词充当了媒体的作用。汉人训"诗"、训"志",多从孔门之说。如许慎《说文解字·言部》:"诗,志也。志发于言,从言,寺声。"郑玄注《尚书·洪范》:"诗之言,志也。"《毛诗序》将诗与志的区别及两者的相关意义说得很明白:"诗者,在心为志,发言为诗。"

"诗言志"之"志"一方面突出了志的意志取向,并揭示了在一切艺术活动中如何体现突出了人的意志和心愿,另一方面则突出了志的情感向度,并暗示了诗如何为情感所驱使,又如何以情意动人。《毛诗序》在回到《舜典》的命题上来的时候,作了重要的发挥。

> 诗者,志之所之也,在心为志,发言为诗。情动于中而形于言,言之不足,故

嗟叹之;嗟叹之不足,故永歌之;永歌之不足,不知手之舞之,足之蹈之也。

整段论述可以看作对《舜典》"诗言志"说所作的阐释。值得注意的是,在《舜典》中,诗、乐、舞并举,在这里则突出了诗的原始发动作用。这种原始发动作用的动力,源于作为心志情感本体的生命,从而突出了诗的抒情特性的深刻内涵。汉唐经学家往往训"志"为"情"、为"意",正是循此思路而来。唐代孔颖达在《诗大序》的"正义"中说得更为明确:

> 诗者,人志意之所适也。虽有所适,犹未发口,蕴藏在心,谓之为志。发见于言,乃名为诗。言作诗者,所以舒心志愤懑,而卒成于歌咏。故《虞书》谓之"诗言志"也。包管万虑,其名曰心;感物而动,乃呼为志。志之所适,外物感焉。言悦豫之志则和乐兴而颂声作,忧愁之志则哀伤起而怨刺生。《艺文志》云:"哀乐之情感,歌咏之声发"。此之谓也。

"志"、"情"、"意"可以互释,诗的核心内容就是诗人内心的情或意,即是说,诗既是诗人内心志意的抒发,也是诗人内心情感的流露。诗的抒情意义被充分肯定了。

"诗言志"之"志"在字义上还有一种阐释,"志"为记:记载、记忆。《管子·山权数》曰:"诗所以记物也。""物"通"事",谓之"事物";"记物"即"记事",如此说来,诗是一种原初的记诵方式,这是对《舜典》"诗言志"的另一种解释。"志"作为名词,则指载记之书。先秦典籍引书有作"志云",多指以韵文或诗记载之书。以诗记事、记物,则使诗接近史。进一步看,诗歌本身还包含道理。孔子认为"诗可以兴、可以观、可以群、可以怨",即是强调诗的思想意义,如此理解,诗近乎思。贾谊《新书·道德说》说:"诗者,志德之理而明其指,令人缘之以自成也。故曰:诗者,此之志也。""志德之理而明其指",则志在道。这就将"志"从主体范围提升到主客合一的本体范畴。

还是到前面的论题上来。中国诗歌的兴起是城市文明的产物。这种新兴的诗歌是诗、乐、舞三位一体的综合体,早已不同于原始的乡野歌谣。原始歌谣作为先民的创作,也有其丰富的内容和复杂的背景。歌者吟唱时往往配上乐器,但常常是自发的,随风合俗,以口传方式传诵。一旦到了以文字方式创作诗歌,记录诗歌,则已进入历史的范畴。城市的兴起极大地推动了诗歌的发展。当诗歌以诗、乐、舞合一的形式出现的时候,表明它已经作为一种高度发达的典礼艺术确立起来。① 诗歌担当了城邦教化的重要功能,诗人则成为全民族最早的老师。

---

① 苏美人的史诗是典型的城邦文明的产物。例如,史诗《吉尔伽美什》主要是在一年中最初的节日到来时歌诵表演。

二

抒情诗在中国文明中产生过直接的或重要的影响,这是一个明显的事实:诗歌曾经而且今天依然是中国人理解他们自己以及历史方式的重要一部分。而在西方,则要到中世纪晚期以后,抒情诗的地位才变得日益重要起来。西方原初的诗歌主要是叙事性的史诗,稍后兴起的抒情诗就其创作观念而言与史诗的表达方式相近,两者有着共同的价值观:诗歌乃至整个文学都被视为是一种创造或制作。在语源上"诗歌"一词在希腊文中其含义就是"制作"的意思。诗人凭高超的制作技艺或灵感,讲述传说,描写想象之物或重新缔造美景,自我意识在其中或隐或显地得到表现,诗人自视也被视为是与众不同的一类人。一般认为,西方哲学的兴起造成了对诗歌不利的形势,其实得作具体分析。随着哲学的兴起,哲学将批评的锋芒针对讲述神话故事的史诗,而非悲剧诗和抒情诗。从更为具有整体性的观点看,古希腊兴起的诗歌与哲学,都是城邦的产物。诗歌曾在希腊文明起源的过程中,产生过极为重要的作用。希腊史诗孕育了城邦文明,史诗是城邦教育的基础。几乎所有的希腊哲学家都受过史诗教育,就像西周以来,中国的贤哲都受过《诗经》的教育一样。而当哲学家在思想上得以独立,他们已不再满足于史诗的思维方式,开始以逻各斯(logos)的知性话语取代秘索斯(muthos)的神话或训喻性的故事,诗人在思想上的重要性降低了。诗歌与思想混而不分的状态被哲学家明确地区分开来,划为两种基本独立的、精神活动领域。[1]

与西方相比,中国人对诗歌有着很不相同的看法,诗歌在中国历史一开头就在社会中占据了一个截然不同的位置,《诗经》的形成过程充分表明了这一点。商代诗歌现在流传下来的只有一些用于祭祀仪式的颂诗,即所谓"商颂"。从大量保留下来的钟鼎铭文看,商代的韵文相当发达,由此可见商代语言的运用洋溢着诗情。西周是中国古代诗歌创作的第一个繁荣时代,数百年间产生了数量众多的诗作。据司马迁记述,这些作品流传到孔子时代,尚有三千余首,现在所看到的《诗经》只是一个精选本。[2] 可以推论,早就有一些选本或编定本,供宫室娱乐或宗庙仪式之用。这种源于官方传统的文本与民间四处传诵的诗歌,来源有所不同。《诗经》绝大部分诗篇都是贵族所作,这是一些居住在新兴城市里的贵族。还有一些属下层社会平民的作品,则是居住在都城边缘的国人所作。因此,《诗经》的形成整个地有一个新兴的城市文明背景,这是为以往研究《诗

---

[1] 参阅陈中梅:《柏拉图诗学和艺术思想研究》,商务印书馆1999年版。

[2] 司马迁:《史记·孔子世家》。

经》和中国诗歌史的学者所忽略的问题。①

与希腊、印度等古文明地区比较,中国是否也有自己的史诗?这是自"五四"以后《诗经》研究中提出的新问题。一些学者从《诗经》中重新发现了"商周史诗",这种再度的发现是在新的研究视角确立以后才有可能做到。② 这些史诗虽然篇幅不大,其文化和精神内涵却相当丰富。

"史诗"一词源自希腊文"Epos",本义是故事。讲述故事时伴之以乐器,用富于韵律的语言唱出来。故事篇幅的长或短并不是史诗的本质特征,马克思曾根据希腊史诗的各种类型归纳出形成史诗的三种基本要素:歌谣、传说和神话,史诗则是这三种要素的综合。③ 在中国的研究者看来,《诗经》中虽然没有像荷马史诗那样的大型史诗,却有小型史诗或微型史诗。从历史发生学的观点看,也许《诗经》中的史诗更接近原初的史诗。它既具有史诗的一般特征,诸如:史诗一般产生于城邦文明建立之初,具有鲜明生动的神话形象和富于历史性的含义的故事情节,包含了丰富的传说和神话,具有歌谣的动人的情致,等等。也有自己的特点:突出的抒情性使叙事"写意化"了。商、周史诗都出于王室的巫、史、乐官之手,用于祭祀朝会的配乐、配舞的乐歌。这种史诗用于观摩,谓之"观诗"。荷马史诗出于希腊民间行吟诗人的行列,用于平民和贵族的公共娱乐,他们构成了史诗的"听众"。两者的差异,很大程度是由城市背景的差异而造成的。由此表明,即使是在早期中国抒情诗发达的情形下,叙事的需要和冲动并不缺乏。两者比较,西方史诗中所体现的那种叙事的冲动和热情,在中国型的史诗中确实被缓解、被抒情化了。史诗的雄伟和崇高,以一种异常雅致而优美的形式表达出来。

现在大体为学者所认可的商代史诗是《玄鸟》、《长发》、《殷武》。④ 这三首祭歌不仅追述了先公先王的开创历史、武功赫赫的业绩,同时歌颂了祖先安邦立国、泽及九有、兴发祯祥的德行。诗句满怀感激之情,诉说着人们安居之乐的美好。周代史诗的史诗因素更显突出,其中以《生民》、《公刘》、《绵》、《皇矣》、《大明》五篇最具有典型性。《生民》带有神话色彩,叙述传统中的周始祖稷的诞生和发明农业,若将五篇史诗贯联起来看,就可以看出,后稷是一位创造农业及为建立安居的城市奠定基础的文化英雄。后稷制订祭祀之礼,而祭祀之礼是城邦之礼的核心:建城邦先立宗庙。在商、周"早期国家"⑤向城市发展和聚集权力的过程中,起着主导作用的无疑是宗教,宗庙在城邑中始终占据核心地位,祭祀中心

---

① 笔者另文《〈诗经〉中的城市意象》就《诗经》与城市的关系及其理解问题展开讨论。
② 赵明主编:《先秦大文学史》,吉林大学出版社 1993 年版。
③ 王柯平:《古希腊诗乐舞的艺术特征》,《走向跨文化美学》,中华书局 2002 年版。
④ 张松如:《商颂研究》,南开大学出版社 1995 年版。
⑤ 谢维扬:《中国早期国家》浙江人民出版社 1995 年版。

起着关键性的作用即是证明。技术或商业活动的范围,服从城市的整体规划,被安排在城市外围。军事和政治的策划和行动都与祭祀密切相关,世界上的其他文明国家莫不如此。所不同的仅在于,在西亚、地中海世界的古代文明,技术和经济活动与寺庙中心的关系更为直接。这一点促成了贸易的相对独立及对政治和军事产生影响力。后稷于丰收之后创立祀典,实为后人"尊祖祀天"之典礼的开始。《公刘》是一首颂歌意味浓厚的史诗。公刘从容勘察地形,营国经野,表明周人进入了分国分野(城乡划分)的时期。从公刘开始,周室五迁,每迁必新作城邑。公刘建"京师",开始了周人的城市营造史,这同时也是建国的过程,筑城、建国、安邦乃是为历史奠基的同一件大事的不同方面。诗人将这一历史过程具体入微地描写出来了。

　　自公刘之后,经九世而传至古公亶父,历时约五百年。《绵》记载古公(亶)父率周人迁歧定居的故事。这是一首城市创建之歌:《绵》的主题如同《公刘》,描写了周人历史上又一次大规模的迁徙,同样也叙述了周人由迁徙到安居的整个过程,同样是略述迁徙而详述安居,并用暗示的笔法揭开了城邦筑建的过程。再细看,两篇诗中都同样体现出对土地经营的重视及建设新城市的自豪之情。在这方面《绵》一诗摹写更为细致。两诗对照,它们各自反映的生活内容有很大变化。其中最为突出的一点,不是体现在农业生产方面,而是体现在城市规划和建筑技术方面,这须特别予以留意。《公刘》最后一章(第六章)叙述人们营造新居的劳作:

　　　　笃公刘!

　　　　于豳斯馆。

　　　　涉渭为乱,

　　　　取厉取锻。

　　　　止基迺理,

　　　　爰众爰有。

　　　　夹其皇涧,

　　　　溯其过涧。

　　　　止旅迺密,

　　　　芮鞫之即。

叙述很省略,具体细节并无交代。

　　《绵》则与此迥乎不同,其中叙述营造新居的建筑工程用了三章之多,规模宏大,场面壮阔,细节描绘具体而清晰,可视为城市建筑史上的宝贵史料:

　　　　乃召司空,

　　　　乃召司徒,

俾立室家。
其绳则直，
缩版以载，
作庙翼翼。

捄之陾陾，
度之薨薨，
筑之登登，
削屡冯冯。
百堵皆兴，
鼛鼓弗胜。

迺立皋门，
皋门有伉。
迺立应门，
应门将将。
迺立冢土，
戎丑攸行。

　　两相比较，不仅可以看出建筑工程技术方面的重要发展，更可以看出城市规模和社会组织方面的进一步完善。如果说，公刘时代分国分野，城市开始作为一种相对独立的社会组织形态开始确立起来，那么到了古公(亶)父的时代，都市诸多城市和聚落中的中心地位开始确立起来，出现了分工明确的行政官员，居于高墙深宫中的统治权利进一步得到了强化，并联合友邦使城帮联盟得到进一步的扩展。张光直先生对夏、商、周时代部族迁徙和定都的关系作了精辟的论述，可作参考："……三代国号皆本于地名。三代虽都在立国后屡次迁都，其最早的都城却一直保持着祭仪上的崇高地位。如果把最早的都城比喻做恒星太阳，则后来迁徙往来的都城便好像是行星或卫星那样围绕着恒星运行。"[①]由此可见，古公(亶)父周原建城立国在周族发展史上的地位，以此作为史诗的题材是可以大写特写的。《绵》一诗的作者把重点落在都城营建上，按照实际建筑的顺序一一记述：先察看地形，进行谋划，占卜决疑，然后划定区域，丈量田界，开沟筑垄，接着建造宫室庙宇，修筑城墙祭坛。诗人不是单纯叙述，而是用富于音乐性的文字作生动的呈现，产生了极大的抒情效果。

___

①　张光直：《关于中国初期"城市"这个概念》，《文物》，1978 年 2 期。

《皇矣》也是周人自其开国历史的史诗之一,缅怀先王开创业绩,是周人史诗歌颂的主题。文王修德,励精图治,征伐攻城,赫赫烈烈。一般说来,中国的史诗中最引人注目的特点是它没有直接描写恐怖的场面,或者说诗人避开了恐怖的描写。希腊关于城邦或人间事务的神话和传说,常常贯穿着强暴或谋杀的故事。而在《诗经》里,对血腥的灭绝行为只是略加描写,突出它的道义和必要性。我们可以在诗中读到人们对天命的敬畏,以及人间盛衰带来的诸多不幸,却没有对一位不可理解的神灵的专横行径的恐惧;绝国逸民的悲哀无疑被精心的掩盖了,那是历史的无情之处。"皇矣"为赞叹之辞,这是一首雄壮的扩张之歌。值得留意的是诗中"四方"、"四国"之称,反映了"奄有四方"的"大邦"周人宗主国地位的确立。上帝眷顾地上廓大有功的大邦君主:"帝作邦作对。"上帝或帝看来确实与人间的对应者——万邦之君保持着密切联系,暗示着天上之城与地上之城,体现上帝同样的意图。

《大明》叙述了周人历史上从王季联姻到武王克商的西周大邦地位的确立过程,先王业绩,如日普照,"大明"天下。《大明》一诗重点描写武王在牧野之战中取得克商的决定性的胜利,这一胜利建立在巩固城邦、实行邦国联盟的基础上。由此看来,周人史诗整个地看来就是城邦的史诗,叙述从农业的定居,通过建城的方式创建巩固的发展基地、城邦联盟,从而获得大邦宗主地位的历史。中国历来有"诗史"①之说。中国传统所谓"诗史",主要是指用诗歌体的语言叙述了历史性的事件和人物,这些事件和人物具有一定的历史真实性,却往往不具备巨大的历史重要性,或者仅仅只是间接地(而不是直接地)、局部地(而不是整体地)触及到这一重要性。这当然与中国诗歌向来注重抒情的创作传统有关,而与西方的史诗则有所不同。西方典型的史诗都为长篇叙事,往往反映具有重大意义的历史事件或以古代传说为内容,塑造英雄的形象,结构宏大,充满着幻想和神话色彩。从以上作品的分析看,中国古代虽无"史诗"之名,却有史诗之实。若从西方史诗为标准,商、周史诗作品的篇幅虽然显得不够宏大,但其内涵却相当丰富,思想构架也相当复杂,在这些史诗性的作品中吸收了古老的神话传统,反映了一系列重大的历史事件,使一系列先王以英雄人物的形象栩栩如生地树立起来。如将商、周史诗连缀而观,则它们反映了商、周部族诞生到大邦建立的整个过程,其构思和表现显得相当宏大,称之为"中国式的史诗",并不为过。

---

① 文学史家通常视杜甫的诗作为"诗史"的典范。值得注意的是,"国破城败"为杜甫"诗史"的主导意象,因而可从"诗歌与城市"的视界展开深入探讨。

三

　　如果充分考虑这些历史事实:《诗经》整个形成的社会背景是新兴的都邑世界;作诗者多为身居新兴城市居民,演诗的场所则是庙堂或国人聚会之地等等,那么,简单地认为"《诗经》中所有的诗都是农业社会的产物",都是"农事诗"的观点是很成问题的。持这种观点的学者认为,《诗经》的诗"都反映了农业社会生活的不同侧面,从题材,道德观念到审美情趣都带有农业文化情质"。[①] 一些学者之所以得出这种结论,是有其缘由的:首先,他们没有充分理解和估计西周前后城市的兴起对于整个中国文化发展的意义,没有看到全新的城居生活如何吸引并激发人们作诗的灵感;其次,则与现代学者理解历史上的城市的非历史的方式有关。如同人类所有的早期城市一样,中国先秦时代的城市是城乡的联合体,以农业为城邦的经济生活基础。西周时代城野区分的观念相当明确。"城"指都城,"野"则指归属于城管辖范围的乡村。野归属于城邑而非单纯的农村单位,城却有更大的独立性。《诗经》有浓重的乡土之情,这种乡土之情并非纯粹的,而是与城市化的生活趣味和价值混和一体。因而,以城市风尚来概括这种城乡结合的特点,也许更为恰当。以最富于乡野情调的《国风》为例,与其把它看作是田园诗,不如说是都邑歌谣更为恰当。《国风》涉及名义上归属周王室的十五诸侯国的诗歌,为周初封建所立。周初封建在中国城市史上的意义,至今仍未能展开充分而深入的研究。在我看来,这种封建措施,奠定了周秦时代中国城市体系的基础。[②] "封建"的原义就是封土建城,其历史性的结果是多元化的城邦的建立。区域性的城邦文化,正是《国风》兴起的背景。十五《国风》之"国",我们至今依然可在地图上一一标出其地域范围和中心都邑的位置,至今依然可以从这些清新的诗歌中亲切感受当时社会风情。

　　我们不妨从《国风》首篇(同时也是《诗经》三百篇之首的)《关雎》为例,初步提出《诗经》都邑诗歌话语的特点问题:

　　　　关关雎鸠,
　　　　在河之洲。
　　　　窈窕淑女,
　　　　君子好逑。

---

① 赵明主编:《先秦大文学史》,吉林大学出版社 1993 年版。
② 顾朝林:《中国城市体系》,商务印书馆 1996 年版。

参差荇菜，
左右流之。
窈窕淑女，
寤寐求之。

求之不得，
寤寐思服。
优哉游哉，
辗转反侧。

参差荇菜，
左右采之。
窈窕淑女，
琴瑟友之。

参差荇菜，
左右芼之。
窈窕淑女，
钟鼓乐之。

我们不妨将诗歌中所唱的河洲假定是某处城邦所常见的景物，这样认为是有道理的，因为这首诗充满了都邑情调，而远非乡村朴野的歌谣可比。这首诗修辞相当讲究，由此可以看出作歌者对语言的音乐性的敏感。《关雎》写男女初恋之情，相思者"寤寐思服"，"辗转反侧"，思念心目中的女子，动情地赞美情人的窈窕风姿，假想成真。将如此细腻优适的感情说成是一种"城里人"的情感，似不为过。所有这些，诗人用修整、提炼、凝缩，富于暗示性的语言形式表达出来。细读《国风》中的言情之诗，无不隐约透出一个城邑的背景，且以城市定位。例如：

南有樛木，
葛藟累之。
乐只君子，
福履绥之。（《周南·樛木》）

陟彼南山，
言采其蕨。
未见君子，

忧心惙惙。

亦既见止,

亦既觏止,

我心则悦。(《周南·草虫》)

于以采苹?

南涧之滨。

于以采藻?

于彼行潦。(《周南·采苹》)

　　把这几首诗连起来读就成了一首城南之歌,动人地歌唱情人间相遇、相处、相感、相思之情。

东门之墠,

有践室家。(《郑风·东门之墠》)

出其东门,

有女如云。(《郑风·其出东门》)

东门之池,

可以沤麻。

彼美淑姬,

可与晤歌。(《陈风·东门之池》)

　　诗中"东门"一词即指城东面的城门。又

游于北园,

四马既闲。(《秦风·驷驖》)

　　"北园"即城北"园林"。由此看来,诗人对城市环境已有自觉的意识。如果这种读法初步为我们确立了一种理解原始城市诗的眼界,那么我们会进一步发现,许多送行、怀人之诗多以城邑为空间背景。如:

燕子于飞,

差池其羽。

之子与归,

远送于野。

瞻望弗及,

泣涕如雨。(《北风·燕燕》)

"野"地处于郊乃离城市之地。"远送于野",从城里直送到城外,是离别送行的古俗。

> 瞻彼日月,
>
> 悠悠我思!
>
> 道之云远,
>
> 曷云能来?(《北风·雄雉》)

如果说,怀人诗是后人所谓的"城市诗"和"田园诗"的共同主题,那么,这种主题为城市诗最先所涉及,田园诗反而是一种后起的形式。用历史的观点看,田园诗乃是一种"后城市时代"的变相的城市诗,田园诗试图将一种新的经验引入诗歌。① 结果表明,在这种诗歌中,不可能完全将城市经验排除在外。城市是最适宜怀人的地方,因为城市中的居住者最先敏感到由生离死别,由相思、相慕而敏感到人生隐忧之痛切:

> 泛彼柏舟,
>
> 亦泛其流。
>
> 耿耿不寐,
>
> 如有隐忧。
>
> 微我无酒,
>
> 以敖以游。(《北风·柏舟》)

"如有"二字将这种隐忧中"难以承受之轻"②的特征确当地描写出来了。雕饰华美的柏舟表明,歌者之漂流乃处于悠游富裕的状态中,不是要喝没有酒,也不是没有地方可以遨游,可忧患却不期然而至。

在世界各地最早出现的文明、城市和国家中,唯古代中国自古即有文籍可考,其中尤以"五经"记述最有条理。而在"五经"中,《诗经》最具有感性的生动性,形象栩栩可感,并富于暗示的意味。细读《诗经》,许多诗篇颂扬都邑,用文明开创的眼光描写作城作邑的过程,满怀豪迈之情,对终于能安居乐业充满欢欣感激之情。《诗经》对都邑世界中的事物多有细致的描写,从宫、廷(庭)、宇、堂、壁、门、户,到城墙、公路、宛丘、园、墓地(域)等等,可谓细致入微。

四

依据历史传说,三皇时代为中国建立都城之始,也是中国城市革命的开端。

---

① 笔者在《诗歌与城市——重读诗歌史》一文中作了初步讨论,载上海《诗歌报》,2003 年 5 期。

② 套用昆德拉的用语。

中经五帝时代,都城分布渐密。到商、周时代,中国城市发展可谓"百堵皆兴"。中国早期城市革命"主要表现为殷周帝都的初步繁荣,日益蔚为大观。其中魏魏宗庙,是帝都营构中的灿烂篇章,形成影响深巨的先秦营国制度,后来被总结在《周礼·考工记》之中"。① 国家的起源,都城的兴建不仅是一个外在的标志,而且也是文明的一种内在的尺度,城市的功能和构造本身体现了国家的形成和性质。"城"与"国"在字义上有着原始的关联。王献堂释国字甚详:"国者,城也,有域始有国。"即是说,国是一个地域划分而形成的敞开的空间。"国古隶之,旧读如今音此域,域其转纽也。国者,界也,疆也,本为疆界之义,故声纽相同,后演为国家之国。"②早期城市为城市与乡野的联合体,"界"为城市地界,"疆"为边地分界。立国作为空间疆界,则以城市为中心。"中国"一词在《诗经》中原是择中于国的意思。据卜辞,殷代已有"择中"、"作中"、"作邑"(都城、国)的城市规划的意识,"中"相对于"四方"或四周而言,具体地说,择中"即先择一个'坐标点',然后围绕这个中心修筑,在周围圈定大片耕地、牧场、渔猎之地……最外面一圈人工的防护设施——可能是人工种植的树木,或利用天然的山林、河流,以与邻社的土地分开来;亦可能有人工修筑的土埂和巡守的堡垒之类,故邑字像人看守一块土地"。③ "中国"一词首见于《诗经》:

> 惠此中国,
>
> 　以绥四方。(《大雅·民劳》)

这里"中国"一词是"中心城邦"即都城的意思,中心城市与四方城市(四国)相对应。一切权力从中心辐射开去,它是众邦所归、众心所向之处。都城为邦国之中,从中引申出丰富的政治涵义,即成为现代用语"中国"一词的来源。

春秋战国时代是中国城市革命的完成时期,大小城市犹如雨后春笋般地兴起。"千丈之城,万家之邑"(《战国策·赵策》)、"三里之城,七里之郭"(《墨子·非攻中》),比比皆是。最繁华的都市如齐国之临淄,户口多达七万,"车毂击,人肩摩,连衽成帷,举袂成幕,挥汗成雨"(《战国策·齐策》);韩国之宜阳,"城方八里,材士十万,粟之数年"(《战国策·东周策》)。其他像赵国之邯郸、魏国之大梁、宋国之定陶、楚国之郢、秦国之咸阳等等,都是有名的大城市。这些城市既是工商业的中心,也是政治文化的中心。这种由于工商业发展和分工精细所形成的都市生活,大大丰富了现实生活内容,使社会更加色彩缤纷、错综复杂。这不仅开阔了人们的视野,提高了人们的认识能力,为学术思想提出了更多课题,而

---

① 王振复:《中国建筑的文化历程》,上海人民出版社 2002 年版。
② 王献堂:《炎黄文化考》,齐鲁书社 1981 年版,第 304—305 页。
③ 胡宣厚:《甲骨探史录》,三联书店 1982 年版,第 280 页。

且也为文学艺术(当然包括诗歌)提供了丰富的题材和表现领域。

从战国到汉代,城邦政治领域中,国人的势力压倒了贵族政治。时势所趋是讲求王霸大略、政治实践以及说服人的论辩术,并不急需传统的德治仁政、礼乐教化及诉诸人的内心需要满足人的情感的诗歌。诗歌在战国时代的衰落,首先表现在《诗经》不复具有文化上的重要性。春秋赋《诗》的传统在儒家和道家中余风犹存,而在战国其他诸子中则完全被忽视了。孟子认为,随着一个理想的盛世政治的时代成为过去,《诗经》就衰亡了,"春秋"已是一个不义的缺乏诗意的时代,《春秋》不义之事比比皆是,有见于此,他指出:"王者之迹熄而《诗》亡,《诗》亡而后有《春秋》。"(《离娄下》)荀子认为,《诗经》已尽诗歌之极致,余下重要的事情是诠释它的精义:

> 故《风》之所以为不逐者,取是以节之也;《小雅》之所以为小雅,取是而文之也;《大雅》之所以为大雅者,取是而光之也;《颂》之所以为至者,取是而通之也。天下之道毕是矣,乡是者臧,倍是者亡。(《荀子·儒效》)

荀子对《诗经》深为留意的乃是它的政教之用,以思想情操、道德伦理为标准。他认为,《风》是对没有达到标准的情感和思想而提出的节制的要求;《小雅》之"小"在于它虽然仅仅合乎标准而努力变得高尚文雅;《大雅》之"大"在于发扬光大,而《颂》之为最高典范在于通达政教大用。

战国一向被视为哲学兴起大放异彩而诗歌相对沉寂的时代。之所以可以如此认为,无疑有其须深加探讨的理由和历史事实的根据。战国时代的精神创造更多地体现在哲学性的散文写作中,而从残留于今百余首诗歌看,其中属于王公列卿、诸侯大夫的诗有二十余首,尚还继承《诗经》风绪,属于春秋战国之际的作品。春秋末年,士阶层崛起,其杰出的代表者,犹能作诗,如仅标名孔子的就有十余首,意境高古,仿佛是贵族诗歌传统的回光返照。战国时代士阶层的诗歌则类似巷间歌谣,其中最杰出的诗人代表可举出荀子。不过,荀子虽然在诗体上颇有探索,其诗才却不足以称为大家。战国唯一的大诗人是屈原,他是一位诗哲。在战国诸国中,只有楚国依然保留着浓厚的贵族政治文化传统,也只有在楚国,仍然为诗歌留下充分的发展空间,才能产生屈原这样的大诗人。在"轴心时代"的中国,并没有发生所谓哲学家"驱逐"诗人的事件,这可能与当时《诗经》在当时普遍被认为已经衰亡有关,诗歌无论在思想领域里还是在政治领域里,都不构成重要影响。不过,事情本身也许要比我们表面所看到还要复杂。

例如,春秋战国之际所谓"郑卫之音"的"新声"的出现,如何从诗歌史和思想史相关的角度展开理解,至今依然是一个问题。"新声"兴于孔子时代,其时礼乐制度大有崩溃之势,宫廷雅乐唯能抱缺守缺,不复有感发人的吸引力,而"新声"一起即成流行之势。新声在内容上,大抵以恋歌为主;在形式上,音调优美,突破了五声音节的范围；在表演上，"士女杂坐"。① "郑卫之音"乃是春秋战国之际新兴城市的"新声"。两者相比，旧乐节制合乎礼教，新声则奔放自由，投合人的感官所好。这种新声基本上有两种格调；一为悲壮，情调"怨以怒"；一为"婉丽"，情调"哀以思"。所以它的发生、发展便一直贯穿着同"乐而不淫，哀而不伤"的雅乐的对立和斗争。

孔子对此十分敏感和警觉，他早就不止一次地说："恶紫之夺朱也，恶郑声之乱雅乐也。"（《阳货》）"放郑声，远佞人；郑声淫，佞人殆。"（《卫灵公》）前一段话是答问，说出自己所以厌恶的理由。后一段话则直接批评郑声音调上不正，过于放纵了。进一步的问题是，"郑声"与音乐、诗歌的关系究竟如何？所谓"放郑声"之"放"是什么意思，是劝之放弃之放还是放逐之放。钱穆认为，所谓郑声淫，非指诗，乃指乐。② 孔子后来的行为表明，由于他敏感到郑声精神上不健康，是靡靡之音，所以他反复主张进行拒斥。孔子采取更积极的行为是删诗正乐。认为今本《诗经》三百篇由孔子删正的看法，也许失之简单，但孔子用《诗经》教弟子时，有所校订则是完全可能的。孔子自己对这件事情作了如此说明："吾自卫反鲁，然后乐正，雅颂各得其所。"（《论语·子罕》）所谓"正乐"，即推行诗乐合一之礼，诗乐互正，不让乐离诗而自为发展。"孔子正乐，雅颂各得其所，乃欲使乐之于礼于诗，重回其相通合一之本始。而惜乎时代已非，此事亦终一去不复矣。"③ 再回到"放郑声"可作如何理解的问题上来。"放郑声"之"放"含有离弃、放弃、去放等多重意思。考虑到孔子是在颜原问怎样治理城邦说的话，那么，"放"无疑更接近行政干预方式。这里涉及如何正确地施行乐教的问题，而正是纯正的乐曲才使诗歌保持可观性。这一点自然使我们联想起柏拉图在理想国里曾说过的类似的话，他用假设的口吻说过把诗人驱逐出理想国之类过激的话，并预言"哲学与诗歌之间长期存在着争论"④仍将延续下去。更有意思的是，孔子与柏拉图对同一类事情各自如何所作出的深思熟虑的具体回应。作为城邦时代的思想家，两人都受过传统诗歌的熏陶。他们对诗乐不仅终身怀着浓厚的兴趣，而且都有充分的创作实践。柏拉图留下的 20 余首箴言诗，其创作过程从青年时代开始，直至暮年。以孔子之名传下的诗作有 10 余首，其中大部分可定为他的诗作，直至生命的最后一刻，孔子犹弦歌不已，可见他对诗歌眷恋之深。孔子与柏拉图都深刻地体认到诗乐对人类情绪和精神活动的感染力量和心灵的陶冶作用，他们对诗乐所作的严正的批评，实质上是针对诗乐中的具体偏向而论的，而非否定诗

---

① 赵明主编：《先秦大文学史》，吉林大学出版社 1993 年版，第 325 页。
② 钱穆：《孔子传》，三联书店 2005 年版。
③ 钱穆：《孔子传》，三联书店 2005 年版。
④ 柏拉图：《理想国》。

乐本身。具体而论,柏拉图对史诗的批评基于哲学的立场,体现了以哲学教育替代传统的诗乐教育的意图。孔子则强调完整的教育应包括诗乐,孔子对"郑声"的批评体现了诗乐合一而行礼教的整体思想,他对诗与乐的分科致以深刻的质疑。孔子通过"正乐",赋予诗歌以社交、政治、审美、认知和伦理等一系列职能,从而表明孔子诗学思想的理想主义取向。

　　自战国以来,尽管儒家一直试图维持并重新确立《诗经》以经书地位,但影响仍很有限,不足以对诗歌与哲学的互动关系造成巨大的推动。在各个城邦中,到处有辩士、说客、著作家、教师,可他们只是偶尔才留意诗歌,或只是把诗歌当作消遣。战国时代唯一一次对诗人的放逐,是对屈原的放逐。那既是城邦对诗人的放逐、政治家对诗人的放逐,也是诗人的自我放逐。这种双重意义的放逐就成了这位诗人对中国诗歌史上一种全新意义的对诗歌的追逐和寻求。屈原的出现,使战国成为一个虽然缺少许多诗人,却并不缺少伟大诗人的时代。那是中国"轴心时代"的城邦文明结出的最为奇异硕美的精神之果。由此也反照出中国战国时代多元历史进程的曲折之途。六国归秦,那不过而"后轴心时代"中国文明在漫长的演进过程中,刚强的工具理性胜过柔弱的价值理性的一系列事件的开端,以后这样的戏剧还要一再上演。城市的公共空间对中国诗人而言,似乎总是一种异己性的存在。秦、汉以后,中国城市的显著特点就是公共空间的萎缩。中国古典城市诗歌的独特性得从诗人、城市与政治的复杂的历史性的关系中去展开理解。

　　从孔子时代起,诗与乐分途已成为历史的定势。失去音乐的扶持,诗歌更多地得借助于文字本身才能得到充分的表达,诗歌的语言形式问题开始突显出来。现存战国的诗作大体都具有"不歌而诵"的特点,一些诗作更接近日常语言的言说。如《战国策·秦策三》载范雎游说秦王时的引诗:

> 木实繁者披其枝,
>
> 披其枝者伤其心。
>
> 大其都者危其国,
>
> 尊其臣者卑其主。

　　这是一首完整的七言诗,虽重在说理,枯燥少文,在句式上却是全新的,是一种新型诗体。值得注意的是,诗中说到的城邦中的"都"独立称大的现实,不利于突出王的统领全国的政治的实施。又如《战国策·赵第二》载赵王立绍为傅时曾引说诗云:

> 服难以勇,治乱以知,事之计也。
>
> 立傅以行,教少以学,义之经也。

　　诗如说话,句如散文,可见当时诗的观念不看重诗与散文的区别。后来的荀子多有诗作,体现了类似的风格。战国士阶层多以学者、策士组成。私家著作兴盛于战国,著作者或献邦君,或授弟子;或以著作逞才,或以著作阐扬新说,不一而足,一时蔚为盛况。所谓诸子百家,由著作而见之。士阶层的兴起和诸子私家著作蔚为风气,标志着中国城邦文化创造了一个哲理思辨的时代。哲理思维的发达,在文字领域里出现了散文的勃兴。散文风格日益多样化而富于艺术魅力,自然而然地造成诗与文的分界。诗的职能开始收缩,独守一隅,并专向抒情的方向发展。在此之前,诗仍处于混而不分的文学状态中,具有记事、议论、说理、抒情等多种功能。这种现象,似已成了世界文化史的通例。散文的兴起,对诗歌的独立发展起了关键性的作用,由此也引发了哲学与诗歌之争。这种争辩既与哲学家试图确立文化上应以什么作为精神创造的最高价值的标准有关,也与他们试图重新理解和评估诗歌的意义的问题有关。我们前面已经初步讨论过,中国先秦的思想家与古希腊的哲学家对类似问题是如何作出积极的回应的。

　　春秋、战国时期是中国都市文化最为兴盛的时期。这种都市文化建立在城邦政治的基础上,这是与秦汉以后建立在封建专制政治基础上的都市文化所显示最大不同之处。战国城邦政治的历史动态体现了两种取向:以秦国日趋官僚化的富有实利主义效果以确立绝对王权为基础的君主政治,以及楚国重传统的富于人文情怀以维持城邦间历史性的联系为基础的贵族政治。[①] 这两种政治各有其统一中国的理想,前者将这种理想立即付诸实施,后者则将寄之于将来某个更为合适的时机。战国七雄,秦楚之外五国在秦楚之间徘徊,这种徘徊犹不失从容之态,在近三百年的如此频繁的战乱中仍然产生这么丰富的著作就是证明。士人和策士,带着自己刚完成的著作,从一个城邦走到另一个城邦,寻求邦主的知遇。战国诗多为短章,其文采诗情更多地在散文体的著作中流露。唯有在楚国仍然长歌不已,我们在那里遇到的最伟大的诗人:屈原。我们可以说,屈原是中国城邦文明时代的最后一个诗人。至于能否将他看作——或在怎样意义上可以看作——即将到来的伟大的帝国时代的第一个诗人则是有疑问的。尽管汉初的伟大辞赋家往往将自己看作是屈原的传人,不过,仍然有许多问题后人未及透辟地深思。

五

　　西周、春秋诗文多城邦贵族之作,国人则要到战国时代方在文化上占据重要地位。与国人文化相比,贵族文化文采斐然,才艺焕发,国人文化则以理致见胜。

---

　　① 日知:《中西文明千年史》,吉林文史出版社 1997 年版。

战国诗歌何以萧肃不振,由此可以得到初步的说明。七国之中,唯有南方楚辞仍保持贵族文艺传统而有极大的创新。以屈原为代表的楚辞本质上也是城邦世界的产物。

楚辞与都市的关系是一个有意思的问题,先前少有人直接予以注意。我们这里讨论仅限于《九歌》、《离骚》和《九章》中的《哀郢》。如果说《九歌》、《九章》作为宗庙乐舞,犹有民间古风,那么,《离骚》则是典型的城市诗。屈原自放式的漫游从一个城市到另一个城市,从地上的城市到天上的城市,整首诗歌由城市的意象及城邦思想的意念所引领。

《九歌》为楚人祭歌,历来有楚民间祭歌说和楚宫廷祀歌说两种主张。我们感兴趣的不是两种立论各自的见识和结论,而是两种说法的汇通处。屈原身处城邦时代,以国人为主体的"民间"与以贵族为主体的宫廷相去其实不远,尤其是在节日的悦神仪式活动中,国人和贵族共享歌舞之乐。按照王逸、朱熹的看法,屈原放逐"南郢之邑,沅湘之间",其实是在作"旧国古都"之旅,"出见俗人祭祀之礼,其词粗陋,固作《九歌》之曲",因此《九歌》可说是在旧歌的基础上,"颇为更定其词,去其泰甚"改写而成,这种改写,犹如莎士比亚往往借用同一题材,重新谱词度曲,这可说是一种重新创作。宫廷祭祀说是一种现代的论点,为闻一多、孙作云所主张,理由是自上古时起,天子、诸侯、大夫、士所行祭祀循礼而行。因此,"《九歌》是楚国国家祀典的乐章,与平民无关"。① 结论的前半部分基本成立,结论的后半部分则要作修正,理由前已略加说明。东周以后,城邦政治的兴起,旧的礼乐规范多有修正,原因是国人地位的上升,贵族的典礼活动对于国人不再一概拒绝。屈原在这样的情形下创作的《九歌》,显然可以纳入城邦文学的范畴。九歌描写景致皆为宗庙富室陈设的氛围,一一铺陈,多用"比"、"赋"的手法。其眼界越出楚地,而以"中国"为视界:

> 览冀州兮有余,
>
> 横四海兮焉穷!（《云中君》）

以冀州为九州岛之"中"或"中国之中",似乎不是从地理着眼,冀州偏北,而是从政治和文化的象征意义着眼,这是从黄帝时代以来的传统观念。《九歌》之"神"为华夏诸神,神界与人界往来传情,其根本精神与《离骚》相一致。再可强调指出的一点是,《九歌》所描写的美景非野外的自然风光,而是借山林而精心构筑的林苑风光。如:

> 君不行兮夷犹,

---

① 孙作云:《九歌非民歌说》,《清华月刊》,1937 年 1 卷第 1 期。后收于《孙作云文集》,河南大学出版社 2003 年版。

蹇谁留兮中州？

美要眇兮宜修，

沛吾乘兮桂舟。（《湘君》）

　　楚国借得天独厚的山川形胜，苑囿和园林是城市营筑的延伸，楚国城市营造遍布辽阔的楚境，宫榭楼台、苑囿园林随处可见，最著名的章华台一直为后世诗人称道。这些极尽人工之巧而又合乎自然的美景为《九歌》一再描写到，极浪漫的超现实的想象，实际寄托于生活世界而升华。《九歌》名为娱神，实为娱人、娱心之作。确实，世间最为理想的安居之所只有诗中才有：

筑室兮水中，

葺之兮荷盖；

荪壁兮紫坛，

播芳椒兮成堂；

桂栋兮兰橑，

辛夷楣兮药房；

罔薜荔兮为帷，

擗蕙櫋兮既张；

白玉兮为镇，

疏石兰兮为芳；

芷葺兮荷屋，

缭之兮杜衡。

合百草兮实庭，

建芳馨兮庑门。

女嶷缤兮并迎，

灵之来兮如云。

捐余袂兮江中，

遗余褋兮澧浦。

搴汀洲兮杜若，

将以遗兮远者。

时不可兮骤得，

聊逍遥兮容与。（《湘夫人》）

　　《九歌》并非如有的研究者所强调的，"以全部虚幻的神话物象为基础"。[①]以上引诗，几乎可以看作对园林布置过程细致入微的描写。这种细致写实手法

---

① 赵明主编：《先秦大文学史》，吉林大学出版社1993年版，第459页。

表明,诗人对现实物象同样有非凡的把握能力。诗歌以其特有的节奏韵致和音调而感人。由此表明,诗歌产生于深刻的激情,产生于深层的内心活动。诗歌的表现力使看似常见的事物和景致,无不具有神奇的魅力。

在屈原的诗作中最有代表性的无疑是《离骚》。《离骚》通篇充满探索的行动和活力,使我们联想到《神曲》。两者的相似之处在于这些行为动作是在一个巨大的空间——天上和地上连续的空间——中并与"时间"相结合。

王逸指出,《离骚》之文,"依托五经以立文义",①尤以与《诗经》的联系更为直接。在屈原之前,作为南声的楚歌在战国略有流播,未出"风"诗的范畴。屈原熔铸楚歌与周诗而自铸伟辞,这是《离骚》的渊源,还有更为深切的近源,就是楚国城邦社会。屈原的一生见证了楚邦由盛而衰的危机四起的过程,并在其诗作中呈现了这一过程的种种乱象及其图求转机的希冀之情。历史上的屈原,他首先是一个城邦政治家,其次才是一位诗人。司马迁在《屈原传》里也是这样认识的。屈原的政治理想,得从中国古典城邦政治史的视角进行透彻的思考,才能把握其本质的精神。孟子曾把城邦卿大夫分为贵戚之卿与异姓之卿。贵戚之卿"君有大过则谏,反复之而不听,则易位"。异姓之卿"君有过则谏,反复之而不听,则去"。② 孔子去鲁,是贯彻此原则。伍子胥因楚王之杀父兄,发誓报仇,竟至于鞭尸达墓,班宫处室。③ 正表现出这个时代君臣关系中士大夫所表现出的自主意识和追求人格平等的愿望。屈原与楚之关系,虽不可以说是"异姓",但也非"贵戚"。他不能有许由、伯夷之去,又无赵盾之杀,生受谗陷,甚至以自杀结束其一生。孔子以楚令尹子文三仕为令尹,无喜色,三急之,无愠色,旧令尹之政,必以告新令尹为"忠"。④ 屈原被流放,未能如子文之不愠,其忠君也不可以说是彻底的。

屈原在《离骚》中把他的政治理想概括为"美政",并将"美政"归元于尧舜的"耿介"(光明正大)和禹、汤、文王的"纯粹"精神的体现,从而突出了《离骚》的城邦政治主题。在诗人看来,"美政"是自古以来的无私致公的传统:

　　昔三后之纯粹兮,
　　固众芳之所在。
　　……
　　彼尧舜之耿兮,
　　既遵道而得路。

① 《楚辞章句》。
② 《孟子·万章下》。
③ 《史记·伍子胥列传》。
④ 《论语·公冶长》。

……
　　汤禹俨而祗敬兮，
　　周论道而莫差。
　　举贤而授能兮，
　　循绳墨而不颇。
　　皇天无私阿兮，
　　览民德焉错辅。

这种致君尧舜，选贤授能，强法立国的主张，正是他所处时代儒、法等诸子所
共有的政治抱负。屈原本质上是一个诗人，他不能容忍了无诗意的政治，更不用
说是人性卑下的政治了。当世变朝着完全背向理想的方向演变的时候，诗人唯
有执着于理想，在一首诗里将世界系于不坠：

　　岂余身之惮殃兮，
　　恐皇舆之败绩，
　　忽奔走以先后兮，
　　及前王之踵武。
……
　　民生各有所乐兮，
　　余独好修以为常。
　　虽解体吾犹未变兮，
　　岂余心之可惩。

《离骚》的作者政治上刚刚被疏，因此才亟亟为自己辩解表白。在诗中，屈原
一再陈述自己的政治主张和设施的用意，希望怀王能够保留他所建立的已经成
为法令的政治措施，不要毁弃，他仍希望留在郢都，以备顾问。屈原对城邦政治
的现实是有清醒的认识的，他揭示了政治的分歧与党派之异的关系，并指出是否
"好修"形成的两种价值取向：

　　民好武其不同兮，
　　惟此党人其独异。
　　户服艾以盈要兮，
　　谓幽兰其不可佩。
……
　　何惜日之芳草兮，
　　今直为此萧艾也！
　　岂其有他故兮，
　　莫好修之害也！

这就是屈原《离骚》的美人、香草的比兴之大意,以此寄托诗人高洁的政治怀抱。近年来,一些学者试图从"史诗"的宏大叙事的观点,重新读解《离骚》①,这对我们理解《离骚》的历史性的政治主题是有启发性的,由此可以看出《离骚》的思想价值正在于他对"美政"的上下索求,体现了中国城邦政治时代最为崇高的对于理想的无悔的追求。《离骚》包涵了丰富的政治思想内涵,在诗中,屈原一再"陈言",要楚王约束自己,要他忍欲,要他坚持城邦政治的民主原则:"哀民生"、"察民心",所有这些都用饱含情感的诗歌语言畅然地表达出来了。历来有人认为,真正的圣人之徒必然是乐天而知命之人,不为治乱、穷达、贵贱之遇而改变心性却可执权变,屈原显然不是这样的人。他知其不可而为之,在这一点他接近孔子又过之,或许这是真正的诗人禀性使然。从屈原一生的形迹看,他的性格中包容了巨大的矛盾。诚如班固在《离骚序》中所言:

> 且君子道穷,命矣。故潜龙不见是而无闷,《关雎》哀周道而不伤,遽瑗持可怀之智,宁武保如愚之性,咸以全命避害,不受世患,故《大雅》曰:"既明且哲,以保其身。"斯为贵矣。今若屈原,露才扬己,竞乎危国群小之间,以离谗贼。然责数怀王,怨恶椒兰,愁神苦思,强非其人,忿怼不容,沈江而死,亦贬狂狷景行之士。

遭流放则责数邦君,怨恶椒兰,其行为表现出对用世的过于迷恋:其慨叹楚国政治,而至于愁神苦思,表现得过于关怀。不能识时机,藏锋芒,待时而动,体现无可无不可、大智若愚的智慧,反而在乱世楚国,与众多小人佞争短长,以至于遭受祸害。又缺乏对一己生命的珍惜,行为狂狷,不能全生,沈江而死。班固对屈原虽颇有微词,但确实抓住了问题的要点:屈原的命运是悲剧性的,在《离骚》中将历史性的命运奥秘及其深义向我们敞开了。

《离骚》构思宏大,结构复杂,犹如音乐中的复调,此起彼伏、远接近应,指东涉西,张弛裕如。汉语长诗擅长在短制中叙事,这种叙事有很强的抒情性,可谓叙事性抒情或抒情性叙事,《离骚》堪称典范。

历来有学者对《离骚》的结构层次进行探讨,尽管各有己见,但对其最突出的结构特征,见解却相当一致。即认为,在诗篇的前半部分,侧重现实的描述,如自述谱系、志向、经历,对楚国城邦的社会状况都描写入神。在诗篇的后半部分则将我们带往一个想象的虚构世界,如上叩天阍、广求神女、驾龙驭凤、遨游神界——一个天上的世界。流放之途从地上到天上,所到之处,到处幽兰秀草相迎,吉禽瑞兽应接,这是一个充满美感的、高度文明的世界,美与丑、真与伪形成极大的对照。诗人带着都市贵族的优雅的趣味描述这一切。从出游的形状和随

---

① 李万钧:《东西方三大史诗平行研究》,载《文艺书林》(第二辑),上海文艺出版社1999年版。

从的情况看,有车乘跟在主人公左右,这可说是从一个城市到另一个城市的旅行。① 即使上天,所到之处也是天国的城市:

> 朝发轫于苍梧兮,
> 夕余至乎县圃。
> 欲少留此灵琐兮,
> 日忽忽其将暮。
> 吾令羲和弭节兮,
> 望崦嵫而勿迫。
> 路漫漫其修远兮,
> 吾将上下而求索。
> 饮余马于咸池兮,
> 总余辔乎扶桑。
> 折若木以拂日兮,
> 聊逍遥以相羊。
> ……
> 吾令帝阍开关兮,
> 倚阊阖而望予。

诗人在这里假设他从舜那里再回到郢都,试图逗留而不遂的境遇②,接着一再写虽有诸神听遣,却求之不得,而仍上下求索的情形,极尽想象之能事。

最后的表白写出对故都流连而不忍离去而不得不去之情:

> 乱曰:已矣哉!
> 国无人莫我知兮,
> 又何怀乎故都?
> 既莫足为美政兮,
> 吾将从彭咸之所居。

其意前面早已道明:"退将修吾初服",其义一以贯之。从口气上体味:"何怀故都",可见屈原其时仍留在郢都;"从彭咸所居",即是说诗人将终身守居楚都。有些学者认为《离骚》为屈原遭遇流放之时而作,而非流放之后所作,这种见解是可以认真考虑的。③ 统观《离骚》全文,屈原其时毫无消沉思想,仍思政治上有所作为,因此,直至篇末仍一再致意:"惟兹佩之可贵","和调度以自娱","及余饰之

---

① 魏炯若:《离骚发微》,四川人民出版社 1980 年版。
② 这里采王逸说:"苍梧,舜所葬。县圃,神山,在昆仑之上(借喻郢都)"。
③ 魏炯若:《离骚发微》,四川人民出版社 1980 年版。

方壮"，充分表达了欲去而不忍的感情。

　　事情到屈原写作《哀郢》的时候，发生了悲剧性的变化。《哀郢》是一篇反映
楚都郢都失落这一重大历史事件的作品。王夫之在《楚辞通释》中对这首诗的
"本事"作了说明：《哀郢》系指楚顷襄王二十一年（公元前278年）秦将白起攻陷
郢都、楚东北保于陈时之事。诗中开篇带有纪实的意味：

　　　　皇天之不纯命兮，

　　　　何百姓之震愆。

　　　　民离散而相失兮，

　　　　方仲春而东迁。

　　据《战国策·楚策》记载：郢都失陷，"君王深处，大夫悉属，百姓离散"。正可
与诗中所写相参证。都城失落乃是城邦倾圮的象征，诗人正是为此痛惜悲怜而
作。此时诗人长久地流放在外："惟郢路之辽远兮，江与夏之不可涉。"但尽管如
此，诗人仍表达出自己对城邦宗国社稷的深厚情感和关切之念：

　　　　曼余目以流观兮，

　　　　冀壹反之何时？

　　　　鸟飞反故乡兮，

　　　　狐死必首丘。

　　　　信非吾罪而弃逐兮，

　　　　何日夜而忘之。

　　《礼记·檀弓上》云："乐，乐其所自生；礼，不忘其本。古人有言曰：'狐死正
丘首，仁也'"。可见，屈原这种深厚感情，既是当时城邦社会的深厚遗俗，也是他
作为楚国同姓贵族的特殊地位所致，这是一种铭心刻骨的真情实感，故而具有感
人肺腑的力量。

和平的音乐

——道家音乐思想诠释

演 音

音乐的和平,犹如人间的一切和平之物,乃是我们所体验的和平。和平的音乐似乎也有一种令人迷惑的不稳定性,有时对比会很强烈。但它依然是平衡的,处于一种极度的满足中。某种我们称之为终极实在的东西表现为声音、节奏、旋律、和声,与聆听者、观乐者一起在场。如果有充分的感受力和敏感性,我们就可以像如闻天籁的庄子一样,处身于一个音乐性的世界。在这个世界中,"吹万不同"的每一种事物都有意义,为感受到其和谐而欣慰,而备受鼓舞。犹如宁静而深沉的秩序主宰着周围的世界。被我们喜闻乐见的一切,都是道的宇宙的至真、至善、至美的表现,也是道的音乐的表现。在中国音乐史上,道家、道教音乐只留一些通俗的作品,它的大雅之作(例如庄子所推崇备至的黄帝"咸池"之乐)已不复存在,除非我们有能力在存世的道乐(它们多以"通俗音乐"的面貌表现)中辨别出它那高贵的基因,用富于创造性的音乐心灵,用深邃的艺术精神去培植它,使它重新回魂赋形。那将是道家古乐的再生。

音声和平乃是先秦乐论的主导观念,也是道家论乐所本。和平的音乐不仅是沉静的,也是激越飞扬的,那是从感官向心灵深化的音乐。从这种观点来理解,即使是"武乐"(歌颂武功或表现战争场面的乐舞),同样也表现了合乎和平之意的乐理和原则。音乐和平的概念诞生于先秦巫史文化的传统基石之上,历经世代之变,直至晚清仍然维系其基本形式,两千余年来,一直为乐者所推崇。这是中国古代音乐文化的核心,到了现代才发生了决定性的转变。

一、音乐、和平与战争

在先秦城邦世界,音乐与战争的相关性可以从"国(邦)之大事,唯祀与戎"(《左传》)的命题之概括性的陈述而为我们所理解。"祀"是祈祀或实施祭祀的仪式,与"戎"相比,"祀"更多地体现了"祀"者的和平意愿,即使在"祀"的过程中采用了一些武乐、武舞、武歌,它实际已经完成了转化,让人在观礼、观乐的过程中,重新体会到经历了血腥冲突之后获得安和之肃穆和欣慰。"戎"是兵戎,也是作用象征武力和权力的兵器。戎写作"钺",是一种斧状的兵器,体较大,制作精良,不作实战用,而能代表所有武器和军礼,且显示其权威的意味。因此,"戎"一词的含义很丰富:后来的用语,诸如"兵"、"军"、"武器"、"战争"、"兵力"或军事力量等等含义,已然构成其义项。"戎"用作动词还有施行军礼的意思。古时候举兵打仗,往往举行仪式,因此"戎"原来可能也是"祀"之一种,后来频繁用兵,"戎"的重要性突出了,才与祀相对而立:一主和平,一主战争。战争有则,谓之"戎",谓之"作兵",用语虽不同,含义和意思却相近。还有一层引申的意思可以稍稍联系,加以发挥:"戎"之为兵器,钺之柄谓之柯。《诗经》有句"伐柯代柯,其则不远,"提示我们:"戎"在古人心目中本身就是一种必须遵守的战争原则。从其原始的词义理解,"戎"的含义比"兵"、"战事"要宽泛。"戎"无疑是暴力性的,但不必体现为暴力:"虽有兵甲,无所用之"(老子语)的情形往往有之。正如战争涵义与暴力涵义不完全重叠。戎之付诸实施,必有其理由,必须是正义之师。至此,我们就可以开始理解"兵"一词在道家著作(特别老子著作)中的含义了。就可以领会,诸子反对不义的战争;但一般并不反对"兵",因为"戎"构成了城邦政治的现实,亦是致治之具。

二、作为"祀"的音乐

作为"戎"的音乐就是"武乐"。[①] 因此,"祀"与"戎"在起源上的相关性是值得深为留意的。在《道德经》中"祀"与"戎"已分为二事而分别言之,反映了城邦时代的历史性的变化。[②]

我们不妨先从老子对"祀"的理解的问题开始,因为"祀"的问题涉及了先哲和平观念的原始经验:

　　天地不仁,以万物为刍狗;圣人不仁,以百姓为刍狗。(《道德经·第五章》)

"刍"干草。刍狗,为祭祀用品,以干草束成狗形,敷以泥,加以粉饰,即刍狗也。当其用时备受重视,用完随即丢弃。老子不从人的奉弃之仁而言刍狗,而从

---

　　① 孔子闻"武乐",认为"尽美矣,未尽善矣"。"武乐"之动人,显然与武王之乐中表现战争的场面和情景有关。孔子似乎认为"武乐"美则美矣,但由于表现了战争的题材,毕竟达不到至善的境界。因而乐曲的性质与其主题有关。
　　② 老子在《道德经》下经中谈到祭祀的意义,基于他对现实的历史的考察。我们或可将"祀"理解为"仪式",而将老子的祭祀观为其乐论的背景。

天地一视同仁而言祀礼。"祀"之"仁"与否,现在从自然的观点加以反思:人之所谓"仁",或仁或不仁,难以一视同仁;"天地不仁"之"不仁"则有大仁不仁(一视同仁)之意。天地就是一个场所,让万物任其生长,天本身不介入,不偏于仁,则"守仁莫不"中"",从普遍的意义上对"仁"作了肯定。《庄子·天运》对此说有所发挥:"夫刍狗之未陈也,盛以箧衍,巾以文绣,尸祝齐戒以将之。及其已陈也,行者践其首脊,苏者取而爨之而已。"谓万物当其时,得其用则贵;时已过,用已毕,则弃之矣。说明当时的人们已从实用的观点从事祭祀。《周易》所谓"神道设教,"是对"祀"的意义而作超然的说明。但"道"之"神"其实并没有被老子轻视,它的绵绵若存,若无实有的威能受到老子的赞叹:

> 谷神不死,是谓玄牝之门,是谓天地根。绵绵若存,用之不勤。(《道德经·第六章》)

道有其由来,尽管我们不知如何由而来。神内而显象于外,老子这里似写仪式中的调气合神之事,是对宇宙之道的拟人化的写法。这里特别强调道化生天地万物及生命和谐而有力地涌现的情形。道长存不息,不待祀而成和,道被拟人化了,同时也被戏剧化了:

> 持而盈之,不如其已;揣而锐之,不可常保。金玉满堂,莫之能守;富贵而骄,自遗其咎。功遂身退,天之道。(《道德经·第九章》)

这里仿效道的行为,成功而不居于功。犹如一出成功的戏剧,当演出达到高潮时,演员谢幕了,留给人多少的期望!道家重个人修养,所谓修身养性,其实是个人之"祀"的仪式,是从集体性的典礼中化出来的,后来又由个人的修行方式推广于他人。这种由群而己的仪式之形式的变化,及其由群而己的两重化,反映了祀从原始状态发生衍化的一般情况,在老子书中有生动的反映。①如果说,《道德经》第五章"天地不仁……"从旁观者的超然观点写对祭祀的观察和分析,那么到了第二十章就实际写或设想着写个人处身于仪式活动中的切身感受:

> 荒兮,其未央哉!众人熙熙,如享太牢,如春登台。我独泊兮其未兆;如婴儿之未孩,累累兮若无所归。众人皆有余,而我独若遗。我愚人之心也哉,沌沌兮!俗人昭昭,我独昏昏。俗人察察,我独闷闷。澹兮其若海,恍兮若无止。众人皆有以,而我独顽且鄙。我独(欲)异于人,而贵食母。(《道德经·第二十章》)

---

① "祀"之为仪式,"祀"之戏剧性,虽然是比喻性的说法,却揭示了老子如何从"有"、从"在场"(另两个现代用语)来对事情作直接的陈述。道的形而上学须从其感性的生动性来加以领会,它不是抽象的理致表述。

落落寡合而失欢,心事重重而失意,唯有"道"而仍然给人以安慰。写"祀"之为礼乐,已不能满足深刻的心灵。早期诗人在祀祭活动中"既和且平"的咏唱,现在已不能满足人的心灵的需要。老子对礼乐的批评由此而来。然而,这不是拒斥一切礼乐。"祀"仍然是老子审视现实世界的一个视角,只不过其观点深化了,从道的视界展开理解和说明。后来的《庄子》《淮南子》津津乐道于论乐,求道于乐,同样也是对"祀"而作的审美的哲学性的理解和诠释。

三、从"和平"的观点看老、庄的乐论

历来对道家乐论的诠释,多从艺术和美学着眼,其实这是一种现代的观点。历史地考察先秦时代之"乐",并非孤立的音乐演奏,而是伴之以舞蹈和诗歌,因而最好从仪式的立场进行整体的理解和把握。① 古人所谓观诗、观乐、舞容一类的说法,表明"游于艺"其实是处境性的,观者是作为仪式性活动的参加者而处身其间。抒情诗的兴起,也许使仪式简化了,即在个人性的场合发展一些新颖(型)的乐诗。《庄子》《淮南子》哲学性的论乐方式表明原先的仪式是如何被观念化的。在沉思于历史的过去或回忆时,过去的景象成为心象的再现。这些表明道家对礼乐感受的深度并不亚于儒家。

道家对音乐所做哲学的探讨,首先是作为哲学命题提出来的,如"音声相和"、"大音希声",虽然似乎看不出与乐礼和祀仪的具体关系,但仍可以从春秋历史的"声音"论的背景上来加以领会。老子"音声相和"的命题提出的上下文中还提出了美恶、善不善、有无、难易、长短、高下及前后相互对立的两个范畴,音声为其中之一对范畴,指出它们都是相反相成的两个概念,从而具体说明音声的对立或不同:"音"是乐音,是和谐的,而"声"虽不及和,却更自然,即如《乐记》所说:"感语音物而动,故形与声。声相应,故生变;变成方(调门),谓之音。""音"、"声"不同,却可以互相转化,声音交错配合而成乐。因此,"音声相和"的命题除了说明音与声对立统一的道理,还涉及音声相夺相生而成乐的原理。老子这里谈的是乐曲的构成,归之于声音关系的处理,可见他深通乐理。老子之前已有人如此探讨声音相互的乐理。早在西周末年,史伯就从"和同之辨"提出"声一无听,物一无文",认为过于重复或相同的声音不中听,乐调只有不同的声音相和才能成音声之美。后来晏婴的说明更为系统,以"一气、二体、三类、四物、五声、六律、七

---

① 乐、诗、舞三位一体的形式至西周达到相当完善的程度。老、庄论乐从哲学着眼,因而可以看作是对仪式音乐观的超越;但乐、诗、舞的原始相关性并未被忽略,表现在他们对乐的处境性的、本体性的特性的揭示。

因、八风、九歌以相成"及"清浊、小大、短长、疾徐、哀乐、刚柔、迟速、高下、出入、周疏以相济",概括音乐的组成和结构。由此看来,老子"音乐相和"的命题确有所本,当老子提出美恶、有无、长短、高下、前后等一系列相反相成、相生相克、相敌相和的对立范畴时,基于他的音乐经验,是用"音声相和"的命题发挥诗与乐如何"既和且平"的意思。如果说:"音声相和"的命题乃是老子对前人思想的概括,那么,"大音希声"则是他的创说。何谓"大音"? 我们或可说是与"道"相应的声音,是声音本身,或可谓之道音。"希声"则是若无还有之声,声几希,隐约可辨又不可得,是极微妙之声。《道德经》第十四章形容道时从视与听设譬:"视之不见名曰夷,听之不闻名曰希。""大音"与五音不同,它是五音本身,"希声"则不辨五声,是几希之声,是声之几,一点点就可能展开所有的乐声。所以"大音希声"是就合乎道的特性的音乐而言,是音乐本身,是音乐所由出、所以中听的本源。"大音希声",无声而有乐。正如老子所言,唯领悟道的人于无声处闻其和矣,闻其大音作矣! 如果我们在探讨老子的音乐观时,引进毕达哥拉斯作为参照,就可以发现老子在这两个命题中事实上区分了三种音乐:器乐(音)、歌曲或歌唱(声)和道乐。关于道乐的进一步讨论,则涉及了心灵音乐的问题,而心灵音乐则与形而上学或秘仪有关。和平、音乐心灵的秘仪、道,在同一时间、同一场所开始。这是我们研究道家思想时的一个重要发现。①

庄子认为,合乎自然的性情本身就是音乐性的,"性情不离"本身就是礼宜乐和。因此,有至乐和礼乐之分:礼乐之乐,得之则乐,失之则"大忧以惧"。真正的"乐",只有"至乐",那是极致的音乐和快乐。庄子有"三籁"之说,即所谓"人籁"、"地籁"、"天籁",那是庄子自己所作的一种音乐分类,和老子、毕达哥拉斯的音乐三分法相类似。三位哲人的归类虽不同,区分的原理可说是一致的。"人籁"就是靠人吹气发声的"比竹"(排箫)一类的器乐;"地籁"是大地上的孔窍靠风吹气动发出的声音;"天籁"则不仅相对"地籁"和"人籁"而言,而且包括所有合乎天音的自然之乐:"吹万不同,而使其自己也,咸其自取,怒者其谁耶!"(《庄子·齐物论》)这是普天之内的大乐,犹如道一般,无处不乐。善于奏乐者,演奏的方式本身就体现了乐者对道的领会:"有成与亏,故昭氏(古之善鼓琴者——引者注)之鼓琴也;无成与亏,故昭氏之不鼓琴也。"西方后现代的音乐家从道家学到的音乐

---

① "毕达哥拉斯在他的哲学中区别开三种音乐:用后代的术语来说,musica instrumentalis(器乐)——通过拨动琴弦,吹响簧管等创造的平常的音乐;musica hunmana(人的音乐)——人的器官,特别是心灵和身体之间的和谐(或者不和谐)的回响所创造的连续但听不见的音乐;和 musica mundana(世界音乐)——宇宙自身所创造的音乐,被人们称做天体的音乐。……音乐的法则是极其重要的,因为它们统治着可以感觉和感觉不到的世界的整个范围。"参阅 Jamie James 著,李晓东译:《天体的音乐》,吉林人民出版社 2003 年版。

表现手法之一就是:以无声或默然的方式演奏乐曲,让宁静的间歇在一首乐曲形成它的无可替代的表现力。例如机遇音乐(Change Music)大师约翰·凯奇的许多作品,整个演出富于仪式肃穆和宁静,而作品内涵的热情仍然可以感受到,这位音乐家特别用它来表现音乐中的和平的主题。[①]《庄子·天运》对黄帝《咸池》之乐的描写,犹如举行一场宇宙的仪式:

> 北门成问于黄帝曰:"帝张《咸池》之乐于洞庭之野,吾始闻之惧,复闻之怠,卒闻之而惑;荡荡默默,乃不自得。"帝曰:"汝殆其然哉!吾奏之以人,征之以天,行之以礼义,建之以大清。夫至乐者,先应之以人事,顺之以天理,行之以五德,应之以自然,然后条理四时,太和万物。四时迭起,万物循生;一盛一衰,文武伦经;一清一浊,阴阳调和,流光其声。蛰虫始作,吾惊之以雷霆,其卒无尾,其始无首,一死一生,一偾一起,所常无穷,而一不可待。汝故惧也。吾又奏之以阴阳之和,烛之以日月之明。其声能短能长,能柔能刚,变化齐一,不主故常。在谷满谷,在坑满坑,涂却守神,以物为量。其声挥绰,其名高明。是故鬼神守其幽,日月星辰行其纪。吾止之于有穷,流之于无止。予欲虑之而不能知也,望之而不能见也,逐之而不能及也;傥然立于四虚之道,倚于槁梧而吟:'心穷乎所欲知,目穷乎所欲见,力屈乎所欲逐,吾既不及已夫!'形充空虚,乃至委蛇。汝委蛇,故怠。吾又奏之以无怠之声,调之以自然之命。故若混逐丛生,林乐而无形;布挥而不曳,幽昏而无声,动于无方,居于窈冥;或谓之生;或谓之实;或谓之荣;行流散徙,不主常声。世疑之,稽于圣人。圣也者,达于情而遂于命也。天机不张而五官皆备,无言而心说,此之谓天乐。故有焱氏为之颂曰:'听之不闻其声,视之不见其形,充满天地,苞裹六极'。汝欲听之而无接焉,而故惑也。乐也者,始于惧,惧故崇;吾又次之以怠,怠故遁;卒之于惑,惑故愚。愚故道,道可载而与之俱也。"

《咸池》为上古六代之乐之先,为礼乐初创时期的作品,行其典礼而合乎道。庄子大为欣赏,因此,他对礼乐之批判乃是礼乐中的等而下之者。庄子对世间俗乐或个人性的音乐也能欣赏:"中纯实而反乎情,乐也,"认为音乐应合乎人的淳朴本性,表现人性的淳朴本性,所谓无情之情。

先秦道家音乐思想直接继两周(西周、东周)之际智者乐论和乐事而来,也是对上古文明传统中自黄帝以来的"六代之乐"的旧乐和周代新乐的反思。如果说,"六代之乐"实质上是仪式性的典礼之乐,西周以来的新乐则渐渐多了轻歌曼

---

① 在后现代的音乐作品中,对噪音有所利用。一些音乐家认为,不和谐的噪音是对和谐音的补充,体现了他们对道家的艺术理解。

舞的娱人之意，人人乐而为之。这是仪式之乐（礼乐，乐礼）分化后的一种情景。西周新乐歌舞升平，虽有怨意，但大体反映的是当时相对和平的生活。先秦音乐至春秋一变，至战国又一变。道家（老庄）的音乐思想的演变以微妙的方式反映了周秦时代礼乐文化的历史性的变化。[①]

如同儒家，道家并非单纯地从事音乐的抽象思考，他们本身就是诗人、歌者，是新乐的作者和探索者，这一点以往似没有被从事中国音乐史研究的学者所留意。我们仅仅从《庄子》书中取证就可以表明，道家的道乐论既具有哲学性，同时也具有经验的基础。[②]

四、道家音乐"和平"论

道家乐论，老、庄之外，在《管子》、《吕氏春秋》、《淮南子》中有所展开，在其演变的过程中，道家乐论与儒家相互间也有交流，彼此产生影响。我们可以从《管子》书中的一段文字开始讨论：

> 凡民之生也，必以正平；所以失之者，必以喜、乐、哀、怒。节怒莫若乐，守礼莫若敬，守敬莫若静。外敬而内静者，必反其性。

这一段见于《心术下》，与《白业》篇上的一段文字大同小异。"正平"作为人的初生本性乃是其原始特性，是礼乐未加时的淳和。在《管子》书中，"正平"乃是"和平"的另一种说法：和正而平或中正和平。去正失平乃是由于感于外界，产生的情绪的波动，于是就有了得失感。怒则是情绪中最为强烈的，所谓"节怒"取其一端而为通例："乐"能调节中和喜怒哀乐之情，不使失度。敬用礼乐，就能"内静"而"反其性"，返归生命和平的本性。这样，从生命的初始之"和"经历人生丰富的感受，又重新回归于"和"，主要是依靠"乐"和"礼"的修养。在这里，喜、乐、哀、怒并非消极的："所以失之者"，也正是所以得之者。因此生命本性的"正平"必定是动态的。"节怒莫若乐"的命题使人想起西谚"愤怒出诗人。"[③]考虑到古时候的希腊罗马，诗乐合一，"诗人"本身又是乐师，因此在基本观念上，中国与西方接近了。如此来理解，"节怒莫若乐"之"乐"含有动词的意味，意思是调和节制愤怒的情绪，莫若利用音乐或创作音乐的方式。我们如果不执于字面的意思来领会，这里"节"一字还有表达的含义：表达人的情绪莫若音乐，而音乐在进行表达时，情绪本身就有舒展缓和的反应。"节乐莫若礼"之"礼"，除了有礼节、礼仪

---

① 在先秦音乐中，道家音乐与音乐思想自成一系。
② 道家著作本身提供了一些实例，如《庄子》书中的一些人物有感辄歌吟抒怀，可供进一步研究。
③ 参阅贺拉斯：《诗艺》。

的含义之外,还有"理"的意思。"节乐"顺乎"礼"又合乎乐理(这才是内在的礼),从"乐礼"的角度规范乐理。不是光说乐要服从礼,或光是礼能做到"外敬而内静":而是一种并列的彼此调节的关系,性情、乐礼都要敬而静,"反其性"就成为一种富有创造性的过程。重温道家,我们必须先记于心的是,这是内行者论乐,即使牵涉其他问题而论乐,也是基于其音乐经验和学养。[①] 道家论乐,其立论多是原则性的,因而是高度概括的,言简意繁,却往往涉及相当专门的问题。今人解古书多从表面文字进行串解,而对其文脉、理致和情调少有留意,全无精义,失之多矣。《管子》重视"礼乐"的文明教化作用:"好礼乐而如贱事业,本之始也,"《侈靡》)这里"贱"乃易得而付诸实施之意:用礼乐来把本色的人转变成为文明的人,这是"本之始也",是立邦之本。《管子》之书对西周之际礼乐之递变有很细致的观察:

> 周郑之礼,则周律之废矣,则中国之草木有移于不通之野者。然则人君声服变矣,则臣依有驷之禄,妇人为政,铁之重反旅金。而声好下曲,食好咸苦,则人君日退。巫,则溪陵山川之神之祭更,应国之称号亦更矣。

(《管子·侈靡》)

"周郑之礼"的"礼"合礼乐而言之,这里涉及先秦音乐史上的一件"公案":周邦礼乐衰与郑声作而新乐流行之间是否有因果关系? 春秋初期,周郑交质,郑败王师,周郑之间作为盟主的天子诸侯的关系发生动摇,标志着周代的礼法权威废弛和礼乐征伐自诸侯的时代的到来,"周律之废"之"律"乃盟约的条例,而不是指一般法律,因为一邦有一邦的法律,周邦的法律在诸侯之邦并无效力。"中国"乃中央之邦,指周邦,这里是说明周邦(中国)的礼乐不再被推崇的情形。随着诸侯政治势力的膨胀,其新兴礼乐文明也发生它的影响力。郑声新乐相对于周邦礼乐当然是"下曲",但现在却开始流行了。[②] 在整个春秋时代,郑乐在各诸侯国一定相当流行,否则,到了孔子时代,夫子仍然感到了"郑声"浸淫之风盛煽,畏于靡靡之音,而要正乐、放"郑声"了。此外,老子对新乐似乎也持批评态度:"五音使人耳聋","乐过饵,过客止"。前句写五音夺耳似是新乐风格,后句则写一种音乐对人的感官的吸引,颇有微议。而郑声所体现的"侈靡"风格也引起管子的留意。

春秋时代的音乐犹有王室音乐与诸侯音乐之分,至战国时代,新乐兴而古乐犹存,批评性的音乐观念开始形成。《吕氏春秋》的乐论兼采儒道,认为音乐的本源是"太一,"而"太一"就是道:"惟得道之人,其可与言乐"(《大乐》);"乐所由来者,尚也,必不可废"(《古乐》)。音乐生于人心之鼓荡,法乎自然之和声,它的本

---

① 道家通乐这一点至今还少有人留意。一般中国音乐史著作,论及道家多从理论着眼。

② 诸子(例如儒家和道家)对"新乐"的批评,其价值论的根据即是基于对音乐之和平本性之理解。

质特征是"和平"："心必和平然后乐,心必乐然后耳目鼻口有以欲之。故乐之务在于和心,和心在于行适"(《适音》)。音乐和谐平顺,能够调节人的内心情感,欢愉人的情绪。乐要适度："乐无太,平和者是也"(同上)。"太",太过。"太"(太过)之对立即是"不足"。"平和"之乐若不足,其实是充盈,这种音乐为《吕氏春秋》所推崇："欢欣生于平,平生于道,道也者,视之不见,听之不闻,不可为状。"(《大乐》)主张"乐"要体现"道"的境界,显然是受了老子思想的影响,与老子的乐论相呼应。吕书认为乐有助于教化,可以移风易俗,所以"乐"亦可以观政："是故闻其声而知其风,察其风而知其志,观其志而知其德。……乐之为观也深矣。"(《音初》)留意于音乐与政教的关系,但对音乐却持普遍的观点。即认为音乐感人至深,对各种风格的音乐都能欣赏,虽然对"郑卫之声,桑间之音"仍有非议,但认为音乐的正邪之分主要不在于"韶"、"舞"与郑、卫之异,而在于执政的君主是贤还是昏。

《淮南子》的乐论接受老子"大音希声"和庄子"至乐无乐"的思想。从道的观点论乐："能至于无乐者,则无不乐;无不乐,则至于极乐也";"无音者,声之大宗也";"无声而五音鸣焉"(《原道训》)。以"无情"、"无声"而近道。从教化的观点看,乐"和节人心"(《本经训》);"歌者,乐之征也;哭者,悲之欲也"(修务训);"音不调和雅颂者不可以为乐"(泰族训)。肯定礼乐的功用。

魏晋玄学家对先秦道家哲学有重要发挥,新义迭出,其乐论也颇具规模,论述多出已意,可谓心得之言。在中国音乐史上,道家乐论对后世的影响也以这一时期为最,这一方面体现为名士的玄乐思想,另一方面则被正在兴起的道教音乐整个地吸取。

魏晋时期,名士之间论乐蔚然成风,在文献中依然有迹可辨。如王弼论"道"之为乐,"不宫不商,"包括了全体的乐调而不偏取,否则"宫也不能商生","为音也则希声",这已经涉及了道乐的作曲原理。王弼认为,"希声"则能"潜移默化","五音声而心无所适,则大音至矣","五音声"有所不及,则大音继之而起,两者不必相互排斥,但显然有境界之高低："故执大象而天下往,用大音则风俗移也。"[1]王弼认为孔子"兴于诗,立于礼,成于乐"是从整体关系上着眼的：

> 矫俗检刑,民心丰化,故以感以声乐,以和神也。若不采民诗则无以观风,风乖俗异则礼无所立,礼若不设则乐无所乐,乐非礼则功无所济。故三体相扶,而用有先后也。[2]

从发生及功能说明诗、乐、礼"三体相扶"而先后成用的整体联系,既有历史

---

① 王弼：《老子指略》,《王弼集校释》,中华书局1980年版,第195—197页。

② 王弼：《论语释疑》,《王弼集校释》,中华书局1980年版,第625页。

的了解也有原理的探讨,运思十分细密。刘昼则从与"雅乐"相对之"溺音"的观点,揭示"郑卫之音"前有所继,后有所续:前继者如夏用"破斧之歌",殷辛"靡靡之乐";后续者如李延年的"倾城之歌",赵王的"山木之讴"等等,构成了一个"谱系":"此皆淫溢、凄怆、愤厉、哀思之声,非理性和情德音之乐也。"刘昼认为,德音是和的,过于强烈的情感必然激越不和,这就把音乐中所表达的情感冲突排除于"和"的范畴之外。中古时代的音乐,多为和平的短章,缺乏对冲突与和谐相反相成的留意,故其识见依然未脱出传统"雅乐"的陈规旧式。[①] 倒是在道教音乐中有所突破,借助于对仪式(祀礼)的回归,它把一些复杂的元素引入音乐,大大丰富了作为音乐基础范畴和概念的"和平"的内涵。

魏晋时代的玄乐思想主要体现于阮籍和嵇康,两人同为名士,皆善思辨、擅诗文,又同为音乐家,对音乐的"和平"之义多所致意和阐释。

阮籍善解音律,善弹琴,亦能作诗和曲,相传琴曲《酒狂》为其所作。深受玄学影响,著《乐论》,论乐之道,富于玄学意味,其著诗文,往往涉及音乐,可见阮籍致意音乐之深。阮籍对当时流行的俗乐加以拒斥:"余以为形之可见,非色之美;音之可闻,非事之善。"认为音乐须传达到"清"的意境,才能激发人的想象力:"是以微妙无形,寂寞无听,然后乃可以睹窈窕而闻淑清。"(《清思赋》)。他推崇先王之乐的崇高而有悠远的境界,这是一种真正具有精神性的清幽而超越的音乐:"昔黄帝登仙于荆山之上,振《咸池》于南岳之岗,鬼神其幽,而夔乐不闻其章;女娲耀荣于东海之滨,而翩翩于洪西之旁,林石之陨从,而瑶台不照其光。"(同上)这是一种诉诸思想和心灵感受的音乐,从先王宏大的历史开创之业取材,可谓是史诗性的,却复归于心思的清和平淡。论乐者在进行极大的思想跨越,认为这么宏大的题材唯有用清越的风格才能加以表达。阮籍的《通易论》对"易"与"乐"的原始关系间有考察,隐约论及或暗示先王之乐其实是精神振奋之乐:"雷出于地,于是大人得位,明圣又兴。故先王作乐荐上帝,昭明其道以答天贶。""雷出于地"乃"豫"卦之象。阮籍虽然化用《彖传》语句,于意思却仍有发明:"先王作乐,犹如响雷,宣告(流行)天下。"认为真正的音乐施行教化,此古谊也。

阮籍《乐论》颇有系统,是自汉代以后不多见的长论。以玄学论乐则是阮籍乐论的基本立场:"夫乐者,天地之体,万物之性也。合其体,得其性,则和;离其体,失其身,则乖。"这是从乐之自然本原上说,乐体现了万物和谐的本性;也是从乐之共性上说。而从是否体现天地之体、万物之性这一点考察,乐分为两类:和谐之乐与乖张之乐。阮籍认为,先王之乐的教化之功即是从其和乐的特性而来,

<hr/>

乐之和谐得之天地万物，反过来可以和合以化成天下：

> 昔者圣人之作乐也，将以顺天地之体，成万物之性也。故定天地八方之音，以迎阴阳八风之声；均黄钟中和之律，开群生万物之情气。故律吕协则阴阳和，音声适而万物类，男女不易其所，君臣不犯其位，四海同其欢，九州岛一其节。奏之圜丘而天神下，奏之方丘而地祇上。天地合其德，则万物合其生，刑赏不用而民自安矣。乾坤易简，故雅乐不烦；道德平淡，故五声无味。不烦则阴阳自通，无味则百物自乐，日迁善成化而不自知，风俗移易而同于是乐。此自然之道，乐之所始也。（《乐论》）

这是一种音乐政治论，强调乐在政治上的功用。阮籍推崇先王之乐，认为昔之圣人作乐乃是顺天地之体，成万物之性，本乎自然。所谓天地八方之音，阴阳八风之声，乃是宇宙空间之动态结构的表现，所谓"均黄钟中和之律"，即是以和平定调而成平均律。归属自然，不遑人为，则律吕协，音声适，从而使音乐有助于男女、君臣、四海、九州岛之和顺交通，刑法不用而乐已达其用。

所谓自然之道，从天地万物之生成的观点看，乃是普遍之道。若从其性向看，则归于质朴。道无形无名，易简平淡，无声无味，为乐之本原。因此无声之乐，其迁善成化之力量最大，而无声乃为有声之始，能于有声的音乐进而窥探乐之无声的本体，顺体成性，始可作乐，始可真正发挥音乐之效用。

阮籍对当代乐风深有不满："各歌其所好，各咏其所为。歌之者流涕，闻之者叹息，背之去之，无不慷慨。怀永日之娱，抱长夜之叹。相距而合之，群而习之，靡靡不已。"似是当时乐风之写照。语气深为不满，可见号称"旷达"的阮籍，其实极其严肃，他始终是一位音乐上的复古主义者。阮籍以后圣自期，希望平和之音重振当世，而起到扭转风气的作用：

> 故圣人立调适之音，建平和之声，制便事之节，定顺从之容，使天下之为乐者莫不仪焉。自上以下，降杀有等，至于庶人，咸皆闻之。歌谣者咏先王之德，俯仰者习先王之容，器具者象先王之式，度数者应先王之制。入于心，沦于气，心气和洽，则风俗齐一。

> 圣人为进退俯仰之容也，将以屈形体、服心意、便所修、安所事也；歌咏诗曲，将以宣平和、着不逮也。钟鼓所以节耳，羽旄所以制目。听之者不倾，视之者不衰。耳目不倾不衰，则风俗移易，故"移风易俗莫善于乐"也。（《乐论》）

在音乐上，阮籍并不是一位创新派，对音乐的和平之意悉率旧章，无甚发挥。他视先圣后圣为一，提倡古风，视先王的雅乐为尽善尽美，认为循其旧规程序即可尽乐之道。这里略可提的是阮籍的抒情诗与音乐的关系。他的长篇组诗《咏怀》显然是可唱吟的，如此宕荡起伏的诗句若用乐句谱唱，势必要引入一些变调，

若以平淡和缓的手法处理,则沉郁有余,激扬不足。这是很有意思的问题。阮籍自己先代我们作了回答:

> 故八音有本体,五声有自然,其同物者以大小相君。有自然故不可乱,大小相君故可得而平也。若夫空桑之琴、云和之瑟、孤竹之管、泗滨之磬,其物皆调和淳均者,声相宜也,故必有常处;以大小相君,应黄钟之气,故必有常数。(《乐论》)

此处"本体"、"自然"都是原则性的说法,但仍有启发。由于乐有常处、常数,知其运用的原理就不会乱。至于不同的乐器,如琴、瑟、管、磬,如突出主次,就可以调和淳均,即协和表演,构成美妙的乐章。

在阮籍看来,真正的乐乃是和平(本体)的表现。乐曲的创作必定是随时变化的,"故五帝不同制,三王各异造,非其相反,应时变也,"但易理,乐声只本体一以贯之而不易:

> 故后王必更作乐,各宣其功德于天下,通其变,使民不倦。然但改其名目,变造歌咏,至于乐声,平和自若。故黄帝咏云门之神,少昊歌凤鸟之迹,《咸池》、《六英》之名既变,而黄钟之宫不改易。故达道之化者可与审乐,好音之声音不足与论律也。(《乐论》)

后王立功立德,天下和平,故所作乐,平和自若,鼓舞人心,精神不倦。

嵇康论乐,同样以"和平"为音乐(音声)的本体,其代表作《声无哀乐论》以音声和平不易为准,辨析音乐本身的和平躁静之应与哀乐之情感不同,提出一种纯音乐的理论,发前人之未发。这种音声和平论与其玄学的本体论思想是分不开的,也可说是玄学的音乐新论。嵇康对音乐的卓识还得之于他本身就是一位杰出的音乐家。嵇康"于丝竹特妙"而尤擅于琴,所弹《广陵散》声调绝伦,作有《长清》、《短清》、《长侧》、《短侧》(合称"嵇氏四弄")及《风入松》诸曲,所写《琴赋》前人评为音乐诸赋之冠。[①]

嵇康强调音乐与自然的关系,认为天地的精神、万物的本性决定音乐的特性,音乐应以和平或平和为准则,应该肯定和平的音乐,否定乖和的音乐。《声无哀乐论》之"声"(音声)是指音乐,但并非如前人及同时代人那样诗、乐、舞三位一体的综合音乐,或如阮籍仍然从诗、乐、礼"三体相须"的观点论乐。嵇康所谓"声"则是指无"诗"(即无"言")、无舞(既无"形")的纯器乐,或曰纯乐。《琴赋》也谈到了这一要点:琴德最优,"含至德之和平":

> 若论其体势,详其风声,器和故响逸,张急故声清,间辽故音痹,弦长故徽鸣,性洁静以端理,含至德之和平,诚可以感荡心志,而发泄幽情矣。是故

---

① 萧统辑,李善注,何焯译:《文选》。

怀戚者闻之，莫不憯懔惨凄，愀怆伤心，含哀懊咿，不能自禁；其康乐者闻之，则欤愉欢释，舞踊溢，流连澜漫，嗢噱终日；若和平者听之，则怡养悦愉，淑穆玄真，恬虚乐古，弃事遗身。（《琴赋》）

因此，《声无哀乐论》所论可以归结为一个问题，即音乐（脱离了诗与舞的器乐，纯音乐）本身的特性问题。

因此我们可以直接从"音声有自然之和"的命题契入嵇康音乐乃和平之本体的呈现的思想。在这篇论辩体的对话中，"秦客"主张"声"有哀乐，能表现人的喜怒哀乐之情，"主人"（即嵇康）则认为"音声有自然之和，而无系于人情"，而只有大小、单复、高卑、舒疾、猛静、善恶之不同。声虽不同，却都是和谐的，都具有"和"的特性。这"和"的特性来自天地自然，为音乐自身所具有，无论大或小、单或复、高或卑、舒或疾、猛或静、善或恶，其固有之"和"不会因人的哀乐、爱憎而改变。和谐是音声、音乐的自然之理、"自然之和"。因此，"声音以平和为体"。"平和"在《琴赋》、《养生论》中皆作"和平"，两词可以互换。此外，在这些文章中，"和"一字即有和平、平和之意，这是可以留意的。所谓"平和"或"和平，"就是哀乐平等，也就是没有哀乐。平和而无哀乐，既是"道"的本体特性，又是"道"赋予人的自然情性，同时也是音乐的本体特性。问题是，如果任何音乐都不表现哀乐，也不能使人产生哀乐，那么音乐究竟靠什么去影响人心，用什么去改良风俗？嵇康认为，在天人交泰、百姓安逸的太平世界，音乐能以其"平和"的精神使人心更加平和、大道更加隆盛、天下更加太平。而当世风日下，荒淫无度的衰蔽之世，音乐能与"可行之礼"（即与无为之治相适应的简易之教）相配合，以其平和的精神感化人心，平息欲念，使心情平和，风俗向善。所以音乐是用"平和"的精神而不是用哀乐之情去影响人心、改良风俗。嵇康认为，和万物一样，音乐是由天地的元气调和而成，故不能表现哀乐之情，而只能使人产生或躁或静的反应。音乐因有和谐的特性能感染人，因有平和的精神而引导人。仔细地辨别，和谐的特性一般音乐都有，无论是雅乐还是"郑声"，至于和的精神有的音乐（如雅乐）有，有的音乐（如"郑声"）则没有。平和者就是有节制的正乐，乖和者则是无节制的淫乐。因此，音乐需要加以节制，从而既体现其和平的本体，又体现其和平的精神。《声无哀乐论》在结尾的部分提出，音乐能以"平和"精神影响人心，但对此"平和"精神何以能影响人心却未作解答，而《琴赋》、《养生论》、《答难养生论》诸篇正是针对这一问题而作解答：音乐的"平和"精神能"导养神气，宣和情志，"使人哀乐无碍，进入"和平"的精神境界：

余少好音声，长而玩之，以为物有盛衰，而此无变，滋味有厌，而此不倦，可以养神气，宣和情志，处穷而不闷者，莫近于音声也。（《琴赋》）

有主于中,以内乐外,虽无钟鼓,乐已具矣。……然则无乐岂非至乐邪? 故顺天和以自然,以道德为师友,玩阴阳之变化,得长生之永久,任自然以托生,并天地额外人不朽者,孰享之哉?《答难养生论》)

君子知形恃神以立,神须形以存,悟生理之易失,知一过之害生,故修性以保神,安心以全(生)身,爱憎不栖于情,忧喜不留于意,泊然无感,而体气和平。(《答难养生论》)

《琴赋》、《养生论》、《答难养生论》等篇和《声无哀乐论》一样,都认为声音之道即和平之道,音乐的本质不在表现人的情感或道德,而在平和而无哀乐;音乐的功用不在合乎伦理道德,以"平和"精神使个体得以养生。音乐的理想与人生的理想一致,不在治国平天下,而在"越名教而任自然,"摆脱现实的束缚,求的精神的自由。在中国音乐史上,嵇康从和平概念揭示音乐的本体及其独立不易的结构,进而探求音声和人类情感(哀乐)之上的更高的、更本质的东西,发人所未发。

五、略论道教音乐与道家音乐的关系

与道家音乐的个性化与道家乐论的哲学化不同,继承道家又有所创作和发挥的道教音乐又重新回到"祀"(仪式典礼)的立场和基础上来,音乐的强力意志体现的是试图控制和平或达到和平控制的思想。以音乐为导引的道教仪式活动是对战争的模拟,如调遣天兵天将驱逐妖魔,从而恢复宇宙正义的秩序与生活的和谐美好;也有和平祈求:祈愿人间实现太平盛世,无病无灾无争战。在中国历史上的唐宋两朝,道教的祭祀性的仪式音乐与儒家、佛教的仪式音乐一起被整合或编组到国家的音乐体系中,用以歌颂太平盛世,用以显示君主意志的威能庄严以及它的震慑的力量,可见其变化之大。

道教音乐思想与道家多有貌似之处,如主张乐"法自然",崇尚无为之和,清净为上,等等。但实际的不同却更值得留意;如道教表现出强烈的控制自然和生命的欲望,并发展许多具体进行控制的方法和方式。那么,道教为什么想要对自然和生命本身加以控制呢? 其根本原因在于,人类现实地生存于其中的世界太复杂、太凶险、充满太多的不确定性。人类总希望生存于一个和谐安全的社会环境和自然环境中,但其现实生活却常常被"兵病水火"种种苦厄所困扰,这些苦厄乃是宇宙失序和人间失和产生的结果。于是为致太平(群)和长生成仙(己),道教的学者和术士便着力于探讨不违于"无为"的"有为"之法,运用各种方法对人类生存的环境加以控制、调适、逆求顺取,以恢复宇宙和社会的和谐秩序。道教仪式性的礼乐具体而微地模拟、体现、塑造礼乐这一由乱而治、而冲突而和平的观念和终极关怀。其实,道教这种对世界中的事物以及生活中的事件加以把握的欲望也是儒家、佛教的共性,但如此热烈的身体诉求和对群体价值的重视,确实是道教突出的特点之一。不仅道乐是仪式之乐,道经也是仪式之书,用于公开的仪式与秘义,隐又不避通俗显白,采俗曲俚歌而化用之。庄子所谓"化腐朽为神奇",在道书里有许多生动的实例。在道教仪式中敞开的既是宇宙生动的本原,又是世间祈善得福的平凡事物。值得我们进一步探讨的乃是道教仪式的形式和结构,同时还有与其形式和结构相关的观念。由于道教仪式多以祈愿和平为宗旨,故可以将它看作是道教和平思想的体现。道教仪式把宇宙过程符号化,随之又把符号工具化,更确切的说法是把仪式中遭遇的事物道具化(今人戏剧表演中的"道具"一词即来自道教),并通过这种符号化的道具,来达到影响和控制整个宇宙化进程的愿望,使之符合人类自身的生存的意志和意愿。由于道经为道教仪式所本,道经所言可以视为道教仪式的原理,而道教仪式则是道经之精粹的排演和展示。作为宇宙之和平生态和生命和谐而展开的仪式,有其本体论的根据。《灵宝自然九天生神三宝有金书》认为,"九天生神章"(仪式中一章犹如戏剧中之一幕或一场)是合"神"合"气"的符号化的排演:"九天生神章,乃三洞飞玄之气。三合成音,结成灵文,混合百神,隐韵内名,生气结形,自然之章。"[①]琳琅满目地充塞人的全部感官:"大梵隐语,无量之音,天有飞玄自然之气,合和五音以成天中无量洞章。上演诸天之玄奥,赞大有之开明;中理自然之气,菩度学仙之人;下度生死之命,拔出长夜之魂。"[②]"一切得之以气,国诈享之以安。"[③]人在仪式中出场,乃是精神转化过程最为奥妙的形象。人可有不同的存在形式:神、仙、鬼、圣、贤、不肖及物,都是人类的可能存在形态。个人秘修的境界似比集体仪式为高,可直求心性:"其学圣、身、仙三界者,退还人道,经历三涂(途),能超进者,当依功(功夫、功德)迁转。"在整个色欲界中,颂"第一欲界飞空之音"、"第二色界魔王之章"和"第三无色界魔王歌",可摄魔役神,万变身形,入虚成仙"。[④] 经咒神语之法力甚至有支使天帝百神之效力:"上理三光,中调阴阳,下开万生。"[⑤]由此可见,道教仪式把度世(群)成仙(己)符号化并道具化了,表达了道教为了度世成仙,实现天下太平而需要对人类生存的整个宇宙环境加以调适及控制的强烈欲求和热切期望。

---

① 《灵宝自然九天生神三宝有金书》,《道藏》第3册,上海书店1988年版,第266页。

② 《无上九霄玉清大梵紫微玄都雷霆玉经》,《道藏》第25册,第67页。

③ 《洞真三元玉检注经》,《道藏》第1027册,68页。

④ 《洞玄度人经》,《道藏》第13册,第8页。

⑤ 《太上玄一真人说妙通转入定经》,《道藏》第6册,第174页。

　　道教仪式又称"斋仪"：乃是道家(庄子)心斋与原始仪式的结合,这一名称概括了个人性的秘仪与集体仪式两个方面,同时可见道教如何利用道家并通过道家而恢复原始仪式的活力,使之成为构成道教的永久性的基础。正是基于这种历史性的经验,道教对"斋"有新解释。"古来呼斋曰社会,今改为斋会。"①道教大乘斋仪把"度人"放在"度身"之前,更重视救度世界。其目的是祈福禳灾,恢复世俗社会的良好秩序和生命和谐,《太上洞玄灵宝宣戒首悔众罪保护经》主张平等,为百姓、国王建斋行道,依法悔过,祈太上无极大道三宝尊神"赐以大慈"。②《太上洞玄灵宝国王行道经》认为,如果有社会问题,可通过建立功德、斋戒等等来消除,以致太平："天尊曰：若天地否革,曰月乖违,五星失度,七曜差移,招民疾疫,水旱不调,兵戈四起,鬼哭山鸣,妖怪潜兴,万祸千凶,当百坐千坐,讲说三洞……保镇国土,降福消灾,使国土安宁,星宿合度,日月贞明,白皙安乐,疫疠消亡,一切凶寇,应时殄天,股稼丰登,男女欣泰,普天和平。"③

　　①　《云笈七签》,《道藏要籍选刊》,上海古籍出版社 1989 版,第 261 页。
　　②　《太上洞玄灵宝宣戒首悔众罪保护经》,《道藏》第 6 册,第 901 页。
　　③　《太上洞玄灵宝国王行道经》,《道藏》第 24 册,第 665 页。

道乐的艺术精神

演 音 海 波

　　道乐作为一门宗教艺术,是道教举行斋醮仪式时为了营造和渲染宗教氛围、增进感染力而使用的音乐。道乐在中国宗教音乐中自成体系、颇具特色:有"赞"、"颂"、"步虚"、"偈"等曲调格式和独唱、齐唱及鼓乐、吹打乐和器乐合奏等多种形式。在诸多艺术门类中,音乐诉诸听觉而直达心灵,因而具有极大的表现力和感染力。音乐又是最为抽象的,因为它具有时间性,它的节奏和旋律组织,形成一种由开始、进行、继续而达到结尾的过程。同这一抽象而又似乎真切可感的形式相适应的种种情绪,都可以通过联想或自发的感通,注入曲式或歌谱的模式中,使音乐的内容不仅仅成为宗教生活的表现形式,而且进而成为宗教生活本身。我们现在所能观赏聆听到的道乐早已融贯了俗世的精神和情调,合圣与俗、神与人为一体:琴、瑟、钟、鼓齐奏并作,凡界与俗界同此乐也。古时的高道往往具有极高的音乐修养,他们不仅善操乐器,以表达其内心丰富的情怀;同时也具有艺术创造力,为道教音乐创制作出了杰出的贡献。历代高道中多才多艺之人层出不穷,音乐之外,兼通绘事和诗赋并不少见。从对道的透彻领悟必然从修养性情开始而言,修道的法门必须通过艺术的浸染或艺术形式的引导和把握,才能在内心真正建立起来。修道者生命活动的充盈,必然臻至审美境界。根本而言,道教信仰乃是真、善、美的统一。因此,不了解包括音乐在内的道教艺术,也就不能体会大道本身如何精微美妙,不能理解道教信仰如何从生命的充盈丰满中自然而然地确立起来。

一、道教音乐渊源

　　道教与音乐天然结缘,具有悠久的历史。道教是道乐的母体,从一开始音乐就构成了道教的原始因素之一,经过千百年的发展,音乐逐渐成为相对独立的系统。道教音乐历史悠久,由于世代变迁,历经动乱,许多乐史资料都散佚不传。因此,道教音乐的研究,不仅得依据至今仍在道门中流行的曲调和音词,同时还必须进而追溯渊源,探求其流变之迹。我们应该从道教音乐史的观点对道教音乐作整体的把握。

从道教的观点看来,音乐有呼风唤雨的威能。道教的许多法器同时也是乐器,如钟、鼓之类。这些乐器的发明,本身就体现了宇宙的神奇。现存《正统道藏》所收《山海经》一书中,记载着一个奇异的故事:相传东海有流波之山,山上有一怪兽,其状如牛,体呈苍色,只有一足。当它出没水中,风雨随之交加而来,身上的光泽如日月交辉,吼声如雷。黄帝用怪兽之皮制鼓,用其骨做鼓槌。一敲则声传五百里,威震天下。从这个传说的故事中,可以了解先民关于鼓乐起源的一种直观认识。上古以钟正音定律,故称钟律。钟、磬的发明同样历史悠久,早在龙山文化时期就已有陶钟、石磬出土。商、周以来,钟、磬不仅作为乐器使用,同时也用作政教之重器,称为"彝器"。在道乐中,鼓声具有神通及避邪的作用,钟声的主要作用是通神驱魔。磬口向上,声音直上九霄通达天庭;钟向下,其声能召唤地府神灵。由此看来,赋予乐器以神奇寓意的观念由来已久。道教渊源于中国本土的原始宗教习俗,远古时的巫教可视为道教的前身。与此相应,道教音乐继承了"巫以歌舞降神"的传统。商代巫风炽烈,《尚书·伊训》载:"教于恒舞于宫,酣歌于室,时为巫风",这是对巫祝歌舞的生动写照。到了周代,巫风依然相当流行,其仪式更见规整。《周礼·司巫》曰:"若国大旱,则帅巫而舞雩。"表明周代官制中,已设有"掌群巫之政令"的中央机构,其职责是率领群巫作祭祀之礼。在道教日渐形成过程中,巫祝的祭仪乐舞是初始道教音乐的来源,这些已为道教文献所证实。

二、道教音乐的形成与发展

在中国道教史上,东汉至魏晋南北朝是道教体系建立的阶段,也是道教音乐的形成时期。

早期道教"制礼作乐",将老庄的"大音"以合"天籁"音乐理想与儒家的"大乐"以"化人伦"的音乐观念汇通起来。《太平经》主张"以乐治身",以乐"和合阴阳"。并认为,五音之妙,展现三界之真:"大角弦动甲。甲日上则引动岁星。心星下则引动东岳。气则摇少阳,音则摇木行,神则摇枸芒,禽则动苍龙,位则引青帝,神则引青衣女。上动下达,莫不以类来朝,乐其乐声也。说一一求其类,无穷极也……故举乐,得其上意者,可以度世;得其中意者,可以致平,除凶害也;得其下意者,可以乐人也。上得其意者,可以乐神灵也;中得其意者,可以乐精;下得其意者,可以乐身;俱得其意者,上帝王可游而无事。"《太平经》把音乐的引动,分为三种境界:第一为天界,第二为地界,第三为人界。以什么样的旋律及什么样的和声奏乐,所引动对应层次也是不同的,由此而产生的效果当然也是不同的。基于"天尊地卑"的观念,《太平经》把引动的最高目标投向天界,力图"上得其意"而乐天神,"俱得其意"而使帝神安游,从而获得天地万物感通和顺、祛病消灾、乐身度世的效果。可见《太平经》已从原先的"效法自然"的朴素音乐理想而走向"人神感应"的玄想之中。从《太平经》的有关论述里,不难看出早期道教音乐理想的特质。

东晋葛洪强调"大音希声",反对从感性官能上沉湎于乐。《抱朴子·道意篇》曰:"……寻其音声乎窈冥之内……心受制于奢玩,情浊乱于波荡,于是有倾越之灾,有不振之祸,而徒烹宰肥腯,沃酹醪醴,撞金伐革,讴歌踊跃,拜伏稽颡,守请虚坐,求乞福愿,冀其必得,至死不悟,不亦哀哉?"认为真正的音乐境界超乎感官享受之上。

唐代道教异常昌盛,居三教之首。唐朝皇帝自太宗李世民以来,皆爱好道乐,纷纷"命乐工制道调"(《新唐书·隐逸列传》)其乐曲,既属隋唐时期的燕乐系统,也不乏继承人有六朝的清乐。道教科仪自南朝以来,已初具规模。唐代道士张万福、张承先和唐末五代的杜光庭等对道教科仪、经戒法传授进行系统的整理,使其更趋规范和完备。伴随道教科仪活动而流传的道教音乐,在帝王、皇族的直接参与下,也得到了极大的发展。唐以后的道教科仪音乐,基本上以唐代为范本。

唐代以后,道教乐曲不仅在本国广为流传,同时还传播到东亚韩国和日本。

宋代道教流行之势犹盛。宋徽宗赵佶在位期间,曾设立云敖部,主管全国道乐。宋时传有《玉音法事》三卷,共辑录唐宋道曲五十首,其谱采用曲线符号记录法,是目前所能见到最早的道教音乐歌谱集。南宋时,道教在民间的活动空前活跃,各种斋醮科仪也十分盛行,据《无上黄录大斋立成仪》卷五十七记载,当时的道教音乐已经比较重视声乐和器乐演奏的音乐修饰,并讲究悦耳动听。南宋吴自牧撰《梦梁录》卷二载:(逢三月三日)"遇北极佑圣真君圣诞之日。佑圣观奉香火,其观系属御前去处,内侍提举观中事物,当日降赐御香,修崇醮。午时朝贺,排列威仪,奏天乐于墀下,羽流整肃,谨朝屑谒于阶前,吟咏调章陈礼。士庶烧香,纷集殿庭。诸宫道宇,俱设醮事。……观睹者纷纷。"南宋时道教音乐演示的兴盛景况由此可见一斑。

金元之际,全真道兴,极盛一时。其教义、科仪、道乐也随之推行全国。全真道在其宗教活动中,为顺应其"清修"等各斋醮法事的需要,在秉承原有道教音乐的基础上,吸收了古代音乐、宫廷音乐等要素,逐渐衍化成了全国各宫观全真道所通用的"全真正韵"(即"十方韵"),其音乐气质幽静、典雅,具有浓郁的殿堂气息。由于全真道音乐传承严谨,延续稳定,较好地保持了古时原有的科仪音乐风貌。

元代以来,道教诸派逐渐归于正一、全真二大派。自此以后,两派之分野亦成为官方及社会人士对道教派别的一般认识。正一派是斋醮符箓派的总汇,全真派则为丹鼎炼养派的代表。明代正一派兴,斋醮活动日盛。随着宫廷斋醮的滥觞,宫廷祭祀音乐得到了空前的发展。"神乐观"就是为适应这一发展而设置的音乐专门机构。醮祭乐官皆用道士,乐舞生也由道童充任,可见明代的宫廷祭祀音乐与道教离醮音乐已是一脉所系了。明代道教科仪音乐,除沿用唐、宋旧曲外,乐曲多采用南北杂曲曲牌,以工尺记谱,曲目规整,趋于规范化。

道教音乐的世俗化的倾向,至清代、民国时期表现尤甚。总体而言,道乐已由明代趋于规范化而强化起来的共性因素,而逐渐转向了各宫观道院道教音乐的个性化,呈现出道教科仪音乐各具地方色彩的态势。

三、道教音乐品式

道教音乐乃是道教的载体。道教音乐与整个道教体系同其广大、同其深奥、同其精微、同其美妙。不论是道士神仙观想还是其法事活动,也不论是教理教义的象征暗示还是方术功用的展现,道教音乐都传达了独到而微妙的信息。那么,由于道教音乐在历史上一直处于演变的过程中,为了真切地认识道教音乐品式及其原来风貌,我们最好从当时约定俗成的名称及其相应形态,对其音乐品式进行直接的观照。概而言之,道教音乐品式可概括为如下数类:

(一) 仙歌

所谓仙歌就是神仙唱的歌或神仙颂歌。道士信奉并讴歌神仙,赋予神仙以高超的歌咏品格。《无上秘要》卷二十专列"仙歌品",引述当时流行的仙歌、道曲十余种。其中所保存的种种传说记述颇详。如云:"西王母为茅盈作乐,命侍女王上华弹八琅之璈,又命侍女董双成吹云和之笙,又命侍女石公子击昆庭之金,又命侍女许飞琼鼓震灵之璜,又命侍女婉绝青拊吾陵之石,又命侍女范成君拍洞阴之磬,又命侍女段安香作缠绵之钩。于是众声彻合,灵音骇空。王母命侍女于善宾、李龙孙歌玄云之曲。其辞曰:'大象虽云寥,我把九天户。披云泛八景,倏忽适下土。大帝唱扶宫,何悟风尘苦。'"从这段描述里,可以看出,道门中人心目中的所谓神仙,不仅精通各种演奏之乐器,而且似乎个个都有一副美妙的歌喉。在西王母安排之下,仙女们所唱的"玄云之曲"就是仙歌之歌词。在道教中,仙歌与道曲往往连称,谓之"仙歌道曲"。考道教经书总集《正统道藏》内,可以找到不少的仙歌道曲。如《汉武帝内传》中即录有四首,头两首为《玄云之曲》,后两首为

《步玄之曲》。其内容是讲述西王母劝勉汉武帝养生纳精、学道修仙,以"唱"和"歌"导出"万神"和"众真"。

(二) 啸咏

"啸"本是古老的法术之一,今谓之口哨,后来发展为气禁之术,而且仙道化。葛洪《神仙传》卷五即载有以啸法召灵物"受职"之事。据《晋书》卷四九《阮籍传》载:籍尝于苏门山遇孙登,与之商讨栖身导引行气术,"登皆不应,籍因长啸而退。至半岭,闻有声若鸾凤之音,响乎岩谷,乃登之啸也"。既然孙登之啸若鸾凤之音,则已见其音乐的模拟性。这种模拟自然音响的啸咏,到了道教上清、灵宝诸派兴起时,便发展为啸歌。啸的歌咏属性在《上清太极阴注玉经宝诀》有所描写,该书有云:"啸歌彻玄都,鸣玉如琼钟。""啸歌"重心就在"歌",啸如歌调。啸歌与乐器的配合,除了上引资料中出现的"玉"、"钟"之外,我们还常常可以看到琴的运用。如《太平广记》卷三二一引《博物志》谓萧思遇居虎丘,每松风之夜,"罢琴长啸"。

(三) 步虚声

据南朝刘敬叔《异苑》所载,在道教建设早期曾出现了歌颂神仙轻举之美、宛如步行虚空的道调,这就是步虚。关于步虚的名义,《洞玄灵升玄步虚章序疏》中有比较详细的解释:"升玄是妙觉之通名,步虚是神造之员极,升则证实不差,玄则冥同至德;步是通涉之名,虚是纵绝之称。"又云:"章者,焕辉敞露,赞法体之滂流,乃有玄音才吐,而八表咸和;神韵再敷,则十华竞集。旋玄都以掷灵;蹑云纲而携契信。是怡神涤志之法场,解形瘵心之妙处也。故言升玄步虚章。"这段话尽管晦涩难懂,但稍加揣摩仍可看出,"步虚"是通感神明,获取妙觉的一种音符。"章"也就是根据一定音符配上的歌词,以音符配歌词,和以管弦,即为流水式的婉转"符音"。步虚声两晋之际当已有之,因出于此时的《听上洞渊神咒经》卷一即录有《步虚》二十余首。另有《洞玄灵宝玉京山步虚经》问世亦较早。此后文人道士相继作步虚。在道门中,有关步虚流行最广者即所谓《空洞步虚章》。在陆修静作《太上洞玄灵宝授度仪》以及杜光庭《太上黄录斋仪》中都有引述,凡十首,为五言。其演唱有一定的法度。《太极真人敷灵宝斋戒威仪诸经要诀》称:"斋人以次左行,旋绕香炉三匝,毕。是时亦当口咏《步虚蹑无披空洞章》。所以旋绕香(炉)者,上法玄根,无上玉洞之天,大罗天上,太上大道君所治七宝自然之台,无上诸真人,持斋诵咏,旋绕太上七宝之台。今法之焉。"由此可知,步虚声韵是道人模拟天上神明持斋时所使用的一种音乐,它的功能据说在于"协合神韵"、"怡神涤志气"。

(四) 音诵与课诵

道经之造,韵散合用。韵文有相对固定的字数,配上曲调,便形成仙歌道曲,可以独立出来演唱。至于经中之散文,经过道人们的念诵实践,也逐步形成具有高低起伏、节奏变化的调式,这就是音诵与课诵。"音诵"是与直诵相对而言的,两者都是诵经的方式。所谓直诵就是一种质朴平直的吟咏法式,而音诵则必须按较复杂的富于变化的调式来吟咏。古有八音之说,以金、石、丝、竹、匏、土、革、木为八音。与音诵最为接近者是课诵,这是道门的日常功课,因配以曲调而诵咏之,故而有课诵音乐之体。道门课诵,又称朝暮功课。每日早晚,念诵经文,净心修道。今所见课诵经书主要有两种版本,一为《玄门日诵早晚课》,一为《太上全真早晚坛课经》。课诵之际,经咒、念唱、吟唱交替进行,配以法器,形成了别具一格的调式。

(五) 斋醮音乐

由于道教斋醮的种类不同,所使用的音乐调式自然是不一样的。不过,从总体上看,也有一个基本的音乐调式或曰框架。以《施食科》之演唱而言,先是开坛,高功法师发鼓集众,经师班齐;在高功发牒、上疏后便咏唱《步虚》;继而高功揖让,拈香说文,咏唱《举天尊》。如此念与唱结合、单人唱与众经师合唱交替;其歌曲有散板引腔,亦有变奏反复。在高功法师的主导下,斋醮法事依其规模大小、时间长短,调整曲目,穿插器乐或法器牌子作为过渡等。就目前尚存的曲目看,用以斋醮科仪的曲牌与音词是为数不少的。除了《步虚韵》、《举天尊》外,尚有《双吊挂》、《天尊板》、《风交雪》、《柳枝雨》、《三柱香》、《阴小赞》、《慈尊赞》、《黄录斋》等。这些曲子与中国古代的宫廷音乐、民间音乐都有密切关系。

(六) 纪念法事音乐

纪念法事科仪按一定步骤进行,与之相对应,音乐运用也有一定的安排。考察一下"三清朝科",即可见其一斑。"三清"指的是道较最高尊神元始天尊、灵宝天尊、道德天尊。道门崇尚三清,而有三清朝科。科中程序与曲目应用程序一一对应:(1)高功拈香,经师奏《法器牌子》,提科咏唱《步虚》;(2)高功举香拜天尊,且咏唱《吊挂》;(3)提科举,咏唱《举天尊》;(4)高功提纲,咏唱《提纲》;(5)高功踏道宝罡,咏唱《三宝词》一段;(6)上香默运,高功咏唱《提纲》;(7)高功踏道宝罡,咏唱《三宝词》二段;(8)上香默运,高功咏唱《提纲》;(9)高功发炉,念唱《祝香咒》;(10)高功跪宣,念唱《威严咒》;(11)高功称职后,念唱《念圣班》。(12)表白法师宣表,念唱《念表文》;(13)高功念诰,吟唱《三清诰》;(14)监院(斋主)化表,高功说送表文。纪念法事之道乐根据朝科之进行,采用曲牌联缀体。这就是说,整个科仪过程中,道乐是由一系列曲名、形态、内容不同的歌曲配合联缀而成的。分开来看,每首歌曲有一定的独立性,配合起来又形成了统一的整体。朝科音乐有固定的法器伴奏,唱法上采取念唱、吟唱、咏唱交替进行的形式。在曲调内容上,随着纪念法事内容的变化,同一曲调而被赋予不同内容,这是很常见的。例如《吊挂》一曲，在"玉皇朝科"中所唱头四句为："稽首虔诚拜昊天，昊天今日赴经筵。经筵里面金光现，光现空中宝珠悬。"而在"真武朝科"中则变为："真武玄天上帝同，当年修道悟真空。净乐空中辞父母，武当山上证玄通。"由此可以看出，曲调内容是随着朝拜神明对象不同而作相对调整的。这一点与中国古代戏剧曲调和曲词的应用很相似。

四、道教音乐流派及其风格

（一）道教音乐流派的历史背景

东汉道教兴起，即成两派：太平道和五斗米道，这种派别与政教及地方性的宗教传统有关。晋代和南北朝以后，又有上清、灵宝等派别出现。不过，各道派教义思想基本一致，只是道法和道术的侧重点不一，或者师承系统有别。而真正各立门户和宗派，从宋、元之际开始。元代以来，全真与正一便成为两大宗派，流传至今。宋、元之前的道教音乐，并未因繁杂的教派分衍而显得杂乱无章，失其特色；其音乐性质也没有分成各自教派的属性。元代以后，受革新后的教理教义及其相应的实践的影响，道教音乐逐步个性化，促成了不同音乐派别和风格的形成。

（二）近古以来的两大道教音乐流派

就根本音乐理念而言，全真、正一两大宗派之科仪音乐同源共家；同属一个历史悠久的宗教和艺术体系。然而，就其修持方法上的不同侧重而形成音乐上的不同风格，使两者在音乐特征上仍是显示出各自的独特性和相对的独立性。

1. 全真派音乐及其特点和风格

全真派音乐是用于各种仪式活动中的道场音乐，主要用于修持、庆祝和祈祷法事。与正一派的斋醮音乐相比，全真派音乐以幽深典雅、含蓄深沉而形成其特点和风格。全真派音乐以声乐形式为主体，另有打击乐器为主的器乐形式。日诵早晚功课，全为声乐咏唱，有钟、鼓、木鱼、铃、铛、钹等小件法器伴奏，有些宫观加有笙、管、笛等管乐伴奏。庆祝法事和祈祷法事以声乐形式为主，间或有规模较大的宗教乐舞场面，配合这种舞蹈，往往有鼓、大铙、大钹等大件法器以及少许吹管乐器加以伴奏。法事进行过程中，有时还穿插演奏一些相对独立的器乐曲牌，如"铙镲牌子"及各种短小精悍的"耍曲"等。全真派的声乐演唱形式有独唱（主要是高功、都讲担任）、齐唱和三板式吟唱；器乐形式以合奏为主，少见有独奏或重奏形式。

全真派传统的经韵音乐以往是不用器乐伴奏的，而只用法器伴奏。用于经韵乐章伴奏的主要是小件法器，有铛子、镲、木鱼、扶钟、磬等。经韵乐章之外，用于庆祝、祈祷等法事的舞蹈场面,过场伴奏的乐器多用大件法器,有钟、鼓、磬、大铙、大钹、大木鱼、铛、镲铃等。近代全真音乐又加入了少许吹管、弹拨、拉弦等乐器,但演奏中,仍以打击乐器和吹管乐器为主。

全真派的音乐乐谱,历代少有记录,见诸于文字记载的资料也较少。唯有在清代后期由四川成都二仙庵雕版印刷的《重刊道藏辑要·全真正韵》,为目前能见到的最完整的一部全真道乐谱辑。该书由清代道士彭定求编订,收录全真派常用"正韵"56首,刊有经韵唱词,采用"当、请"记谱法,在竖排刊印的经韵唱词的右方,记有"当(铛子)""请(镲)""鱼(木鱼)"等法器演奏符号及用圈、点注明的"板眼"记号。

全真派音乐最首要的特点之一是统一、相对稳定,与以丰富多彩的地方性,千姿百态的艺术性为特点的正一派音乐相比,全真派音乐则更为清远、遒亮、虚空、玄妙,以古朴、典雅为基本属性。自王重阳创立全真十方丛林制度以来,其教规教义非常严格,教徒们墨守成规,虔诚专一。音乐的传承也异常地规范、严谨。通行于全真道内的音乐以《全真正韵》亦即教内通称"十方韵"为范本,各宫观均准规严行。经韵承传,全凭上师秘传,口传心授,故其音乐形态上有着高度的统一性。从现今国内各主要全真宫观的音乐上考察,各地所诵之"十方韵"无论是韵腔风格,还是具体的旋法、节奏,仍大同小异,有较严格的统一性。又加之受教内清规戒律的影响,对所诵经韵,教徒都怀有几分神圣的心理,故而其传承过程十分严谨、规范。

全真派音乐形态中仍保留有古代民族间音乐文化的特征,亦即全真派音乐具有的古代音乐文化特点,这一特点表现在音乐形态上,可由以下几个方面说明:其一,音乐旋律的总体风格,除具有悠扬飘逸的神情外,还有几番古朴幽深、典雅神秘的意味;直至今日,全真派音乐中,某些韵腔旋律仍与宋、明时期的琴曲有着密切的对应关系;其二,全真派音乐中,有与唐宋大曲乃至楚歌相类似的结构特征;其三,全真派音乐的伴奏乐器,现仍以古乐器为主,如鼓、钟、磬管、笛、笙等乐器,是早在几千年前就用于祀神的巫仪上的乐器。从理论上讲,道教音乐到底在多大程度上与古代音乐有联系,仍有待进一步地研究。

2. 正一派音乐及其特点和风格

正一派以斋醮音乐显其特点。斋醮包含的内容甚多,主要有设坛、上供、焚香、升坛、画符、念咒、鸣鼓、发炉、降神、迎驾、表章、诵经、赞颂、青词、步虚等等。正一派音乐多是配合上述诸类法事活动而进行的,根据法事情节的需要,来组合串联各种道曲。法事不同,音乐的组合也相应发生变化。

正一派音乐所使用的乐器无统一规制,除钟、鼓、磬等法器大致统一外,其他所使用的乐器多带有地方性的特点。如浙江、上海、江苏一带正一派音乐所使用乐器多为:笛、弦子、鼓、钹、笙、萧、古提琴、双青、云锣、小锣、大小唢呐、二胡等。而在北方的山西、陕西、河南一带,正一派所使用乐器多以管、唢呐、笛和笙为主。

正一派中使用的音乐有独唱(通常由高功、都讲担任)、齐唱、三板式吟唱和鼓乐、吹打乐以及合奏等多种形式。器乐形式常用于法事的开头、结尾、唱曲的过门以及队列变换、禹步等场面。而在法事过程中,音乐的演奏可根据主持醮仪的高功在供香、步罡、绕坛、礼拜等许多宗教仪式动作的需要,采取坐乐和行乐的形式演奏,并且能根据变换动作的不同,灵活地在音乐伴奏中加以旋律润饰、加花、变奏等。以协调出坛法师的动作。声乐形式是斋醮音乐的主要部分。其音乐体裁主要有"颂"、"赞"、"步虚"、"偈"等格式。

正一派音乐最明显的特点是其地方性。其主要表现在如下方面:不少宫观所用道乐,虽在总体风格上有一定的趋同性,但各地的行腔、旋律装饰(加花)都带有本地地方音乐特点而显得各不相同。同一法事中的同一首词,各地选用本地音调配曲。这从许多正一派道曲中"同名异曲"的现象便可以看出。诸如"步虚韵"、"吊挂韵"等,几乎一个地方是一个样子。

受地方民间音乐的影响,正一派音乐通常显露出很强的地方民俗性。如浙江一带的正一派音乐,大多采用了民间的"江南丝竹"和"十番锣鼓"音乐。许多道乐曲牌如《将军令》、《十八拍》、《水龙吟》等就是道士们从民间传统音乐中吸收、发展而来的。

正一派道士中,散居民间不出家的道士,俗称为"伙居"道。伙居道音乐除其内容上具有道教一般的特点外,音乐形式与民间俗乐几无二致,是一种以道教为形式的民俗性音乐活动,因此,其音乐的地方性尤为突出。

"美"与中西美学的基本问题

林盛彬

一、问题缘起:中国有"美学"吗?

"美学"从 18 世纪中期以后,才在西方成为一个专门的研究学门。然而,关于"美"的讨论,其源头却可上溯到古希腊时代。同样地,"美学"一词及其概念在中国学术上的使用,是 19 世纪末 20 世纪初的事情,但是在先秦时期,并不缺乏与"美"相关的文献。在中国,"美学"一词的出现,一般认为是 20 世纪初从日本间接引进。而王国维在 1902 年翻译的《心理学》中有"美之学理"一章,乃是最早有关"美感"系统知识的译介。来年,蔡元培翻译的《哲学要领》,则首度介绍了"美学"一词的字源原义。然而,据黄兴涛先生的考证,美学(Aesthetics)一词早在 1866 年就以"审美之理"之名在中国出现。1889 年,颜永京(1838—1898)也曾翻译过约瑟·海文(Joseph Haven, 1816—1874)所著的《心灵学》[①]一书,并将"美学"译为"艳丽之学","审美能力"译为"识知艳丽才"。[②] 但不管如何,所谓"美学",在中国学术上,是个新名词、新领域,而且是西学影响下的产物。

虽然美学作为一个专门的研究领域,在汉语世界的历史不过百年之久。但就近 50 年来所出版的"中国美学"专书来说,也已经有一定的成果。就美学史而

---

① Joseph Haven: *Mental Philosophy*: *Including the Intellect, Sensibilities and Will*. Boston: Gould and Lincoln, 1862.

② 见黄兴涛著《"美学"一词及西方美学在中国的最早传播——近代中国新名词源流漫考》,黄氏对西方美学概念进入中国有较详细的介绍,除了肯定王国维在"美学"一词的传播上,贡献良多;他于 1902 年翻译日本牧濑五一郎的《教育学教科书》和桑木严翼的《哲学概论》两书中,已使用了"美学"、"美感"、"审美"、"美育"、"优美"和"壮美"等现代美学基本词汇。黄文并提及英国来华传教士罗存德于 1866 年所编的《英华辞典》(第一册),将 Aesthetics 释为"佳美之理"和"审美之理";1875 年,谭达轩编辑出版、1884 年再版的《英汉词典》,则将 Aesthetics 译为"审辨美恶之法";美国传教士狄考文于 1902 年编著的《中英对照术语辞典》(technical terms,1904 年正式出版),则采用颜永京所用的"艳丽之学"来对译 Aesthetics。

言,已有李泽厚、刘纲纪先生的《中国美学史》①、叶朗先生的《中国美学史大纲》②、敏泽先生的《中国美学思想史》③等,借助西方的美学概念与方法,整理了从先秦时期迄于清末的美学发展。就美学思想、艺术类别与范畴之总论而言,也有徐复观先生的《中国艺术精神》④、曾昭旭先生的《充实与虚灵:中国美学初论》⑤、蒋勋先生的《美的沉思:中国艺术思想刍论》⑥、姜一涵先生等人合着的《中国美学》⑦、汉宝德先生的《汉宝德谈美》⑧等。尽管这些成果不能否认是得自于西方美学概念与方法的冲击,但也说明了"美"的概念在古代中国并非一概阙如。

依这样的理解,谈"中国美学"似乎言之成理。然法国汉学家叶幽兰女士(Yolaine Escande)在她的《中国的艺术、美学与文化认同》文中说:"检视中国艺术的'美学范畴',从艺术理论家和批评家实际上所使用的范畴来说,可提出两个问题:首先,美学作为美的科学在中国艺术中并不存在,不管是传统或当代,'美'不是一个被使用的范畴。其次,这些分类的范畴被使用,它们首先指的是与艺术家,而不是和作品有关。像美、崇高、优雅、悲剧等范畴,都是中国艺术中所缺少的,所以不能被当作是普遍的。"⑨其实叶女士的重点在于中国所谓的"美",是否成其为"美的科学"的问题,尤其是在中国艺术的理论与批评上。同样地,法国华裔汉学家胡若诗女士(Florence Hu-Sterk)在其《中国美学导论》的序言中则说:"就精神内涵而言,中文'美'字并不具西方原义。中国传统没有这个自柏拉图以后,在西方传统中无所不在的'绝对之美'(Beau absolu)的概念。相反地,'美'之字源却带有很具体的意义。"⑩既言"具体"的意义,就不会是普遍的、绝对的,也就不可能作为"美"的判断准则。这是因为中国美学对"现实"的关注极深。台湾中央大学萧振邦先生亦曰:"就中国美学表现的特色而论,实际上并不要求

---

① 李泽厚、刘纲纪:《中国美学史》,安徽文艺出版社 1984 年版。
② 叶朗:《中国美学史大纲》,上海人民出版社 1985 年版。
③ 敏泽:《中国美学思想史》,湖南教育出版社 1987 年版。
④ 徐复观:《中国艺术精神》,台北学生书局 1966 年版。
⑤ 曾昭旭:《充实与虚灵:中国美学初论》,台北汉光出版社 1983 年版。
⑥ 蒋勋:《中国艺术思想刍论》,台北雄狮图书 1986 年版。
⑦ 姜一涵等:《中国美学》,台北国立空中大学出版社 1992 年版。
⑧ 汉宝德:《汉宝德谈美》,台北联经出版社 2004 年版。
⑨ Yolaine Escande:*Art, esthétique et identité culturelle en Chine*（《中国的艺术、美学与文化认同》）,见 Yolaine Escande & Jean-Marie Schaeffer 主编的 *L'esthétique : Europe, Chine et Ailleurs*（《美学:欧洲、中国及其他》）,Paris :Éditions You-Feng, 2003, pp. 85－86. 这样的观点同样出现在叶幽兰的《中国艺术》一书中,见 Y. Escande, *L'art en Chine*. p. 11.
⑩ Florence Hu-Sterk, La beauté autrement. *Introduction à l'esthétique chinoise*. Paris : Éditions You-Feng, 2004, pp. I～II.

(或者说不足以)形构笔者所谓的一套'美的知识'的学问。"①没有基本概念的界定,自然无法成就'美的知识'系统。若从西方"美论"的知识传统来看,三位先生的说法皆有其事实根据,即美在中国没有形成一套"美的科学",也不具有"绝对"的概念,所以,中国没有"美学"。

问题在于:也许中国没有西方那种客观的、思辨的、系统的"美学",但中国没有"美"学吗? 这就如同质问中国有没有"哲学"是一样的问题。究其理,类似问题的提出,皆因于论者从西方哲学、美学的语言系统与方法来检视中国传统思想与"美"论的观点。就其间之差异来说,朱光潜先生就曾指出,西方美学中有些概念是中国所没有的,譬如希腊的悲剧概念、美来自于上帝照射的基督教观念、康德的"无所为而为的观照"等,然而,中国的"言志"、"载道"、"温柔敦厚"、"风骨"、"神韵"等,亦为西方所无。② 同样地,在姜一涵等六人共同完成的《中国美学》中,他们对所谓"中国美学"也取得了四点共识,第一点就是"本位化原则":即中西方的审美观与创作方式有很大的不同,若全部套用西方美学的方法,所见之"美"将会走样。他们举中国人爱玉为例,从选材到切磋琢磨的过程,而产生了"文质彬彬"的美学标准,它不只是艺术品,也是人格品味的理想。③ 这却是西方美学所没有的内容。

有关中西文化差异的问题,许多中外学者都曾从其文化传统之特质提出了响应。如唐君毅先生说:

> 中国文化精神,因重具体之普偏者,而恒以人物人格之概念为第一,故中国人亦不重视分辨各种门类之学术文化之价值意义,而重于不同之学术文化活动中见同一之道之表现。"知言"乃所以"知人"。人当于学术文化之升降,见世运之消长、民族之盛衰。④

依唐先生的解释,在中国文化传统中,一般对典范型人物有一种特别的重视与期待。唐先生认为,西方文化重视超越向上之精神、理性的抽象分析、个体的自由意志,是以在其学术文化发展中,总是在某一特殊的文化领域显其时代的精神。而每一主义文化之思潮,与其他流派之思想,亦常是判然有别,甚至互不兼容。然而,每一门类之文化活动,皆为许多不同之个体所参与。我们固可以某一门类之文化活动,作为综摄诸个体人物之普遍精神。但原则上,每一具体人物皆

---

① 萧振邦:《当代新儒家美学研究新探》,《当代新儒学论文集·外王篇》,台北文津出版社 1991 年版,第 447 页。

② 朱光潜:《整理我们的美学遗产应该做些什么》,收于《美学再出发》,台北丹青图书公司,第 399 页。(出版年月不详)

③ 姜一涵、邱燮友、曾昭旭、杨惠南、陈清香、张清治等:《中国美学》,台北空中大学出版社 1992 年版,第 7—8 页。

④ 唐君毅:《中国文化之精神价值》,台湾正中书局 1994 年版,第 18 页。

可参加多种的文化活动。则具体人物又可为各类文化活动之统摄贯通者,此即所谓之"具体之普徧者"。亦是"伟大人物"可以成为整个民族文化精神代表的原因。但是,于中国学术文化之传统,民族集体之文化生命,往往高于个人的文化精神。① 由此来看中国美学之特征,作为构成审美对象的语言、色彩、旋律、形象等,在审美过程中,固然有其重要性,但一般而言,并不是审美的重心所在。古代中国人在乎的,还在于一件艺术品所整体呈现的艺术家人格特质,即是否具备引人愉悦美感的清新表现方式,又能呈现出其生命的美善理想。类似的观点,牟宗三先生也曾说:

> 我不能讲"艺术",但常喜欢讲"艺术性的"(artistic),我常讲有艺术性的生活情调。魏晋人的情调……一方面是 intellectual,一方面是 artistic。……但这只可以是一种生活情调,生活情调是一种意境,也是一种姿态。……中国文化精神有两条流支配:一条是从儒家下来,就是讲理性的,所以我叫这种精神为尽理的精神;还有一条流是英雄或天才型的人物,这种人物是尽气的人物。……尽理的,就是讲圣贤,这儒家所向往的人品。……还有一条暗流,是个尽气的。这个气是广义地说;若细分之,当该是才、情、气。②

从这里来理解叶幽兰的话语:"审美范畴的使用,首要是与艺术家,而不是与作品有关。"她是看到了"中国美学"的特殊性,但还是不免从西方的美学语言体系的角度,断言中国没有"美学",即使她只是局部地指称书论与画论之美学。类似这种既不认为中国有美学,在论中国"美学"时,却又不能不用"美学"一词的矛盾,在许多以西方美学观点为依据的研究者之中,莫不如此。可见学者们在谈中国"美学"时,对"美学"的认知,完全是依据西方发展出来的"美学"概念。所以,胡若诗在其专著的《中国美学导论》中就为"美学"一词的使用提出了三个保留,除了前引有关中国没有柏拉图式的"绝对之美",还有:"第二个保留是要特别强调有关'美'的美学范畴。进入'美学'的字构中,同样地,它也被中国人变成研究的主要概念而损失了其他同样重要的概念。有些研究者意识到这个独断不合理,开始将它放回一个平衡的位置;即视"美"为美学范畴之一;最后一个则是保留'美学'一词的使用。"③。这里所谓保留,就已指出了所谓"中国美学"与西方的"美学"概念是有所区别的。胡若诗既指出中西"美学"在内容上的差异,也提醒了中国学者以"美学"之名,却遗失了一些原有"美"味的风险。其中包括了许多人从"美"的字体结构来讨论美意义,而忽略了古代中国人对"美"的生命呈现。

① 唐君毅:《中国文化之精神价值》,台北正中书局1994年版,第18—19页。
② 牟宗三:《美的感受》,《牟宗三先生全集》,台北联经出版社,第199页。
③ Florence Hu-Sterk: La beauté autrement. *Introduction à l'esthétique chinoise*. Paris:Éditions You-Feng,2004, pp. I~II.

此外,叶幽兰把美学的对象定在艺术领域中,这是西方从 18 世纪开始逐渐形成的一个共识,尤其是在黑格尔(G. W. F. Hegel, 1770—1831)提出"美学即艺术哲学"之后,已是被普遍接受的观点。所以,她在中国绘画与书法领域中,以"艺术理论家和批评家"实际上所使用的范畴为依据,认为中国没有西方所谓的"美的科学","美"在中国艺术里不是一种审美范畴。这样的观点显然受到其师熊秉明先生的影响,熊先生认为:

> 比(关注于)作品的内在美学价值,更让人关注的是带有判断力的艺术家的人品。中文的"美"字翻译成"beau",但在绘画或书法的特质上,并不是一个被使用的范畴。从来没有人说一幅画是"美"的,而是说"好",好或"出色"(bien ou excellent)。为了描述一部作品的质,或与人格有关的评语。①

不论熊先生所谓"没有人说一幅画很'美'"这样的说法在当代是否具有普遍性,我们须先厘清的,是他所指称的范围,乃在于绘画与书法的特质。若据类似的专指言论,应用于所谓的中国美学之上,则会有以偏概全的风险。不过,不管是叶幽兰的否定,或者胡若诗的保留,她们只是以不同的方式表达了类似的看法:中西美学存在着一种根本性的差异。那么,所谓"中国美学"该做何解呢?中国哲学所关注的是生命本身,因此,我们也可以说,中国美学就是一种"生命之美"的哲学。

二、方法问题

中国学者在清末引进西方哲学美学的概念,作为一种新的研究领域和方法,对中国往后的学术发展,乃至于中西文化的融会贯通,都是一种正面的发展。然在这百年之间,在同一领域及术语的使用上,中西方学者彼此之间仍存在某些基本认知的差异,就如同在"美"的定义、对象、范畴上的不同看法。如何在一个彼此可以对话的语言架构上,去阐述中国文化传统中,超出西方文化体系认知范围的特质,这是许多人一直在努力的工作。以叶幽兰的观点来说,归结起来其实就是一个美的概念问题。叶氏(许多中国学者亦如是)以西方传统中被当作一个批评概念的"美",来审视它在中文被使用的情况及其应用的范围,而发现其间的不相应。那种不相应,原本是个很自然的结果。我们不能否认,中国传统中并没有"美论"的专著,也没有这样的学术传统,但并不表示古代的中国人及现存的古代

① 见熊秉明著《张旭与狂草》,引自胡若诗《另类美学——中国美学导论》,第二章注三,第 57 页。类似的论述,叶幽兰在《中国艺术》,引述熊秉明说法,以神、逸、妙、能等品格论书,见 *L'art en Chine*,第 222—223 页。可参考熊著《中国书法理论体系》,台北谷风出版社 1987 年版,第 111—126 页。

文献中没有美的观念,如同牟宗三先生所言:

> 任何一个文化体系,都有它的哲学。否则,它便不成其为文化体系。……问题是在东西哲学具有不同的方向和形态。说中国没有'希腊传统'的哲学,没有某种内容形态的哲学,是可以的。说中国没有哲学,便是荒唐了。①

我们借用他的话说:"任何一个文化体系,都有它的美学。否则,它便不成其为文化体系。问题是在东西美学具有不同的方向和形态。说中国没有'希腊传统'的美学,没有某种内容形态的美学,是可以的。说中国没有美学,便是荒唐了。"广义地说,文化是人类集体的生活内容,②"美"却是生命的基本需要。人不管有无恒产,每天总会以任何方式整洁自身的外在容貌,让自己每天甚至时时刻刻皆有容光焕发的感觉。发簪、镜子的发明即可解释这样的需求。不管东方人或西方人,凡人皆具有渴望的能力;渴望那些可以令人愉悦之事物的心情,对每个人来说都是一样的,但彼此对于某物象之所以引起愉悦情感的本质或形式,以及对那种愉悦美感的反应,就不一定是以同样的方式反应,也不一定以同样的词汇来指称。古希腊的剧作家悠里庇底斯(Euripides)在其剧作 Les Bacchante 中提到:

> 智慧是什么?
> 是期待成为那种
> 把胜利的手放在我们敌人头上的神?
> 就人而言美永远是珍贵愉悦的!
>
> 愉悦是脱离恶海,并获得港口!
> 愉悦是能够从痛苦中走出!
> 有人在幸福和力量上以各种方式胜过其他人。
> 死亡是无可数计的,他们的观点也是无数的。
> 有些人无疑地走向幸福,有些人实现了。
> 因此对幸福,我知道为了愉悦之故,每天去享受所有带来愉悦的幸福。③

---

① 牟宗三:《中国哲学的特质》,台北学生书局 1998 年版,第 4—5 页。

② 关于文化的概念,可参考 Edward B. Tylor: *Primitive Culture: Researches into the Development of Mythology, Philosophy, Religion, Language, Art and Custom*. Boston: Estes and Lauriat, 1874; Tony Bennett: *Culture: A Reformer's Science*. Sydney: Allen and Unwin; London and New York: Sage, 1998.

③ Euripides: *Les Bacchantes*, Paris: Les Belles Lettres, 2006, vv. 899—913.

对古希腊人而言,美总是给人带来愉悦。而可以带来愉悦的东西,是多样的;可以是脱离苦难,也可以是享受幸福之感。"美"之于古代的中国人,就如伍举所言,是"上下、内外、小大、远近皆无害焉。"希腊人与中国人的美感心理是一样的,但在强调"愉悦"和"无害"之间,却透露出描述方式的不同。正因为如此,我们更应注意,在不同语言文化的翻译过程中,对于所选取用以对译的字,譬如"美"(Mei),在其自身文化中所包含的内容,是否能尽兴地响应这个外语字汇(beauté / beauty)在其所属文化体系中的原义?反过来说,中文文献中是否有那些用以表达审美愉悦的词比"美"更贴近西方的美概念?以文字应用的表层概念来看,esthétique 与"美学"(Mei Xue)、la beauté 与"美"(Mei)这样的对应关系似乎理所当然,但若以深层的文化心理来说,这样的直接对译,实有必要加以限定或者补充说明,以避免造成对另一种文化的限定式理解,而流失其本有的特质。"美"与 la beauté /the beauty 这个字分别在中国与西方世界的使用,虽然都与心理情感的舒适愉悦有关,但其内在的思想考虑是否一样,以及各自在其文化历史的演变中是否具备相同的思考轨迹,以及它所牵涉的范围,这些都存在着可能的差异变量。我们仅从西方古今各艺术流派中,就可见其对于美概念之诠释与界定之差异,更何况是明显具有文化差异的中国与西方。因此,中西方文化具有特质上的明显差异,在某些审美概念上的理解,是否能够完全以西方美学体系的语言来解说,是一个不能不慎重以对的问题。俄裔法国学者克义方(Ivan Kamenarovic)就警觉到这个问题,而提出西方美学、艺术概念与中国的不相应论。克氏相信中国文化本身的特质是建构在儒家教导的基础上,既不把世界当做一个认识对象的理念,也不认为在中国传统思想中可以把精神世界与物质世界二分。这是他提出无法以西方美与艺术的概念来规范中国美学与艺术的基础。① 叶朗也曾针对某些中西美学特质的流行观点提出质疑说:"西方美学重'再现'、重模仿,所以发展了典型的理论;中国美学重'表现'、重抒情,所以发展了意境的理论"、"西方美学偏于哲学认识论,侧重'美'、'真'统一,中国美学偏于伦理学,侧重'美'、'善'统一"、"西方美学偏于理论形态,具有分析性和系统性,而中国美学则偏于经验形态,大多是随感式的、印象式的、即兴式的,带有直观性和经验性"。② 虽然类似这样对中西美学的分类法,有其便利之处,却容易流于笼统,同样冒有遮盖中国美学另一真实的风险。虽然其论点不是无的放矢,问题是,东方

---

① 见 Ivan P. Kamenarivic: *Arts et Lettrés dans la tradition chinoise*, Paris:Cerf, 1999, p. 13－18. 克氏的《中国传统里的儒家与艺术——论儒家思想的艺术内涵》,书分三部分:理论篇、儒家与艺术教养、艺术与方法。他在第一部分从不同的角度举例指出,以西方对"美学"、"艺术"与"美"的概念去了解中国传统中的相应语汇并不适合。

② 叶朗:《中国美学史大纲》,上海人民出版社 1985 年版,第 10－16 页。

的学者如何能将自身文化的特殊性,以符合科学的方法对异文化者做完整而有据的解释呢?曾昭旭先生认为"理论是解释现象的工具,理论不足,便无法清晰地指出作品的优美,掘发出内蕴的奥意,而艺术与文学的研究便将类同于瞎摸。"因此,"暂时借用西方现成的美学理论或美学概念以应急,便是一种无可奈何的权宜之计。"他说:

> 我们仅学习并善用西方文化所启导的概念思维能力,而并不直接挪用由西方文化的实质内涵所归纳而得的美学理论。因为概念分析的能力是中性的共法,文化理论则是相应于特殊的文化现象而有的诠释。我们过去自有风格特殊的文化事实,只是一直无意将它理论化为各种学术罢了!所以我们今天要建立自己的美学,便当谨慎地仅使用最素朴、最精确的分析能力,去直接处理自家原有的文、艺现象或历史材料,这样才可能建立起独具风貌的中国美学来。①

的确,要建立中国美学理论,不能不以文献材料及其所属时代的文艺现象为主。而我们借助西方的科学方法,而非某特定学理,系统地解释那些文献中所蕴含的美学思想。汉语世界在过去百年来的美学研究,属于倚靠西方学理的"拿来主义"时代。而那样的阶段应该让它成为历史。我们现今面对的是一个全球化的时代,讲求的是东西方的对话,对话即是试图互相了解,其目的在于消弭偏见,而非消除文化差异,在于发现彼此的价值所在,而不是没有交集地各自表述。倘若与此相反,完全以西方学理套用在中国的文献典籍之上,那只能是一种应用,而不是一种"对话";应用就只能是局部的选取,无法全面照应。

前引中外诸学者的说法,除了说明学者间对"中国美学"之看法存在一定的歧见,也可以作为对汉语世界学者的一种提醒,正如牟宗三先生的说法:若从西方文化主体,单方面地检视中国文化,则中国恐怕是真的没有"文化",没有"美学"了。在一个进步的信息化时代,人们对不同文化知识与讯息的获得,并非难事。问题是在面对那些"异样的"文化特殊性时,如何减少误解与误判?东西方需要对话,然对话不只需要共同的议题,更需要一套彼此可以理解的"话语系统",让彼此更能掌握与理解彼此的问题与价值观。法国高等社科院研究员杜瑞乐先生(Joël Thoraval)在谈及当代儒学时也提出这样的问题,即人们以哲学手段去解决一些不属于哲学范畴的东西,所以今天所谓的儒家哲学,即是试图以一种新语言来保存儒家宝贵思想下的产物。但也因此失去了那些思想得以存在的条件,即古代的实践本身已从当代中国知识分子的日常视域中消失,变成大学式

---

① 曾昭旭:《充实与虚灵:中国美学初论》,台北汉光文化1993年版,第13页。

的儒学,而非他们生命所经验的东西。① 杜瑞乐的批评不难体会,他看到了中国文化传统价值与精神,在当代学院式的研究中,有失去其实践性与所谓儒者风范的危机。另外,他也认为,当代中西方学者都应适应哲学话语的特殊要求,将新儒家象征实践所特有的鲜活经验客观化,并对之进行分析。② 意即,既要避免以一种语言系统去解读另一种系统,也应当修正传统的研究方式,以一种彼此可以理解的"话语"与方式来运作。

　　事实上,以目前情况来说,我们很难不以西方美学概念作为参照对比的依据。当然,知己知彼有助于更清楚地描述自己的特色。我们相信,要清楚地解释中国美学的特殊性,就要建立其重要的基本概念。基础建立了,才可能从这些基本概念立起一座足以与西方清楚对话的美学体系。这些概念,除了"美",主要的还有孔子思想的中心"仁",以及与此相关的"和"。要整理这些古代与"美"相关的文献,诚如曾昭旭所主张的,"当谨慎地仅使用最素朴、最精确的分析能力,去直接处理自家原有的文、艺现象或历史材料。"因此,本文亦将尝试以西方所谓的科学方法,来建立孔子及春秋时期一些重要的基本概念,并据以解读孔子的"美"论思想。然而,所谓以科学方法,其意并非从自然科学的角度来审视美学,也不是就西方美学的概念来检验中国古代的美学文献,而是借其方法给予中国美学一个系统而普遍的解释,无所附会也无所遮掩,以求其本有应有的面貌。也避免以个人独特的感受性解释,或以偏概全,而有违中国古代"和合"的思想传统。所以,我们在这里并不特别倚赖任何特定的西方理论,而只是以笛卡尔(Descartes)的《方法论》为原则,参酌西方美学中可以互相参照的学理、概念,以便让中国美学的基本特质可以被清楚地呈现和理解。

三、西方"美"论的基本概念

　　所谓西方美学,即以古希腊文明为其源头,在西方各地区所发展出来的美学论述及艺术思想。因此,欲究西方"美"论的缘由,自然不可略过古希腊哲人对它的思考,其中尤以柏拉图(Platon)的绝对理念(l'Idée absolue),对西方美学思想的发展具有莫大的影响。这个绝对美的概念,一直到 18 世纪才有所转变;开始从概念移转到对感觉、情感与想象力之思考。随着科学技术的进步及社会形态的转变,美论的观点也愈趋多元,甚至包括了与之相对的丑、不和谐等内容。现

---

① 杜瑞乐(Joël Thoraval):《儒家经验与哲学话语——对当代新儒学诸疑难的反思》,商务印书馆2003 年版,第 36—37 页。

② 同上。

今社会中以美学为名者,几乎深入到日常生活的各个领域中,从生活美学、意识形态美学、政治美学、管理美学,到婚纱美学、人体美学,乃至于"暴力"、"惊悚"都以"美学"之名出现。此处无意讨论当代美学的相关问题,仅想从美论发展的角度,举其概念与内涵之重要转折处,以了解美的时代意义,并作为讨论中国古代"美"论思想的参照,期能从中更精确地把握孔子"美"论在中国古代"美学"思想中的特质,并得以因此更进一步了解西方汉学家对中国古代"美学"的研究观点,以及孔子"美"概念在全球化时代中的重新思考与定位。因此,以下仅就西方美论发展的时代性,从美的理念、审美特性以及美的现代性等问题,做一重点式的考察。

(一)"美"的理念

在柏拉图早期的论美对话录《大希庇亚斯》(Hippias majeur ou Sur le Beau)①中,并未见绝对之美的概念。然而,他已提出"美自身"的本质概念,从而区别了"美是什么"和"什么是美"的不同。在对话中,希庇亚斯先后以"一位漂亮的少女"、"黄金"、"恰当"、"有用"、"富而有声望"…回答苏格拉底(Socrate)有关美是什么的提问,但是类似的回答都属于"什么是美"的特殊意见,并未触及问题的核心。我们若从《大希庇亚斯》来思考美的本质,苏格拉底认为美之所以很难下定义,正因为那种放诸四海而皆准,不会因时空、种族而异,又能引起愉悦美感的本质,在现实中,它是被所有的事物所分有,而且与人的认知、心理情感、环境因素等息息相关,很难就某一方面把它单独抽离出来论说。易言之,美的本质可以客观地界定为不因人、事、时、地、物而皆能引人愉悦的概念,但是,在真实的生命体验中,要具体指出那种能够引起一切人类愉悦快感的"绝对"之美并不容易。在《理想国》中柏拉图就曾讨论过这种概念性的终极原则。在论及"正义"时,苏格拉底说:

> 我们原来探讨了绝对正义的本质,和完全正义的人的性格,以及非正义和完全非正义的人,为的是可以找到一个楷模。我们要观察这些,以便能依他们表现出来的标准,衡估我们自己的幸福和不幸福,以及我们类似他们的程度,并无意去指出来,这些能否实际存在。②

显然,对于所谓绝对的本质是否实际存在,柏拉图并没有把握。从另一个角度来看,《大希庇亚斯》也透露了"此'美'只应天上有"的玄机。若从现实层面看,它实已触及了美概念多元而和谐的特性。

---

① 关于《大希庇亚篇》,有学者怀疑非柏拉图所作,因其中观点与柏拉图的理念思想不同,有的则将之归于早期作品,本文从后者。

② Platon: *La République*. Paris: GF Flammarion, 2004, p. 299.(以下引文不再另行注明)

　　然而,什么是"绝对"的概念?就人间事物而言,美与善的事物都不是单一的。以绝对的美概念来说,美存在于所有的形式之中。譬如我们可以说一匹马、一座雕像、一位女子很美。然而,所有这些被称为美的对象,并不能等值以观。如赫拉克里特(Helaclitus)所言:美是相对的;一只漂亮的猴子比不上一位漂亮的女子,一个体格与资质都美的女子还是比不上神的美。但是,尽管猴子、女子、神之美不可相提并论,然既都可在某些时刻被称为美,则三者必皆具备某种足以称美的本质。这正是柏拉图想要追问的问题:美物之所以为美的本质为何?对柏拉图而言,绝对的美来自于美的理念(idée),理念才是真正的现实。在《理想国》中,他曾以床为例子来解释这个问题:木匠制作的床是模仿了理念世界的床理念,所以,木匠的床只是床理念的影子,而画家依木匠的制造品所画的床,则已是影子的影子。依其意,则自然世界只是理念的影子,而摹仿自然的艺术不过是影子的影子,因此,木匠的床与画并都不能给人真正的知识。我们也可以说,人世间众多事物之美,只是美理念的影子而已。而绝对"理念",意指那种既普遍又恒常不变,而独立于现象世界之外的绝对实在,譬如绝对的美、绝对的善、绝对的正义。

　　在《斐多》(Phédon)中,他论及"绝对的实体"是否恒久而唯一?"绝对的美"会不会遭受任何的变化?书中苏格拉底认为:某物之所以美,是由于"绝对的美"出现在它身上,或者它本身与"绝对的美"具有某种形式的关系;即因为具备了"美"自身,某物才显其为美。易言之,在众多的美物之上,还有一个绝对的美,此绝对之美即是美的本质,亦即绝对之美的理念。凡是我们以"多"来说的事物,都可归属于一个观念,亦即归属于一种本质;"多"是可见而不可知,观念则是可知而不可见。既然观念是可知而不可见,则"绝对的美"只能是抽象、先验、形而上的。它存在于理念世界,凡是分有这些本质的事物,我们就称之为美。以绝对的美概念来说,美存在于所有的形式之中。唯那些可见的事物并非十全十美,所以,就不能作为美的衡量标准。作为评断某对象是否为美的标准,必然是绝对的。"这种美是永恒的,无始无终,不生不灭,不因人、因时、因地而改变","它自存自在,是永恒的一,而其他一切美好的事物都是对它的分有"。因此,所谓"美",不等于任何美的事物。那些美的事物之所以被称为美,是各自拥有了美的本质。这个本质是什么?柏拉图说:"过去有个时候,我们看到美本身是光辉灿烂的。"据此,我们可以说美与明亮有关,而"美与节制又经常并肩而立"。他也说:"如果一个人的灵魂拥有美好的气质,他那有形的身体也具有一种与美好气质相适应的和谐的美……岂不是一个最美的景观?"他又说:"我们给塑像各部分涂上的颜色是适宜的,能使整座雕像显得美丽。"从这里可以窥知,美的本质不离明亮、节制、适宜、整体性、和谐等特性。

　　那么，我们又如何能具备这些美质？柏拉图认为人由身体与灵魂所构成，透过体育与音乐的训练与陶冶，可以使人达到既勇敢又有所节制的目的。但是，体育并不只是在于锻炼身体，音乐也非只为了陶冶灵魂，两者的目的都是为了一个具有和谐之美的灵魂。因为偏重于体格训练，而忽视音乐，或致力于音乐，而忽视体育，其结果不是使人变成凶猛好斗，就是会产生柔弱的性格。若使两种教育相辅相成，就可使理想国的卫士成为勇敢的谦谦君子。柏拉图相信人不能因体格的优越而改善灵魂，相反的，美的灵魂却能以其本身的力量，在可能范围内，改善身体的状况。由此亦可知，不朽的灵魂在美的概念中具有很重要的位置。因为，人的心灵能够领悟美本身，而感官只能触及它的影子。受过这些教育的人，就会成为彬彬君子，反之亦然。而接受这种教育的人，最能敏察艺术与自然里的缺失，并且喜爱美善之事物，耳濡目染，自然使其灵魂既美且善。同样，也会憎恶邪恶的事物。此说与孔子所的"唯仁者能好人、能恶人"，旨趣颇近。

　　除了体育和音乐的教育之外，在《会饮篇》(Le Banquet)中，爱欲(Eros)也被定义为对美好事物、幸福与拥有善的渴望。尤其是苏格拉底借迪欧迪玛(Diotima)的话语指出：爱无美丑好坏，它乃是神与人之间的中介；人经由爱得以提升至神的境界。这个爱，是起于对身体之美的仰慕，进而爱美的灵魂、美的艺术、美的社会体制如法律、正义等，终至于对绝对之美的爱。也可以说，美的形体是引发爱的初步媒介。在自我超升的过程，须由自我的实践开始。爱是由美的对象产生，却也是人与生俱有的本能；人若能自觉地发掘这个带有神性倾向的内在能量，就有可能开启人的神性，并维持人与神间的和谐。而美正是开发神性的主要媒介。然柏拉图的绝对之美，只存在于先验的理念世界。在现实中，我们所处的这个自然世界以及每个个体，都只分有部分的美质。虽然人人可以在此岸对彼岸永恒事物的"回忆"与憧憬，但要在现实中寻着绝对之美是很难的。当然，柏拉图的"绝对"概念，不在于否定万物自身之美，也不在于建构某种理想对象，而是为了一个永恒不变之判断准则。从判断标准之角度观之，中国的确没有这种绝对之美。然而，"美"在中国古代作为艺术之判断原则是无可否认的。只是，对古代中国人而言，柏拉图用以判断之绝对概念，在中国则相当于被拟人化的"天"与"四时行焉，百物生焉"之理。

（二）审美的特性

　　柏拉图"绝对之美"的理念形成了西方思想的重要传统。然而，18 世纪之时，人们却纷纷从先验理念的思考转到人自身的感性探索。"美学"作为一个专门学科的术语，始自鲍姆嘉登(Alexander Gottlieb Baugarten, 1714—1762)于1750 至 1758 年间出版的《美学》(Aesthetica)，该书以研究感性科学为主。然而，在此之前，人们对情感、知觉与想象力的讨论已有一定的成果。在此脉络中，莱布尼兹(Gottfried Wilhelm Leibniz,1646—1716)可说是一个重要的先驱者。他回到柏拉图的体系,从形上概念将美与愉悦(plaisir)都归属知性的产物,是理性结构中的不同呈现;在许多不同的情况下,愉悦可定义为"完美的概念"(perception de la perfection),是对秩序与和谐的认识。在他的知识分类中,直觉的美感是一种低层次的认识能力,所以,"美感"只是一种似清楚又蒙眬的知识。尽管美感始于"我不知其为何物"(Je ne sais quoi)的愉悦状况,但是,它始终都有其自身的理性内涵,而非某任意活动的本能与共鸣。因此,音乐或绘画形式是人们心中所构思,而非来自人们的"心理冲动"(The Impulsion of the mind)。而那种愉悦的"模糊预感"(vague presentiments)即是导向对美的理性认识之初步。①其后的许多思想家的探索,诸如库福萨(Jean-Pierre de Crousaz, 1663—1750)于1715 年出版的《美论》(Traité du Beau),标榜了愉悦的情感;哈奇森(Francis Hutcheson, 1694—1746)1725 年的《论美与德性理念之起源》(An Inquiry into the Original of our Ideas of Beauty and Virtue)论及绝对与相对之美,乃至鲍姆嘉登、康德、黑格尔的美论思想,都有莱氏思想的脉络可寻。以下仅将此"感性"脉络做一简单的说明。

(一) 美是愉悦的情感

库福萨在其《美论》(Traité du Beau)的书末附了他自己所译注的《大希庇亚斯》。他认为人具有理念与情感的本质。因此,对于美的概念,他循着《大希庇亚斯》的方向探索,并注意到情感因素对美感的影响。对他而言,作为人类精神的本性在于思想(penser)。思想乃是一个感知的行为,它还可说明我们生来是为了充满感情地过活。而情感又可决定我们的幸福与不幸福。此外,他也提到品味的问题。他说:

> 首先,由理性在给与足够的时间下去验证判断一个正义的理念之后,好的品味让我们由情感去评价理性所认同的东西。而这个好的品味本身,由情感的不悦感受,让我们抛弃那种在明确判断后为理性所谴责的东西。相反地,让我们以愉快的心情去感受理性所赞同的东西。如果我们有清楚的认识,不好的品味在所评价的东西上,让我们看不见任何可爱之处。

他显然尝试把品味背后的情感与理性的关系拉近,以有别于一般感官刺激。他认为好的品味在面对一个在大小、神情、结构和各部分都具有恰当比例,而值得被明亮的灵魂赞赏之物象时,它所带来的喜悦,与其说是在感

---

　① 参照 K. E. Gilbert & H. Kuhn: *A History of Esthetics*. Indiana University Press, 1954. 夏干丰中译:《美学史》,上海译文出版社,1989 年版,第 296－300 页;Jean-François Goubet & Gérard Raulet: *Aux sources de l'esthétique. Les débuts de l'esthétique philosophique en Allemagne*. Paris: Editions de la Maison des Sciences de l'Homme, 2005, pp. 16－22.

觉器官上的正常作用，不如说是在灵魂中产生一种愉悦的情感，能够去评价与爱的情感。他说："为了使我们的理念和情感相协调，需要有一个值得以美名称呼的对象，以产生那些愉悦的情感。"依此，我们可以说，美就是愉悦的情感。然而，理念与情感得以相协调的原因何在？他认为："在它那些理念中，首先人类精神喜爱多样性，因为人生就来是为了在认识上无止境地不停前进。"虽然突显了多元的价值，但他并没有背离柏拉图以绝对理念作为判断准则的思维，所以，他说："本质上多样性使人精神愉悦。这是经常原则……但在众多之中也需要统一性，否则多样性会让人产生厌倦……丰富多彩让人振奋，统一性让人免除厌烦。"他尝试从"美是难的"的困境走出来，并以"统一性"来解答。这统一性即"从繁复中，缩为单一，产生出匀称、次序、比例，三个一定愉悦人精神的要素"。他从具备美善之质的万物中，析出匀称、次序、比例三个可称之为美的基本要素。但这不只意味着形式的美感条件，也包括了情感的形式，如他所言："我们感受没有形躯的德行之美。我们感受那精神比感官还更多的雄辩之美，最后我们感受音乐之美，绝对没有限于耳朵的愉悦舒服。"由是可知，能引发愉悦美感的对象，除了具体的美物之外，也包括了美德、雄辩与音乐。

（二）内在感觉

哈奇森在《论美与德性理念之起源》中开章明义便指出，要了解美与美感的前提，就必须对我们称之为"感觉"的概念进行考察并下定义。他认为诸"理念"（the ideas）乃是由外物在我们心理所引起的，而这种在我们躯体的活动就称之为"感觉"（sensaciones）。然而，我们的心理在此情况中只是被动的角色，我们可以在外物刺激下让身体保持在一种适当状态的概念中，但"感觉"对于那些概念或理念并无直接给予阻挡或改变的能力。而且同一对象在不同人身上引起的概念可以是不同的，即便是同一个人在不同情况下，也会有前后的差异。哈氏认为，"美"就是在我们身上所引起的一种理念，"美感"则是我们接受这种理念的能力。[①] 他把这个可以接受美的理念之能力称为"内在感觉"（internal sense）。对他而言，如果没有一个带着美感的"心灵"（mind）去观照事物，就不可能有什么可以称为美的东西。而美在"身体的形式"上，不外是原初 /绝对的，或比较 /相对的。他说：

> "绝对之美"就只是我们在事物中所感受到，尚未跟其他属于模仿或修饰之不同实物，诸如取自自然、人为形式、形象、范式而成的作品，做过任何

[①]   参照 Francis Hutcheson：*An Inquiry into the Original of our Ideas of Beauty and Virtue*. Oxford University Press，1990，第一章，第 1、7、9 条。（以下引文不再另行注明）

比较的美。而比较或相对之美即是我们在那些被普遍认为是模仿的或与其他事物相似之事物中所感受到的美。

显然，哈氏所谓的"绝对"与"相对"之美，有别于一般对此之认知。其论点并非从外在对象的属性而论，而是就人的心理来说。因为"美总是与人的某些心理感觉有关"，如果没有美感与和谐，则人们面对万物时只有恰当、有用、方便或容易的感觉，而无所谓美感，在面对众多的脸孔时，也只看到气色好坏，皮肤光润而已。他研究的重心在于"美在人身上所引起的质性"，或者"美感的基本特性"。易言之，不管是"绝对"或"相对"，在这里都不是指外在事物本身的特性，而是在人身上引起的情感内容。他把"美"分成三种形态，即原初/绝对之美、原理之美、比较/相对之美。(1)所谓绝对之美是指面对任何无人工斧凿的事物，且未与其他模仿事物做比较，所引起的愉悦感觉。"绝对"概念在此专指原初即有的，如几何形状、和谐愉悦的声音等。哈氏认为，那些可以引发人们美感的形象，都是"在多样性中具有一致性"(uniformity amidst variety)者；凡是引人愉悦的东西，必能在它身上找到"多样性中的一致性"，即使是一个简单的器具也不例外。他以和谐和声音之美为例说，和谐可以在不知其所以然的情况下引人愉悦，这个愉悦的基础就是一种一致性的类型。当一个音符的不同振幅与另一音符的不同振幅规律性地相谐时，就构成我们称之为谐音的愉悦曲调，其余类推。(2)原理之美，是在无限的事物之中发现某种"规则"，这些规则不是规范性的，而是发现的，譬如人们发现可以依比例测量线与面；人在其无尽的经验中，如果无法从中归纳出某种规则，而只是累积了众多没有彼此关联的观察，就不可能得到这种原理之美。他以建筑为例说，中国、波斯的建筑不同于希腊、罗马，但在各局部之间都符合统一性/整体性原则，这就是西方建筑所谓的"规则"性(regular)。(3)相对之美，在此是指我们对那些被公认为模仿自然物之作品的美感认知。亦即从与"绝对"之物相比较中发现其类似性、隐喻、寓言等已臻于美之境地的作品；即使作为被模仿对象的自然物本身不美，但模仿之作却可以让人引发美感，因为后者混合著作者个人的渴望、理想与想象。

同样地，柏克(Edmund Burke, 1727—1795)于1757年出版的《美与崇高理念之起源的哲学考察》(A Philosophical Enquiry into the Origin of our Ideas of the Sublime and Beautiful) 也强调人的"感觉"在美的品味中的重要性。但他将美视为一种"社会特质"(a social quality)。由于我们面对异性乃至于动物时，常引起某种愉悦的感觉，从而对他们生发一种温柔与爱慕之情，并渴望与之亲近，以发展出某种关系。那种引起愉悦感的美，是指"那些身体所散发的某种或某些引人产生爱慕或类似激情的特质"。"那种我们称为爱的错综情感的对象，就是性之美 (the beauty of the sex)。"他把这种由美所产生的情感称为爱。然而，这种爱与情欲是不一样的；情欲是混乱人心的情感，不是由美所从生。这里隐约看到柏拉图《飨宴或论爱篇》的影子。不同的是柏拉图的重点在于由身体之美，而进入心灵之美，再进而发现知识与社会体制之美，终至于灵魂之美。而柏克的目的在于探索分析那些引发我们美感的各种对象与媒介的特质，但其重点不在于物象，而是在美感之上。所以，他说："在很大的部分，美是经由'感觉'(the senses)的介入而在人类心灵上机械地运作的某种特质。"由此可知，尽管他对于人力无法处理的问题，也会推给上帝，但基本上，他是在为人的美感找寻合理的解释。同时，他论"品味"(taste)时提到："我所说的品味，就是指（一种）能力，或者是受想象力与优美艺术所影响，或者是对这些东西形成判断的各种'心智能力'(faculties of the mind)。"这也道出了伯克所关注的重点，还是在于人的心智能力。

（三）感性之学

以"美学"一词作为一个新的研究领域之名，乃取自鲍姆嘉登的专著——《美学》。他开章宗明义便说："美学（自由艺术的理论、低层次的认识论、美思想的艺术、理性模拟的艺术）是感性认识的科学。"①基本上，他把美学称为感性之学，不因为它只具有并不明确的感性，而是因为它的主题都是可感知的，如同我们称呼一个清楚且科学的报告，其中所包含的一些主题都很清楚。而在一个感性的叙述中，一些清楚的概念都变成隐藏性的。但是，在美学的材料方面，他不把美视为模糊，而是指出那些模糊的表现应该如何变成是美的。他认为所有知识的美都是由思想(des pensées)、秩序(l'ordre)、具体描绘(la caractérisation)三部分所构成。所以，思想之美就在于具体而有次序的表达；没有次序，就不可能为美。而所谓具体描绘，即艺术家必须有能力感知记号与次序的和谐，譬如把一个美的雕像摆在一个美的地方以呈现它的完美。鲍氏认为，这三者是据以判断与批评作品是否为美的基准。他把美学视为逻辑学的一部分，或是逻辑的辅助科学。同样，也把它视为提供诗创作与判断诗歌之美的诗学。鲍姆嘉登虽然把美学视为低层次的认识论，但已把美从柏拉图的理念世界带回到人自身。他强调，一个美的灵魂应该具有一个善的灵魂及一颗"良心"(bon Coeur)。而美的灵魂在自我形塑中，即触及了人的修养工夫问题。由这里来看孔子所言"从心所欲不踰矩"中的"美"、"善"关系与次序，也可以有一定的参照意义。

---

① 鲍姆嘉登：《美学》(Aesthetica, Frankfurt/Oder). L'ehthétique (théorie des arts libéraux, gnoséologie inférieure, art du beau penser, art de l'analogon rationis)est la science de la connaissance sensible. 参阅 Jean—François Goubet 与 Gérard Raulet 编著的《美学之源——德国哲学美学的起源》Aux sources de l'esthétique. Les débuts de l'esthétique philosophique eb Allemagne. Paris: Éditions de la Maison des Sciences de l'Homme, 2005. p.115.

(三) 康德与黑格尔

1. 美感的判断力

美论在 18 世纪对美感的重视,在康德那里形成了一个更完整的体系。然而,在《判断力批判》中,他并没有直接对"美是什么"下判断,而是从审美判断的特质来说明美的特性。他把美的对象与对美的对象之审美活动分开来看。在对美的分析一开始他就说:

> 为了分辨某物是美还是不美,我们不是把表象通过知性联系着客体来认识,而是通过想象力(也许是与知性结合着的)而与主体及其愉快或不愉快的情感相联系。

这已充分说明了想象力与愉悦情感在审美判断中的重要性。康德又以其范畴形式,即从质、量、关系、样式各方面来分析美是什么,并得出如下的结果:

(1) 美是无任何利害关系,而能使人愉悦。

(2) 美是无预设目的,而普遍使人愉悦。

(3) 美是无目的性,却在对象中感受到合于引人愉悦的目的。

(4) 美是不带概念,却必然引人愉悦。①

其中,康德又把美分为"自由美"与"依附美"两种。前者乃自然物象之美,它们本身不受任何概念的规范而自然呈现其美,他把幻想曲或无词的音乐都包括在自由美之列;后者则受某种概念所规范,并在其中带着某种特定目的来呈现。但是,"不论是谈到自然美还是艺术美,我们都可以一般地说:美就是在那单纯评判中(而不是在感官感觉中,也不是通过某个概念)而令人喜欢的东西"。② 据此,我们可以说,美的东西必然引发我们的愉悦情感,但它之所以为美,不是因为符合了某种预设的规则,也不是由于感官刺激所引起,是经过我们长时间或瞬间的反思,而被我们判断为美,且带给我们愉悦的东西。这与库福萨的观点很接近,即虽无预设立场,但感性的判断不无理性的潜在作用。"无目的的合目的性"作为一种审美的特性,即来自理性与感性交杂的特殊关系。美的感受没有时间、空间与人种之区别,它是普遍的。只是每个人的经验和品味都不同,所以每个人都是主观的,虽然面对审美对象时,没有预设目标,但却可能产生审美快感,那种快感(快乐愉悦幸福的感觉),又是审美的目的,(可使人产生愉悦心情与赞叹的即是美的),所以,"无目的的合目的性"是没有预期却最终获得的审美特性之一。

人们对自由美的鉴赏判断,是以对象物自身在自己眼前所呈现的诸多状态为判断依据,是一种纯粹的鉴赏判断;依附美则是依照观赏者思想中所具有的东

---

① 康德著,邓晓芒译:《判断力批判》,人民出版社 2004 年版。

② 同上。

西,是一种应用的鉴赏判断。但是,人不可能以概念来界定什么是美的客观鉴赏规则。因为品味根据的是主体的情感,而非客体的概念。然而,若想寻求某种理想之美,那种美必属于一个在鉴赏判断上已经部分知性化了的客体。不过,即使是一座属于依附美的花园,也无法表现出某种理想,因为只有那些自身拥有自己实存目的,通过理性来规定自我目的者,才能成为一个美的理想。从依附美到美的理想,可见出"人文化成"之于人的重大意义。也只有人能承担这种美的理想。然而,人个别的形象不是来自感性经验,而是来自想象力。所以,人的形象就在于表现道德性,否则该对象就无法普遍地引人愉悦。而人心中那些道德理念的呈现,也只能在经验中获得。因此,必须与人心中理性的纯粹理念与想象力相结合,人才可能在自身展现出其灵魂的善良或纯洁、坚强或平和等。

康德把美归结到鉴赏的概念。因此,美学最基本的就是一种审美或口味的判断(Le jugement de gout),审美或品味即是对一客体或一种表现方式的判断能力,而这种判断无关情感好恶,不具有任何利害关系。借杜夫海涅(Mikel Dufrenne)的话来说,即"我们必须集中注意力于作品本身,并且以无利害的方式去欣赏它玩味它。亦即,除审美兴趣外,不为其他兴趣所动;除审美作用外,不做别的用途。"①在康德的体系中,鉴赏力就是判断那个鉴赏对象是否为美的能力。但要把那种美的本身表现出来,却需要天才;天才的艺术即是美的艺术,它具有独创性,并且具有对其他人的示范作用。因此,"自然美是一个美的事物,艺术美则是对一个事物的美的表现"。②美的艺术作品就与哈奇森的相对之美类似,可以是一首诗、一首乐曲或一座雕刻。所以,往后发展的西方美学,将其重心从美的灵魂移到美的艺术上,也是很自然的事。但是,我们在这里要强调的是,艺术之美是人文之美,包含了人类精神理想的人为表现,这样的表现在审美活动中,最直接也最容易掌握的是艺术品。只是我们也不能忽略了艺术既反映艺术家的理想,也呈现了他对自己所处时代的社会反应。基本上,不论是艺术品还是令人感动的善行,它必然都使人感到愉悦。

2. 美是理念的感性显现

黑格尔说:"美是理念的感性显现。"③根据他的解释,美本身应被理解为一种具有确切形式的理念,亦即所谓的理想。这种理念即概念以及概念所代表的实在之统一。也可以说,只有在实在符合概念时,客观存在才有现实性和真实性。但此真实性不是从主观意义来说,而是就客观意义而言;它透露着并非凡符

① 杜夫海涅著,孙非中译:《美学与哲学》,台北五洲出版社1987年版,第28页。
② 同上,第155页。
③ 黑格尔著,朱孟实译:《美学》,台北理仁书局1981年版,第一册,第152页。

合我的观念者,就是真实之讯息,而是"我"或某一外在对象、行为、事件、情境,在其实在中实现了概念,才成其为真实。由于知性能力总是把观念的与实在的、感性的与概念的、主观的与客观的视为相异而各自独立的东西,从而陷于片面、有限的事物之中。然而,美本身却是无限而自由的,此即知性无法真切地掌握美的原因。不过,美既非知性的对象,也非主体意志的对象。因为在审美中,主体要实践其旨趣、目的与意图,就得牺牲对象的存在与特性,将之视为有用的工具为自己服务。易言之,一对象的本质和目的并不在那对象自身,而是在于主体。^①当论及美的美质时,黑格尔还认为:"在美的对象里,无论是它的概念、目的和灵魂,还是它外在的定性、丰富的复杂性和实在性,都显得是从它本身所发生,而不是外力使然。"^②因为美的对象之所以是真实的,就在其确定形式之客观存在与其真正本质与和概念之间所呈现的统一与协调。所以,无论是就美的客观存在,还是主体的欣赏而言,美的概念都带有这种自由和无限,也因此才得以摆脱事物之有限性与相对性,以上升至理念与真实的绝对之境。

在《美学》一书序论中,黑格尔一开始就宣称美学的范围就是艺术,亦即美的艺术。而美学就是"艺术哲学",即"美的艺术哲学"。正如他所认定的,艺术美是由心灵产生和再生的美,所以艺术之美高于自然之美。而这个优越性,来自于心灵的真实与自由。^③当然,心灵的自由还必须在其自身,而且对其自身显现为一整体,在怡然自足的状态中显现出对一切的可能性。^④也可以说,美的理念即是一些重要差异面的整体,那些差异面亦即艺术的诸多类型。而理念只有凭其自身活动独立发展时,它才是真正的理念,美的理念也就是这种直接显现的理念。理念乃外在形式的内在意义,理念在此外在形象中才把自身实现出来。所以理念或内容的完整,才同时显现为形式的完整,反之,艺术形象的不完整则显出理念的缺陷。黑格尔这里所言之完整不完整,取决于理念所代表的那种定性是真实的还是虚假的。^⑤对他而言,艺术并非单纯的娱乐、效用或游戏,而是要把精神从有限世界的内容与形式之束缚中解脱,以绝对真理显现并寄托于感性现象。^⑥黑格尔的美论,在于探索自在自为的真理,寻求世界的统一性,以探求存在问题的根本动因,在其中见其最高理想与根本意义。职是之故,他认为美学的研究不能只限于对某些艺术作品的批评,或是对创作方法提供理论依据。其目

---

① 黑格尔著,朱孟实译:《美学》,台北理仁书局1981年版,第一册,第154—157页。
② 同上,第156页。
③ 同上,第5—6页。
④ 同上,第244页。
⑤ 同上,第一册,第152页;第二册《序论》,第3—4页。
⑥ 同上,第四册,第338页。

的,而且是唯一的目的,就是追溯艺术和美的一切历史发展阶段,从而在思想上掌握和证实艺术和美的基本概念。黑格尔的美学既不放弃古希腊传统中具有最高存在高度的绝对之美的理念,也没有忽略人在各时期追求那种美的本质的具体实践。也必有如斯之和谐统一,美学才得以成为一门完整的科学。

西方美论从理念说到感性说,经历了美感生成理论重心的转变,亦即从客观的界定到主观的情感感受,从美的对象本身转移到创作者对美物的感受。莱辛(Gotthold Ephraim Lessing)在《拉欧孔》(*Laocoonte*)书中提到:"美就是古代艺术家的法律,他们在表现痛苦中避免丑(态)。"①但进入 20 世纪,美的概念与范畴却有极大的改变。如波特莱尔(Charles Baudelair)所宣称的,要从"恶"(mal)之中寻找美;或如阿多诺(Theodor W. Adorno)把古代所避免的丑作为美的范畴,并带进美学中去考察。尽管美论在当代的转折多变,美学的重心仍在于"艺术"本身。只是就艺术家而言,他们从外在物象的观察回到内在情感的把握,从客体的描述回到个性的强调。同时,读者与观赏者的美感经验也逐渐被重视。由于科学应用技术的重大发展(如照相术、电影)以及专业化的知识分科愈趋精细,20 世纪的美论也趋于繁复多元。诸如表现主义、形式主义、实用主义、现象学、诠释学、文化批评、社会学、人类学、心理分析等许许多多的观点与流派,让当代美论显得非常丰富。但是,如同侯斯柏(John Hospers)赞同传统对美学价值的判断一样,不管如何区分,也不过就是主观与客观的问题。② 本节论述目的只在于对西方美论中的"绝对"概念及其发展趋向做一些说明,以便于在论及中国古代之美概念时,得以互相参照,厘清不必要的误解。因此,有关 20 世纪美论的诸多理论与流派,在此不予多论。

四、中文"美"字的原初意义

在华语世界论及"美",一般常言某对象有"什么之美",却少有人去追究"美是什么"。以人们较常听说的"阳刚之美"、"阴柔之美"、"艳丽之美"、"淡雅之美"为例,阳刚、艳丽之于阴柔、淡雅,显然不同。以"什么之美"所建立的审美判断模式,意味着阳刚、阴柔、艳丽、淡雅等,都是美的特质与范畴。既然相反的双方都

---

① 莱辛《拉欧孔》(Laocoonte)第二章提到:"美在古代(希腊)人之间总被当作造型艺术的最高律法。……古代艺术家或者完全避免去表现那种(激烈的)姿态,或者在某种程度上,把它淡化到可以感受到美。"(Madrid:Tecnos, 1990, p.16—17)朱光潜先生的中译:《诗与画的界限》则将其意提出作为第二章的标题。(台北骆驼出版社,出版日期不详,第 14—15 页。)

② John Hospers & Monroe C. Beardsley:Estética: *historia y fundamentos*, Madrid:Catedra, 1990, pp.160—170.

可称之为美,则表示两者都具有某种可以被认知或感知为美的特质。古代中国人对于"美"具有什么样的概念? 美与善之间又具有什么样的关系,足以让人们认为两者同意? 虽然这样的问题较少人去追问,但对于中文之"美"的原初意义,却有一些学者提出不同的看法。关于中文"美"字的原初意义及其转变,胡若诗认为:

> 中文"美"字与西方的原义并不相同。在中国传统并无绝对的美(Beau absolu)……相反地,"美"之字源却带有很具体的意义。在那些最古老的文字中,"美"不是一个抽象的概念,根据专家学者,是表示一个带羽饰的舞者(巫师?)。无疑地,它与装饰、动作、声音有关,此字让人联想到由视、听所引起的愉悦感觉。①

这是她根据古文字学者对"美"的研究成果,认同其意为带羽饰的舞者,而联想到一种由装饰、动作与声音所引起愉悦情感的效果。依其意,引起愉悦情感的对象具有形式与韵律之美。另外,她又从许慎《说文解字》的说法"美,甘也。从羊从大。羊在六畜主给膳也,美与善同意"来解释美的意义。她说:

> 美的定义为"羊大"(un mouton gras)基本上是始于汉朝,事实上其根源极深。我们知道烹调艺术在商代与西周社会占有重要的位置,一个华丽得难以置信的青铜餐具的呈现及由众多高官负责品尝试味的崇高地位。在王宫地区四千名人员中,差不多有百分之六十的人是负责饮食工作。饮食是一个活动,其仪式(或许是指在礼仪上)的重要性是相当大的,世界上少数可以以吃的艺术自豪的文化也不是古中国那样。我们从这里知道,"品味"(la "savouration")在后来的美学文论中留下一个关键的概念,特别是在钟嵘和司空图身上。②

由于羊在那些祭祀的肉之中是最美味的,因此,羊大而膳甘自然成为"美"的焦点。然而,这种引起愉悦情感的对象,主要是由于它具有口味之美。虽然中国烹调讲究色香味俱全,即兼具视觉、嗅觉、味觉之美,但基本上是属于味觉的。然而,这两者的关系及其发生的顺序为何? 她说:

> 这个新的解释将象形符号转为表意文字,及舞者披着肥羊并非偶然;它反映出儒家道德实用主义(l'utilitarisme moral)的影响在汉朝是很普遍的。美的概念变成与味觉的快乐相连接。经由一个很细微的转移,美就成了善,有其本义但却更是道德的。美与善在中国就永远连接在一起,美学就是一

---

① Florence Hu—Sterk: *La beauté autrement*(《中国美学导论》),pp. I～II.
② 同上,第24页。

种伦理学。①

　　其实,胡若诗的解释并没有让问题更明朗,而且还带出更多的问题。譬如,美字如何从"带羽饰的舞者"变成"羊大为美",即由视、听之美转为味觉之美。再者,这样的转变是在那些方面反映出"儒家道德实用主义"? 那个使美变成善、美学变成伦理学的"细微的转移"是什么? 可惜作者没有进一步的说明。虽然她引商周时期对烹调品鉴的重视,以说明"味美"的渊源。然而,那时期的"味甘"是否也用以传达"美"字的意义? 譬如《论语·阳货》记载孔子对宰我说:"夫君子之居丧,食旨不甘,闻乐不乐,居处不安,故不为也。"而后来的《庄子·胠箧》也说:"当是时也,民结绳而用之,甘其食,美其服,乐其俗,安其居,邻国相望,鸡狗之音相闻,民至老死而不相往来。"食是味觉的甘,服有视觉的美。甘、美、乐、安等字虽然都跟心理的愉悦有关,或都可互相引申借代,但彼此并不等于同一。另外,她从商周烹调艺术的口感"品"尝,推及于钟嵘和司空图的《诗品》"品"鉴(la "savouration"),仿佛对美的源流找到一条从外在物质感官到内在情志的发展线索。可惜作者也没有更进一步予以证成,甚至对钟嵘和司空图的"品"诗之美,也无更多的说明。

　　胡氏的解说虽然简略,但其观点显然与李泽厚、刘纲纪释美的说法相近。李、刘二氏认为:

　　　　我国古代文献的记载说明,最初所谓的"美",在不与"善"相混的情况下,是专指味、声、色而言的。……从人类审美意识的历史发展来看,最初对与实用功利和道德上的善不同的美的感受,是和味、声、色所引起的感官上的快适分不开的。……《说文解字》释"甘"云:"甘,美也,从口含一。"虽然这是汉人的说法,但保存了起源很古的以味为美观念。……在中国,"美"这个字也是同味觉的快感联系在一起的。两汉以后中国的文艺理论批评著作,如钟嵘和司空图关于诗歌的著作,还常常将"味"同艺术的鉴赏相连。"味"同人类早期审美意识的发展有如此密切的关系,并一直影响到以后,决不是偶然的。……但味觉的快感终究缺乏充分的社会性的内容,因此到后来就被排除到了美感之外。②

　　　　依其意,则"美"字最初涵盖的范围,是兼有色、声、味的愉悦意义,而与"善"无关。然"羊大为美"的诠释是出自汉朝的许慎,这种味觉快感是"后来"到那个时期,才因缺乏"社会性的内容",而不被视为美感? 同样地,美何时与善混在一起? 李、刘二人也没有详说,恐怕也不容意说清楚。李泽厚曾

　　① Florence Hu－Sterk: *La beauté autrement*(《中国美学导论》),第 24 页。

　　② 李泽厚、刘纲纪主编:《中国美学史》(第一卷),中国社会科学出版社 1984 年版,第 79－82 页。

指出："在古代，'美'和'善'是混在一起的，经常是一个意思。……有人统计，《论语》中讲美字十四次，其中十次是'善'、'好'的意思。在古希腊，美善也是一个字。所以，似乎可以说，这些正是沿着'羊人为美'这一偏重社会性含义下来的。但同时，'美'、'善'也在逐渐分化，《论语》里就有'尽美矣，未尽善也'等等。"①

这里的问题是一样的，既言最初还没有跟"善"相混的"美"，是专指味、声、色而言。则此处所言，"美"、"善"相混的古代，是在何时？而所谓在孔子时代，"美"、"善"已逐渐分离，然而，我们想知道的是到何时开始，又到何时才完全分离？这已是属于"美"与"善"的发展史问题。较之胡若诗的说法："美与善在中国就永远连接在一起，美学就是一种伦理学"，虽多了些说明，但两者对"美"、"善"的关系都未能提供较清楚的解释。至于"美"的原初本义为何？是"带羽饰的舞者"，还是"味甘"？毕竟这些都只是一些可能的解释。当把它放到先秦时代的文献及文化语境中去看时，这种"味美"、"动态美"是否为更合宜的解释，是有争议的。那么，"美"到底是什么？当代汉语世界的美学研究者根据西方学理为"美"下定义或深入诠释者，不在少数。但是，除了有关中文"美"字原初意义的诠释，或中国古代"美"概念的论述，这些有关美的定义之研究，并非本文讨论的对象，故在此不论。

日本学者笠原仲二亦尝试从中文"美"字或与"美"相通训的字，去探索古代中国人的心理、生活情感的本质与实体。他以"美"字常常和表示"甘"一类味觉美的字相通训，证明"美"本来就是表示味觉的感受性文字；以酒的省字或盛酒器皿的"酉"字旁，或以"月"(肉)作偏旁的字，如醇、醴等，表明"美"字已从肥羊"甘"味的特定本义中解放出来，成为普遍义，只要是有关饮食的"甘"味，皆可用"美"字表达，或把"甘"的饮食名称，附以美训。所以，他认为"美"字最初是在日常生活中，是由所谓"羊大"直接引起的一种意识和情感，其内容包括：第一是视觉的，是对羊肥大姿态的感受；第二是味觉的，是对羊肉肥厚的官能性感受；第三是触觉的，针对羊毛皮作为御寒必需品所产生的舒适感；第四、经济的，因为羊具有高度的交易价值，而带来喜悦感。据此，他把这些包含着心理爱好、喜悦、愉快等来自于生活的感受，统称为幸福感。从而主张：中国人原初之美意识的内容或本质，主要是某种对象(羊)所给予的肉体的、官能的愉悦感。②

尽管笠原氏从官能与功能性的生活感受，论美概念之于中国人的原初意义，基本上，他还是循《说文》的解释脉络立说。然而，据许慎释美之说以解先秦文

① 李泽厚：《美学四讲》，《美学三书》，文艺出版社 1999 年版，第 470 页。
② 笠原仲二著，魏常海译：《古代中国人的美意识》，北京大学出版社 1987 年版，第 1—6 页。

献,却有不足之处。当代对许说持保留态度的学者,或在许说之上补充注说,或从不同角度另辟新解。对于美的原初意义为何,除依许说以甘为美的说法之外,当代的诠解主要有下列几种观点:其一,马叙伦先生的美即色好之谓也;其二,萧兵先生的"羊人为美",即大人冠戴羊角头饰的图腾跳舞;其三,李泽厚、刘纲纪先生的巫舞说,美即动物扮演或图腾巫术在文字上的表现;其四,陈良运先生的男女交合,"美始于性"[①];其五,臧克和先生的丰满高大,美即丰满充盈、生机盎然、生生不息[②];其六,朱志荣先生的装饰说。其中或从文字、声韵、人类学、社会学的角度为"美"字探源。以下尽就此六种新说略为评述。唯"美"涉及人的心理情感与一个文化的深层寓意。因此,尽管中文造字有其特殊性,但不管"美"字是起于象形、形声还是其他,其意都在于引起人的内在愉悦或类似的情感。本文关注的焦点,单纯地在于讨论"美"是什么? 以及那样的解释,置于自三代至孔子时代的中国文献中是否具有普遍性? 尽管单独谈一个"美"字及其概念,对古代中国"八音克谐:无相夺伦:神人以和"的精神传统而言,并不恰当。而之所以如此处理,既是一个为了更清楚面对"美"的权宜方式,也是尝试为中国古代美学理论化的必要手段。

(一) 马叙伦:美即色好之谓也

马叙伦认为"美"非象形,而是形声字。他说:

> 徐铉谓羊大则美,亦附会耳。……《周礼》美恶字皆作媺,本书:媄,色好也。是媄为美之转注异体,媄转注为媺。从女、媺声,亦可证美从芈得声也,芈羊形近,故讹为羊;或羊古音如本如芈,故美之得声。[③]

马说从形声解释"美"字,从而摆脱"羊"字的纠葛,直指"美"即"媄",乃色好之谓。然臧克和认为这"虽然对'美'字的解说是方便的,但这种假定本身就是需要证明而又无从证明的"。[④] 如果我们也摆开文字、形声的问题,依其意,把"美"当名词解释,用以指称女子姣好之外貌,这样的定义似乎很自然。在原始人类社会,人在现实生活中首先面对的是人的生理需求,除温饱与安全之外,正是《诗经》首篇的"窈窕淑女,君子好逑"的情感,意即触动内在情感起伏的,通常是由视觉感官所引起的,而最直接的正是来自于姣美的异性吸引。其他如《诗经》里的"彼美淑姬,可与晤歌"(《陈风·东门之池》)或《尔雅》的"美女为媛,美士为彦"

---

① 陈良运著:《美的考索》,百花洲文艺出版社 2005 年版,第 28 页。书中在美字的起源部分,介绍了马叙伦、萧兵、李泽厚与刘纲纪、笠原仲二等人对美字的诠释观点。

② 臧克和著:《单位观念史考述》,学林出版社 1998 年版,第 64 页。臧著亦针对马叙伦、康殷、萧兵、李泽厚与刘纲纪等人的考释,提出质疑与批评。

③ 马叙伦著:《说文解字六书疏证》第一册,科学出版社 1957 年版,第 119 页。

④ 康德著、邓晓芒译、杨祖陶校:《纯粹理性批判》第二版导言,人民出版社 2004 版,第 49 页。

（释训）、"鸟少美、长丑为鹝鹀"（释鸟）等，这些视觉的审美经验，皆可作为马说的脚注。但是，如果"美"就是"色好"，又如何解释如子产所言之"大适小有五美：宥其罪戾，赦其过失，救其菑患，赏其德刑，教其不及"。（《左传·襄公二八年》）这样的例子？当然，赞同者可以用引申、模拟来支持其说。问题是，我们既然要谈"美"的最初本义，就不适合处处以引申义来说，因为可以引申之词，就表示已含有历史演变的经验在内。如果不能很单纯地说明，也意味着它离"美"的原初本义应该还有一段距离。虽然一般认为中国古代之"美"必与实用之善相关，不是个抽象概念。但在以实际行动之前，未必没有任何概念作为更美好的腹案，此先行腹案应包含某个概念，是用以判断某对象是否引人愉悦或崇敬的原因或准则。如是，就不应只是就一个具体的事物来说美，此具体对象可以因"色好"而兴起美感，但"色好"是美，不等于美即是"色好"。汉宝德先生亦有"好看就是美"的说法，他认为："美的经验是很直接的、性灵的。只要不想得太多，不要把它与其他的经验混在一起，全心地追求'好看'与'愉悦'，就可以逐渐进入美的世界，体会到先哲'美即宗教'的意味。"①汉先生对美的概念讲得直接，却显得过度"单纯"，他说："美，不需要朱光潜所说的距离，也可以体会得到的。放在我桌上的黄花梨笔筒，只是一个盛笔的工具，但是它'有轮廓、有线纹、有颜色'，连朱老先生也承认是形象的直觉，是美感的经验。"②汉先生在此文字中，以直觉美感论距离美感并不恰当，而以一个他自己选择而放在他书桌上的黄花梨笔筒，说直觉美感，也失之贴切。同样，他批评"我们的文化不曾把美感与欲望或实用分开，所以在生活中容不下美感，在实际人生中不注意美感"。所以，"中国的文人不太接受美与实用的结合"。③ 其实，古代的中国人固然求善，不必然没有美感、不接受美与实用结合。以商朝作为礼器的兽面纹觚为例，我们在展览厅里，的确很容易就"直觉"地被铜器的造型与纹饰吸引，现代观赏者的美感与当时设计创造者的美感意识，在相当大的程度上，不会是没有交集的，虽然彼此产生美感的原因不必相同，但愉悦的情感并无分别。这种美饰与实用相结合的实例不胜枚举。实用不必然只是日常生活所用，美饰也不需只是纯美的概念，能因美饰让自己更为"好看"，让仪礼更为庄严隆重，就是实用。在实用的目的中，兴起如何使该目的更使人赏心悦目，更让人起思古幽情，那就是美感的作用。虽然马、汉二位先生都以"色好"释美，但从句型来说，马先生的"美即色好"说，尝试从《说文》的不足中，为美字的共相溯源。汉先生的"好看就是美"则已回到大希庇亚斯的殊相

---

① 汉宝德：《汉宝德谈美》，台北联经出版事业股份有限公司 2004 年版，第 37 页。

② 同上，第 36—37 页。

③ 同上，第 35—36 页。

观点。

(二) 萧兵:"羊人为美",即大人冠戴羊角头饰的图腾跳舞

从传统的羊大为美,到羊人为美,在美学上可说是一大转折。萧兵先生认为汉儒"羊大"的解释虽然点到了美的重要特质,然既非其溯,多少也有些望文生义。他说:

> 从甲金文和《说文》篆文看,这个字都分明由"羊形"和"大"字构成。"大"字像一个正面而立的人,当是巫师、酋长一类"大人物"。《说文》美之下"羌"字条就说:"从大;大,人也。"卷十大部也说:"大象人形。"……"大"的古义本是"人"。问题在这个"大人"头上戴的是什么。马叙伦先生认为其上为"芈"字,表示声符,音在"微纽"故无部切。但这个字旧说"羊鸣",仍然与羊有关,而且证明美字从羊也有语音根据。另一说,大字上面不是"羊"而是戴着雉鸡毛之类。……但是甲金文里这个字上面明明是弯弯的一对或两双公羊角("四角羊"乃至"六角羊"生活里本来就有,有的是"畸形",有的却是群体,但也可以说"四角"、"六角"是一种增饰),"美"字的意构与"羌"、"姜"等一致,是一组"文化字群",冠戴羊角、羊头、羊形而跳舞的例证极多,为什么偏偏舍近求远要说它是鸟羽呢?所以笔者仍然坚持十几年前提出的看法:"美"字最初表示羊图腾族巫师或酋长冠戴着神圣的羊角、羊头或羊形举行"图腾跳舞"。这本来是原始歌舞表演,族人逐渐地以为它既善且美,就用它表示美好、美丽。牧羊人或羊族巫师酋长说的话就是美言、好话,所以从羊、从口的"善"表示"好"(good)。……"美善同意"的解释保存了很长时间,先秦史籍和史书里例子很多。①

萧先生从美字的结构解释,将美的重心从"羊"体转回到"人"身上,这是很重要的发现,也符合古代中国人的文化思想。他坚持美是以人为主,以羊为饰的图腾跳舞,基本上是很可信的。但是,这戴羊饰的巫师和图腾舞蹈本身是否就是美的起源,却仍然可以讨论。萧先生在其文中,分别从"羊"、"大"进行考察,讨论了马叙伦的"羊"为声符说,也反驳了王献唐与段康的羊为羽饰说。"美的原来含义是冠戴羊形或羊头装饰的大人(这里指进行图腾扮演、图腾乐舞、图腾巫术的祭司或酋长)。"②但他略过了他自己所说,羊之四角、六角,也可以说是一种"增饰"的概念。我们假设在早期羊图腾族的社会中,由酋长或巫师戴羊角为饰,在重大节庆举行的祈福或欢庆舞蹈,自然是他们生活中最重要的活动。以这种活动的

---

① 萧兵:《楚辞与美学》,台北文津出版社 2000 年版,第 59—60 页。

② 萧兵:《楚辞审美观琐记》,《美学》第 3 期。此处引自李泽厚、刘纲纪主编:《中国美学史》(第一卷),中国社会科学出版社 1984 年版,第 80 页。

主角人物为焦点,取其"象"作为美的代言,也是很合理的。然而,如果这样的推论可以成立,我们还可以追问,先民取其"象"的用意,是美在跳舞的"大人"或"舞",还是在于精心羊"饰"的舞者;是"大人"、"舞"美,抑或"饰"美。若"大人"美,是取其社会地位的重要性,还是因为他以羊饰"化过妆"? 若是"舞"美,那么讨论以羊或羽毛为饰,似乎不是很重要。所以,美的原初意义是什么? 这问题并无法就这样下定论。

另外,萧兵以披戴羊角的"大人物"所说的话,是为好言、美言,而提出从羊从口的"善"为"好",尝试解释"美善同义"的渊源,然这样的演变似乎太快也太简单了。现存最早文献中,美字并不多见。若以美即冠戴羊角头饰的大人物来说,我们在《尚书·尧典》所载"帝曰:'夔,命汝典乐……'夔曰:'于! 予击石拊石,百兽率舞'这种以"百兽"为饰的类似歌舞活动中,很难感受到那种美的余味。显然,此说仍然不足以解释美善同意及其关系。

(三) 巫舞说:美即动物扮演或图腾巫术

李泽厚与刘纲纪对原初之美的解释与萧兵的说法相近,他们认为:

> 这是原始的"狩猎舞"、"狩猎巫术"。这种"狩猎舞"、"狩猎巫术"往往与图腾跳舞、图腾巫术结合起来。美字就是这种动物扮演或图腾巫术在文字上的表现。
>
> 图腾崇拜是社会的产物……《说文》:"羌,西戎牧羊人也。"崇拜羊图腾祖先的民族,要举行播种、祈丰、狩猎、诞生等等巫术仪式的时候,就要由它的代表人物(一般是首长兼巫师)扮演做羊祖先的样子,大蹦大跳,大唱大念——这是一种美的巫术礼仪。也是一种原始的歌舞和诗歌。要扮演羊,或者头插羊角,或者自披羊皮……。这是冠羊习惯的反映,也是羊图腾崇拜的产物。当然牧羊民族、牧羊人所扮演的图腾羊,跳的图腾舞,就是最美的事物了。可见美最初的含义是"羊人为美",它不但是个会意字,而且还是个象形字。①

萧兵从文字结构释美,李、刘二氏则兼从文化人类学的视角尝试为美的起源做一些深入的诠释。然而,尽管他们很肯定地说"羊人为美",但李先生在《华夏美学》中却又说:"至于为什么用羊头而不用别的什么头,则大概与当时特定部族的图腾习惯有关。……当然,这种解释也具有很大的猜测性,还有待于进一步的考释。"②尽管只是大胆地假设,在中国美学重建的路上,仍有不可忽视的贡献。就如同臧克和的说法,认为他们试图在更深远的人类精神实体上,即在图腾信仰

---

① 李泽厚、刘纲纪主编,《中国美学史》(第一卷),第80—81页。
② 李泽厚:《美学三书》,安徽文艺出版社1999年版,第218页。

中去寻找"美"字形成的历史背景，是极有见地的。但臧先生也指出他们既"未进一步考察图腾崇拜的实质"，也"没有遵循文字学所能提供的基本方法"，去考释美的字源，而且，"美"字从羊从"大"的"大人"，也不是所谓的政治权势之大。依臧说，以文字学常识言，四肢伸展的"大人"形象，决不能与人的字义划等号，因为从汉字取象构形来说，那种纯然抽象的东西，是无法"近取诸身"的。此外，臧氏还质疑，把美当作巫术礼仪，"究竟是说原始人体验到的'美'，还是后人领略到了'美'？就是说，确定原初意义的'美'的客观性和实质，是否以这一现象的创造者或知觉者对它的主观概念为根据？"[1]当然，臧氏的质疑，和庄子与惠子在濠梁之上辩如何知鱼快乐的问题一样，暂时只能各说各话。不过，李先生也在书中表示，其兴趣不在于字源学的考证，而是在于统合"羊人为美"与"羊大为美"两种说法的可能性。他以甲骨文中，舞、巫同字，认为在原始的图腾舞蹈中，清楚地显示了感性与理性、自然与社会、个体与群体之间交叉会合的最初形式，借由图腾舞蹈把各个本来分散的个体的感性存在和感性活动，有意识地紧密连成一片，从而在其行为和观念中养成了集体性与秩序性的概念，亦即对个体情感与观念的规范化。其中的动物性感官愉快和情感宣泄，在此巫舞活动中已经逐渐人化、社会化、文化化，这就具有了审美的因素在内。因为"审美是社会性的东西（观念、理想、意义、状态）向诸心理功能特别是情感和感知的积淀"，而"羊人为美"与"羊大为美"也就在此意义上达到了统一。

虽然李先生无意于美字的字源考证，但他仍然是在"巫舞"说的观点上，试图从自然感官的愉快和社会文化的功能，去结合"羊大"与"羊人"之美。从解释美、善关系的角度看，其说法是可取的，然而，就美的原初意义来说，还是不够充分。[2]

（四）男女交合说："美始于性"

陈良运先生从"观念"的视角来解说构成"美"字的"羊"与"大"。他把"羊"视为一种"欢悦的、柔顺的、美丽的、阴性的"观念显示，而非具体的动物。"大"则是人，而且是男人；从观念上说，是阳性的、刚健的、雄张的。所以，"美"字上"羊"下"大"，意味着"上女下男，上阴下阳，上柔下刚"。他说：

（一）"羊"为女性之征，"大"为男性之征，男女交合，"美始于性"。此与《易经》、《诗经》表现的性意识及"美"之用法完全契合，且其上下结构与《易经》表现性感的《咸》卦完全一样：《咸》——下《艮》（少男）上《兑》（少女），男处下位，表示"内健"，女处上位，表示"外顺"，因此，《咸·象》曰："男下女，是

---

① 臧克和:《汉字单位观念史考释》,学林出版社 1998 年版,第 51 页。
② 李泽厚:《美学三书》,安徽文艺出版社 1999 年版,第 218—226 页。

以'亨,取女吉'也。"(如果女下于男,如《归妹》下《兑》上《震》,则"征凶,无攸利")由此可以作出肯定的判断,"美"字初构之义,生发于男女交感之美。

(二)羊因柔顺被归于阴性之属,"雄张"之"大"为阳性之属,阳气上升,阴气下降,亦是《咸·彖》所言:"咸,感也;柔上而刚下。二气感应以相与,止于悦……""天地感而万物化生"、"上下交而志同"即"内健而外顺"为《泰》(反之,相背而行,则是"天地不交而万物不通",为《否》,则无美),阳而刚、阴而柔,阳刚与阴柔相交相合,才有天地人间之美。

(三)"羊在六畜主给膳","食肉寝皮,为最大宗"(王献堂《炎黄氏族文化考》),大有利于人类的生存发展,有"利"且"大",合于"美利利天下"之义,超越了"甘"之味觉美,升华到观念性的"利"、"益"、"善"之美(这一条应该说是附庸性的,兼及"美"的一些相关观念,以存《说文解字》"美与善同意"之义)。[①]

陈先生从阴性的观念解说"羊",就如同萧兵以"羊饰"说"羊",在"美"的考索路上,都已有所贡献;从"羊"之肥大、膳甘等传统解释上,另辟新径,带来众多探索的可能性。可惜仍无法完全摆脱"羊在六畜主给膳"的解释,而多了第三点,以作为"甘"的观念扩充。虽然作者已说明此举乃属"附庸性",以存《说文》"美与善同意"之义。但倘若其能以"男女交感之美"的观念来解释"美、甘也",那将会更具说服力。否则,就有可能像他举许多文献为例,认定从"从羊从大"推论到"羊大则美"的说法,并无确凿事实为依据一样。然而,他的说法是否也同样冒着虽有例证,却不够充分的风险呢? 就以他所举《论语》中的例证而言:"子曰:'如有周公之才之美,使骄且吝,其余不足观也已!'"(《泰伯》),其中的"美",固然不能解释味觉之"甘也"[②],但用以解释"男女交合"之性感,似乎更不妥当。再者,倘若"美"的原初意义可以从《易经》得到如陈先生所提的解答,则其中应当可以找到如是观点的"美"字或其他具有"美"意的相关用字,如马叙伦所说的"嬍"。以陈先生在书中引用的"美利利天下"来说也是有矛盾的,《易经·干卦》说:"干元者,始而亨者也。利贞者,性情也。干始能以美利利天下,不言所利,大矣哉! 大哉干乎! 刚健中正纯粹精也。六爻发挥,旁通情也。时乘六龙,以御天也。云行雨施,天下平也。"其精义可与"乃命羲、和,钦若昊天;历象日月星辰,敬授人时。……八音克谐,无相夺伦:神人以和"(《虞书·舜典》)相参照,是先人"仰则观象于天,俯则观法于地,观鸟兽之文,与地之宜。近取诸身,远取诸物。于是始作八

[①]　陈良运著,《美的考索》,百花洲文艺出版社 2005 年版,第 28—29 页。陈氏对"美始于性"说的例证解说,主要在于该书上编第一章三、四两节。

[②]　同上,第 18 页。

卦,以通神明之德,以类万物之情"的智慧,若以之做阴阳协调之联想,固无不可,何况书中也得确有"天地絪缊,万物化醇;男女构精,万物化生"(《系辞下》)之说。但是,把"美"字作"性"解,则稍嫌牵强。事实上,除《易经》之外,在《国风》与《古文尚书》里的"美"字,亦皆无法以"巫舞"释,更难以"性"解。

(五) 美即丰满高大

此说为成中英所赞成,加以哲学和美学的阐述。臧克和先生从字源、同义、嗜尚,得出美的"丰满高大"说。他说:

> 一般所谓"甘美"的东西,就是具有精力充沛、生命力旺盛的特性的东西。故而,在古代人看来,将"美"字字源涵义理解为"盛大",自然也就可以与初民生殖崇拜(包括种与物两大系统)的宗教历史背景发生联系。这大概就可以说是"美"字字源学和语源学传达出的我们这个民族的审美意识接近源头的情形。

我国古代有关审美嗜尚的画论等资料表明:我们这个民族的心理特征,与前面关于'美'字字源、语源所考释到的内涵是相应的。丰满充盈、生机盎然、生生不息,这种审美心理的深层就是对生的崇拜的哲学意识。

臧先生的"盛大"背后,有与陈良运先生相近的"性"概念——生殖崇拜。这从各民族初期文化的特征都可看见类似的生殖崇拜。然而,有关"美"字的本源,以希腊文来说,"不只是及于美的事物、形象、色彩和声音,并且也及于美妙的思想和美的风格"。[①] 但是,与性并无关连。另外,他并从数项词义"同时合训"现象以及"语义场"概念——味觉感受性与视觉感受性的"语义场"——认为"美"的字源取象意义原本就是一个多边多维的东西。[②] 依其意,则丰满充盈、生机盎然、生生不息的审美心理,包含了具体或抽象的"羊"与"祥"。如此,美既有"味"、有"色"亦有"善"。臧先生的交叉考证,的确让人对"美"的关联网络更清楚。然而,我们还是要问:"美"到底是什么? 臧先生似乎"圆通"的解释,也很难满足这个问题。虽然他引许多例证来支持其说,譬如《诗经·陈风》:"有美一人,硕大且俨。"(〈泽陂〉)他解释此人之美属于"肌丰肉满"的境界。[③] 然以此说置于《诗经·郑风》"有美一人,清扬婉兮"又不甚契合;此"美"乃"色好"之谓,即"清扬婉兮"之美:眉清目秀,体态妩媚。如是,则臧氏认为取象"丰满高大"为美的说法,并无法满足此诗中所言之美,因为"丰满高大"与婉约的"眉清目秀"所呈现的,正是

---

① Tatarkiewicz, W.,《西洋六大美学理念史》,台北联经出版社 1993 年版,第 142 页。

② 臧克和:《汉字单位观念史考释》,学林出版社 1998 年版,第 72—81 页。

③ 臧克和:《汉字单位观念史考释》,学林出版社 1998 年版第 62 页。依臧说,"硕大且俨"乃指丰满型的女性美。程俊英则释为"身材高大而有风度"的美男子,见其《诗经译注》,上海古籍出版社 1985 年版,第 164 页。

"环肥燕瘦"两种不同的美。虽然臧先生亦论及："古代人的原初的美意识和原初的丑意识，两者有一个共同的起源，就是都发轫于对体态、姿态、形态的感受性。从语言学的角度看，'丑'原本与'好'存在着同源关系，两个词同属古音幽部而构成迭韵关系。这是古代辩证思维在汉语词义独特的'相反同根'的引申规律上的体现。"①然则，美丑固然皆属审美判断，但美不是丑；大与婉虽然都与美有关，却不能说大美与婉约美一样。

（六）美即装饰

关于美与饰的关系，萧兵在对"美"的探索中，已经触及了这个问题，只是他没有把焦点放在装饰上。朱志荣先生则从这一点来说美，他认为："'美'在甲骨文中是上羊下人，是把羊角、羊皮用作巫术、图腾活动时头上的装饰物。人的头上戴着羊头或羊角跳羊人舞，可能是羊图腾崇拜的民族的礼仪舞蹈，是一种装饰的美。"②这段话与萧兵的说法近似，但朱说的重点不在巫舞，而在于舞蹈或舞者的"装饰"。亚里士多德在论悲剧的要素中，就包括了服饰和舞台布景的艺术，③其目的不外是让整个悲剧的模仿更具感染力。古代中国人的羊饰不必是逼真的模仿，但让整个舞蹈表演或类似目的更为耀眼，却是可能的。朱先生引李孝定先生的考证说："契文羊大二字相连，疑象人饰羊首之形，与羌同意。卜辞…上不从羊，似象人首插羽为饰，故有美意，以形近羊，故伪为羊耳。"又引王献唐先生之论，主张"美"字"下部从大为人，上亦毛羽饰也"、"毛羽饰加于女首为每，加于男首则为美"。④ 然朱先生所引李孝定释文，接下去一句是"姑存此说待考"。可见李先生并无定论。至于美字上部是羊是羽，前已提及，如果它是装饰义，则对于美字的实际意义，并不会有本质上的影响。朱志荣先生解释说：

> 商代中叶以降的甲骨文诸"美"字字形虽有几种不尽相同，但都有"羊"或类似饰物和"人"的上下排列。这是一个象形而兼会意的字。这也说明在商代人审美意识中装饰的重要意义。……

> 总之，无论是"羊人为美"还是"羊大为美"，抑或作为美字异体的"每"字，其本意都是装饰的意思。至于这种装饰到底是为原始宗教的目的还是为了吸引异性，则与美字的本意没有直接的关系。而以美这一视觉感受的字来形容味觉感受乃至伦理道德等，则反映了中国古代字意引申的规律。

---

① 臧克和：《汉字单位观念史考释》，学林出版社 1998 年版，第 68 页。
② 朱志荣：《商代审美意识研究》，人民出版社 2002 年版，第 52 页。
③ 请参阅 Aristoteles, Poétca, Barcelona: Bosch, 1985, p.243；陈中梅译注，《诗学》，商务印书馆 1996 年版，第 65 页；姚一苇译注：《诗学笺注》，台湾中华书局 1992 年版，第 69－70 页。
④ 朱志荣：《商代审美意识研究》，人民出版社 2002 年版，第 53－54 页。原文载于李效定：《甲骨文集释》第四、五卷，台北中央研究院历史语言研究所 1974 年版，第 1323 页；王献唐著，《释每美》，《中国文字》第 35 册，台北国立台湾大学中国文学系 1970 年版，合订本第九卷，第 3935 页。

这说明富有审美情趣的中国文字在字意的引申上也体现了审美的情调。[①]

朱氏以"比拟、感通"把美字从原初意义到转义，及其引申应用等脉络关系，予以合理化。这也是他在引证诸文字学家释"美"为羽饰之后的结论。然而，其重点却在于"引申"的审美思维方式。对于"美即装饰"并未做进一步的说明与证明。不过，他已注意到，不论装饰的动机，是宗教的，还是为了吸引异性，都与美字的本意没有直接关系。易言之，美的最初意义，是因为羊饰或羽饰的视觉效应而引起的愉悦情感，而以类似的装饰应用于巫舞，或以美字引申应用于社会生活领域，则是后来发展的结果。当然，我们也不能忽略，中国古代以"羊大"或"羊人"来标示"美"的情感，必然是出自一个特定的历史格局，它意味着文明的进程，并不能因此说早期居民的美感是来自于"羊"。

尽管以上诸说并未能完整解释中文"美"字的原初意义，但他们在重建中国古代美学理论上的贡献，都不容忽视。虽然新说相继出现，仍有不少人坚持以羊大"味甘"为美，此处不予讨论。但不管新说旧说，都绕着文字结构而论。借助各种学理，给予大胆的假设，固然可取，可惜文献不足征，并无法确切地解释美的原初意义为何。美的源起，虽难以考定，但探索"美"在那些最早文献中的普遍义是什么，却是可能的。因此，以下我们将以孔子及其时代的主要文献，重新讨论"美"是什么，以便能较好地解释并重建古代的美论思想。

五、"美"的意义的最初的系统阐述

在《论语》中，孔子言论及其与弟子们相互讨论的内容，很显然涉及《诗》、《书》、《周易》、《礼》、《乐》与《春秋》。这些也是现存最早的文献资料。以下我们将以这些文献为主，参照先秦相关文献，去探索"美"字在春秋时期，是如何被理解与使用的。设若初民的民生经济产业是以羊为主，而有重要的"羊人"巫舞仪式，那么这个字在虞夏商的时代，应当也是个重要的概念。然就目前所知的文献与考古数据，周朝之前罕见"美"字的使用。这种现象不管是与"羊大"或"羊人"为美的解释，都无法相契合。所以，讨论中国"美"字的"原初"意义，在文献不足征的情况下，我们只宜以记录先民活动的最早文献，并且已明显触及"美"的意义者为据，予以考察。亦即以"诸子百家"发生之源为始，从孔子时代已通行之文献及其时代的文化史料中去探究"美"的意义，以作为研究并建立中国古代"美"论的基础。

《诗经》里的"美"字，主要在《国风》，而且与人的外貌、体态、性情有关。如

---

① 朱志荣：《商代审美意识研究》，人民出版社 2002 年版，第 53—55 页。

"彼美淑姬,可与晤歌。"(《陈风·东门之池》)、"予美亡此,谁与? 独处!"(《唐风·葛生》)依郑玄笺,《葛生》之美,指女子远征的丈夫,意即亲爱的人;《东门之池》的淑姬指贤女,则"美"可以是形容词,意即"美丽的"淑姬。[①] 则"美"字在此有视觉上的外貌之美,也有情感上的依恋之美,如后来所谓"情人眼里出西施"者即是;前者以形式为先,后者以情感为主。亦即此牵动人心之"美",包含了形式与情感的因素。美在《诗经》其他例子中的用法不离此意。从《郑风·叔于田》的"洵美且仁"、"洵美且好"、"洵美且武"来说,"仁"、"好"、"武"三者与"善"有关,而"美"字在此不仅可印证《国风》中的"美"字,乃专指某一令人生发愉悦或思念情感的对象,以及用以描述此情感的感叹词、形容词,而且与善并无直接关系。依此,我们可以将此三诗句之意概说为"洵美且善"。我们可以说,同样以"美"相称,却也有程度之别。其一乃"一见钟情"、"惊为天人"式的,即初次看见就被其超乎寻常的美貌吸引;其二则属渐进式,日积月累而成极为欣赏与喜爱的对象。概言之,这是民间与地方对"美"的一般概念与用法,是因于对某对象的外观或情感所生的美感。

美在民间的一般用法如此,在国家层级与知识界的概念又如何? 依单穆公谏景王铸大锺所言:"夫乐不过以听耳,而美不过以观目。"(《国语·周语下》)可知美与视听感官有关。如晏子批评齐景公以宫室锦衣之盛为霸诸侯之征,提及"且公伐宫室之美,矜衣服之丽……万乘之君,而壹心于邪,君之魂魄亡矣,以谁与图霸哉?"(《晏子春秋·卷二第十五章》)宫室与衣服等即是这种具象之视觉美,是形式之美。但当晏子婉拒景公封邑时所言:"管子有一美,婴不如也;有一恶,婴不忍为也,其宗庙之养鲜也。"(《晏子春秋·卷一第十二章》)此美已无关外貌,而是指内在的才能。而《左传·襄公二十八年》记载子产论外交使节之权变说"大适小有五美:宥其罪戾,赦其过失,救其菑患,赏其德刑,教其不及"则是一种对待方式,涉及彼此"关系"的张弛,此美与伍举的"无害"之美相近,不外乎着重其"安"。如何可得无害而安之愉悦? 我们从晏子所言:"如臣者,饰其容止以待命,犹恐罪戾也。"(《晏子春秋·卷六第二十三章》) 可找到一点线索;犹恐获罪,而时刻待命。待命中,意味着已准备妥当,随时可以出发,这基本的准备工夫,即是穿戴合宜整齐的"饰其容止",甚至还可以包括内在的精神与态度;饰在这里就等于得安之愉悦的初步工夫。依《说文解字》:"饰,刷也,从巾从人,食声,读若式,一曰㩜饰。"段玉裁注曰:"凡物去其尘垢,即所以增其光采,故刷者饰之本义,而凡踵事增华,皆谓之饰。"依其意,所谓去除尘垢,以显光彩,即含有改善

---

① 郑玄云:"予,我。亡,无也。言我所美之人无于此,谓其君子也。""言淑姬贤女,君子宜与对歌相切化也。"见《毛诗郑笺》,台北学海出版社,第179、200页。

某物当下状态,以使增其光华,更加赏心悦目的目的。《周礼·冬官考工记》说:"审曲面势,以饬五材,以辨民器,谓之百工。"饰化即美化,以使各种材料成为有用之器物,而各种"工"匠艺师即是从事这些制作者。辨民器,意味着这些"工"匠艺师所造之器物,不一而足,各具不同的功能。而"审"与"面"在此具有判断的动词意义,而"饰"既是美化的动词义,同时具有"技术"的内涵。即对某物之自然形状的审视观察之后,将各种材料给予美化增华,做成各种器用,就是所谓艺匠的各种制作。如《考工记》所云:"知者创物。巧者述之守之,世谓之工。百工之事,皆圣人之作也。"这些工艺,皆为古圣人的创作,后世艺匠则根据智者的发明去"述之守之",以制作各种器物。这也可以说明"工"之"饰",是人为的艺术,其目的在于生产器具。各种器具之制作又随其所需,各增其饰,以显其华。而且,这类的工艺美饰,其来久远。《说文解字》说:"工,巧饰也,象人有规矩也。"所以,"工"可以是技巧(technique)和技艺(art),也可以是方法和规矩;工亦即是增饰的方式。《国语·周语中》记载定王之言曰:"服物昭庸,采饰显明,文章比象……",即是以采饰显明其志。而晏子之饰容止,则是让自己去其尘垢,以增精神光采。同样地,晏子批评景公爱槐树、崇玩好而"穷民财力,以美饮食之具,繁钟鼓之乐,极宫室之观"。(《晏子春秋·卷二第二章》)美在此是动词,意即增其华,以极视听感官之乐。但是基本上,此美与晏子之饰都具有相同的功能与意义。较之于《诗经》之"美",上层社会之美,虽然跨越了形式与情感,扩及于彼此对待与国家层级的安危关系,但是基本上,于情感之愉悦与渴慕上是一样的。

《左传·昭公十二年》记载惠伯之言曰:

> 外强内温,忠也;和以率贞,信也,故曰"黄裳元吉"。黄,中之色也;裳,下之饰也;元,善之长也。中不忠,不得其色;下不共,不得其饰;事不善,不得其极。外内倡和为忠,率事以信为共,供养三德为善,非此三者弗当。且夫《周易》不可以占险,将何事也? 且可饰乎? 中美能黄,上美为元,下美则裳,参成可筮。犹有阙也,筮虽吉,未也。

此乃南蒯将叛,枚筮遇坤之比,曰:"黄裳元吉",以为大吉,就问惠伯说:"即欲有事,何如?"惠伯明知其意,却反问说:"《周易》不可以占险,(汝)将(举)何事也?"美在此有性情与态度之完美、善之完备之意,意即"外内倡和"之美乃黄,至善之美乃可为标准,有恭敬信实之美,才成其为裳,而可增可衣之饰。"裳,下之饰也"与"不得其饰"之饰,皆为装饰、美饰之意,不恭不信就无法与上衣相配,以增显整体之华。而"且可饰乎"之饰,有配衬、装饰意,如孔子所言之"君子不以绀緅饰"(《论语·乡党》)。饰于此指领与袖之镶边,虽然不是衣之主体,却可使整体更为可观。惠伯之意,若非具备正直、刚强、柔和三种美,则虽吉卦,也未能之行。《易经·坤卦·文言》谓"阴虽有美,含之;以从王事,弗敢成也。地道也,妻道也,臣道也。"此美与"下美则裳"之美相近,指其衬饰美质,究其实,仍属美饰之意。至于"君子黄中通理,正位居体。美在其中,而畅于四支,发于事业,美之至也!"(《坤卦·文言》)与"干始能以美利利天下,不言所利,大矣哉!"(《周易·干卦》)则已超乎美饰之意,进入至善之境。

此外,《周礼·地官司徒》亦载曰:"以本俗六安万民:一曰媺宫室,二曰族坟墓,三曰联兄弟……",媺即美,在此当动词,意即美化、美饰,唯其美化的对象与内容仍不脱具象之视觉效用。在郭店竹简《性自命出》中,亦可看见这类的美饰,其言曰:

> 教,所以生德于中也。礼作于情,或兴之也。当事因方而制之,其先后之序则义道也。或序为之节,则度也。致容貌所以度,节也。君子美其情,贵(其礼),善其节,好其容,乐其道,悦其教,是以敬焉。

依其语意,可以说:教,是用以引发人的道德感。礼是为了人之喜怒哀悲之情而作。这些礼节都是针对现实情事之因应之道而作,其先后轻重的次序就是义道。其次序又有所调节,就是度。容貌表情的适度,就是节制。君子欲使其情更美,使其礼更(尊)贵,使其节(制)更善,使其容貌更好,使更乐(于)其道,使更(喜)悦其教,所以,以诚恳尊敬的态度为之。[①] 这里"美其情"使用的美,与贵、善、好、乐、悦等字,概属同谓语。从字义上来看,不管是在心理层面,还是感官层面,都有趋于欣欣向荣的正面意义。从句法上来说,都是当动词。我们可以说,美作为动词,美化某物,是有动机、有目的的。如同,《礼记·礼器》所说:"礼释回,增美质。"依孔颖达注释:"用礼为器,能除去人之邪恶也。增,益也。质,性也。礼非唯去邪而已,人有美性者,礼又能益之也。"[②] 此处不同于前述具象之饰,而是以礼增人之美质。在这里我们至少知道美在汉朝并不完全是"羊大为美,与善同"。美在这里仍有华美之意,只是它并非用于外在的服饰容貌,而是对人性本质的形容。孔注也透露出另一种讯息,即美可以来自于"饰",也可以是"丽质天生"的美性者。我们可以说,"饰"本身与美并无直接关联,饰是为了"增华",增华即增美。因此,美即是华,华则"有光辉"。后来孟子也有类似的观点,他说:"充实之谓美,充实而有光辉之谓大。"(《孟子·尽心下》)从另一个角度来说,"审曲面势,以饬五材"就是使美素材更加充实,更增其美性。增美质,实已有光辉。只是孟子更细腻地以充实和光辉来区分美与大。质有先天之美,从孔子所言:"生而知之者,上也;学而知之者,次也;困而学之,又其次也。困而不学,民斯为下矣!"(《论语·季氏》)即可知之。美与大之分,至少在季札论乐时,尚未出

---

① 郭沂:《郭店竹简与先秦学术思想》,上海教育出版社 2001 年版,第 241—243 页。
② 阮元校刻:《十三经注疏》下册,中华书局 2003 年版,第 1430 页。

现。但不管是天然之美还是巧饰之美,都具有超乎一般的光华,此光华之美可以是羊人之饰,羊大之增"华"(增值),也可以是雕琢之美,或质性之美。因此,我们可以说,美即有光华。饰则是为了让某一对象具有光华,或更具光华。所以,增华者,即以内心正面之所思、所悦、所是的方式,使某物成为具有一己所渴慕与期待之特别效果。而踵事增华的对象,可以是具体的诗文、宫室器物、图象雕刻、音乐,乃至个人的外表仪容与内在情操等。增饰的方式,可以是以修辞、雕工、设色、笔触、知识、礼仪等许多不同的途径行之。而所谓效果,可以是华丽、婉约、庄严、哀戚、优雅、崇高等形象与情感。这类"锺事增华"的效果即是所谓的"美",从晏子的"饰其容止"到《性自命出》文中的循序渐进,以达"增华"效果,正可以作为"美""饰"的说明;美或饰都比一般要来得特殊,借柏拉图的话说,凡具有如此引人愉悦的"特殊"效果者,我们可以说,它们都"分有"了美的本质。彭亚非先生认为先秦的审美内涵仅止于五官的感官享乐,无法提升为更高尚、更优雅和更有意义的审美追求①,因此,"审美活动表现为一种生理实践和欲望满足的过程。而作为这种行为的对象,美便主要不是与情相通而是与欲相联"。② 虽然这是事实的一面,但彭先生显然忽略了先秦也有对美内在要求的另一事实。

从 République de Khakassie (Abakan－Minusinsk)发掘的史前壁画来看,那些动物图像本身,不管是史前人类(狩猎)的生产活动记录、图腾,或者是庆祝场合的背景装饰,我们发现其中对于鹿角的夸张表现,正可反映出人类情感心理对那些特殊事物,或惊喜或渴望的倾向,而以彰显的夸饰手法来表现。同样地,商代铜酒器"龙虎铜尊",亦刻着人头上顶(戴)着两只相对的动物(老虎)图纹。我们说一个人头上戴着羊头以示其美,则不管此铜尊的实际作用为何,这样的"虎人"装饰图纹,何尝不可以是在于增其华,饰其威,以使之更为"可观"! 宋朝黄伯思在《东观余论》中提到周方鼎说:"故目以周方鼎,其大也,几可以函牺牛之全体。其文镂也,淳美而不太华。其中也,略无款刻,盖用于王之燕享而已。"类似器物无论是用于祭祀或者燕享,美饰显然是为了使某种对象与目的更具愉悦或庄严之感。对照《性自命出》的"美、贵、善、好、乐、悦"等增饰效果,不难理解那些图象创作的目的,更应该是为了对当时准备进行的某种活动,表达出一份特别的敬意和重视,以使那样的活动更热闹、更喜气或者更庄严肃穆,更符合预期的效果。在《论语·宪问》中,孔子曾讨论郑国大夫子产对于草拟外交文告的慎重行事,他说:"为命:裨谌草创之,世叔讨论之,行人子羽修饰之,东里子产润色之。"从四位大夫的先后拟稿、讨论、修饰到润色完成,这些"增华"作为,其目的无

---

① 彭亚非:《先秦审美观念研究》,语文出版社 1996 年版,第 7 页。
② 同上,第 18 页。

非是想达到预设的效果。由此,我们也可以说:美者,增华之象也。饰者,求其增华之效也。这样的美,如《尔雅·释器》所释:"黄金谓之璗,其美者谓之镠。白金谓之银,其美者谓之镣。"镠与镣,乃金中之金,银中之银的"特殊"称谓;其超乎一般、平常之焕发容光者,皆为美。

再者,我们从半坡遗址所出土的陶罐鱼纹或发饰骨簪来看,那些纹饰固然可以是为了祭祀或图腾而为之,但是,人不分古今、性别、种族,都应具有所谓"爱美是人的天性"之特质。利瓦伊—史陀(Calude Lévi—Strauss)在《"原始的"思想与"文明的"心理》文中就认为人类学家向来对"原始人民"(l'homme primitif)有两个错误的想法:一种是认为原始人的思想质量比现代人粗糙,另一种认为他们的思想形态是神秘而感性的。利氏则相信原始居民的思想形态,其实是"非意图性的"(désintéressé),却又是"知性的"(intellectual)。他解释说:

> 在《当代的图腾意识》与《野性思考》中,我尝试指出,这些被我们认为在困难的物质条件下,完全屈服于不致饿死,努力维持最起码生活需求的原始居民,他们是绝对有能力拥有一种非意图性的思考能力;亦即,他们一方面是为了对周遭世界,及其所居社会与自然之了解而活动。另一方面,则是以知性方式响应这个目的,而且精确地如同哲学家所为,甚至在某种程度上,就像科学家可以做也将会做的那样。[①]

依利氏之说,所谓原始人的思维方式,与现代人并无两样,不同的是,他们所处的生活环境内容,不像现代人这么复杂;另一方面,则是他们尚无能力以书写的方式来表达他们的情意。巫术或图腾崇拜,是现代人以其经验所做的假设性判断,我们不否认早期人类社会有宗教巫术与图腾崇拜的存在,但有关"美"的原初意义,以及那些原始器物上的图纹,并不一定要跟巫术或图腾的仪式有直接关系。一支雕刻精美的发簪,不必是为了祭祀或陪葬的目的而制作,它可以单纯地只是为了使这支簪和其他的簪看起来是多么不一样而有光华。某些带有图纹的器物也未尝不能只是为了"增华",以便让那个祭器在那样的活动或仪式中显得更美观,更隆重,而显其重要性。

此外,关于美饰与图腾崇拜,朱志荣认为:

> 象生纹饰是原始先民因器尚象、因物赋形的艺术结晶,象征意味明显。最著名的"人面鱼纹"纹饰,两条象生鱼分别在人面的口部和耳部相向而立,具有明显的图腾性质。以该纹饰为代表的鱼形纹饰不仅在半坡型中普遍存在,在大地湾型、马家窑型等各时期中也大量存在。……大量鱼纹的涌现,

---

① 见 Calude Lévi—Strauss, Mitoy significado. Madrid:Alianza, 1990, pp. 35—37.

一般认为因为鱼多子多产并与生殖器相似,是生殖崇拜的象征。①

严格说来,彩陶纹饰中的象生纹饰和几何纹饰都是先人观物取象的结果。大地山河、日月星辰、风云雷电、花草树木、鸟兽虫鱼等等自然现象,是象生纹饰和几何纹饰的共同创作源泉。②

首先,作者以《周易·系辞》所言:"仰则观象于天,俯则观法于地,观鸟兽之文,与地之宜。近取诸身,远取诸物。"作为彩陶纹饰创作的灵感来源依据。果如是,则依此自然观测方法所取象的纹饰内容,必然与其实际生活的自然环境有关,即不管是动物、植物或景物纹饰,必然都是当地的产物或经常可以接触到的东西。我们参考各地的史前器物纹饰,大都可以见到类似的图纹。在南非 Maclear (Eastern Cape)的德拉肯斯堡山区(the Drakensberg Mountains)发现的"林顿石板",上面除了人物之外,布满了髦牛、铃羊与鹿之类的动物。他们以红色和白色制作这块石板,不管是由于图腾、宗教仪式、狩猎记录、还是纯生活空间的装饰,它都具有增饰增美的作用。从我们现在对非洲动物世界的了解,说那些动物都是当时非洲居民常见者,甚至是生活不可或缺的食物来源,基本上是可以成立的。如果说这些纹饰都具有"特定精神和宗教的象征"③,那就意味着人类社会是先有宗教的意识或对自然现象的"惊惧"之后,才有这些器物纹饰的出现。但这样的说法是不充分的。朱文认为鱼纹在半坡村、大地湾、马家窑等地大量出现,乃生殖崇拜的象征。但是,就地理环境而言,此三地皆是河滨文化型的聚落④,渔猎自是主要的经济活动,在捕获那么多的鱼产情况下,以鱼纹、水纹、鳞纹作为纹饰的内容,是很合理的现象,若有转化为图腾或生殖崇拜的象征,应该也是后来的事。

"美"饰是人心理的普遍渴望,也是艺术得以创新发展的动力。由是,我们可以认为,上"羊"下"大"之"美",就是人戴着牛、羊、鹿角、鸟羽之类饰物的形象,有"增华"之意图或渴望。若说"羊大为美",则意味着此说已是畜牧活动开使以后才有的概念,它离远古社会的"美"感,显然还有一段距离。李泽厚认为:

> 其实,仰韶、马家窑的某些几何纹样已比较清晰地表明,它们是由动物形象的写实而逐渐变为抽象化、符号化的。由再现(模拟)到表现(抽象化),由写实到符号化,这正是一个由内容到形式的积淀过程,也正是美作为"有意味的形式"的原始形成过程。即是说,在后世看来只是"美观"、"装饰"而

---

①　朱志荣:《商代审美意识研究》,人民出版社 2002 年版,第 168 页。

②　同上,第 174 页。

③　同上,第 176 页。

④　半坡遗址位于浐河东岸二级台地上;大地湾遗址位于清水河与阎家沟交汇处的三级台地上;马家窑则位于洮河边的一座小山丘上。

并无具体含义和内容的抽象几何纹样,其实在当年却是有着非常重要的内容和含义,即具有严重的原始巫术礼仪的图腾含义的。似乎是"纯"形式的几何纹样,对原始人们的感受却远不只是均衡对称的形式快感,而具有复杂的观念、想象的意义在内。巫术礼仪的图腾形象逐渐简化和抽象化成为纯形式的几何图案(符号),它的原始图腾含义不但没有消失,并且由于几何纹饰经常比动物形象更多地布满器身,这种含意反而更加强了。抽象几何纹饰并非某种形式美,而是:抽象形式中有内容,感官感受中有观念,如前所说,这正是美和审美在对象和主体两方面的共同特点。这个共同特点便是积淀:内容积淀为形式,想象、观念积淀为感受。①

美之所以不是一般的形式,而是所谓"有意义的形式",正在于它是积淀了社会内容的自然形式。所以,美在形式而不即是形式。离开形式(自然形体)固然没有美,只有形式(自然形体)也不成其为美。②

说彩陶的几何纹样是由自然实物如动植物、自然景物演化而来,这是不难理解的。就以现代艺术来说,从塞尚对物体基本形式的几何化概念,或德洛尼的抒情立体,都可看见类似的简化例子。而一件"艺术品"的形式与内容原本就是不可分割,借用马库色的话说:"文学并不因为它写的是工人阶级,写的是'革命',因而就是革命的。文学只有在跟它本身有关,把它的内容转化为形式时,被称作是革命的,才有意义。"③则写实或抽象都可以是"有意义的形式",一件艺术作品的意义也不应该只用写实或抽象来判断。就创作者来说,不管其作品的形态为何,作品的标题就意味着艺术家所赋予的意义,如杜尚的"喷泉"。那些形象或纹样是否具有"非常重要的内容和含义",除了作者本人的意图之外,审美者的判断也是不可忽视的原因。我们不能否认那些纹饰在它们出现的时代具有相当的意义,但是否必然是"严重的原始巫术礼仪的图腾含义",还有待更进一步去证成;美饰的确可以使仪式更庄严可观,但是,礼仪的目的不会是"增华",美饰的目的也不应该是祭祀本身。而艺术品乃至于工艺品,既有形式,不管是否为抽象几何纹饰,它就已具有形式美,这是就"物象"本身而言。至于形式中有什么"内容",感官感受中有什么"观念",在审美过程中,就属"见仁见智",各显其华的问题了。但是,可以确定的是,这些图形纹样的创造或制作,都是为了"增华";不管那些纹饰之于器物,是纯装饰作用,还是为了特定的庄严仪式,都是为了让那器物本身更显光彩,也都应具备相当的意义。《诗经·魏风·汾沮洳》曰:

---

① 李泽厚:《美的历程》,见《美学三书》,文艺出版社 1999 年版第 24 页。
② 同上,第 34 页。
③ 见 Herbert Marcuse, *La dimension estétiica*, Barcelona:Editorial Materiales, 1978, p.59. 或李小兵译,《审美之维》,三联书店 1989 年版,第 206 页。

　　　彼汾沮洳，言采其莫。彼其之子，美无度；美无度，殊异乎公路。

　　　彼汾一方，言采其桑。彼其之子，美如英；美如英，殊异乎公行。

　　　彼汾一曲，言采其藚。彼其之子，美如玉；美如玉，殊异乎公族。

　　"美无度"虽为最高级之无可比拟，概而言之，与"美如英"、"美如玉"者为比较级，而"殊异乎"则是对比较结果的描述；那男子之美如玉，跟那些当官的公路、公行、公族是非常不一样。"殊异乎"那些体格、人品皆属普通的官员们，此"美无度"而"殊异"的判断，在此即含有"增华"的意义。

　　在现存最早的这些古代经籍中，除了《国风》之外，几乎都是官方或上层社会的活动记录，而"美"字在《国风》中并看不出美与善的直接关系。如果我们相信"诗三百，一言以蔽之，思无邪"，那么在春秋之前的民间认知上，"美"与个人的感官与心理感受的关系，要比与"善"或"德"的关系深而密切得多。如果早在重卜筮的商朝，美与巫术仪典所关注的"善"有深厚关联，在周朝民间就不可能没留下一些影响与痕迹。而从考古资料，如骨制发簪等物亦可推知，美的最初原意应是很单纯地与增华或弥补不足之心理需求有关。因此，我们可以合理的推测，美与善的关系，应该是从周朝开始才逐渐变得密不可分。

　　总之，增华，由"增"字，可知其具有一种意欲超越寻常或补其不足的心理倾向。伦理道德是经验的，其规范性常多于善性的自然流露，美感则是本能的，其情性的抒发常多于知识判断；但善性增强人们对伦理的肯定，知识的累积也提高了人们对审美的品味。诚如柏拉图所言，美善的事物众多，人间事物并不具有绝对性。所以，有经验告诉我们，湖光山色的自然是美。同样地，也有经验告诉我们，高楼林立的都会为美。两个极端不同的世界之所以皆为美的原因，不在于人为与非人为的风景本身，而在于它们都有符合人性情志的渴求之处。所以，美在于风景，美感的兴发，则在于人性对所见所思之对象的渴望与满足。对古代中国人而言，符合人性的渴望与满足者，概括言之，即是"趋吉避凶"。吉则有福，无凶则安。有福有安，然后有美感。"趋"与"避"都是实践性的，得吉得安，都属于一般或"不安"状态的增华或"刷"除，凡此都可带来华美吉安的愉悦情感。我们说美与饰有密切关系，然饰不等于美。但凡超越一般而具有"增华"、"殊荣"成效之事物，而令人耳目一新，仰慕赞赏者，皆可称之为美；而"美感"即是类似之情事物象在人心中引发的愉悦情感。有所增华的事物，虽然具备引人愉悦的条件和质性，但它们是否真正引发人的美感，还在于审美者本身的心理状态，此心理状态，包括情感倾向、品味层次、心志成熟度、价值判断等。所以，我们也可以说："美"是超乎寻常而引人赞叹的状态。如乔治·桑塔亚纳所言："美是一种至善(an ultimate good)，它是某种可以满足我们自然功能、某些基本需求或者心智能力的东西。所以美是一种内在的正面价值,是一种愉悦。"①这种至善之美,不像善一样可以定出规范和目标,它只能是康德所说的"无目的的和目的性",在生命中随时随地可以巧遇,而出乎意外地满足了让人愉悦的目的。然而,尽管对孔子而言,生命本身不可能是"无目的"的,相反地,是从"志于道"而至于"成于乐"、"游于艺"的过程中,不断地自我提升,是有知、有目的的不断追求灵魂与人格之"增华",以期自然而然地进于"从心所欲不逾矩"。正因为这个有目的的自我"弘毅"过程,让每一步都有意识而美感地触到内在乐处的可能。桑塔亚纳认为"所有的价值都是审美的"②,这样的命题是有意义的,它为这个美与善的关系提供了一种肯定的回答。西方美学强调的是美最高的绝对理念。从这点来说,类似叶幽兰、胡若诗、萧振邦等先生对所谓中国"美学"持保留态度是可以理解的,此中没有对错,只是观点的问题。对古代的中国人而言,天地孕育万物,万物相生相成,最高的绝对概念,即是天地万物生生不息的和谐状态,每一物的美与善都不会是自己自足的。因此,美虽是增华的状态,但真正的美感愉悦,却还须符合这种自然和合的观念。而增华之极致,应该没有比"神人以和"的状态更令人吉安愉悦了。对西方人来说,这种引起愉悦情感的"增华"本质,就是用以判断美的对象的依据。但对古代的中国人而言,这样的"美"只是一个起点,只有在"美"的形式内部充实了"无害"的健康关系时,那种没有不安之感的愉悦才是真正的愉悦;那样的关系就是一种和谐的秩序,是孔子所谓"鸟兽不可与同群",美与不美泾渭分明的人文秩序。而"增华"的极致不是极豪华,而是"至和",是"匀称"的"均",与非"繁复"的"雅"。

---

① 见 George Santayana, *The Sense of Beauty*. New York:Dover Publications, 1955, p. 32.
② 同上。此句采用王济昌先生的翻译,见王译《桑塔亚纳美学笺注》,台北业强出版社 1986 年版,第 15 页。

III

西方美学与诗学

海德格尔的生态诗学

—— 一个本体诠释学的观点

赖贤宗

一、导　论

海德格尔 (Martin Heidegger, 1889－1976)在《艺术作品的本源》中说"诗意"是"真理光明投射一种方式,是在广义上的诗意创造的一种方式"。[①] 又说:"诗意是存在敞开的言说。真正的语言在任何给予的时间均是这种言说的发生。"[②]由此可见,海德格尔的"诗学"探讨的是"存有真理的设入于作品之中的动作","诗学"探讨的不是"诗"作为一种文学作品的"种类"(例如诗、小说和散文)的研究课题,而是揭示"真理光明投射的一种方式、诗意创造的一种方式"。诗(poesis) 就其本性而言是一种存有的发生,是自然的造化。

深层生态学涉及于新的自然观、新的存有观,涉及到人的实存对于自然的整体性的照顾与献身,是一种 das ganzheitliche Denken (整体性的思考),深层生态学的自然观是一种本体诠释学 (onto-hermeneutic) 的观点。因此,深层生态学涉及于新的自然观、新的存有观,可以说是一种存有的诗学。笔者称海德格尔的诗学,是一种本体诗学,是一种生态诗学 (eco-poetics)。换句话说,海德格尔诗学包含着一种深层生态学与存有美学,这是笔者所说的海德格尔的"生态诗学"。

海德格尔认为,世界是存有意义开显的界域,存有自身即开显即遮蔽,对科技理性的过分膨胀,加以批判。海德格尔此一思想不仅具有生态哲学

---

① 　Heidegger: *Holzweg* (《林中路》)第 60 页。《艺术作品的本源》,此处引文参见彭富春译《诗·语言·思》,文化艺术出版社 1990 年版,第 68 页。

② 　同上,第 69 页。

的意义,也是一种生态诗学,具有本体诠释学的深度。海德格尔认为:艺术的本性存有的真理的发生。这种发生是世界和大地之间冲突的抗争,作品的独立或者自我镇静在此处得到奠基。"生态诗学"以诗意的唤醒来重建新时代,也就是在海德格尔所说的"四方"的重新建立之中,唤回诗境,让人可以安居在存有之中。这里所说的"生态诗学"是结合深层生态学与海德格尔诗学与科技批判。此一"生态诗学"以诗意的唤醒来重建新时代,也就是在海德格尔所说的"四方"的重新建立之中,唤回诗境,让人可以安居在存有之中。

生态学 (ecology, Ökologie) 一词最早由德国的生物学家赫克尔 (E. Haeckel) 于 1866 年在他的 *Generellen Morphologie der Organismen* 一书所提出。"生态学"一词在西方之中是以德文 Ökologie 而首次出现,Ökologie 由希腊文 oikos 和 logos 两个词根所成。oikos 意为住所、住所的照顾 , logos 意为研究或讨论。当时赫克尔对生态学所下的定义为:"生态学是研究动物对有机和无机环境的全部关系的学问。"此后,许多学者对生态学作过不同解释,现在,生态学为大部分人所采取的简要的定义则为:"研究生物与其周围环境之间互相关系的科学。"[①]

米纳瑞克指出:Ecology (Ökologie) 在字源上,一开始就和"宗教" (religion) 有关,因为西方语言中的 religion 的字根 religio,意为 Rück—Bindung an das Ganze (回顾并结合于整体),而生态学在字源上的意思是 Oeconomie des Natur—Ganzen (自然整体的照顾经营)。[②] 简言之,生态学 涉及于新的自然观、新的存有观,涉及到人的实存对于自然的整体性的照顾与献身,是一种 das ganzheitliche Denken (整体性的思考)[③]的、新的存有观。涉及于新的自然观、新的存有观的生态学并不停留于生态物种与自然环境的保护的环保政策的主张,而是深入到生态学的灵性基础,所以被称为"深度生态学"。这种作为后来西方生态学的思想渊源的"整体性的思考"在西方思想史上也有很多人提倡,西方文化史在传统哲学的二元对立的分析理性之影响下,本来并不被重视,但是到了 20 世纪复兴而渐渐兴盛,也成为西方生态学的思想来源之一。"整体性的思考"是一种本体诠释学的思考,这种思考模式在亚洲是传统哲学的主流,如此处所说它具有生态哲学的涵义。通过东西方的跨文化沟通,亚洲的哲学也刺激了当代西

---

①　参见诸葛阳编:《生态平衡与自然保护》,台北淑馨出版社 1991 年版,第 4 页。

②　Hubertus Mynarek: *Ökologische Religion. Ein neues Verständnis der Natur* (《生态宗教:对于自然的新理解》)München,1986,第 14 页。

③　das ganzheitliche Denken (《整体性的思考》) 在西方的渊源,请参阅 Karen Gloy 的 *Das Verständnis der Natur. II Die Geschichte des ganzheitlichen Denkens*. München,1996。

方生态学的勃兴。①

　　川村永子在《禅と宗教哲学》中对京都学派哲学家西谷启治的研究中指出，受海德格尔的科技批判与虚无主义研究的影响，西谷哲学认为西方世界的虚无主义（Nihinismus）的起源主要是传统哲学受困于人类中心、自然中心以及超越者中心，在疏离的现代社会之中，人类、自然、超越者三种领域之其中一者与其他两种领域没有关联，只封闭地探讨自己的孤立领域所导致的。人类、自然、超越者三种领域的互相孤立与封闭，所带来的当代社会最大的危险，是自然科学、技术的唯我独尊和工具理性的宰制，导致单面向的人类对于生态自然的宰制剥削，从而人文价值标准沦丧，价值超越根基崩溃。这是西谷启治对于"现代文化"的诊断，也是对于"现代性"的批评，同时也显示了生态问题与环境危机在西方的思想根源。

　　海德格尔于 1951 年发表《建筑、居住、思想》（Bauen Wohnen Denken）一文②，这是一篇建筑哲学、生态哲学的重要文献。对于海德格尔而言，"居住"是一项任务，人必须体认到人所处的无所寄托的情境势必须改变的事实，学习如何定居，安身立命。此中，造型艺术的议题被整体的、综合的、生产的感知所取代，建筑是一种文化景观，像其他的造型艺术一样，也是如此。本文由海德格尔诗学出发，讨论生态哲学之中的科技批判与存有关的问题，阐明海德格尔存有观中的生态诗学（eco－poetics）。

　　海德格尔与道家禅宗的跨文化沟通，以及海德格尔与道家禅宗、当代艺术的交涉是当代哲学与艺术理论的重要课题。③ 以下讨论海德格尔的诗学与生态哲学，主要文本是海德格尔《荷尔德林诗的阐释》、《语言》、《……人诗意地居住……》、《艺术作品的本源》等文。这些诗学讨论也与海德格尔与道家禅宗的跨文化沟通有关。

二、海德格尔的存有思想与诗学：艺术的本性是诗

　　从中期开始，海德格尔的存有思想就极为关注诗与艺术的关系，他说："艺术

---

　　① 关于中国哲学的生态环保思想的介绍，可参见下列三本专书：庄庆信，《中西环境哲学——一个整合的进路》，台北五南出版社 2002 年版。庄庆信，《中国哲学家的大地观》，台北师大师苑出版社 1995 版。冯沪祥，《环境伦理学》，台北学生出版社 1991 年版。
　　② 海德格尔：《建筑、居住、思想》（Bauen Wohnen Denken）一文，1951 年发表，收入海德格尔《演讲与论文》（Vorträge und Aufsätze），Verlag Guenther Neske，1994 年第七版，第 139－156 页。
　　③ 相关研究成果，参见赖贤宗著《海德格尔与道家禅宗的跨文化沟通》，宗教文化出版社 2007 年版；赖贤宗著《道家禅宗、海德格尔与当代艺术》，台北洪叶文化事业有限公司 2007 年版。

的本性是诗，诗的本性却是真理的创建。"①因为艺术的本性是诗，所以只有回到诗才能保存艺术的本源性或保存艺术的本性。

海德格尔《艺术作品的本源》以"艺术"作为艺术家和艺术作品的本源，海德格尔在此文一开始就提出这种看法，但是一直到此文的《真理与艺术》一节中才加以详述："艺术是艺术品和艺术家的本源。本源即存在者的存在现身于其中的本性来源。什么是艺术？我们在现实的作品中寻找其本性。艺术的现实性的规定根据于那在作品中发挥作用者，根据于真理的发生。这种发生，我们认为是世界和大地之间冲突的抗争。宁静发生于抗争中所集中的激动不安。作品的独立或者自我镇静此处得到奠基。"

由于主体哲学的兴起，在西方近代美学史之中，美学的首要课题变成是主体的审美活动与品味、审美愉悦。但是，强调艺术与真理的关系仍是源远流长的西方美学思想。例如柏拉图的《飨宴》篇以对于理念的直观，是 Eros（爱）的向上企求超越的存在活动的最高峰。亚里士多德以为"诗比历史更真实"，诗比描述现实的历史更能深入于表达"实在"（真实，reality）。黑格尔则说："真，就它是真而言，也存在着。当真在它的这种外在性存在中是直接呈现于意识，而且它的概念是直接和它的外在现象处于统一体时，理念就不仅是真的了。美因此可以下这样的定义：美是理念的感性显现。"强调艺术与真理的本质关联，是黑格尔美学的核心见解，也启发了海德格尔相关的说法。

海德格尔从存有思想的美学，重新掌握了黑格尔在《美学》之中说过的"艺术的本性是诗"，可以说是采取了"本体诠释学"的观点来展开美学讨论。黑格尔是从他自己的"系统哲学"的观点来说"艺术的本性是诗"。黑格尔将艺术当作是绝对精神的第一个环节。黑格尔将艺术分为三个类型：象征型、古典型和浪漫型。最初的艺术是象征型艺术。典型的象征型艺术是印度、埃及、波斯等东方民族的艺术，如神庙、金字塔之类。这种艺术的一般特征是用形式离奇而体积庞大的东西来象征一个民族的某些抽象的理想，所产生的印象往往不是内容与形式谐和的美，而是物质压倒心灵的那种崇高 风格。复次，古典型艺术。到了古典型艺术，精神才达到主客体的统一，精神内容与物质形式才达到完美的契合一致。典型的古典型艺术是希腊雕刻，黑格尔把古典艺术当作最完美的艺术。古典型艺术的特点在于静穆和悦。雕刻最适宜表现这种静穆和悦。

最后，浪漫型艺术。在浪漫艺术之中，无限的心灵发现有限的物质不能完满

---

① Heidegger：*Holzwege*（《林中路》），The Gesamtausgabe 5，Vittorio Klostermann，Frankfurtam Main，第63页。《艺术作品的本源》，此处引文参见彭富春译《诗·语言·思》，文化艺术出版社1990年版，第70页。

的表现它自己,于是就从物质世界退回到它本身,即退回心灵世界。就无限精神的伸展来说,浪漫型艺术处于艺术的最高发展阶段。典型的浪漫型艺术是近代欧洲的基督教的艺术。浪漫型艺术的主要种类是绘画、音乐和诗。①

到了浪漫时期,艺术的发展就算达到了高峰,人也就不满足于从感性形象去认识理念,精神就要再进一步脱离物质,要以哲学的概念形式去认识理念。这样,艺术就要让位给哲学。

黑格尔从他自己的"系统哲学"的观点来阐明"艺术的本性是诗",甚至提出了当代美学十分关注的"艺术的终结"的问题。在艺术之中,黑格尔认为诗意与诗境是超越了主观型艺术和客观型艺术,从而真正是绝对精神的在其自己的表现。然而,黑格尔系统哲学是一种意识哲学辩证法所开展的哲学体系,此种辩证法是建立在意识运用概念而不断自我二分又扬弃二分的内在动力之上。海德格尔认为这种意识概念能力的展开已经是一种既已开显者,被局限于已开显者之中,它忽略了"即开显即遮蔽"的存有力动本身。所以,黑格尔美学并不能真正阐明"艺术的本性是诗"。

那么,如何理解"艺术的本性是诗"一语呢? 海德格尔在《艺术作品的本源》中说:"如果全部艺术在本性上是诗意的,那么,建筑、绘画、雕刻和音乐艺术,必须回到这种诗意。"②海德格尔说如果我们从诗作为一种语言艺术的便种来说这些论断,那么此处所说就是武断的。那么,所谓的艺术不断回到诗究竟是什么意思? 并不是说建筑、绘画、雕刻和音乐艺术必须回到作为一种语言艺术的诗,而是说艺术不断回到诗意和诗本身。那么,海德格尔所说的诗意和诗本身,和黑格尔所说者有何不同呢?

海德格尔的《艺术作品的本源》一文指出,"诗意"指的是"真理光明投射一种方式,是在广义上的诗意创造的一种方式"。③"诗意"是存有真理的光明投射的一种存在方式。海德格尔说:"诗意是存在敞开的言说。真正的语言在任何给予的时间均是这种言说的发生。"④

海德格尔说:"艺术是真理设入作品,是诗。"⑤艺术是存有真理的设入于作品之中,这也是诗学的本意。存有真理的设入于作品之中的动作就是诗,诗是一种制作。可以说,这是一种境界的创生。海德格尔认为不仅艺术作品的创造是诗,是一种存有

---

① 以上参见朱光潜:《西方美学史》第二卷,台北汉京文化事业有限公司,第144—145页。

② Heidegger: *Holzwege*(《林中路》)第60页。《艺术作品的本源》,此处引文参见彭富春译《诗·语言·思》,文化艺术出版社1990年版,第68页。

③ 同上,第68页。

④ 同上,第69页。

⑤ 同上,第69页。

真理的设入于作品之中的制作过程。不仅境界的创生（制作）是诗，而且这种作品的保存也是诗，此一保存是以它自己的方式来从事①，也就是海德格尔所说的安居于四方（Geviert）——大地、天空、短暂者（有死者）、诸神。

海德格尔说："艺术的本性是诗。诗的本性却是真理的建立。在此，我们所理解的"建立"（stiftung）的意义有三方面：建立作为赠与，建立作为根基，建立作为开端。"②

海德格尔认为艺术的本性是诗，但是他和黑格尔不同的是：海德格尔是从诗的本性是存有真理的建立，来阐明"艺术的本性是诗"。此中，存有真理的建立是赠与，存有真理的建立乃是根基，存有真理的建立也是开端，对于这三句话，海德格尔在文末以晦涩的文句加以阐明，他的意思是说艺术作为历史是一种存有对于历史的赠与。所谓的艺术史不是"艺术在外在意义上拥有历史"，而是"在此进程中，艺术改变和终止以及为历史学提供变化的形象"。吾人依此可以说存有真理的建立是赠与，这就显示为"艺术改变和终止以及为历史学提供变化的形象"。又，"艺术让真理起源。作为发现的守护，艺术是作品中所是的真理跃出的源泉"，吾人依此可以说艺术作为存有真理的建立，乃是根基和开端，或说是此处文本所说的"源泉"。

为何艺术的本性是诗，这不是就诗作为一种文类而说其重要性，而是就艺术的本性是一种存有真理的设入于作品之中的诗意、诗境的创生而言。甚且，不仅境界的创生（制作）是诗，而且这种作品的保存也是诗，作品的保存让我们得以安居于大地、天空、短暂者、诸神的四方域之中。

三、海德格尔的生态诗学：诗与四方

海德格尔《艺术作品的根源》一文阐明"艺术是真理的生成与发生"，此一说法与当代造型艺术与表演艺术的许多说法互相共鸣。③ 海德格尔认为，艺术作为一种真理事件的发生，艺术要回到大地、天空、短暂者、诸神的四方界域④，这

---

① Heidegger: *Holzwege*(《林中路》)第 60 页。《艺术作品的本源》，此处引文参见彭富春译《诗·语言·思》，文化艺术出版社 1990 年版，第 70 页。

② 同上，第 70 页。

③ 《艺术作品的根源》（*Der Uspruch des Kunstwerkes*, *The Origin of the Work of Art*）写于1935／1936年，收于海德格尔的 *Holzwege*（《林中路》）一书，也收入 *Poetry. Language. Thought*《诗·语言·思》一书，Trans. Albert Hofstadter. New York, Harper and Row Publishers, 1971. 又，参见 Barend Kiefte, *Art Lets Truth Originate: Dadaism, Surrealism, and Heidegger.*

④ 海德格尔的四方的思想：人是居住于天地人神的四方（Geviert）：Himmel（天空）、Erde（大地）、Göttliche（诸神）、Sterbliche（短暂者）之中。海德格尔的《物》、《……人诗意地居住……》等文曾就此加以阐明。

些说法对于当代重新定义艺术、重新理解艺术,具有很大的启示。当代艺术离弃纯艺术的文化精英主义和形式主义美学,转而强调艺术表现存有的真理,使生活世界得以再魅力化。可以说,海德格尔的存有观以下的美学采取了"本体诠释学"的观点,当代艺术从纯艺术的形式观照转而强调艺术表现存有的真理,这是一种本体诠释学的转向。

海德格尔《语言》(*Die Sprache*)阐述物的物化,和世界的世界化,这些都是晚期海德格尔的重要思想,也就是他所说的 Ereignis(本成、发生)。"物的物化"、"世界的世界化"是《存有与时间》之外的海德格尔代表著作《哲学献集》的主要课题之一。海德格尔的 Ereignis 被认为和当代观念艺术、前卫艺术、行动艺术的兴起,有异曲同工之处。海德格尔所说的"艺术是真理的生成与发生",强调艺术与真理的关系、艺术与存在的关系、艺术作品是一种发生,这些都是当代艺术与艺术哲学的重要因素。

《语言》阐释了特拉克的诗作《冬夜》,此诗分为三节。① 海德格尔说《冬夜》诗的第一节呼唤物进入物化,承受世界。第二节呼唤世界出现世界化,允诺物。第三节呼唤世界和物的中间物出现,也就是世界和物的中间物的亲密的实现。第三节的开始是一强调的呼唤:"漫游者静静地跨进。"诗人和这个时代究竟要去何处? 诗人没有说。代替的是,它呼唤跨入的漫游者进入宁静。这种宁静照顾着门口,突然和惊异地发出呼唤:"痛苦已把门坎变成石头。"

此行全部由自身在全部诗中所言说的来言说。它命名痛苦。这是什么样的痛苦? 诗行只是说:"痛苦已把门坎变成石头。"由何处和以何种方式,痛苦是其本真的如何所是,就足以将门槛变成石头,跨过门槛就从结束流浪而回到安居。

此时,在安居的家中,存在真理的发生事件主要是倾泻、给予、容纳和聚集。海德格尔以"陶壶"为例子,来阐述存在真理的发生事件主要是倾泻、给予、容纳和聚集,这被认为来自老子《道德经》第十一章所说的"埏埴以为器,当其无有器之用",最后所说的"聚集"并导引向"四方"的说明,"聚集"是"四方"的聚集,这则被认为是受到老子第二十五章所说的"道大,天大,地大,人亦大。域中有四大,而人居其一焉。人法地,地法天,天法道,道法自然。"

《语言》一文说陶壶的倾泻是给予,器皿的包容发生于倾泻的给予。包容需要作为包容的虚空。包容的虚空的本性在给予中聚集。在给予中陶壶是陶壶,在倾泻的给予中聚集。聚集作为在一起,首先完成了给予的全面现身:倾泻的赠

---

① 以下的讨论参见 Heidegger, *Die Sprache*, 收于 *Unterwegs zur Sprache*(《到语言之道上》),Verlag Günther Neske,1997 新版,全诗见第 17 页,此处的讨论参见第 26－30 页。中译:海德格尔《语言》,收于海德格尔《诗·语言·思》,此处的讨论参见第 177 页。

礼。陶壶的陶壶特性,存在并活动于流注的赠礼中。甚至一空无的陶壶,凭借这种赠礼而保其本性,尽管空无的陶壶不允许外泻。空无的陶壶使倾泻的发生可能。倾泻表现了陶壶的本性,这是老子所说的"有之以为利",倾泻需要器皿的空无而得以包容与聚集,这是老子所说的"无之以为用"。

《语言》进一步的阐明,将"倾泻、给予、容纳和聚集"的存在真理的发生事件导引向"四方":大地、天空、短暂者、诸神。海德格尔说,陶壶倾泻的给予是一种饮用。陶壶倾泻给予了水,给予了饮用的酒。井泉以水为赠礼,馈赠给陶壶。在大地的井泉之中,石头居留,而在石头中,居留着黑暗沉睡的泥土,它接受天空的雨露。在井泉之水中,居留着天空和大地的信赖。葡萄果实所酿造的美酒,在这种果实中,大地的抚养和天空的太阳相互信赖。在水的赠礼中,在酒的赠礼中,天空和大地居住于陶壶。正是倾泻的赠礼使陶壶成为陶壶,使得陶壶物化而为一物,使得此物成为存有真理的发生。在陶壶的陶壶性中,天空和大地居住着。又,倾泻的赠礼是为了短暂者能够举杯。倾泻的赠礼解除了他们的饥渴,它恢复了他们的闲暇,它活跃了他们的欢乐。但陶壶的赠礼时时也给予了奉献(奉献给诸神)。如果倾泻是为了奉献,那么,它不仅是平息饥渴,而且是满足了盛大的节日的庆祝,是为了奉献给节日降临的诸神。此时,倾泻是为了永恒的诸神倾注的奠酒。此处所说的短暂者就是海德格尔《存有与时间》所说的"此有"(Dasein),但是已经摆脱了《存有与时间》之隐然的人类学中心主义。

倾注的赠礼作为奉献给诸神的奠酒是本真的赠礼。在给予奉献的奠酒时,倾注的陶壶便作为给予的赠礼而存在并活动。

奉献的奠酒是"倾注"一辞的真正意义,当"倾注"到达其本性时,它是捐献、牺牲并因此是给予。如此的作为奉献的奠酒之喷出的倾注,一旦其本性(神圣性,捐献、牺牲并因此是给予)消亡,便能变成单纯倾入和倾出,直到它在酒店中消失于酒的分配之中。喷出的倾注不只是倾注和倾出,这让我们想到老子、庄子对于"道"的原始体验,将之表达为"浑"、"沌"、"冲",这也是作为奉献的奠酒之喷出的倾注。

在倾注那饮用的赠礼中,短暂者以自己的方式居留着。在倾注那奠酒的赠礼中,神圣者以自己的方式居留着,它接受给予的赠礼作为奉献的赠礼。在以上两种倾注的赠礼的不同方式中,短暂者和神圣者以它们各不相同的方式居住着。大地、天空、诸神(神圣者)和短暂者四者同时聚集在一起。这四者聚集在一起,由于它们自身互相隶属。先于现身的万物,这四者聚集在一起并且进入了单一的四方。这里所说的互相隶属、聚集让我们想到老子《道德经》第一章所说的"玄同"。

《语言》进一步的阐明:在倾注的赠礼中,居住着四者单纯的一。倾注的赠礼是赠礼,居留于大地、天空、短暂者和神圣者。但是,"居留"现在不只是此处某物的保持,居留是"转让"。这里出现了"转让"此一重要的主题,"转让"是老子、庄子所说的"道通为一"。转让导致四者进入它们自身独具的光亮之中,也就是海德格尔所说的"澄明"(Lichtung)。从居留的单纯的一,四者相互交涉。在这种相互交涉、共同隶属(Zusammengehörung)之中,物显露了自己,倾注的赠礼居留于四者的四方的合一之中,物物化。在倾注的赠礼之中,陶壶现身为陶壶。赠礼聚集了所属给予的东西,在陶壶的例子之中,陶壶包含了有和无的双重的包容,也就是容器虚空和作为捐赠的倾出。

在赠礼之中,聚集者在转化地居留于四方中聚集了自身。这种多重单一的聚集乃是陶壶的现身、存有真理的发生。德语由古代语词指明什么是聚集之所是,此词乃是:物(Ding)。陶壶的现身是单一的四元在当下瞬间中的赠送的聚集。陶壶现身为一物,陶壶是作为一物现生的陶壶。但是,物是如何现身的?物物化。物聚集。通过转让四方,它聚集了四方的居留,使之进入任何一个片刻居留的某物,进入此物、彼物。我们将如此把握并思考的陶壶的现身作为事物。我们现在思考"物"这个名字,从事物的现身的思索出发,从作为四方聚集—转化的停留的事物出发。

```
        诸神
         |
              短暂者              存有真理的本成(发生)
   大地 —— 天空
```

四、结论：诗与安居

海德格尔认为现代社会是一个"贫困的时代",而由于荷尔德林重新创建了诗之本性,从而规定了一个新时代。这个"贫困的时代"是遁逃了的诸神和正在到来的神的时代。这一个贫困的时代处于一个双重的匮乏和双重的"不"之中:在已逃遁的诸神之"不再",和正在到来的神之"尚未"中。[①]

在"贫困的时代"如何创建新时代,如何超越在已逃遁的诸神之不再和正在到来的神之尚未中之双重匮乏?海德格尔的《荷尔德林和诗的本质》下列说法提出了他的解答:诗的本质貌似浮动于其外观的固有的表象上,但是其实诗本身

---

① 海德格尔说:"由于荷尔德林重新创建了诗之本质,他因此才规定了一个新时代。这是遁逃了的诸神和正在到来的神的时代。这是一个贫困的时代,因为它处于一个双重的匮乏和双重的不之中:在已逃遁的诸神之不再和正在到来的神之尚未中。"海德格尔著《荷尔德林和诗的本质》,收于海德格尔著《荷尔德林诗的阐释》。

在本质上就是"创建"①——创建意味着：牢固的建基。任何创建都脱不了是一种自由的赠礼，而且是如荷尔德林所说的最高的必然性意义下的自由。又，"作诗"是对诸神的源始命名。这样的"作诗"并不是一种主体中心与人类学中心的独断，而是一种倾听圣言。唯当诸神本身为我们带来语言之际，诗意的词语才具有它的命名力量。作诗活动作为存在之创建，此一作诗活动具有诸神本身为我们带来语言之际的双重约束。观照这一最内在的法则，我们才能完全把握到诗的本性，创建倾听圣言的安居诗境的新时代。

诗意可以重建新时代，也就是在前述的"四方"的重新建立之中，唤回诗境，让人可以安居在存有之中，海德格尔《……人诗意地居住……》②说："但是，如果一开始诗歌存在的唯一形式是在文学中的话，那么，人类居住如何能理解为建基于诗意呢？"人诗意地居住"的短语，的确也只是源于一个诗人，而且事实上源于我们所知的不能应付生活的一个人。这是诗人对现实闭上其双眼的方式。代替活动，他们沉入梦境。他们所为只是想象。想象之物仅仅只是被制作。用古希腊语来说，制作即 poesis。而人的居住能设定为诗歌和诗意吗？……当荷尔多林言说居住时，他在他眼前拥有人类生存的基本特性。他从与那种从本质上来理解的居住的关系中看见了"诗意"。"

《……人诗意地居住……》此短语选自荷尔多林的晚期诗歌，海德格尔说它以独特的方式走向我们。Poesis（诗）用古希腊语来说，是一种海德格尔这里所说的"制作"，或前述的"创建"。人的居住被设定为诗境和诗意的创建，创建于天地神圣者和短暂者（天地神人）的四方之中，人在此一四方的居所之中，在安居的家中，倾泻、给予、容纳和聚集着种种存有真理的发生事件。

诗意可以重建新时代，也就是在前述的"四方"的重新建立之中，唤回诗境，让人可以安居在存有之中。借助于本体诠释的诗学诠释的观点，吾人从以上的海德格尔的科技批判、生态反省，以及存有诗学，阐明他对于"人如何安身立命于诗境和诗意的当代创建"的时代问题之解答。也就是说，吾人必须创建（安身立命）于天、地、神圣者和有死者的四方之中，或说是在深层生态学的新天新地（新存有、新自然）之中。人在此一四方的居所之中，在人类生态的新的安居的家中，倾泻、给予、容纳着并且聚集着种种存有真理的发生事件。

---

① 海德格尔著《荷尔德林和诗的本质》，收于海德格尔著《荷尔德林诗的阐释》，第48—54页。
② 海德格尔著《……人诗意地居住……》，收于彭富春译《诗·语言·思》，文化艺术出版社1990年版，第185—201页 。

《言辞与图象》中的四个关键词

——美、同时性、实现、精神能量

理查德·帕尔默

本文讨论伽达默尔《言辞与图象》这篇艺术的著名论文中的四个关键术语——kalon(美)、Gleichzeitigkeit(同时性)、Vollzug(实现)、energeia(精神能量)。在这四个词中,有两个词是德语(有大写字母,即同时性和实现——译者注),另两个是希腊语(美和精神能量——译者注)。这四个词都和我们对于艺术作平的经验有关,是我们遭遇或经验到艺术作品的四个重要的东西。

一、有关诠释学定义的初步评述

诠释学是解释、转化的过程,也是翻译的过程。这个词的希腊语形式是根据希腊赫尔墨斯形成的。赫尔墨斯是一个信使,他被表现为在边境上的几堆岩石边祈祷。我曾经在布达佩斯雕像附近发表过一篇有关赫尔墨斯"有限性"的论文。① 当文本非常难以理解时,要用到对文本的诠释学(解释)。在犹太诠释学中,就需要用故事的形式来解释一些要点、比喻关系或对一些关键词进行说明。巴比伦的犹太法典的第一页包含了一些核心文本,这些核心文本就被由不同人所做的四、五个注释所包围。在古希腊和古罗马文学中的大部分诠释学都是预言式的,用一个东西——比如说一个人或动物——来象征除了这个人或动物之外的东西。在古代,当有关上帝的故事不能使人相信,当它们看上去就像童话时,就像奥德修斯在回伊萨卡(Ithaca)的旅途中所遇到的金币的故事一样,就有了寓意诠释的需求。因此,后来这些故事就用寓意来进行诠释,以便在谈到这类

---

① 见理查德德·帕尔默(伊利诺斯州,默克默里大学)的主页:www. Mac. edu /faculty /richardpalmer。

事情时就像是一个自然过程一样。或者,比如宙斯的金链,如果你想从古代探讨这个例子的话。你可以补充我的观点,存在于中国文学或哲学中的某些东西,也符合这种对相关文本的解释:比如:程颢曾对一首诗作出过新儒家式的解释,这是一首描写中午或晚上的诗,他把这首诗解释为"希望停留在天地之间"。① 诠释学就在它的实际应用之中,并具体表现为澄清一个困难文本意义的解释。特别是当一个词意味着别的东西或比它们的正常意义要多的时候,这时,就要用诠释学来揭示另一个更深的或隐藏的意义。这就涉及到一种技术。

另一方面,哲学诠释学并不解释具体的文本,而是一种描述,它描述了当一个好的解释发生时究竟发生了什么:它要求一个好的文本、应用到自我身上、最好还有世界观的改变。这就是伽达默尔的哲学诠释学。

二、有关存在论定义的初步评述

存在论起源于一个意为"存在"(to be)的古希腊词。它是两种不同形而上学——存在论和宇宙论——的其中一种。古代的问题是:哪一个永恒的和不变的范畴是我们这个变动世界的基础? 在 20 世纪,海德格尔为真正的存在这个概念带来了一个变化,因为他想建立一个有关人类有限的哲学,这个哲学并不提前作出如下推定:即认为一个不变的世界是变动世界的基础,变动的存在就是由这个不变的世界推导而来的。他想建立一种有限的存在论,并用"有限诠释学"来称呼这种新的存在论。他想要找出有限意味着什么。在《存在与时间》中,他决定使人类的在世经验成为思考这个"有限"存在的起点。有限意味着什么? 与之相反就是永恒。有限必须有一个终点。人类的生命必须有一个终点,这一绝对的事实提升了每一个瞬间的价值。从某种意义上来讲,人类生命的每一个瞬间都是有价值的,因为这一瞬间有可能成为他生命的最后的一个瞬间,或成为他生命的最后一个月或最后一年中的一部分。因此,海德格尔说"向死而在",说存在总是充满了对自我有限性的意识。他看到了所有的存在都依据于一个成为记忆的在世史、一个当下的在世存在和一个将来的在世能在。正是基于这样的论述,他改变了存在本身的定义,以使其包容过去时间和将来时间的意义。他探索人类的可能性,以使依据于将来的将来能在成为存在的基本方式。当然,也有一种可能性:即不知道将来,但却有某种创造性。例如:加百利·马塞尔曾给出了一个例子:一个整天都在街道上开车的司机,开车成了常规,每天的工作就是重复过去的方式。但是,他仍然可以勇敢地想象一个新的、不同的未来以充填他的梦想。对海德格尔来讲,当日常生活的存在

① 张钟元:《创造性与道家:中国哲学、艺术与诗的研究》,纽约哈帕·考勒芬出版社 1970 年版。

方式是令人沮丧、单调的和枯燥无味的时候,这样一种存在方式是可信的。它是不真实的,它所热衷的是日常生活的单调的程序。

　　但是,在 1927 年出版了《存在与时间》之后,海德格尔的思想发生了转向。在前期思想中,他将人类真实或不真实地存在于时间之中这种有限的存在,作为思考存在的起点。在这里,海德格尔离开了他的前期思想,取而代之的,他开始在艺术作品中处理"存在的去蔽"问题。在世界中,在有限存在的下面,不存在一种看不见的和永恒的柏拉图或康德式的形而上学结构。取而代之的,他对存在艺术家那里"自我揭示"的方式更感兴趣。在艺术家那里,艺术家有能力将他们的经验转化为文字、雕塑、图画等,而当观赏者看到这些艺术作品,事物的存在就展示了它们自身并同时被人们看见。然而,人类在世界所遭遇到并记录、体现、传达出来的经验,不是一个无限的存在,而是一个有限的存在。这就是事物之所以是其所是的经验,以及"它是什么"的经验。它是一个"存在的揭示"经验,并且,因为它是对事物之所以是其所是的一种揭示,它就是一个真理的揭示。

　　海德格尔发现:对这种揭示有参考价值的词,隐藏在古希腊写真理的词——"去蔽"(aletheia)——之中:去蔽这个词包含着两个部分。a-代表不,否定它后面的词;letheia 是古时一条健忘的河,意为隐藏,因此 a-letheia 的真实的意思是不遮蔽,而这个不遮蔽的过程就发生在存在论的揭示之中。因此,海德格尔开始探索真理的另一个希腊词的德文对应词:"真理"(Wahrheit),即寻找真理的有限基础并发现这个基础就存在于某物,在被感知中显现这个运动过程。它是一种存在论上的创造力,"真理"就意味着显现为存在。艺术作品以令人惊奇的方式,以一种惊奇、震惊甚至于改变你自己的方式捕捉住了这个显现。这就像佛教中所说的"顿悟"。事实上,在夏威夷大学,在由中国学者张钟元所写的许多书的译本中,我发现"存在论"这个词可以自由地用在中国诗和中国画的联系上。张钟元所使用的术语就是"存在经验"。他论述了存在于艺术、哲学和文学中的创造力,并认为:使一首诗歌和或一幅绘画成为艺术作品的东西就源自于"存在经验"。也就是说,它们表达了存在的力量。他和海德格尔有着相同的思考,他作为海德格尔理解东方的资源,只是最近才被注意到。真理(作为去蔽)就是某物显现为存在。在海德格尔卓越的论文《艺术作品的起源》中,海德格尔谈到了在时间中的"逗留",这种在时间中的"逗留"是指:在遭遇艺术作品的过程中被它所吸引,当艺术作品说话、当一个神庙在存在中向空间开放时,或者说,当一幅画通过展示农妇放在椅子上的一双鞋来使人看见她的存在方式时,真理就出现了。然而,本文并不想深入论述海德格尔的著名论文,而是转向他的学生——伽达默尔在 1955 年之后对有关我们遭遇/经验艺术作品的论述。

　　伽达默尔继续着他的老师——海德格尔那里所发现的艺术作品的存在论,

而在他的《言辞与图象》这篇论文中，将这种存在论向前推进了一步，在这篇论文中，他企图发现言辞类的艺术作品和非言辞类艺术作品——如雕塑、绘画或建筑——的共性。在此过程中，他发现艺术作品有一个更深的存在论意义。他所发现的所有艺术形式都具有的第一个共性是：美。

三、美

首先，有必要提醒大家的是，在古语中，工匠(artisan)和艺术家(artist)之间是没有区分的。他们都有某种技术。柏拉图在他的著名的《理想国》中曾经设想，统治者应该将诗人扔出理想国，因为他们那种倾向对于年轻心灵的教育来讲是不健康的。同样地，在柏拉图那里，不存在好的艺术理论。在希腊诗歌中的诸神都有着贪吃、好战以及别的所有人类也有的行为举止。更甚的是，在理想国的第十卷，柏拉图甚至于认为艺术家的特征就是纯粹的摹仿者，他所摹仿的就是永恒理念摹本的摹本。也就是说，在理念和它的图象表现之间有着很长的一段距离。艺术家的图象只是摹本的摹本。依据于柏拉图，艺术家大都在说谎。

但是，为了说明我们的艺术经验，伽达默尔在古希腊思想中采取了另一个起点。这就是古希腊的美(kalon)的概念。对于柏拉图来讲，美有一种精神品质，并且，美最终通过古代的毕达哥拉斯学派在物质世界的基础上同数学比例联系起来。无论如何，美(kalon)这个词可以被翻译为"好的"，所以，一个美的雕像在值得赞美和高尚的意义上可以成非常"好的"。并且，一个行为也可以成为好的、高尚的、适宜的和善的。（这听起来是不是有点儒教？）美与善的联系对于伽达默尔来讲是非常重要的，因为它意味着：在古代思想和希腊语言中，美和伦理之间是有联系的。事实上，我们从柏拉图的讨论中了解到：人们可以将其视野从美的形式提升到美的实践、美的法律，并最终提升到善、真和美的统一。那么，美和真就联系在一起，因此艺术就可以揭示真理。不过，尽管柏拉图觉得诗人在说谎，伽达默尔还是更为强调存在于希腊语和美这个词之间的语源学联系。并且，通过海德格尔，这些联系就变成了存在论上的联系，因为伟大的艺术揭示了真理。艺术作品不只是美，它还揭示了存在是什么，展现了存在的真理。这就像张钟元所说的，中国的艺术作品有一种"存在能量"、有一种揭示存在的力量。伽达默尔也作出了相同的论断：这就是由言辞艺术——如诗——和非言辞艺术——如绘画，包括书法、雕塑和建筑——所拥有的力量。言辞类艺术形式和非言辞类艺术形式作为美的特例使我们看到：美将真理带入显现并将真理带入世界之中。这就是存在论和艺术之间的紧密联系。

这里，张钟元就像伽达默尔一样。他也论证了诗和画之间存在着的共同根源。只是伽达默尔发现这种共同根源存在于美中,而张钟元发现它存在于存在经验之中:他说:"中国诗人和画家的创作证实了我们的论点:诗和绘画起源于一个共同的内在根源。"①具体地讲,现实的存在直觉都被经验为狂喜当伽达默尔回到了古希腊哲学家时,张回到了道家、佛教和儒家这些理论资源。虽然张钟元从未提及伽达默尔,但是,在其《中国诗与画的幽静》一书中,他多次提到海德格尔,因此,这种联系是非常清楚的。

四、同时性

关于艺术或文学作品中,伽达默尔所观察到的第二个东西是"同时性":在我们对它们的经验中,现在看起来和它们刚创作出来时候是一样的,不管它们创作于 20 年前、200 年前或 2000 年以前。在理解的奇迹中,它们就像现在刚创作出来时一样生动。我们可以用《道德经》开始时的句子来论证我们的观点:这些句子提出了一种强有力的真理,如"道可道,非常道","大善似水"等。我们也可以用一幅伟大的绘画或中国书法来论证我们的观点。确实,时间的流逝可以使它的影响比以前更为生动。从这个意义上讲,艺术战胜了时间! 它在今天仍没有被废弃,仍然有力地向我们诉说着某种东西。

有时,一首诗甚至于能给你某些指导,这些指导改变了你看待生命的方式。读一首诗就像一种转化的经验。在里尔克著名的十四行诗《古老的阿波罗》中,诗人的思想已经走得如此之远,以至于他在诗的结尾发出一个直接的要求:"你必须改变你的生命!"

五、实　现

"实现"(Vollzug)这个词在英语中是很难翻译的。Vollzug 这个词和它的动词形式 vollziehen 有关, vollziehen 这个动词的意思是"实现、完成",在反身动词中,这个词也和 sich 有关, sich 这个词意味着被完成、发生或圆满地完成(如在一次婚姻中),这个词也和-ung 有关,-ung 指一个愿望的执行者、一个愿望的执行过程。这个词的意思将一个曾经的意向带入实现。在实现一个临终愿望的遗嘱这种情况下,这个愿望和遗嘱就给了执行者执行某一个行为的文本基础,执行者的行为就是实现一个已故者表达过的愿望。在言辞中就存在着一个暗示:

---

① 　参阅张钟元:《中国诗与画的幽静》的最后两章。在这两章中"存在直觉"和"存在经验"被再三使用。

希望实现他在文本中给出的东西。在伽达默尔的使用中,言辞涉及到一个过程,这个过程完成、实现了某一艺术作品的经验。在下述这些艺术形式中,如音乐和诗,都涉及到作品根据乐谱或文本所进行的表演。但是这也同时涉及到对文本或音乐乐谱的阅读。对伽达默尔来讲,阅读就是解释和实现过程的一个隐喻。人们甚至也阅读一个非言辞性作品。最终,人们将每种东西整理成一个整体,以获得一个意义。这样获得的意义和文本解释的诠释过程是相似的。对伽达默尔讲,理解一个艺术作品就是一个阅读的诠释过程,艺术作品的实现就是使它成为有声音的东西(大声的或沉默的),并使它向我们讲话。因此,伽达默尔对于艺术经验的解释深深地打上了诠释学的烙印。根据存在论,这个被代入实现的东西就是艺术作品的存在,并且,经过扩充之后,这就是存在的真理。

伽达默尔选择了"行为中的诠释学"这个题目作为其自选集(这一选集的总标题是:"美学和诗学")第二卷的标题不是没有意义的。在这个两卷本的第一卷中有一篇论文,在这篇论文中,伽达默尔论证了经验一个艺术作品这一过程的本质。第二卷的论文为荷尔德林、歌德、卡尔·埃姆曼、斯蒂芬·乔治、里尔克、卡夫卡和保罗·策兰的诗提供了解释。伽达默尔选择的大部分作品都是诗,这绝非偶然。这是因为,他认为:诗是语言最有力的使用,他将这种有力的使用称之为"卓越的文本"。在这种情况下,令人感兴趣的是,被代入实现的东西经常总是诗。在诗化的情形下,它的实现并不仅仅是通过对这首诗本身的阅读和表演,它还要通过解释。而且,正是解释对一首诗的实现提供了帮助。

但是,对我们来讲,在实现这个术语的意义中,最为重要的信息是:只有在艺术作品被说、被理解、被阅读和被解释成它的意义的过程中,艺术作品才有它完满的存在。这是一个时间事件,在这个时间事件中,有某事发生了。正如伽达默尔在他的论文(第六章)最后一行中所写的那样:"艺术之为艺术的本质在于它的实现过程,这正如语言之为语言的本质在于它的谈话过程一样。"许多人可能会认为:最终所完成的意义结构就是理解的目的,但是,我认为,伽达默尔所想的是一个不同的东西,这个东西发生在时间之中、发生在理解本身的事件之中。他发现:这个东西不存在于哪个最终的结构之中,而是存在于解释的过程之中,存在于某物的时间经验之中,在这个时间经验中,这个某物的意义是如此的深刻,以至于伽达默尔将它看作为一个"存在的揭示"。这就像一次婚姻的圆满成功,它并不仅仅指时间上某一个最后的瞬间,而是指某物被执行并完成的整个事情的经验。因此,"实现中的诠释学"就是这样一种诠释学:它存在于行为之中,存在于寻找和获得意义的过程之中,存在于在听到艺术作品所说的东西之时,存在于倾听经验本身之中。

所以,在这里,伽达默尔所强调的是,艺术作品的真正存在并不在于艺术作品的结构之中,不管这个艺术作品是文本或是图象,而是存在于观看者或聆听者或阅读者对它的经验之中。艺术作品在时间中的"发生"就是一个揭示事件,这个事件揭示了一个意义、揭示了存在、揭示了事物是其所是的方式(存在揭示)。这就是伽达默尔使用"实现"(Vollzug)这个词的意义。艺术经验就是一个过程。

六、精神能量

在伽达默尔论艺术的这篇论文中,我选择的最后一个词就是"精神能量"(energeia)。在这方面,伽达默尔更多地转向了亚里士多德而不是柏拉图,转向亚里士多德由此而知名的东西,具体地讲,就是运动。就我所能记起的而言,他以前从未将这个词用到和艺术有关的地方,因此,我认为:我们有必要对此特别注意。在这篇论文中,它首次出现并在以后的部分出现的频率相当高,因而是一个非常重要的概念。《言辞与图象》的英译本的标题是我加的,在伽达默尔本人的文章中并没有这些标题。

在我加标题的这一部分(后三章)中,"精神能量的概念"是在讨论柏拉图的形而上学和"第三件事"中开始出现的。所谓第三件事是指在存在和变化之外的事,柏拉图在《斐利柏斯》中认为:这第三件事是上述两者(存在和变化——译者注)的混合,是他称之为"精神的"东西、适当的东西经正确混合之后的混合体。这就促使柏拉图想起了:正是艺术经验促使我们说"这是对的! 这就是它的存在方式!"——"它是如此的'正确'。"在这一点上,伽达默尔写道:"当亚里士多德将柏拉图所谓的'正在变成的存在'转变为他的主题'作为变化的存在'时,他就只需在柏拉图的基础上再向前推进一步。"紧接着,伽达默尔加上了如下一句话:"正是在这个联系中,他(亚里士多德)引进了'精神能量'(energeia)这个概念以构建他的物理学。"显然,精神能量这个词是由亚里士多德自己创造的,伽达默尔告诉我们:"它在实在(actuality)、真实(reality)和行动(activity)之间摆动。"因此,我们在这里所看到的就是一种艺术作品的"存在论",在该论文以后的几章中,伽达默尔用德语"实现"(Vollzug)来阐明这一存在论。

同样地,精神能量这个词是事实、能量(ergon)的变体,而事实、能量是在一个自身的运动之中。正如亚里士多德所说的,纯粹的运动是没有任何目的的。从另一个方面来讲,精神能量是实现某一个过程,这一过程类似于生命本身的过程。伽达默尔相信,亚里士多德用"同时"(hama)这个词所指的东西,正是伽达默尔本人所称之为艺术经验的"时间的内在的同时性"。但是,在这里,同时性意味着某种持续的一段时间,海德格尔将它称之为"逗留"。在我们经验一个艺术作品时,我们是以这样的方式被吸引:我们在时间所经验到的东西是完满的和有意义的,而不是一种持续的(向某一目的筹划的)时间经验。伽达默尔用下面的这段话来论述这个问题：

> 逗留的时间结构不是一种一个接一个的过程，而是一个同时性的过程。
>
> 这不是做这做那、先做这个后做那个的过程，而是在看……的过程中——人们被吸引于其中。（此外，这种逗留）等待并保存在艺术作品被允许出现的方式之中，而不像一种我们做过的某事。

"它"（作品的意义、讯息）的出现是因为通过我们对作品的敞开，"让它"出现。艺术作品"向我们演说"、同我们说话，它向我们说出了某事——作出了一个陈述（Aussage）。因此，伽达默尔将他的全集第八卷——这一卷探索艺术问题——称之为"艺术如陈述"——艺术如陈述。如其陈述，尽管不是通过必要的言辞。这是一个诠释学的艺术理论，这个理论就存在于我们倾听并听到这一陈述的过程之中。正是这一陈述，使得我们被吸引进入一个时间之中，这一时间高于一般时间，它是另一种时间。在这样一种时间中，存在的意义被揭示了。

伽达默尔所关心的是：这是一种真理经验。艺术作品有一种"难以说清的正确性"。它就是一次真理的出现，伽达默尔跟随着他的老师海德格尔说道：

> 对艺术作品的经验不仅是从遮蔽处去蔽的经验，它还同时是：某物真正存在于那里、深居于其中的经验。它居于作品中就像居住在一个安全的处所。艺术作品就是一个陈述，但是这种陈述并不形成独断性的句子，尽管它是最高程度的讲话。它就像一个神话、一个传奇，因为它所说的东西就等于事物的演变，并同时使得事物有可能向各个方向发展。由艺术作品所作的这个陈述会一次又一次地向我们说话。

在这里，在对艺术经验的描述中，伽达默尔回到了海德格尔将艺术看作为真理出现的论述方式，回到了海德格尔的遮蔽和去蔽的辩证法，并且他也使用了海德格尔的逗留在艺术作品之中的概念。但是他将这一概念头放置在一个新的视野之中，并和精神能量——亚里士多德所描述过的一种状态——联系起来。伽达默尔说道：

> 对于真理是什么、去蔽真正意味着什么这个问题，我采取了不同的方法。在这里，我使用了"精神能量"这个概念，这个使用有一个特殊的价值，这是因为，通过这个概念，我们就不会只局限在命题真理的王国里。通过这个新的概念，亚里士多德就可以设想一个运动，这个运动就像生命本身一样，就像单纯的了解、看或想一样，是没有路线或目的的。他将所有的这些东西称之为"纯粹的精神能量"，正是这个概念引导着我对艺术的思考。在亚里士多德的形而上学中，上帝被作为宇宙的一个不动的原动力，并且，他被形容为过着一种纯粹精神能量的生活，也就是说，一种不受干扰地纯粹地看的生活。

因此，伽达默尔已经在希腊词汇中发现精神能量这个词，这个词所描述的就是我们的艺术经验。正是这个词,使他在没有和海德格尔思想抵牾的情况下超越了海德格尔。

在论文的结尾,伽达默尔精神能量这个词和另一个词联系起来,海德格尔从来没有将这个词同艺术联系起来,这就是实现这个词。这里,伽达默尔又说明了他企图通过实现、通过将它同精神能量联系起来究竟意味着什么。

当我提到伴随着阅读过程的理解的构成作用时——这种构成作用在语言文本中是用正确的强调来表示的,在音乐中则是用正确的效果来表示的——我并不是无意的,也不是没有考虑到它的后果。(这里,伽达默尔又一次提到《斐利柏斯》和正确混合物的概念,回到存在和变化之外的第三件事。)在这里,我们就明白了艺术中的实现是什么。可以明确地说,它不是一个知识的客观化过程。毋宁说,它是进入这个过程的多种因素的混合。它是亚里士多德称之为"精神能量"的东西。

在这句引文的第一句话中,伽达默尔回到了阅读的诠释过程,他发现这一过程就存在于艺术的实现之中,他甚至回到了有趣的听音乐的过程。他发现:这个过程就存在于意义期待和意义理解之中。在阅读中,这意义就通过强调被传达出来,或者说,这个过程就存在于通过音乐的实现所经历的意义之中。正是由此原因,他将艺术经验比喻为"阅读"。在这里,我所感兴趣的是:伽达默尔是怎样用精神能量这个词来说明实现这个词的意义的。他说,这是"进入知识的多种因素的复合"在知识的过程中,起作用的东西就是精神能量,还有实现!

精神能量这个术语有利于解释艺术的自治、艺术的生动性、艺术的绝对性、艺术相对于别的人造产品的权威性。它也解释了艺术的时间结构,这个时间结构就是:逗留在时间之中。同时,由于伽达默尔总是把涉及到艺术的阅读过程描述得非常复杂,实现这个词有助于解释这一描述。当伽达默尔说:"艺术之为艺术的本质在于它的实现过程,这正如语言之为语言的本质在于它的谈话过程一样。"实现也和存在论联系起来。

在论文的最后,伽达默尔回到了这两个术语:精神能量和实现,这两个术语使他在艺术哲学中离开了海德格尔。在比较了手工艺人的产品和艺术作品之后,他说:"手工艺人以及他们的工业继承者的产品都有一个使用目的,但是,艺术作品是一种为了自身的存在,并且,它存在的方式就是一种纯粹的'精神能量'。"伽达默尔又依次把艺术经验的存在论和精神能量联系起来,通过他对艺术经验的特殊性、绝对性和权威性的强调,通过将我们的艺术经验同精神神能量相类比,一个亚里士多德式的术语就同知识、同上帝的存在、同看的过程、同理解的过程,甚至于(在它同物理学的联系中)同生活本身的存在方式联系起来,他丰富了我们对艺术经验的理解。

谈谈《美的现实性》

郑　涌

对伽达默尔的解释哲学(Hermeneutische Philosophie;另译为解释学哲学,根据是 Philososphische Hermeneutik)的真正深入研究,我是从他的一本袖珍小册子《美的现实想》(*Die Aktualitaet des Schoenen*)开始的。

1987 年冬天,我转到德国海德堡大学,在伽达默尔的指导下开展研究工作。当时,因为海德堡大学的客座教授楼还没有空房间,我被临时安排在一座叫 Box 的小山上,这里有一栋白色的小而精致的洋楼,处于森林之中,环境非常优美和寂静。我在那里度过了 1987 年的秋末冬初,既饱览了秋季漫山遍野的斑斓景色,又陶醉于冬日的皑皑白雪。

当时我读到伽达默尔那本《美的现实性》,觉得好顺畅,这当然与当时那种优美的环境和舒畅的心情有关;但又不仅如此。《美的现实性》的德文本,是一本外封为柠檬黄色的袖珍本,开本很小,很薄,写(事实上是"讲")得非常自然流畅,擒纵得体,张弛有度。然而,更重要的是这本书的内容,它的内容强烈地吸引了我。

记得在初次见面时,伽达默尔对我讲过,在他自己看来,他这一生中最重要的著作有两本,一本是《真理与方法》,另一本就是《美的现实性》。在深读之后,我才真正理解了他的这句话。我觉得,《美的现实性》比《真理与方法》更集中和突出了他哲学思想的精髓,而且在哲学上又有着较大的进展。

《美的现实性》集中讲述了伽达默尔的"艺术经验"(Erfahrung der Kunst)理论。而他的"艺术经验"理论,正如他所写的序中所说:"艺术的经验在我本人的哲学解释学中起着决定性的、甚至是左右全局的重要作用。"①

不仅如此,伽达默尔还由艺术经验"回溯到人的那些更基本的经验",探索了"艺术经验的人类学基础"。

施莱尔马赫讲过,理解就是"再经验"。把解释哲学的"理解"与"经验"相联

---

① 载《外国美学》第七辑,商务印书馆 1989 年版,第 357 页。

系,更突出了解释哲学的非理性主义倾向。伽达默尔着力于讨论"经验",并以"经验"为基点展开解释哲学。在这里,我就伽达默尔的"艺术经验"与他所"回溯到人的那些更基本的经验"讲点自己的看法。与此同时,也顺便提一下我本人由此而得出的两点:第一,借助于中国的书法艺术,从艺术的角度去看待书写和文字;第二,由对话的实际过程得出:即使在对话本身,"说"仅占非常次要的地位,必须从"说"向"做"拓展。

伽达默尔是从近代科学的彼岸提出问题的。因此,本文就从"科学、历史与艺术"、"艺术经验与人的更基本的经验"、"逻辑学与修辞学"等几个方面来谈一谈。

一、科学、历史与艺术

近代哲学产生于近代科学的彼岸。这里所说的近代科学,主要是指近代的天文学、物理学。所谓近代哲学产生于近代科学的此岸,是指:近代哲学所直接面对的是这些自然科学,它是在肯定、总结这些自然科学成果的基础上,得出哲学的结论的。

这里我要讲的是,哲学思考的重点,如何从"科学"转向"历史"。

从精神科学、解释哲学的发展历史来看,在海德格尔和伽达默尔之前,狄尔泰也曾考虑过如何区别近代科学,但他并未完全摆脱近代自然科学的影响。他试图以近代自然科学为榜样,去建立精神科学,着力于建立堪与自然科学比美的精神科学方法。

根据这种建立精神科学的需要,区别于自然,狄尔泰把目光转向了历史,重视历史的经验(Erfahrung der Geschichite)。在他看来,他所要建立的精神科学是一种人的科学,而要想对人有一个准确的把握、理解和解释,就得依靠历史。因为,历史是人的历史,只有人的历史才能说清楚。在解释哲学的领域里,狄尔泰着眼于:为有效的理解、解释去奠定历史的基础。

而对于人的研究,在方法上也必然区别于自然科学。狄尔泰认为这种区别就在于:"自然需要说明,人则必须理解。"

在精神科学的建立中,狄尔泰把"体验"(Erleben)置于非常重要的位置。"历史世界的第一性要求就是体验,而主体在体验中,和自己的环境处于积极的、主动的相互作用之中。"正是这种相互作用,使得主体能够通过自身的体验,来事先对他者作理解。这种理解,就是"设身处地"(Verstehen,理解这个德语词本身就有的意思)。"设身处地"当然是一种体验。

"体验"这个词的词根是"生命"(Leben)。可以看出来,体验是对生命而言的,可以看成对生命的一种直接的、最切近的经验。甚至可以说,体验就是生命本身,就是生命的一种实际状态,就是努力地充满生机地去生存、生活。

既然,狄尔泰把哲学的重心从自然转移到人;那么,人是一个生命体,理解、解释人这个生命体的词汇就要与活生生的生命相关,而不应该变成一种死的概念,用死的概念去把握和坚持生命,把生命纳入抽象的死的系统,如新康德主义者所做的那样。狄尔泰的主张,使得解释学哲学的用语生活化,生机勃勃。

伽达默尔直接师承的是海德格尔。据海德格尔自己的回忆,是胡塞尔亲手教会了他的现象学的"看"。海德格尔的真正接受胡塞尔的现象学,根据他的自述,是在1918年以后,他"在胡塞尔的身边教和学的同时联系了现象学的看"。"这种'看'要求不去使用那些未经检验的哲学知识,同时也拒绝把大思想家的权威带到谈话中来。"这一条,很像笛卡儿方法四大法则的第一条。海德格尔之所以要直接到胡塞尔身边来学现象学,大概是因为在他看来:"仅仅通过阅读哲学文献,不能实现所谓'现象学'的思维方式。"①

但是,在此之前,海德格尔就已经接触到了"存在"问题,当他从"存在"问题的角度来运用现象学时,现象学的哲学重点是"存在",而不是胡塞尔的"意识"了。对于现象学哲学,就海德格尔而言,他要讨论的是"存在"问题,有人因此而称他的哲学为"存在哲学"。

海德格尔甚至还从"存在"问题的层面来看待、解释科学,他把科学也看作为"此在"的一种问题。同时,他还指出,在科学的存在之前还有另一种"存在",那就是人的生存;人的生存先于科学而存在,科学根植于人的生活世界。特别要注意的是海德格尔的这种"先于存在"的提法,体现了他的"存在哲学"的个性特征,如"前理解"、"前把握"、"前判断"等等,讲的都是"先于存在"。

海德格尔把科学置之"存在"问题的领域,这样一来,也就把科学与认识活动从根本上区别开来。在这些地方,海德格尔都着力于和"意识"、"认识"划清界限,从而建立起一种不同于"意识哲学"、"认识论"的"存在哲学"。

众所周知,"存在"是被海德格尔的时间化、历史化了的;或者说,"存在"被海德格尔赋予了时间性、历史性。借助于时间性、历史性,"存在得以敞开,使显现、揭示成为可能"。存在,是一种向着"可能性"的"存在"。

不久,海德格尔转向了艺术领域。正如伽达默尔所说:海德格尔的《艺术作品的起源》,提出了一种新的对真理的研究方向。这种新方向触及了真理问题的根本:真理何谓、何在?

谈"起源",体现了海德格尔在哲学上的那种带有浓重历史色彩的追根溯源

---

① 海德格尔著,陈子文、孙周兴译:《面向思的事情》,商务印书馆1999年版,第94—95页。

的方法。在《艺术作品的起源》中，海德格尔提出了"大地"（Erde），标志着他的哲学思想从"世界"（Welt）回到了"大地"。"世界"是海德格尔《存在与时间》的核心概念，而"大地"则是《艺术作品的起源》的核心概念。"大地"概念的提出，标志着海德格尔的"存在哲学"与柏拉图的"理念哲学"的一种更加明显的区别。

例如，柏拉图的两个"世界"学说。他认为，有一个"现象世界"，这是一个人的感官可以感知的、变动不居的"世界"；但是，这个现象"世界"是不真实的。另一个是"理念世界"。这是一个人的理性才能认识的、永恒不变的、绝对的"世界"；它才是真实的。"现象世界"只是"理念世界"的影像。

关于影像，柏拉图曾经讲过一个洞穴的故事，是为了要告诉人们：通常的人如洞穴中的囚徒，被固定了眼睛所看的方向，只能对光源，看见的只是洞壁上的因光照而形成的影像。我们不应该忽视和低估这种影像世界。其实，通过影像来看世界，是人们认识一些事物的基本方法。例如，人们在观看日食时，最原始的方法就是：打一盆水，通过水中的倒影观看日食。这样，人们就不会因用肉眼直接看太阳而被强烈的阳光刺伤眼睛。另外，人类初民借助于立竿见影，通过这种影子的投射来测量时间和空间，由此而产生几何学；这对于人类的历史发展已经起了非常重要的影响。更不用说对于哲学了："不懂几何学，不得入内！"

柏拉图所推崇的是那种人的理性才能认识的、永恒不变的、绝对的"理念世界"。在海德格尔之前，尼采也曾反对过柏拉图的世界学说。正如雅斯贝尔斯所说：对尼采来说，"没有彼岸性存在。他要取消在根本性世界与仅仅表现出来的世界（一个真正世界与一个虚假世界）之间的这一古老的划分方法。对他来说，只有世界的存在本身，我们的强烈意志世界是它的多种表现，此外别无他择。他的形而上学将世界的存在把握为纯粹的内在性。"①

海德格尔提出了"大地"，从而在根本上打破了柏拉图的"理念世界"。海德格尔从梵高那幅《农妇的鞋》引出"大地"的话题。画中那双农妇的鞋上泥土斑斑，对于海德格尔来说，是意味和揭示农民与土地的那种赖于生存的血肉关系，农民毕生与土地打交道，风雨无阻，冷暖不辞；日出而作，日落而息；春耕、夏种、秋收、冬藏；乃至生儿育女，生老病死，无一不发生在"大地"上。"大地"与人特别是农民如此休戚与共，生死攸关！与那虚无缥缈的"理念世界"相比较，"大地"是如此真实、亲切，如此须臾不可或缺。

海德格尔之所以把"大地"置于哲学核心，乃至建立了一种被人们称之为"起源哲学"的哲学，我以为都与他那身处现代化的社会却强烈地向往自然，因此而有些怀旧感伤的山区农民情怀密切相关。海德格尔生于德国黑森林山区，父亲

---

① 雅斯贝尔斯著，鲁路译：《尼采其人其说》，社会科学文献出版社 2001 年版，第 306 页。

是一个教堂和兼做杂活的人。他从小与山区农民在一起,沾染了满身的"土气"、"地气"。他非常熟悉与喜爱他们的生活和思想情感,经常与他们交谈,从中吸收思想和语言的营养,并认为他们的哲学品位远高于学院的哲学家们。他也常常漫步在林中之路、乡间小道上,享受不尽的泥土芬芳,鸟语花香。后来,尽管自己当了教授、校长,成了举世瞩目的哲学大师,仍然不忘故乡,寻根于山区农村,回归"大地"母亲的怀抱。在他的著述中,字里行间充满了他对山区农村的生活世界的怀念和眷恋,洋溢着那缕缕不断的泥土芬芳。所以,我认为,如果不能很好地把握海德格尔的这种农民情怀与情结,是不能准确理解和解释他的哲学精髓和底蕴。而且,我认为,对于任何一个哲学家来说,"母体"、"母语"乃至上面所说的"土气"、"地气"是立业之本。

海德格尔为我们所指出的,正是这样一种回归"大地"的对"真理的研究方向",而这种研究方向又是通过艺术作品来实现的。据伽达默尔自己讲,他在此之前,就已接触并讨论了艺术问题;但是,使他能够真正明确"对真理的研究方向",是在海德格尔的《艺术作品的起源》这个讲演之后。

伽达默尔把艺术及其真实性看作处于历史性的彼岸,从而在解释哲学的领域里,和强调历史性的狄尔泰与早期海德格尔不同,在艺术经验的基础上再把解释哲学向前推进了一步。伽达默尔直截了当地指出:"历史性的生存方式没有囊括一切。艺术及其真实性等处于历史性的彼岸。"①

伽达默尔为此引用了亚里士多德的一句名言:"诗比历史科学更富有哲理。"②之所以如此,是因为历史记录个别的、已经发生的事情,而诗则描述可能发生的并带有普遍性的事情。亚里士多德强调了可然、必然和已然之间的区别,把哲学看作是更多与可然、必然相关的事情。很显然,伽达默尔的关注诗与艺术,最终是为了使他的"解释哲学"能在哲学层面上,同以往的解释学即赖于历史而产生的"历史哲学"明确地区别开来。

既然历史包括不了艺术、艺术比历史更富有哲理;显然,对于艺术的哲学思考是不可避免的。在这一方面,我简略谈几点伽达默尔在《美的现实性》中所取得的主要进展。

"艺术作品的不可替代性,它不单纯是意义的载体。""我们在一件艺术作品中认识到的东西,根本不是艺术语言所要表现的。"③因此,有人就说,真正的创造力总是在语言终止的地方开始。创作灵感往往是突如其来的,完全出乎意料、

---

① 雅斯贝尔斯著,鲁路译:《尼采其人其说》,社会科学文献出版社 2001 年版,第 356 页。

② 同上,第 370 页。

③ 同上,第 371 页。

不可预见的,是根本来不及把握的;而事后又是无法说清楚的。这种东西的产生,似乎与"天才"有关。

关于"天才"问题,笛卡儿曾告诉我们:"我认为雄辩和诗词都是才华的产物,而不是研究的成果。"因此关于诗词,笛卡儿说:"一个人只要有绝妙的构思,有善于用最佳的辞藻把它表达出来,是无法不成为最伟大的诗人的,哪怕他根本不知道什么诗法。"①

值得我们注意的是:笛卡儿在谈论雄辩与诗词时,突出表现为不仅仅不强调方法,甚至于认为是不需要方法的!笛卡儿的这种"才华"论,与康德提出了"天才"论相得益彰。在康德看来,"天才"是一种天赋的才能,不是学习、认识的能力,而是一种不按照任何法则来学习的才能,对于它产生的艺术也不提供任何特定的法则。由此而与科学进一步作出区别。

伽达默尔也强调艺术与科学的乃至与历史的区别,他对"艺术经验"和"艺术作品所以'真'"的讨论,是建立在排除普遍性的基础上的:"我们把我们碰到的只看作为所意料的,并且只作为某种普遍物的个别情况记录下来,这肯定不是美的经验。""对我们来说,艺术作品所以'真',并不在于一种在艺术作品身上表现出来的普遍性。"并且突出了与美相关的事物的出现的出乎意料性、不可预见和事先设计性:"由于美,某种东西出乎意料地抓住了我们,并且使我们情不自禁地流连忘返于那独特显现之处。"②

艺术作品一旦产生,它就是一个独立的、真实的事件;在艺术作品中,有"某种东西"自我表现。艺术作品被伽达默尔看作是"增殖"(Zuwachs an Sein)。③伽达默尔许多地方在与海德格尔相区别,对"存在"这一概念作出自己的解读,例如,对于"意识"(Bewusstsein)一词,伽达默尔也看作是一种"存在"。

关于"现实性"(Aktualitaet),之所以被伽达默尔列入本书的题目,原因之一就是要同黑格尔所强调的艺术的"过去性"明确地区别开来,从而在根本上和历史、历史经验划清界限。关于"美的现实性",伽达默尔说:"美的本质恰恰并不在于仅仅是与现实性相对和对立,而在于美可以不期而至、美是一种保证。真的东西也仍然不是远不可及的,而是我们碰得见的。去填平理想与现实之间的鸿沟,是美的本体论功能。"④

艺术作品被看作是一个"真实的事件"。实际存在的,直接作用于我们,引起我们的注意,提出问题;而"艺术经验的现实性"就表现为,艺术作品对人产生某

---

① 笛卡尔著,王太庆译:《谈谈方法》,商务印书馆 2005 年版,第 7 页。
② 同上,第 373 页。
③ 同上,第 368—373 页。
④ 同上,第 372 页。

种意味，问题被由此而唤起并作出回答。

对艺术经验的探讨，必然要追溯到更基本的人生经验。

二、艺术经验与人的更基本的经验

在《美的现实性》中，伽达默尔着力讨论了"游戏"（Spiel）、"象征"（Symbol）、"节庆"（Fest）三大概念，提出了一条从"艺术经验"回溯到"人的更基本的经验"的途径。伽达默尔认为，古典艺术与现代艺术，都是艺术，有其统一性。这种统一性就建立在"过去与现代的同时性"的基础上。而这样一种"过去与现代的同时性"，正是我们日常生活的一个基本特征：我们的日常生活是通过过去和未来的同时性持续进行的。并由此而形成了人所特有的那种开放的未来和不可重复的过去的眼界。伽达默尔回顾"游戏"、完善"象征"，是为了确定"重新认识我们自己的可能性"；而讨论"节庆"，则是为了树立一种人与人之间"重新获得交往的典范"。①

这里涉及的问题很多，而最引起我注意的是：伽达默尔对人生的残缺性的讨论。我对残缺性的警觉，正是从他身上得到的。但是，我由此而得出的哲学思路，却与伽达默尔根本不同，甚至可以说，是完全相反的两个走向。

关于人的残缺性，伽达默尔在《美的现实性》中讲了一个柏拉图《宴会篇》的故事："人类本来是一个球体；后来，他们行为不检点，因此，神把他们劈成两半。此后，那完整的生命的、存在的球体的每一半都力图从另一半那里得到弥补。"②对此，伽达默尔的理解和解释是，人类的爱，是一种要求复原为整体的渴望与追求，美的经验尤其是艺术意义上的美的经验，是对一种可能的美好的事物的召唤。

在我看来，这种对整体的渴望，正是因为实际上的残缺；这种对美好事物的召唤，正是因为在现实生活中美好的缺乏、丑恶的泛滥。而且，这样一种渴望与召唤，是根本无法弥补生生世世的残缺与丑恶的。也许，恰恰相反，反过来会增加残缺与丑恶，会增大与美好事物的距离。人与人之间的相互努力接近，却适得其反，使他们之间的距离越来越大、越来越远。对于着一点，不论是在事实上还是是在理论上，我都可以提供充分的证据来说明。

人们一直在表示对整体的渴望、对美好事物的召唤；然而，事实上却是：在人类（也是自然的一部分）与自然之间，所谓的人类的进步所带来的结果，到目前为

① 笛卡尔著，王太庆译：《谈谈方法》，商务印书馆 2005 年版，第 368 页。
② 同上，第 369 页。

止所显示的主要是：人对自然的侵占、掠夺和试图长久的控制与支配；由此而造成的是，生态失去平衡，环境大范围内被污染。而在人与人之间，贫富悬殊，南北差距日益扩大，一些民族的经济权利、政治权利、文化卫生教育权利、话语权利乃至生存权利，被严重侵害甚至剥夺。这是在事实上。而在理论上，既然承认人类是残缺的，其能力又是极其有限的，那么怎么可以设想：这样一种本身是残缺的人类，可以克服自己的残缺、去求得完整；可以克服自己的有限、去做到远远超出他们能力的事情呢？显然，在理论上这是个悖论，是很难讲得通的。

我们可以说，对整体的渴望、对美好事物的召唤，是人们所表达的一种良好愿望，是一种让人憧憬的理想，这种愿望、理想都是十分宝贵的。但是，它们仅仅是愿望、理想而已。愿望、理想不是现实，也无法取代现实。人生活在现实的实际生活中，而不是生活在并非实际的愿望、理想中。我认为，既然要从艺术经验回溯到人的更基本的经验，那么残缺性这样一种实际生活经验，恰恰是根本不能回避的，也不可小视；相反要大大重视、强调、突出。

与此相关的，要重视由人本身固有的残缺性所带来的人类现实生活的残酷性。诸如，正是因为无（缺乏）整体观念、无他人观念，一部分人为了能够统治另一部分人，占领别人的领土，霸占他人的财产，剥夺他人的各种权利，不惜发动战争乃至世界大战。其凶恶、残酷，因为有现代科学技术和先进武器装备的支持，远远超过了动物之间的相互争斗、厮杀，这是从大的方面来讲。小的方面，在日常生活中，为了一己的利益，不少的人仍然无所不用极其，伤天害理，在所不惜。在这样一种人群中生活，能不感受到残酷、可怕吗？

因此，为了能够正常地生活，应该提醒、倡导人们通过锻炼养成相应的心理与生理的承受能力，要有忧患意识，要能居安思危，以及对于突发的恶劣事件要保持高度的警觉。"警觉性"、"忧患意识"，当然还有"残缺性"等等，应该成为哲学的重要概念与命题，特别是这种哲学是人生有关的话。

因此，我主张从现实的实际生活遭遇出发，来感悟生命、理解生活的意义；并由此来形成对人生的经验。我由此而对残缺性、残酷性、忧患意识和警觉性的强调，显然不同于别人（包括伽达默尔在内）所提倡的美好的愿望或快乐的感受。我在《道，行之而成》一书中，一开始就以伽达默尔本人为例，强调突出了那种残缺性，表明了我对人生经验的看法，而且也表示了我对"完美理论"的看法。我这样一种对人生经验的看法表述，试图采用的是现象学的方法：直面事物本身。[1]

前面我所说的那种经验，是一种非理性的经验，而且曾被理性遮蔽和排斥的。这种遮蔽和排斥经验的理性，包括康德、黑格尔的理性在内。伽达默尔的强

---

[1]　郑涌：《道，行之而成》，中国社会科学出版社2004年版，第1页。

调经验,正是为了召回被这种理性主义遮蔽和排斥的经验,并实行了哲学重点的转移。但是,我们如果真正深入人生的经验,就不难发现,伽达默尔的"对话理论"是根本无法满足这种深入的需要的。即便就"对话"本身,据有人的实验结果,在一个对话活动中,对于人与人之间的相互沟通与理解,对话、言说所能起到的作用,只占总体作用的 35%左右;而更多的是靠对话者的表情、手势及其他肢体动作。更何况,在人类没有语言之前,人们的沟通与理解就全靠表情、手势及其他肢体动作了。这一点,也是我提倡"行"、以"行"超越"言"的一个重要根据。

三、逻辑学与修辞学

哲学在现代只是逻辑学了,并且用数学化、形式化了的数理逻辑等现代逻辑取代了传统形式逻辑和康德的先验逻辑。但是,如果要追寻哲学是如何变成逻辑的,就不能不讲康德等人了。

关于使形而上学即哲学成为逻辑,可以从欧洲大陆理性主义讲起。高举理性的旗帜,强调真理与逻辑、方法的关系,成为欧洲近代哲学界出现的一个新的趋势。而这里所提倡的理性、逻辑与方法,正是伽达默尔所要商榷的重点。因此,围绕上述主要问题,我先介绍一下欧洲近代被称为理性主义的哲学方向,并仅以笛卡儿、康德为代表。

笛卡儿有一本书,名字叫《谈谈方法》(全称是《正确运用自己的理性在各门学问里寻求真理的方法》)对于这本书的名字,中文译者王太庆先生有一个很好的理解、解释和点评,他说:"作者把这本书的书名题为《谈……》(Discours),不像一般学术著作那样题为《论……》(Traite 或 Dissertatio…),这是他有意让一般读者来阅读和评论他的文章,不想落入高头学士的窠臼。为了这个目的,他宁愿用当时人人能读的口语法语写作,不用文人学士的拉丁文。"[1]

这样一本被奉为近代科学之"圣经"的典籍,笛卡儿竟然是用"当时人人能读的口语法语"写成的! 真可谓难能可贵。这不仅鲜明地区别于"当时居统治地位的经院哲学的空洞与虚骄",而且突出体现了真理的朴素性。笛卡儿本人所推崇的真理,正是把"清楚"、"明白"作为其主要标志,而这种"清楚""明白"又是发端于笛卡儿所坚持不渝的"干干净净的天然理性"。[2] 真理是朴素的,自然就毫无粉饰,毫不奢华。这样一种朴素的真理,往往是被同样朴素的人发现的:换句话说,朴素的人,易于发现朴素的真理! 而被发现了的朴素真理,也最容易获得朴

---

① 笛卡儿著,王太庆译:《谈谈方法》,商务印书馆 2000 年版,第 1 页。
② 同上,第 59 页。

素的他人的赞赏和肯定！王太庆先生学识渊博、哲学功底深厚，却毫不张扬、不急功近利、朴实无华，由他来翻译笛卡儿的著作，可以深得其精髓。他们着实是难得的同道与知音！

在这里，我特别要介绍一下笛卡儿的那种难能可贵的言行一直、身体力行、坚持不渝的真理观，他称之为自己规定了行为准则。他甚至认为，人生最大的、最完美的、最纯洁的快乐，莫过于：毫不满足于别人的看法，开动完全能由我们自己做主的思想，充分发挥每个人都有的分辨真假的天然灵明，去不断发现真理。他"相信，那些古代哲学家之所以能够摆脱命运的干扰，漠视痛苦和贫困，赛过神仙，其秘密主要就在于此。"①这是一条哲学家对真理追求的快乐原则和标准。

笛卡儿的这部著作本身的宗旨是："谈谈正确能够自己的理性在各门学问里寻求真理的方法"②，对"理性"的"运用"、"真理"与"方法"的关系谈出了他自己的看法。他强调了通过"理性"运用的"正确"来寻求和确定"真理的方法"，而且，这种方法的运用，不仅仅与数学、自然科学有关，并且还涉及历史、诗歌等多种领域。

在笛卡儿看来，分辨真假的能力，人皆有之，差别也不大。人与人之间对同样的事情之所以有不同的看法，并不在于分辨真假的能力即理性的多少，而主要在于他们各自的运用方法不同。因此，对"真理的方法"的寻求与确定，就成为人们在真理问题上得意个主要任务。

笛卡儿把逻辑、几何学和数学三门学问有机地结合起来，"包括这三门学问的长处，而没有它们的短处"，从而提出了四条规则。其中根本的一条也就是第一条指出："要小心避免轻率的判断和先入之见，除了清楚分明地呈现在我心里、使我根本无法怀疑的东西以外，不要多放一点别的东西到我的判断里。"③

本来，笛卡儿的本意，"只打算告诉大家自己是怎样运用我的理性的"，并没有"认为自己比别人高明"，也不想"在这里教给大家一种方法，以为人人都必须遵循它才能正确用自己的理性"。④ 他并不认为自己比别人高明，而且他的方法也不是唯一的。

与此相关，笛卡儿提出了自己的"哲学的第一条原理"：我思故我在。用"我思"来证明"我在"，是一种用"我"证明"我"，即无需你、他就能证明"我"的存在。这就突出表现了笛卡儿哲学那特别强烈的"自我意识"与主体性。由此而推及命

① 笛卡儿著，王太庆译：《谈谈方法》，商务印书馆2000年版，第22页。
② 同上，第22页。
③ 同上，第15—16页。
④ 同上，第5页。

题的真:"凡是我们十分清楚、极其分明地理解的都是真的。"①

再进一步,就是从有限求无限,推崇无限,把无限者看做是某种先于且高于一切(包括"自我意识"在内)的东西。并以无限证明有限,否定人的此在的有限性经验。笛卡儿认为,在有限思想中,有无限的出现;如果没有这个出现,这个有限思想也就意识不到它自身的有限。而在无限实体中的真实,要比有限实体中的真实更多;因此,我对无限者的知觉——即对上帝的知觉,以某种方式先于我对有限者的知觉——即我自己。

笛卡儿关于诗词的看法,是与关于雄辩的方法放在一起谈的。关于雄辩,他说:"一个人只要推理能力极强,就会把自己的思想安排得明白易懂,总是最有办法使别人信服自己的论点的,哪怕他嘴里说的是粗俗的布列塔尼土话,也从来没有学过修辞学。"但是,他的这些看法,并不占据他哲学提的主导地位;占主导地位的是他关于方法与逻辑的思想理论。

与诗词、雄辩不同的是,对于历史,笛卡儿颇有微词,同古人交谈久了如"旅行过久就会对乡土生疏,对古代的事情过分好奇每每会对现代的事情茫然无知。""最忠实的史书,如果不歪曲、不夸张史实以求动听,至少总要略去细枝末节,因而不能尽如原貌。"②

关于理性及其与真理的关系,过去我在讨论康德的哲学思想时曾有所涉及。当时,我通过康德在哲学领域里的哥白尼式的革命,着重阐述了康德的"与经验相反但亦真实"的命题,指出了理性对日常生活经验与亚里士多德经验论的超越之处。而这种超越之处,正是康德批判哲学的着眼点所在。

关于经验,康德认为,经验不是知觉的积累,而是超越知觉的,借助于纯粹知性概念判断构成经验。所谓经验,就是把被感知的对象纳入纯粹知性概念的规则之中。真假问题不能被经验证实或证伪,真假问题在形而上学的范围内,而不在经验科学的范围内。如果一定要说经验范围内有真、假问题,那也只与使用有关,即与表象的如何连接有关。

理性,最狭义就是与知性的区别,知性规定科学,理性产生形而上学,以要求一种在经验的范围内永远不可能发现的完备性和无条件性。在超越和经验的一样上区别理性与知性。理性不能直接应用于经验或对象上。康德认为,理性不同于感性与知性,理性追求一种无条件的东西,这种东西不能在感性与知性的对象——现象——中发现。在理性的范围内,无条件的东西作为超越一切经验界限的理性对象,只是思维的对象。而感性与知性的对象,则是与经验相关的对象。

---

① 笛卡儿著,王太庆译:《谈谈方法》,商务印书馆 2000 年版,第 28—32 页。
② 同上,第 28—32 页。

黑格尔在《哲学史讲演录》第 4 卷中指出,理性与知性的区别,是从康德才开始的,在以前的哲学家那里没有这种区别。康德把理性同感性与知性区别开来,并不是为了排斥理性,而是为了推崇理性。基于这种推崇的需要,康德又从逻辑方面肯定了理性的不可缺少性和合理性,理性的原理又被称为逻辑的原理。这样一来,不仅肯定了理性的合法地位,而且使形而上学成为逻辑。

康德的贡献就在于,和以往的形式逻辑相区别,提出了与这种逻辑不同的先验逻辑。而正是康德先验逻辑的提出,迈出了使形而上学成为逻辑的重要一步。黑格尔正是在此基础上,写出了《逻辑学》与《小逻辑》,使形而上学即哲学进一步逻辑系统化。

通常所说的逻辑抽去一切认识内容,撇开认识与对象的一切关系,而只研究认识的逻辑形式,即构成认识的单纯形式。但是,康德认为,对象的思维应当有纯粹的与经验的之分,因而应当相应有两种逻辑,一种是抽去一切认识内容的;另一种是不抽去全部内容的。所谓抽去一切内容,即抽去经验的内容,也抽去先验的内容。所谓先验的,康德是指与认识的先天之所以可能与先天的使用相关的一类知识。先验逻辑考察与对象先天联系的概念,它包含着对象与认识的关系,所以它并没有抽去认识的一切内容。先验逻辑是思维的科学,是个概念系统,要求对事物作出概念的把握。

除了以往的形式逻辑,数学也与之不同。数学对事物的把握是直观的,而非概念的。康德在与数学的方法、与以往的形式逻辑的区别中,提出了先验逻辑,并确定了它的概念系统与逻辑方式。

使形而上学成为逻辑,被黑格尔认为是康德的又一大贡献,在《逻辑学》的上卷中,他说:"批判哲学诚然已经使形而上学成为逻辑。"而且,《逻辑学》的"客观逻辑,有一部分就相当于他的先验逻辑"。[①]

这里有两点要提请读者注意:第一,形而上学即哲学成为逻辑,被逻辑化了,哲学问题就成了逻辑问题,哲学工作也就是逻辑工作了/例如,在讨论到表象与思想的关系时,黑格尔说:"概括地讲来,哲学的工作没有别的,即在于把表象变成思想,——当然更进一步还要将仅仅抽象的思想转变成总念。"[②]第二,黑格尔再把这种逻辑倾向极端化,提出了"历史与逻辑的一致性"。从这样一种逻辑出发,就要求历史与逻辑保持一致,哲学的基本概念在逻辑的位置终于其西方哲学史上出现次序的一致。黑格尔说:"逻辑理念的发展是由抽象进展到具体。同样在哲学史上那最早的系统每每是最抽象的,因而亦是最贫乏的。故早期的哲学

① 郑涌:《批判哲学与解释哲学》,中国社会科学出版社 1993 年版,第 1—43 页。
② 王元化:《读黑格尔·重读〈小逻辑〉》,百花洲文艺出版社 1997 年版,第 14 页。

系统与后来哲学系统之关系,大体上约相当于前阶段的逻辑理念与后阶段的逻辑理念。"①所不同的只是摆脱了历史的形式以及起扰乱作用的偶然性而已。"没有一个哲学是被推翻了的,甚或没有一个哲学是可以推翻了的。"其重要的一点就在于:"每一哲学系统均可表示理念发展之一特殊阶段或一特殊环节。"②

伽达默尔区别于逻辑学的方法,在哲学中提出了修辞学的方法,他说:"在很大程度上,理解艺术(解释学)的理论工具是从修辞学借用过来的。"③

伽达默尔认为,美学的方法,也是修辞学的方法,他说,欧洲美学的创始人鲍姆加登当年对美学的定义为"美的思维艺术"(Kunst schoen zu denken 〔ars pulchre cogitandi 〕),正是模拟了修辞学的定义"出色的演说艺术"(Kunst gut zu redden 〔ars bene dicendi〕)。他还说过,理解,主要不是方法论上受过训练的对待文本的行为;而是人的社会生活进行的一种方式。人们不是按既定的方针与程序生活的,而是"吃一堑长一智"地生活。当然,这种说法,我认为已经超越了修辞学。

我这里只就伽达默尔所提倡的修辞学方法,谈一点我自己的看法。

首先,从他对于修辞学方法的提倡,我们可以看出,伽达默尔并不绝对反对方法,而是比较突出地反对逻辑学的方法;换句话说,是反对逻辑学方法的唯一性、垄断性。所以,他的《真理与方法》一书,不能被认为是把方法看作是与真理对立的、势不两立的,是绝对反对方法的。

其次,修辞学的方法,只不过是诸种方法中的一种,也不是唯一的,甚至是被认为是缺乏根据的,即便是在语言文字的领域中。伽达默尔把"逻辑"还原为"说",因为古希腊的"逻辑"(logos)就源于"说"(legein),"逻各斯"就在"说出的言词"当中。伽达默尔立足于用"说"来取代"逻辑"(逻各斯)。但是,在德里达看来,书写是媒介,是形而上学、科技等等一切的媒介。语言的本质,应该用"书写"即"书面语言"而不是"口语"即"口头语言"来把握。"书面语言"不是"说",因而,不光是并不源于逻各斯,而且与逻各斯毫无关系。要说,批判逻辑,从而排除逻辑中心主义。显然,德里达的理论要比伽达默尔的彻底得多。他解构了一切源于逻各斯的意义,特别是真理与逻辑的关系,并最终解构了真理。这样以来,也就使伽达默尔以"说"为基础所建立的真理学说失去了根基。德里达并没有到此止步。他认为,远古的文本已经失传,原始文字是不在场(缺席)的。所以,从语言文字的角度,柏拉图、海德格尔、伽达默尔的那种在场的形而上学、现象学是站

---

① 王元化:《读黑格尔·重读〈小逻辑〉》,百花洲文艺出版社 1997 年版,第 26 页。
② 同上。
③ 伽达默尔著,夏镇平、宋建平译:《哲学解释学》,上海译文出版社 1994 年版,第 24 页,引文略有改动。

不住脚的。不过,德里达想通过文字排斥一切在场与意义,似乎太过于武断了一点。在讨论到这个问题时,我曾向伽达默尔介绍了中国的书法艺术;中国的书法艺术表明:它同样是书写文字,却显然是有意义的,至少具有审美的意义。伽达默尔听了十分赞成,并把书法加进了他给我所写的《美的现实性》的中译本的序言之中。

再次,更重要的是,要说有,那修辞学所适合的、所能论证的只不过是真理的一种,特别是与政治、权利关系比较密切的真理,而不是那种无目的、非功利的真理。因为,修辞学所着重的是:如何说服别人,甚至是战胜论敌。因此,修辞学并不是以揭示无目的、非功利的真理为第一目的的。苏格拉底拥有真理;但是,他并没有因此而能够说服审判者和民众,只能为真理而献身。从这样一个角度,去理解孙中山对严复所说的"我是实践家,你是理论家";再如人们常说的"秀才遇到兵,有理说不清"等等,可能比较恰当,比较可行。

最后,真理是多义的,甚至是歧义的。追求真理的方法、途径因此也会是各不相同的,多样的。伽达默尔所做到的,主要是强调突出了艺术经验,提出了一条以修辞学方法探究真理的道路。这条道路,至少古希腊的亚里士多德已经明确地阐述过,并有关于《修辞学》和《诗学》的专著。后人,如笛卡儿等人也有所涉及并给予重视。所不同的是,"修辞学"和"诗学"在伽达默尔的哲学思想中与"逻辑学"、"方法论"明确地作了区别,被置于主导的地位。这是我所理解的伽达默尔哲学思想中的"真理"与"方法"的关系,这正是他的《美的现实性》所要进一步阐述的。

审美的语言游戏

——维特根斯坦后期哲学中的美学思想

孙　斌

维特根斯坦曾说:"科学问题也许会使我感到有趣,但是它们从来没有真正地吸引住我。只有概念的和审美的问题才会吸引住我。从根本上说,我对科学问题的解决并不关心;但不是对其他的问题。"①之所以对科学问题的解决并不关心,是因为"即便所有可能的科学问题都得到了回答,我们的生活问题却还全然未曾触及到。"②而概念的和审美的问题正是科学问题之外的其他问题,维特根斯坦以他的方式为它们所吸引,他的方式关涉到人的生活,而他对哲学的沉思与他对美的探索也在这一点上结合起来。因此,在他看来,"哲学研究(也许尤其是在数学上)同美学研究之间有着奇妙的相似,例如,这件外衣有什么不好,它怎么会这样,等等。"③他把一个看起来显得轻松的话题放在后面的括号里,似乎在起着某种提示作用,然而那件外衣并不比任何概念性的或者其他什么东西更为轻松,因为它直接关涉着人的现实的生活。

一

1938 年夏,维特根斯坦在剑桥作了一次有关美学的讲演,在讲演的开头部分,他这样说道:

这个主题(美学)很大,而且,就我所能理解的而言,它完全被误解了。像"美

①　Wittgenstein, *Culture and Value: A Selection from the Posthumous Remains*, Oxford: Blackwell Publishers, 1998, p. 91.

②　Wittgenstein, *Tractatus Logico — Philosophicus*, London, Boston and Henley: Routledge & Kegan Paul Ltd. , 1955, p. 186.

③　Wittgenstein, *Culture and Value: A Selection from the Posthumous Remains*, Oxford: Blackwell Publishers, 1998, p. 29.

的"这样一个词比大部分其他的词更多地出现在句子中,而假如你去看看这些句子的语言学形式的话,你就会发现,它恰恰更容易被误解。"美的"(还有"好的")是一个形容词,所以你倾向于说:"它有某种性质,即,是美的。"①

在这里,美学的被误解从某种意义上可以被看作是"美的"这个词的被误用,即,把"美的"这样一个用于感叹的形容词,和美的实体或性质联系起来了,这种误解是建立在传统语言学的意义对应理论(甚至包括维特根斯坦自己某些早期的理论在内)之上的。而一旦这种对应理论被破除,那么传统美学意义上的审美对象几乎完全消失了,剩下的只是审美活动,确切地说,是"美的"这个词的使用,或者用维特根斯坦后来的语言游戏的隐喻来说,就是"审美的语言游戏"(Aesthetic Language-game)。下面,就让我们一起来考察审美的语言游戏。

我们首先要讨论的是游戏的规则问题。事实上,只要提到游戏,我们就不可能不想起规则。

在维特根斯坦那里,规则对于游戏而言是至关重要的,他甚至说:"游戏毕竟应该是通过规则来加以规定的!"②就拿维特根斯坦最喜欢的象棋比喻来讲,整个象棋游戏实际上就是象棋弈棋规则的展开。这意味着,规则一经给出,便具有了相对的稳定性,这种稳定性维护着游戏,或者说规定着游戏。然而,并不是任何地方都要由规则来做出约束的,正如在网球游戏中,也没有什么规则规定球可以抛多高,或者球可以抛多重,但尽管如此网球仍然是一种游戏并且有规则。故而,规则的约束是根本性的,而不是技术性的,就是说,规则打开了一个可供游戏的空间,而不是由自身把这个空间填满。在这里,规则所起的约束作用更多的是一种规范或提示,如维特根斯坦所言:"一条规则站在那里,就像是一个路标。"③

同时,我们也完全可以设想,我们在做游戏的过程中,通过开拓甚至改变规则的空间来不断地制定出新的游戏,就是说,如果我们要去一个新的地方,那么就需要一个新的路标了。维特根斯坦对于规则的改变和制定是这样说的:"而且,不也存在着这样的情况,我们一边游戏——'一边随着我们的进行而制定规则'?甚至是这样,在游戏中,我们改变规则——随着我们的进行。"④通过这样的方式,语言游戏摆脱了逻辑的强制性,而呈现出多样性和开放性。

可是,问题也随之出现了,其中人们讨论最多的恐怕要算是"遵守规则悖论"了。维特根斯坦也坦率地说:"我们的悖论就在于此:一条规则并不能够规定任

---

① Wittgenstein, *Lectures and Conversations on Aesthetics*, *Psychology and Religious Belief*, Oxford: Blackwell Publishers, 1994, I, 1. p. 1.

② Wittgenstein, *Philosophical Investigations*, § 567, Oxford: Basil Blackwell, 1963, p. 150.

③ Wittgenstein, *Philosophical Investigations*, § 85, Oxford: Basil Blackwell, 1963, p. 39.

④ Wittgenstein, *Philosophical Investigations*, § 83, Oxford: Basil Blackwell, 1963, p. 39.

何行为方式,因为每种行为方式都可以被弄得同规则相一致。答案就是:如果每样东西都能被弄得同规则相一致,那么也能被弄得相反对。所以,这里就不存在一致,也不存在反对。"①

为此,克里普克在他的《维特根斯坦论规则与私人语言》中设计了一个有趣的例子以作该悖论的注释,或者说,来表明他对该悖论的理解:68+57 对于我们来说等于 125,若有人认为应该等于 5,此人是在遵守规则吗? 完全可能! 此人可以告诉我们,他在这里使用的"+"其意思是"$\oplus$",其规则是"若 X+Y<57,则 X $\oplus$ Y=X+Y,否则,X $\oplus$ Y=5。"②

不过,我们还是看一下维特根斯坦自己的思路。在这个问题上,至少有两个思想是值得我们重视的,一个是生活实践,另一个是社会性。从根本上讲,这两者其实是一个问题的两个方面。

让我们继续使用维特根斯坦最喜欢的象棋比喻,这回,他给出了一条可能出现在这个游戏中的新规则:要求每走一步之前都得把要走的棋子旋转三次。对这个规则,我们将会感到吃惊并且要猜测它的目的。这个时候,维特根斯坦式的提示再次出现在括号中——这个规定许是防止人没有深思熟虑就走棋?③ 我们知道,下棋很大程度上是一种思维的游戏,必须按照弈棋规则在大脑中对棋局进行周密的逻辑推演才能走出好棋,在这里,弈棋规则是本质的规则,维特根斯坦说:"因此我倾向于也在游戏中区分本质的和非本质的规则。"④本质的规则从根本上融入了我们的生活实践,就是说,对我们的生活实践(比如这里的象棋游戏)有着不可或缺的意义。而那条新规则是否为可能,必须要从我们的生活实践出发来加以考虑,这种考虑实际上是在察看这条规则的要点,"人们可以说,游戏不仅有规则,而且还有'要点'(Witz)"⑤,这个要点在于与本质规则的关系,或者说,与生活实践的关系,这恰是那个括号所给我们的提示。

同时,遵守规则又不可能是私人性的,毋宁说,它是社会性的。事实上,对于语言游戏,维特根斯坦最感兴趣的正是要"提醒我们注意语言底另一个重要方面——即,它的社会性质"。⑥ 不管什么时候,只要维特根斯坦拿语言比做游戏,或者谈到和构作"语言游戏",他总是强调这一点。语言游戏深深地融在我们的生活实践中,遵守规则不可能是一个人在他一生中只能做一次的事情。事实上,

① Wittgenstein, *Philosophical Investigations*, § 201, Oxford: Basil Blackwell, 1963, p. 81.
② cf. Kripke, *Wittgenstein on Rules and Private Language*, Oxford: Basil Blackwell, 1982, pp. 8-9.
③ Wittgenstein, *Philosophical Investigations*, § 567, Oxford: Basil Blackwell, 1963, p. 151.
④ Wittgenstein, *Philosophical Investigations*, § 564, Oxford: Basil Blackwell, 1963, p. 150.
⑤ Wittgenstein, *Philosophical Investigations*, § 564, Oxford: Basil Blackwell, 1963, p. 150.
⑥ 范光棣著,胡基峻译:《韦根什坦底哲学概念》,黎明文化事业股份有限公司1975年版,第73页。

我们的生活实践也决定了这一点,即,一个生活着的人总是生活在社会之中,或者用马克思的话说,人的本质在其现实性上是一切社会关系的总和。这样,遵守规则,做报告,下命令,下棋等游戏就都是生活实践中的习惯(习俗,制度)。所以,维特根斯坦说:"因此,'遵守规则'乃是一种实践。而认为遵守规则并不是:遵守规则。所以,人们不能够'私人地'遵守规则,否则的话,认为遵守规则就会同遵守规则一样了。"①

二

通过以上的论述,我们发现,理解规则或者遵守规则在某种意义上就是做语言游戏,所以,如果我们从这个层面上来考察审美的语言游戏,那么恐怕就比较容易避免传统美学对"美的"这个词的误用。事实上,规则几乎遍及我们所讨论的这个语言游戏的各个方面,可以说,它虽然不是你审美之眼的对象,但必然是进入你审美之眼的光。

通过前面的分析,我们也已经知道,一个词的使用并不完全在于我们把它说出来,哪怕这种情况发生在一个适合于它的语境中。所以,"当我们对一件事物做出审美判断时,我们并不只是呆看着它说:'喔!多么了不起!'"②事实上,很多时候我们甚至并不直接使用"美的"这个词。试想一下我们听音乐时的反应,我们中的一部分人的评论可能会是这样的:"注意这个转调"、"这段不连贯"或者"这里的低音很有表现力",这些词的使用更近于"对的"或"正确的"(就像这些词在日常语言中的使用),而不是"美的"或"可爱的"。而我们中的另一部分人则只不过是发出感叹,或者还有面部的表情变化。这一状况恰印证了维特根斯坦的这句话:"就谈话来说,'美的'是一个古怪的词,因为它几乎不怎么被使用。"③那么,我们是在做审美的语言游戏吗?让我们来考察一下,孩子是如何学会说"美的"、"好的"等等。我们发现,他们只是简单地把它们当作感叹来学。同时,我们也发现,感叹的要点并不在于我们用什么音节来发声,而正如维特根斯坦所说,在这些词的教学中,极为重要的是夸张的姿势和面部表情。可以说,在这个方面,一个词不是作为一个或几个音节而被人学会的,而是作为一个面部表情或姿势的替代而被人学会的,或者用维特根斯坦的话说:"是它出现于其中的游戏,而

① Wittgenstein, *Philosophical Investigations*, §202, Oxford: Basil Blackwell, 1963, p. 81.

② Wittgenstein, *Lectures and Conversations on Aesthetics*, *Psychology and Religious Belief*, Oxford: Blackwell Publishers, 1994, I, 17. p. 6.

③ Wittgenstein, *Lectures and Conversations on Aesthetics*, *Psychology and Religious Belief*, Oxford: Blackwell Publishers, 1994, I, 5. p. 2.

不是各个词的形式。"①

维特根斯坦在这里的彻底之处在于,他不仅驱散了美的对象或性质之类的雾霭,而且,"美的"这个词本身也并非是至关重要的。重要的东西,从根本上来讲,是感叹。我们不要寄希望于感叹会告诉我们什么,因为其目的不在于传播思想,如维特根斯坦所说:"只有当我们与这样一种观念彻底决裂,即,语言总是以一种方式运作,总是服务于相同的目的:传播思想——这思想可以关于房屋、疼痛、善良和邪恶,或者无论什么样的东西,悖论才会消失。"②感叹虽然没有传播思想,但是,它的确在起着某种作用,显然,这种作用与情感有关。这样,在感叹发生的地方,我们发现了这个游戏的另一个契机:情感。而且,正是由于这个情感处于语言游戏之中,所以它是一种社会性的东西,而不是某种私人化的情绪。同时,这种社会性也意味着,这个情感是必须加以学习的,换句话说,我们是学会感叹的。而学习的过程实际上也就是学习规则的过程。

在这里,非常有必要考察一下这种规则与专门艺术规则之间的关系,首先要说明的是,它决不等于专门艺术的规则。让我们继续使用音乐的比喻,维特根斯坦说:"情感就像伴随着我们的生活历程那样,伴随着我们对一首乐曲的领会。"③这意味着,情感从一开始就已经融于我们的生活实践之间,唯其如此,对音乐的领会才是可能的。在这样的情势下,我们可以说,审美的语言游戏乃是与生活历程一同展开的。这样,这个游戏的规则,或者说审美的规则所关涉的就是我们生活实践中的整个文化背景了。所以,维特根斯坦说:"完整地描述一套审美规则,事实上意味着描述一个时代的文化。"④这意味着,我们对审美规则的学习实际上是对整个文化的承载。在这个意义上,可以说,虽然审美规则不等于专门艺术的规则,但在某种程度上,却蕴含了包括后者在内的更多的东西。相比较而言,音乐这一专门艺术中的规则,比如和声或者对位,就不是最为重要的了。因此,维特根斯坦也承认,即便你没有学过和声,也没有一只好耳朵,但你仍然可以听出和弦序列中的任何不和谐,当然,在维特根斯坦看来,这还是很不够的,就是说,你还需要学习规则。⑤

① Wittgenstein, *Lectures and Conversations on Aesthetics*, *Psychology and Religious Belief*, Oxford: Blackwell Publishers, 1994, I, 5. p. 2.

② Wittgenstein, *Philosophical Investigations*, §304, Oxford: Basil Blackwell, 1963, p. 102.

③ Wittgenstein, *Culture and Value: A Selection from the Posthumous Remains*, Oxford: Blackwell Publishers, 1998, p. 20.

④ Wittgenstein, *Lectures and Conversations on Aesthetics*, *Psychology and Religious Belief*, Oxford: Blackwell Publishers, 1994, I, 25. p. 8.

⑤ cf. Wittgenstein, *Lectures and Conversations on Aesthetics*, *Psychology and Religious Belief*, Oxford: Blackwell Publishers, 1994, I, 15. p. 5.

　　既然审美规则关涉到整个文化,那么它必然涉及我们生活的各个方面,这意味着审美的语言游戏不可能是脱离开其他语言游戏而独立存在的。另一方面,我们也根本不可能寄希望于维特根斯坦会单独地对它做出任何定义性的描述,因为规则只在于遵守或者学习,即,使用。所以,维特根斯坦从来不是就审美规则而讨论审美规则,而总是结合规则使用的一些具体情形。以"正确"一词为例,我们会遇到许多相关的情形,首先是学习规则的情形。在这个地方,维特根斯坦似乎也根本没有从什么审美规则切入,而是给出了一个裁缝的例子:"假设我去学裁缝,那么我首先要学的就是所有的规则,大体上说,我也许会有两种态度。(1)路易说:'这太短了。'而我说:'不,它是对的。它符合规则。'(2)我发展出了一种对规则的'感觉'(feeling)。我解释了规则,我就会说:'是的。它不对。它不符合规则。'这里,我就是对在(1)的意义上符合规则的东西做出了一个审美判断。另一方面,倘若我未曾学过规则,我就不能做出这个审美判断。"①我们居然就是这样学会审美规则的,在这里,重要的是对规则的感觉,规则不再是知识性的东西,而是融入了我们的感觉之中,融在了我们的生活实践之中。但维特根斯坦并没有就此罢休,他似乎对裁缝格外感兴趣,在另一处,他说完"我清楚地知道,当一个对衣服知道很多的人到裁缝那里去,会发生什么事情,我也知道,当一个对衣服一无所知的人到裁缝那里去,会发生什么事情——他会说什么,他会如何做,等等。"这句话之后,接着就说:"那就是美学。"②

　　不过,对待裁缝的例子,比较妥当的态度恐怕还是把它当作一个比喻,一个富有表现力的比喻。下面,我们来考察一个更为直接的艺术领域内的例子,通过这个例子,我们会发现,在学习规则的过程中,我们得到了越来越完善的判断,学习规则实际上改变了我们的判断。同时,我们的鉴赏力也因此而得到了培养,在维特根斯坦那里,鉴赏力对于审美的语言游戏是非常重要的,他甚至说:"有些人所具有的鉴赏力与受过教育的鉴赏力相比,就如同是半瞎眼睛的面部印象与正常眼睛的面部印象。"③

　　这个例子就是阅读18世纪诗人克洛普施托克的诗:"我发现,阅读他的方法就是非常规地重读他的韵律。当我以这种新的方式阅读他的诗的时候,我说:'现在我知道他为什么这样做了。'发生了什么事情呢? 我曾经读过这类材料,并

　　①　Wittgenstein, *Lectures and Conversations on Aesthetics*, *Psychology and Religious Belief*, Oxford: Blackwell Publishers, 1994, I, 15. p. 5.

　　②　Wittgenstein, *Lectures and Conversations on Aesthetics*, *Psychology and Religious Belief*, Oxford: Blackwell Publishers, 1994, I, 21. p. 7.

　　③　Wittgenstein, *Culture and Value*: *A Selection from the Posthumous Remains*, Oxford: Blackwell Publishers, 1998, p. 73.

且已经渐渐有些厌烦了,但是当我以这种独特的方式来阅读它时,我微笑起来,热情地说:'这是伟大的'等等。但是,我也可能并没有说任何东西。重要的事实是,我反反复复地读它。当我读这些诗时,我做出了一些可被称作是赞成姿势的手势和面部表情。但是重要的事情是,我完全不同地、更为热情地阅读了这些诗,并且对别人说:'看! 它们就应该这样来读。'"①这个例子告诉了我们很多东西,阅读克洛普施托克的诗,首先你必须懂德语,正如一个不通英语的俄国人如果竟为一首公认为好的十四行诗所陶醉,那么我们会说他根本不知道诗里究竟说了些什么;其次,你必须对音韵有所了解,比如维特根斯坦在这里所说的韵律,试想一下,如果一个人对音韵一无所知,居然也为这首诗所陶醉,那么我们就会说他也没有明白诗里说了些什么。以上这两点并没有被这个例子所强调,但却是作为前提而被隐含的。当然,在这里,更为重要的是,反反复复地阅读,完全不同地阅读。规则就在这些阅读实践中被学会了,以至于他会做出一些手势和面部表情,并且变得热情起来。简单地说,他学会了对这首诗发出"正确"的感叹。

这里的"正确"看起来与日常语言中的使用是一样的,但是,在审美活动中,它并不作实际的判断。比如,我们谈论贝多芬的一部交响乐时,不会谈论它正确与否,然而"正确"仍然在起作用,要不然我们就无从区分交响乐与噪音了。不过,在这里,完全不同的东西出现了,就像维特根斯坦在讨论哥特式大教堂时所说的:"……正确,对我们来说,扮演了一个完全不同的角色。整个的游戏不同了。"②在这个不同的游戏中,艺术作品要我们正确地同它遭遇,否则的话,这个艺术作品作为物就与其他事物一样只是自然的断片。

三

而对于艺术家来说,他们在审美的语言游戏中的感叹,固然可能是一个姿势或表情,但不能排除另一种形式:艺术作品。在某种意义上,可以说艺术作品也是一种感叹,但它却是一种富有创造力的感叹,这很不同于我们在前面所讨论的作为鉴赏力的感叹。在维特根斯坦看来,鉴赏力是感受的精炼,但是,感受并不能产生任何东西,它只是接受,所以,"最精致的鉴赏力也同创造力无关"。③

① Wittgenstein, *Lectures and Conversations on Aesthetics, Psychology and Religious Belief*, Oxford: Blackwell Publishers, 1994, I, 12. pp. 4-5.
② Wittgenstein, *Lectures and Conversations on Aesthetics, Psychology and Religious Belief*, Oxford: Blackwell Publishers, 1994, I, 23. p. 8.
③ Wittgenstein, *Culture and Value: A Selection from the Posthumous Remains*, Oxford: Blackwell Publishers, 1998, p. 68.

　　不过,我们也不难看出,培养创造力与培养鉴赏力一样,也是一个学习规则的过程。在这里,让我们继续考察在音乐中发生的情况:"你可以说,和声的规则表达了人们想要和弦遵循的方式——他们的愿望在这些规则中结晶('愿望'这个词太过含糊了)所有那些最伟大的作曲家都根据它们来写作。(对异议的答复:你可以说每位作曲家都改变了规则,但是这种变化乃是非常轻微的;并不是所有的规则都被改变了。按照大量旧有的规则,音乐仍然是好的。……)"①可以看出,维特根斯坦对传统是非常重视的,这与他把生活形式当作必须接受的东西是相一致的。同时,如果我们还记得前面所说的审美规则与文化的关系,那么我们会发现,这里的看法也是与他对文化的看法相一致的:"文化是一种教团规则,或者至少预设了一种教团规则。"②

　　在这样的情势下,显然,"每位艺术家受到其他人的影响,并且在他的作品中显露出这种影响的痕迹",可是,维特根斯坦接着说道:"然而我们从他那里得到的仍然只是他自己的'个性'(Persönlichkeit)。"③初看起来,维特根斯坦在这里似乎并没有说出什么新的东西,因为传统与艺术家个性之间的关系作为一个被普遍重视的问题,已经有过了许多讨论。但是,恐怕维特根斯坦所关心的除了某艺术家与他人的不同外,还有另一个更为根本的问题,即,艺术家如何为艺术家。在这个问题上,维特根斯坦所重视的除了个性,还有"性格"(Charakter),他说:"天才的尺度是性格,——尽管性格本身并不等于天才。天才不是'才能加上性格',而性格是在一种特殊才能的形式中显示自身的。就像一个人为了表现勇敢而跟着别人跳进水里,而另一个人为了表现勇敢则写了一首交响曲。(这是一个虚弱的例子)"④可以说,艺术家首先不是作为一个艺术家,而是作为一个有承载能力的存在者,对整个文化进行承载,当然也在这个承载过程中学习审美语言游戏的规则,只是他的性格使得他以艺术的方式去感叹。不过,维特根斯坦在括号中提示我们,这是一个虚弱的例子,这很大程度是因为艺术并不在于表现:正如我们不会把我们的感叹当作是表现。艺术的不同只是在于,它作为一种另外的感叹,会引起我们的感叹。这样,艺术实际上也在进行着沟通,关于这一点,维特

①　Wittgenstein, *Lectures and Conversations on Aesthetics*, *Psychology and Religious Belief*, Oxford: Blackwell Publishers, 1994, I, 16. p. 6.

②　Wittgenstein, *Culture and Value: A Selection from the Posthumous Remains*, Oxford: Blackwell Publishers, 1998, p. 89.

③　Wittgenstein, *Culture and Value: A Selection from the Posthumous Remains*, Oxford: Blackwell Publishers, 1998, p. 27.

④　Wittgenstein, *Culture and Value: A Selection from the Posthumous Remains*, Oxford: Blackwell Publishers, 1998, p. 40.

根斯坦就曾经这样来评论音乐："音乐的目的：沟通感情。"①

不过，我们也不要认为，这种沟通是作者通过艺术作品把他的情感传播给读者，"有一桩事情一开始就是十足无意义的，这就是，艺术家希望，其他人在阅读时应该感觉到他写作时所感觉到的东西"。② 毋宁说，这种沟通是哲学解释学意义上的，艺术作品潜进我们的生活之中，它与生活一样是无穷变化的，而在沟通的过程中，同样丰富的情感一定意义上也不断地生发出来："这个乐句对来说，乃是一种姿势。它潜进我的生活。我把它当作是自己的。生活的无穷变化乃是我们生活中本质的东西。甚至对生活的惯例习俗来说也是这样。"唯其如此，一首乐曲"哪怕是被音乐盒所演奏的。它的姿势对我来说仍然是姿势，尽管我始终知道接下来的乐段是什么。是的，我也许会一再地感到惊奇（在某种意义上）"。③

通过上面的讨论，我们再次回到了情感。在审美的语言游戏中，情感，确切地说，人的最强烈的那种情感，是伟大的艺术所不可缺少的，但它们不是可供表现的东西，它们以一种强悍而驯服的方式存在于某个足够深的地方。维特根斯坦说："在所有伟大的艺术中都有着一只野兽：被驯服（gezähmt）……所有伟大的艺术都把原始的人类冲动当作基础低音。它们不是旋律……但是它们是给予旋律以深度和力量的东西。"④唯其如此，作品或者作品中的人物才有可能与我们一起进入审美的语言游戏。那些人物唤起我们的同情，他们像我们所认识的人，通常像我们所爱或者所恨的人。然而，在维特根斯坦看来，《浮士德》第二部分中的人物根本不能唤起我们的同情，所以我们并不感到好像认识他们，"他们列队经过我们，像思想而不像人"。⑤ 这不禁使我们再次想起我们应该与之彻底决裂的那种观念，即语言总是以一种方式起作用：传播思想。

之所以那些人物像我们所认识的人，乃是因为作品中的情感（爱和恨等）是契合我们生活本身的。维特根斯坦曾经这样告诫："我们应当观照生活本身。"⑥

① Wittgenstein, *Culture and Value*: *A Selection from the Posthumous Remains*, Oxford：Blackwell Publishers, 1998, p. 43.

② Wittgenstein, *Culture and Value*: *A Selection from the Posthumous Remains*, Oxford：Blackwell Publishers, 1998, p. 67.

③ Wittgenstein, *Culture and Value*: *A Selection from the Posthumous Remains*, Oxford：Blackwell Publishers, 1998, pp. 83～84.

④ Wittgenstein, *Culture and Value*: *A Selection from the Posthumous Remains*, Oxford：Blackwell Publishers, 1998, p. 43.

⑤ Wittgenstein, *Culture and Value*: *A Selection from the Posthumous Remains*, Oxford：Blackwell Publishers, 1998, p. 47.

⑥ Wittgenstein, *Culture and Value*: *A Selection from the Posthumous Remains*, Oxford：Blackwell Publishers, 1998, p. 6.

在维特根斯坦看来,尽管莎士比亚也许可以算作是一位语言的创造者①,尽管他在其所描绘的人物类型上是真的,但是,"他并不是自然真实的"。② 可以说,这个不真就是对生活的不真。所以,尽管莎士比亚的戏剧创造了它们自己的语言和世界,但他完全是不真实的(如一个梦)。维特根斯坦这样评论莎士比亚:"'贝多芬的伟大心灵'——但是没有人会说'莎士比亚的伟大心灵'。"③

　　通过上面的讨论,我们发现,正如审美判断不在于"美的"这个词的被说出,在审美的语言游戏中,至关重要也不是艺术本身,而是生活和实践着的、审美和创造着的、有情感的人。所以,维特根斯坦说:"但是,艺术的消失并不能证明对人类的贬抑判断是正当的。"④或者,另外一处的表述:"早先的文化将变成一堆瓦砾,并且最后变成一堆灰烬;但是精神将会萦绕这灰烬。"⑤精神和情感,仿佛就是维特根斯坦坦言真正束缚自己的东西——概念的和审美的问题。

　　① cf. Wittgenstein, *Culture and Value*: *A Selection from the Posthumous Remains*, Oxford: Blackwell Publishers, 1998, p. 95。维特根斯坦的原话是:"莫非与其说他是一位诗人不如说他是一位语言的创造者?"

　　② Wittgenstein, *Culture and Value*: *A Selection from the Posthumous Remains*, Oxford: Blackwell Publishers, 1998, p. 96.

　　③ Wittgenstein, *Culture and Value*: *A Selection from the Posthumous Remains*, Oxford: Blackwell Publishers, 1998, p. 96.

　　④ Wittgenstein, *Culture and Value*: *A Selection from the Posthumous Remains*, Oxford: Blackwell Publishers, 1998, p. 8.

　　⑤ Wittgenstein, *Culture and Value*: *A Selection from the Posthumous Remains*, Oxford: Blackwell Publishers, 1998, p. 5.

加缪美学思想的理论基点:荒谬感

李　元

一、荒谬感与荒谬概念

　　加缪的荒谬概念,其出发点是人的命运和他的生存环境之间不协调的荒谬感。这种关系是以"分裂"、"对立"和"矛盾"为特质的。因此人、世界和荒谬构成的关系,成为加缪荒谬美学的基本模式。但加缪的美学思想并没打算形成体系,也没有创作出新的美学术语,分析评价他的美学思想,是把他的荒谬哲学与他的艺术创作、文艺观以及审美理想结合起来,给人们呈现加缪美学思想的真实面貌。

　　在加缪之前,法国文学界对于荒谬问题研究的成果以"荒谬小说"为最,我们可以将其视作是存在主义哲学的形象化代表。在《弗兰茨·卡夫卡作品中的希望与荒谬》一文中,加缪曾经指出,《城堡》(1922 年)中的主人公约瑟夫和弗莱达之间的关系,使人们在这里想到了"克尔凯郭尔对雷吉娜·奥尔森的奇特的恋情";卡夫卡的主人公所走的道路,"正是从放心的爱到荒谬的崇拜所走的道路。卡夫卡的思想在这里再一次与克尔凯郭尔的思想会合了",加缪认为正是卡夫卡使"人们认出了荒谬作品的最初迹象",从而认定卡夫卡是"荒谬小说"的创始者①。之后的马尔罗与萨特更是继续了对荒谬这一主题的探讨。对于马尔罗来说,人类的荒谬处境在于两个方面:一方面,宇宙间冥冥之中的定数(人总是要死的)控制着人类追求超越的努力,在试图摆脱生命的轮回中深感自身生命的不自由的荒谬性;另一方面,人类具有超越死亡定数的欲望和自由意志,因此人类投身于政治、经济、文化艺术等社会活动借以建立一种高尚的精神生活,追求这种崇高性的过程令人感到生命具有意义与内心获得充实。与马尔罗相比,萨特在

---

　　①　吴岳添:《法国文学流派的变迁》,北京大学出版社 1995 年版,第 163—164 页。

小说《恶心》中所表现的荒谬具有一种更为严格的哲学内涵,他揭示了个人经历的荒谬。萨特认为自我和世界都是在意识的活动中,即意识的虚无和否定过程中产生的。现实世界中人试图逃避虚无和否定,所以进行"自欺"(bad faith),呈现出与自身并不同一的非本真生存状态。因为他人与我都是具有自由意识的主体,因此自由受到他人存在的"处境"(situation)限制,相互之间必定发生冲突。人的生存是自由的,但这是在人与人之间矛盾、冲突、纷争之中的自由。因此萨特认为,荒谬是人类在与之格格不入的世界中任凭命运摆布的、极度苦闷的状况下产生的意识结果,这种苦闷的郁积令人"呕吐"、感到"恶心"。

(一)"荒谬"(Absurdity)问题的提出和"荒谬"概念

加缪认为,不能用传统形而上学的研究方法研究荒谬概念。除了现代世界中人与世界的荒谬性本身无法用传统哲学的研究方法束缚之外,更主要的是因为"方法意味着形而上,不知不觉表露了有时硬说尚未认识的结论。正如一本书最后的篇章已经体现在最初的篇幅中了"。不过他还是表露了自己对于现实的哲学方法的理解,认为这样的方法也在所难免,"全盘真实的认识是不可能有的"。但是他同时更加强调个体对于荒谬的直接给予性,"唯有表象可以计数,气氛可以感觉"。这也就是为什么他强调《西西弗神话》对于荒谬的论述是一种"荒谬感",而不是"荒谬哲学"的原因。加缪说他是在"论说一种荒谬感,即散见于本世纪的那种荒谬感,而不论及荒谬哲学"。加缪认为,荒谬感是荒谬概念的基础,从这一观点看来,他继续了康德以来德国哲学的现象学视角①,这成为加缪思想深处隐藏的一种现象学气质。他认为与荒谬定义(概念)相比较而言,荒谬感(直观)最是"活泼鲜亮",充满激情。

"荒谬迄今一直是当作结论的,而在本散论中则是出发点。"②加缪所谓的荒谬哲学起点就是存在之命运和存在之生存世界之间的冲突和不协调。加缪曾说过:"《局外人》写的是人在荒谬的世界中孤立无援,身不由己;《鼠疫》写的是面临同样的荒唐的生存时,尽管每个人的观点不同,但从深处看来,却有等同的地方。"《西西弗神话》是一部哲学随笔,其副题就是"论荒谬"。因此,在加缪的哲学思想中,荒谬问题一直是成体系不断深入论证的。加缪在 1936 年到 1941 年的几年间完成了一系列关于荒谬的论述,具有哲理上的内在逻辑关联性与推理上的系统完整性,它们共同构成 20 世纪西方思想中最具有规模的有关人类生存状态的荒谬性分析。

---

① 康德在先验感性论中的思想就是认为人类的感性认识能力获得感觉表象(概念,直观),这可以说是康德着哲学中的现象学思维。

② 柳鸣九、沈志明主编:《西西弗神话》,《加缪全集》(散文卷 I),河北教育出版社 2002 年版,卷首语。

（二）荒谬源于冲突

什么是荒谬感？荒谬感是如何产生的？加缪认为，荒谬感并非产生于一个事实或一个印象，而是体现为某一事实的状态与等待这一事实成为现实两者之间的比较。例如，当我们说"某位谦谦君子爱上了他的同胞姐妹"时，他反驳说"这是荒谬的"。这个荒谬意味着，"某位谦谦君子爱上了他的同胞姐妹"与"这一事实是否可能得到实现"两者之间的对比"不成比例"。也就是说，根据实际的情况和等待达到这一目标之间的矛盾性太大。

从上面这个例子我们首先可以体会到荒谬感是一种冲突。因为荒谬感是荒谬的基础，因此荒谬也源于冲突。什么是荒谬呢？"荒谬本身就是矛盾。"[①]它不属于进行比较两者之间的任何一方，它本质上是一种分离，一种断裂。它产生于进行比较的因素之间的对峙。这种对峙可以视为直观体验的世界与逻辑反思的世界之间的对峙或混淆。具体地讲，这种对峙源于以下几种冲突：

1. 人的"非本真存在"方式和"本真存在"方式之间的冲突

加缪在《局外人》中向我们描述了一幅现代社会人被"异化"的机械生活画面："起床，有轨电车，四小时办公或工厂打工，吃饭，有轨电车，又是四小时工作，吃饭，睡觉；星期一、星期二、星期三、星期四、星期五、星期六，同一节奏，循着此道走下去。"[②]这就是加缪笔下荒谬世界中被现代性异化的生活状态和生活方式。每个人像现代化工厂合乎标准的零件般按部就班地上班和下班，再上班和再下班……

马克思视异化为人的物质生产和精神生产及其产品变成异己的力量又反过来统治和支配人的一种社会现象。这种异化的生存状态使人的个性不能全面发展，而只是片面甚至畸形发展。马克思认为资本主义制度是造成异化的根源。在现代资本主义技术社会中的科学，原本作为人制造和生产出来的工具，反过来却将人束缚起来，处于一种既非理性又不是非理性的荒谬状态中丧失本真存在的荒谬性生存。社会存在决定社会意识。荒谬世界中的荒谬人的思维方式越来越被这种不断追问"……是……"的工具理性所控制，被强迫着进入非本真的存在状态。哲学反对上述这种异化。但是哲学反对异化并不是说反对现代科技发展，而是认为科技只关心事实、数据、操作和应用、计算，却遗忘了关于人性自身活着的更深层次的价值与伦理目标，无益于对人生意义的价值规范的探讨，失去了对人类安身立命的总体分析，最终将会取消对精神的探索与心灵的提升。

---

① 柳鸣九、沈志明主编：《反抗者》，《加缪全集》（散文卷I），河北教育出版社2002年版，第154页。

② 柳鸣九、沈志明主编：《西西弗神话》，《加缪全集》（散文卷I），河北教育出版社2002年版，第75页。

　　探讨异化问题不乏哲学家、政治家、教育家……这归因于问题的复杂性与重要性。如果把对异化的研究仅仅作局限于工具理性，是一种狭义的理解；实际上，它也应涉及自然主义、神学、拜金主义以及社会本位主义，相对于现代性等思潮。异化与他人，甚至与自己，归根结底是与存在的本真状态相疏远或冲突。每个人都在异化之中、在与本真状态不同程度的分离中孤独地生活和死亡，对他人和自己的一生都是熟悉的陌生人。对于这种思想采取艺术表达形式的有：梵高、毕加索等。他们都指明了一个共同的事实：人与自我分离了，即荒谬世界中的"我"与"本真自我"之间产生了冲突。"我说的"与"我想的"不一样，"我想的"又与"我愿意想的"不一样。本真自我分离的事实使像梵高、毕加索、卡夫卡等这种对现实具有深刻反省力和柔软感受力的哲人艺术家深深陷入恐惧、迷茫甚至是绝望之中，因为他们无法使自己成为想要成为的那种人，更严重的是，每个人所生活的文化境遇仿佛都是一个巨大的茧，无一例外地把每个人的自我囚禁在里面。每个自我仿佛都是一只只关在老笼中失去自由的囚鸟。异化问题在加缪的哲学思考中占据显著地位。加缪说他自己关于自由的观点是囚徒式的自由观——清楚地表达出人类自身并不自由的现代处境。

　　加缪在这里选取哲学家所谓的本真存在，是一种精神把握的人生的生存状态。具体是由海德格尔在《存在与时间》(1927年)中提出这一概念，我们立即就联想到胡塞尔的"纯粹自我"概念。那么，加缪为何选择海德格尔意义上的本真存在作为自由得以存在的状态，而没有使用胡塞尔意义上的纯粹自我概念呢？

　　胡塞尔区分了"先验自我"（出现在《大观念》中）和"经验自我"。"先验自我"相对应于"经验自我"。海德格尔区分了"本真自我"和"常人"，"本真自我"相对应于"常人"。胡塞尔认为，自我既可以出现在现象中，同时自我也可以出现在心理—物理学世界中。现象之中的自我是内在而超越的。只有在先验现象学还原呈现出来的自我的这个我中，才能获得它每次对我所具有的全部意义及其存在效果。不过内在而超越的现象似乎要有一个主人，这个主人似乎只可能是"我"。胡塞尔将两方面的理由都加以考虑后，做出了"先验自我"与"经验自我"区分的结果。前者等于"纯粹自我"，是现象领域的统一点；后者"经验自我"则在自然世界的经验之中，是社会人在认识方面的体现。"纯粹自我"是将那些作为超越现象的存在，经现象学还原将其内化为意识的内在性结构。之后，胡塞尔为了解决这样的"自我"与"他人"之间是何种关系的问题，在其晚期哲学中提出了"主体际性"概念。分结对、共现、同感三个阶段，按照对"他物"的构造方法来构造"他我"。

　　自我首先将对于呈现于我知觉中他人的躯体统摄为自身身体，"它们总是恰好构成为一对"。由于一种"相似性统觉"，我不仅可以赋予那个躯体以"躯体"的意义,而且赋予那个躯体以"身体"的意义。由此可见,胡塞尔的"纯粹自我"仍然隶属于认识论意义的范畴。

海德格尔则认为,人(此在)与世界的本真关系不是传统认识论意义上的主体与客体的二元对立关系。此在与世界与其说是先分裂,再弥合,毋宁说"此在总已经在世界之中"。世界总是此在所属的世界。人类的本真存在,既不是西方传统形而上学存在的先验筹划意义,也不是传统认识论的知性意义。因为我们已经生活在世界上,不能提前假设一个存在于我们之外的、与我们对立的、客体化的、对象化的世界,具有普遍必然性的世界,因此它无论如何也不可能是传统西方哲学理性主义所谓的客观世界。海德格尔认为,与"此在"(Dasein)打交道的方式应该是"Umsicht"(寻视、看),是对存在的"上手状态";而不是"Himsicht"(认识),即将对象"主题化"、将对象从关系总体之中抽离出来冷眼打量它的活动。传统认识论的意义在于思考如何认识那作为第一原理的"本体论"(ontology),认识论关于主体与客体的划分正是为了解决一个特殊性任务(打量它)而做的虚构或假设。由此可见,海德格尔意义上的"本真存在"是要将因认识论任务打量存在本身而使存在本身的丰富性受到"遮蔽"的本真自我"去蔽",将因认识论打量存在而将其从关系总体中抽离出来的存在纳入存在的丰富"世界性"之中。

由此可见,加缪是在海德格尔的意义上使用"本真自我"概念的。即将人的异化状态和本真自我状态之间的冲突问题深沉地揭示出来,并表现在他的名著《局外人》(1942年)之中。第一部分从默尔索的母亲去世开始,到他在海难上杀死阿拉伯人为止,是按物理时间顺序叙述故事。叙述毫无抒情的意味,而只是默尔索内心自我意识的流露。在他所叙述的接二连三的事件、对话、姿势和感觉之间似乎没有必然的联系,给人以一种不连贯的荒谬感,好像别人的姿势和语言在他看来都是没有意义的,是不可理解的,唯一确实的存在便是大海、阳光,这样的描述虽然令人很不舒服却直接体验着一种内心的冲突感。这样强大的冲突感强大到使大自然压倒了他,即莫名其妙杀了人:"我只觉得饶钹似的太阳扣在我的头上……我感到天旋地转。海上泛起一阵闷热的狂风,我觉得天门洞开,向下倾泻大火。我全身都绷紧了,手紧紧握住枪。枪机扳动了……"在第二部分里,环境一转,牢房代替了大海,社会意识代替了默尔索的自发意识。司法机构以其固有的逻辑,利用被告过去偶然发生的一些事件把被告虚构成一种连默尔索他自己都认不出来的形象。把始终认为自己无罪,但是又对一切毫不在乎的默尔索硬说成一个冷酷无情的蓄意杀人魔鬼。审讯不调查杀人案件本身,却千方百计地把他杀人的行为与他母亲之死以及他和玛丽之间的不正常行为联系起来。认为默尔索有罪。然而在加缪看来,依此断案,有罪的不应该是默尔索,而是法庭和检察官。《局外人》以奇特而新颖的笔调塑造了不能以世俗之见和从字面上来理解的人物形象:一个显然与众不同的小角色甚至是"反面人物",但却是一个不指望别的社会,只想保持自己个性不受异化的大人物。人总是要死的,死亡是唯一不可选择,也不可替代的事情。加缪在这里再次强调的是:面对死亡而展开的生存世界是一个"无意义"的世界——"生活因没有意义而过得更好"。然而,只要"活着,就是使荒谬活着",就会使人、世界、荒谬三者共同存活下去。然而本真状态必然要反抗这样的生存状态,这样的反抗是"人与自身的阴暗面永久的对抗",它散发出人性的耀眼光芒;这样的反抗是最为人之为人的本真存在,透露出人类知其不可而未知的西西弗精神。荒谬和对荒谬的反抗就是加缪对荒谬世界中关于存在的非本真状态和本真状态的对抗,而且这样的对抗在荒谬世界中不可避免。之所以做出这样的结论出于两个方面情况的思考:一方面,人们按照既定的机械模式生活,相信如此的生活是有意义的。人们指望明天,相信永恒、相信生活中的一切最终都会有所归宿,现在日复一日忙碌的生活压力都是为了接近这样的最终归宿。按部就班的生活,并且只有按照这种方式生活的人才能感觉自己是"自由"的;另一方面,人们又发现眼下的生活只不过意味着对生命的冷漠和生活激情的麻木,是将自己的生活一点一点地被荒谬吞噬,看似自由自在的不羁却隐藏着自由意志的软弱无力,这样生活的人们从未曾察觉这是一种类似黑格尔哲学意义上的奴隶的"自由"感。对于现代人的生存状态,加缪指出:在物理世界中人是无法到达存在的本真状态的。在这种生存环境中,尽管物质丰富人们却总充满不安全感和孤独感,总感到自己是自己生活的局外人,是一个被流放的人,迷失了心灵家园和故土而又不知去向何方。这就是为何人总是处在荒谬感的包围之中的原因。加缪认为,这种对于自我生命的迷失状态归根结底源自对于本真状态的迷失。然而,一旦当人们对这样的生活产生疑问,即"什么才是我的生活?"的问题被提出时,也就意味着荒谬意识的蒙醒,荒谬性觉醒时刻的到来。因为人类的自由意志和自我反思在这里发挥了作用,人们面向死亡的生存思考是进行生存状态分析的关键点。

上面提到过加缪主张的本真状态的存在方式,类似于海德格尔意义的"向死而生"。正是因为人都是要死的,所以更要以反抗赋予人生某种本真存在的意义。他主张要"义无反顾地生活",而存在的本真状态和机械生活的非本真存在状态("异化")之间的冲突其实根源于物理世界与现象世界的混淆。物理世界与现象世界的混淆首当其冲的是对时间表达方式的混淆。

2. 日常语言的时间表达和现象学的时间表达之间的冲突

关于时间观的论述,从古至今是最丰富的话题之一。如果不算古代循环式的时间观,基本上可以划分为三种类型:第一种是物理学的线性时间观,以牛顿的经典物理学为代表;第二种是传统哲学的辩证时间观,以亚里士多德、尤其是以黑格尔的近代哲学为代表;第三种是现象学的时间观,尤其是以海德格尔为代表。我们再将时间观的上述三种表达方式划分为两个大方向:一个是日常语言的时间表达方式,另一个则是现象学的时间表达方式。这样以来,上述第一种时间观可以看作是日常语言的时间表达,是"物理时间"观的体现,即存在于物理世界中的、对时间流逝进行的持存性研究。物理世界中时间的持存性(时间的流逝)是以钟表作为工具而对时间进行的机械性度量——时间是"可以言说的时间"——时间可以量化。以海德格尔为代表的时间观是现象学意义的时间表达,它包含或本身就属于现象学的时间观。例如,海德格尔的"此在"(Dasein)包含"绽出"之意,乃是对认识论意义的"存在"(Being)之丰富性的绽放或者释放。唯"此在"能够始终保持住"绽出",所以"此在"的规定性不是流逝的或递减的,不是越来越少,而是越来越丰富,也就是说此在只要存在着,它就不停息地存在、涌现、绽放其自身为"绽出"。海德格尔的时间观对于此在的理解是不断回到事情本身的原始状态,在存在中丰富生命存在的根本,这就是现象学意义的时间观。加缪的现象学时间表达对时间的理解是被体验到的时间,时间是在直观和体验中直接被给予的,因此难以甚至无法将这种体验的时间用日常语言表达出来(说或写),相比之下我们将其称为"不可言说的时间"。通常我们用钟表的摆动记录"昨天—今天—明天"之间连续的、不中断的、前后相继的逻辑次序来表达时间、表示时间流逝的感受;昨天过去一定就是今天,今天过去一定就是明天的逻辑次序来表达时间的不可逆性和因果联系。然而加缪却说默尔索,"他期盼着明天,可他本该摒弃明天的"。在加缪看来,过去、现在与将来作为时间性的三种样态,是与流逝的线性时间观无关的,甚至是应该被摒弃的思维方式。显然上述两种时间观在语言表达上产生了差异。那么加缪要摒弃的究竟是什么样的时间观?为何加缪认为应该摒弃日常语言的时间表达呢?加缪在小说中描写的时间总是断断续续、不连贯的片断、甚至也无法记忆的;出场的人物在时间方面的安排而言,时间对他们来说也只是一连串没有因果关系的瞬间,世界在人们眼里似乎只是一幅幅相互脱节的画面。加缪的这种时间表达方式是否意味着一种与现象学时间的语言表达类似的时间观呢?回答是肯定的。接下来我们有必要在这里对时间问题的理论发展作一简要回顾。

　　一提到时间问题就会让人感到头疼,因为它实在是"剪不断,理还乱";也会令我们感到害怕,因为逝去的青春总是让人联想到死亡。关于时间问题的探讨,熟悉西方哲学史背景的人都会将他的联想伸展到中世纪的圣·奥古斯丁。在《忏悔录》第十一章中,奥古斯丁作出了关于时间的著名论述。尽管奥古斯丁那个时候还没有作出像维特根斯坦那样清楚的关于"现象"时间与"物理"时间的明确区分,但是早在 4 世纪末、5 世纪初的奥古斯丁就已经提出了"现象学"语言观的一种萌芽表达。概括地说,奥古斯丁关于时间的思考仍旧具有传统哲学的思维特点 ,提问方式为:"时间是什么?"在文章中他始终围绕这一总问题进行论述。其内容可以归结为三个方面:

(1)真正存在的只有现在或当下——"唯当下存在"①。同样的思考出现在加缪的《西西弗神话》中:"我身上的这颗心,我能体验到,并判定其存在。这个世界,我能触及也判定其存在。我的学问仅此而已",只有当下的直观是真实的。在日常语言中将时间进行"现在、过去和将来"的划分是一种"以讹传讹"的"习惯"。奥古斯丁认为,我们从父辈那里接受这个观念,再将它们传递给我们的孩子。但是从来都没有仔细思考这种划分是否正确。

(2)不能对当下进行几何学意义上的度量——"当下不可被度量"。不存在和过去、将来分割开来的现在(当下),一旦时间可以被度量就意味着存在的某一时刻是传统欧几里得几何学意义上的广延与长度。奥古斯丁说"唯当下存在",就是要显示出当下所具有的不可分割性是不能囿于欧几里得几何学定义的。与之相呼应,加缪也"从时间曲线认出他最凶恶的敌人",告诫"人们本该摒弃明天的"而不应该期盼明天,只有当下存在。真正的当下并不是依靠几何学意义对于点的分割而获得,而是要依靠与其不可分割的整体,即"生活"、"体验","只有生活过的,并进入意识的,才是经验过的",而只有经验过的才是当下的前提。

(3)人类心灵具有三种主动思维能力:期望、注意和记忆。它们使得过去和将来得以被意识。奥古斯丁认为,过去和将来是不真实的存在,它们之所以能被意识在于心灵的三种主动思维能力,即"所期望的东西,通过注意,进入记忆。但是谁又能否定将来尚未存在呢? 对将来的期望已经存于心中,谁又能否定过去已不存在呢? 过去的记忆仍然存于心中"。正是"期望"、"注意"、"记忆"将过去与将来带入现在或当下。也就是说它们具有假设和构造意识的能力。它们的功能类似于休谟所谓的将印象带入观念的"想象力";康德所谓的"先天综合判断"。

然而,奥古斯丁的局限性在于他所拥有的具有现象学时间观萌芽的论述是服务于宗教神学理论的,加缪的现象学时间的语言表达还是有着很大的差别。最主要的就在于奥古斯丁奠基于神学本体论的时间观是神言先于人言,神作为最完满的存在是在时间外的、具有超越性的、普遍必然性的存在。人则是在时间之中的、有限的、不具有普遍必然性的存在。人的存在意义低于神,只有神可以达到公平、正义、美和爱。加缪明确而且不止一次地在他的作品中表达了他对于宗教神学的强烈反对。在《局外人》中,加缪安排默尔索四次拒绝和神甫对话(最

---

① 奥古斯丁著,周士良译:《忏悔录》,商务印书馆 1963 年版,第 11 章。

后一次神甫意外来访)，加缪借默尔索之口道出："既然注定只有一种命运选中了我，而成千上万的生活幸运儿都像他这位神甫一样跟我称兄道弟，那么他们所选择的生活，他们所确定的命运，他们所遵奉的上帝，对我又有什么重要？"①加缪更深入思考的问题是：日常语言的时间表达并不如此看待当下与存在之间的关系，探索消解它们之间内在张力的理论路径。

(1) 日常语言对于认知意义的语言表达和回到事情本身的语言表达之间存在矛盾。通常我们在日常语言中对于时间的认知方式是："时间是什么？"的语法结构。这种语法结构与认知方式体现出一个相同的暗示：时间是某种如同物理对象一般的认识论意义的"实在物"，是一个可以被分解为更基本的定义式的概念。然而现象学的时间表达中时间并非一个可以被静态把握的"物"，相反时间是"物"得以存在的形式。加缪重视"回到事物本身"，就是要返回对于显现事物存在之丰富性内涵领悟的源头，使它成为日常语言时间表达的前提。

(2) 日常语言的时间表达对于当下存在的理解和使用与现象学语言的时间表达对于当下的理解是存在差异的。加缪认为日常语言在说"以后再说"，"你长大了就明白了"时，表达的时间还是将现在或当下区分于过去、现在和将来，三者之间存在一种类似于母系统与子系统的高、低等级秩序，因此它仍旧是物理学意义的时间观念。而加缪关于现象学的语言表达认为的当下是不对过去、现在或当下、将来进行区分的，三者蕴涵于一个时间系统之中。不同的生存状态生发出不同的时间表达。

(3) 日常语言非法地将物理性的意向带入非物理性的现象之中所引起的理论误用。我们在日常语言的表达中经常会将时间隐喻为"河流"。中西哲学对此有着相同的兴趣——中国有孔子的"逝者如斯(河流)夫，不舍昼夜"；西方有"体验之流在我眼前滚滚而去"。类似这样将时间隐喻为河流的例子，在认识论或心理学理论中是经常可以见到的。然而这个隐喻本身是非法地将物理性的意向跨领域的引入了非物理性的现象之中，这就使原本在物理世界的持存性之外的物理性意向转而变成了在非物理性的现象时间之中。

基于以上关于日常语言的时间表达与现象学语言的时间表达之间存在矛盾的论述，加缪看出了存在的荒谬性。小说《局外人》的第一部分从默尔索的母亲去世开始，到他在海难上杀死阿拉伯人为止，都是按照物理时间顺序，即日常语言的时间表达方式从旁叙述故事情节发生发展的。但是从默尔索自己的嘴里叙述出来的接二连三的事件、对话、姿势和感觉之间却似乎没有必然的联系。两者

---

① Albert Camus. *The Outsider*, translated from the French by Joseph Laredo(1981), pp. 115－116.

间的如此反差表达出加缪暗示了关于现象与时间在义理角度反面的辩证关系：现象中的时间虽然不可被还原为物理性的时间次序，但是它又是从属于物理性时间与物理世界的。加缪为了表达他笔下的现象从属于物理语言系统从而从属于"语法"的思想，他在语法的选择方面下足了功夫。加缪在小说中选择的句子很多都是孤立的短句，给人以一种不连贯的荒谬之感，因为别人的姿势和语言在默尔索看来都是没有意义的。这就给人们一种强烈的对峙、冲突、至少是不舒服的荒谬感。正如萨特所说："加缪先生正是为了强调每一单句的孤立性才选用复合过去时来叙述。"①加缪这里对于语言时态的选择不是随意的而是有意而为之的安排——一种既包括过去，又包括将来的表达方式，也就是所谓的"当下"。关于时间的"当下"性质，加缪与海德格尔的观点是类似的："时间性是在此在的本真整体存在那里、在先行着的决断那里被经验到的。……时间性可以在种种不同的可能性中以种种不同的方式当下化。"②"将来"、"曾在"、"当前"三者的统一现象即是时间性的不同当下化方式。"历史是生存着的此在所特有的发生在时间中的演历；在格外强调的意义上被当作历史的则是：在共处中'过去了的'而却又'流传下来的'和继续起作用的演历。"③加缪这里的用意正在于此。他将日常语言的时间中止、打乱、拆分，用个体体验的现象学时间代替日常语言表达的物理学时间来展示时间的过去、现在与将来的现象学联系，从而使过去、现在和将来三者共同蕴涵于当下的世界之中、当下的荒谬性存在之中。具有反讽意味的是，日常语言的时间表达对于荒谬的人来说是不可体验和不可言说的；日常语言的时间表达对于荒谬的人来说是对其希望和未来的剥夺；荒谬的人相对于这样的日常语言的时间表达而言是"囚徒"，即不自由的自由人——对于希望和未来的剥夺，结果使得每个个体增添了更多的不受约束的绝对自由空间。

3. 对于自我存在于现象中的确信与解构之间的冲突

这个问题的复杂程度远远超越近代哲学与现代哲学在其他问题上的分歧，甚至可以说是人类的一个千古之谜。我们可以从以下三个方面分析对于自我存在确信和怀疑的冲突之所在。

（1）对于先验自我与经验自我所作的形而上学的虚假区分进一步引起新的问题，即统一它们还是解构它们的另一个虚假问题。西方哲学的传统是"二元论"（Dualism）。从古希腊哲学的柏拉图对于"彼岸世界"（real world）与"可感世界"（unreal world）的区分开始，近代哲学代表笛卡尔将"自明领域"区分于"可怀

① 施康强选译：《萨特文论选》，人民文学出版社1991年版，第1—2页。
② 海德格尔著，陈嘉映、王庆节译：《存在与时间》，上海三联书店1999年版，第347页。
③ 海德格尔著，陈嘉映、王庆节译：《存在与时间》，上海三联书店1999年版，第429页。

疑领域"推进了二元论的西方传统,休谟的不可知论对于观念和印象的区分,布伦塔诺对于"内感知"与"外感知"的区分,胡塞尔关于"内在领域"与"外在领域"的区分……都说明同样一个客观事实:构建人与世界统一性的理想。正是因为西方哲学史在先验自我与经验自我进行的虚假分割,所以就相应产生了两者如何统一于一身或者如何解构两者的另一个虚假问题。

对于自我存在于现象之中的确信尤其是近代哲学追求统一性的最终依据的前提预设,尽管现代哲学认识论领域在很大程度上对先验自我的存在进行了解构,然而却没有解构现代哲学在历史领域对人的神话。概括地说,近代哲学对于"自我"地位的强调主要分为两类:先验论和经验论。先验论出于对经验世界中表象之统一性的最终依据的追寻而需要"自我"的存在,但是这个自我首先指的是"先验自我",而不是那些未经知性活动参与的初级感性活动。这种自我存在于统一性之中,因此先验自我的哲学可以说就是关于自我的形而上学。康德哲学的知识论就是一个很好的例子,他的基本出发点在于对经验中的给予性("多")与自发的统一性("一")之间的二元区分:一方面,作为现象的给予性的"多",经验质料是缺乏统一性的;另一方面,作为自发的统一性的"一",又超越甚至摆脱给予性的"多"而成为远离人间的神话。在康德看来,人类要获得普遍必然性的知识,就得运用理智活动(体现"一")来分析、整理感性材料(体现"多")——而这种理智活动就是主体性活动。需要指出的是,这里的主体指的是"先验自我"(具有统一性的我),而不是"经验自我"。从这个意义上说,康德意义上的"先验自我"就是使得表象之统一性得以可能的最终合法性依据(先验自我的先天综合判断能力)。加缪对于近代哲学关于自我的这种先验性论述保持距离,他引用了陀思妥耶夫斯基的一句话表达自己的观点:"在热爱生活的意义之前,应该首先热爱生活。"在他看来,的确人给予存在以意义,以使得作为世界一部分的人与世界相互脱离,但是我们不能够暴力性地,正如康德,抓住体现自发性的"一"而取消了"多"的丰富性。如此,人站到了世界的对立面,开始了确信和怀疑现象中先验自我的战斗。而战斗的最基本产物就是导致世界的荒谬感,即加缪所谓的"荒谬世界"。加缪认为,人生并不是因为某种先验性才值得存在的,而是人本身对生存环境的本真追求和反抗才使得人生具有了崇高的意义。荒谬世界中人的反抗必然体现为对于自我本真存在的贯彻始终。

另外值得一提的是,康德所谓的"现象"是与物自体相对应的,他不同于我们这里所说的现象,而相对应于我们这里所说的"现象"的则应该是康德的"表象",康德将表象理解为"概念,直观",即某种兼具"内感"和"外感"的含义比较普泛的东西。"吾人由外感(心的一种性质),表现对象为在吾人以外之事物,且一切对象绝无例外,皆在空间中表现。对象之形状、大小及其相互关系皆在空间中规定,或能在空间中规定者","时间不能为外的现象之规定;盖与形体、位置等无关,而唯与吾人内的状态中所有'表象间之关系'相关","一切表象都为心的表象而属于内感。故吾人之一切知识终必从属时间(即内感之方式的条件)。一切表象必须在时间中整理、联结及使之相互成立关系。此为贯彻以后所论之共通要点,故必须切记在心,视为基础事项"。①先验自我本身是一个恒常不变的"我",它是这种内感(现象)的所有者,正因为先验自我对于内感(现象)的所有,使得先验主体的所有格得到了确信无疑的地位。从康德开始,哲学就将先验主体和现象之间的这种所有和被所有的关系理解成是对世界中的事物起效的某种先验性关系,而这种思维方式一旦应用于实践领域,所导致的直接后果就是使得唯物主义哲学将历史中的人进行神话。加缪认为,革命运动与唯物主义彼此认同而不与唯心主义彼此认同的原因是因为,奴役上帝、使上帝效劳,就等于取消维系着原有旧主人的超验性,并且随着新主人的上升而准备了人称为上帝的时代。当苦难过去、历史及物质的矛盾获得解决的时候,国家就成为真正的上帝、人的上帝。现实的人一方面解构着先验性,而另一方面又在为自己构建着另一个新的先验性,这使得现实人面临人格分裂的危险。加缪在这里的论述暗示了对于这一问题的澄清。

(2) 语言哲学中"我的……"问题与"我"的问题的混淆。在康德哲学的基础上,胡塞尔进一步认为"自我"既可以存在于现象之中,同时它也是内在而超越的。自我问题之所以复杂是因为现象似乎不是持存的东西,而持续存在的东西又像是物理世界的产物(具有时间上的绵延性)。按照这个思路,自我应该不在物理世界中。但是现象似乎是要有一个主人的,这个主人似乎只可能是"我"。胡塞尔对两方面的理由都加以考虑,结果作出了先验自我与经验自我之区别:在这两者之中,前者是现象领域的统一点,后者则只在自然世界的经验之中。先验自我的地位有些类似于古典哲学中的"上帝",接近于康德的先验统觉,又摆脱了康德的主观主义、心理主义和人类中心主义的残余,具有心灵的直接明证性和与现实世界联系的直接被给予性。

现在我们再从语言哲学的角度对前面的论述进一步加以深入。的确,按照胡塞尔的看法,对于主体确定性的理性表达指的就是人称代词"我"的使用。就是我们常常说的"我认为……","我觉得……"。正因为有了"我的……","我"的地位才被体现出来。经验论意义的实在自我的地位正是通过所有格(主格)的语法格式而被建立起来的。不过经验论可能会对上述的论述引发质疑。如果说,前两种对于先验自我的设定主要针对的是由康德开创的近代哲学的先验自我而

---

① 康德著,蓝公武译:《纯粹理性批判》,商务印书馆1997年版,A22/37,A33/B49,A99。

言,那么经验论哲学(例如休谟哲学)就未必一定要认定直接给予的现象中必然需要存在一个"人同此心,心同此理"的先验自我,也未必就要为了假设知识的普遍必然性而由先验主体赋予知识表象以逻辑的统一性。在这种情况下,我们还能说经验论是自我存在于现象之中的维护者吗?我们首先来分析经验论的代表恩斯特·马赫学说。马赫在其著作《感觉的分析》(1886年)中曾经提出了感觉的"中立一元论"①观点。他所说的感觉的"中立性"指出一个道理:被给予的感觉作为同一个素材因不同的组合方式而构成物理学或心理学的对象。然而感觉真的是"中立的"吗?那为何还要说是"我的眉毛"、"我的鼻子"呢?也许按照马赫的上述观点真的应该认为可以不提"我的……"而只说眉毛、鼻子等,然而马赫自己却在文章的另一处又指出,在我的视野中呈现出来的东西是与众不同的。这也就等于肯定了感觉的属我性,即"我的……"与感觉的"中立性"的冲突。而马赫的这一论述也暗示我们他的经验论实质上还是一种对于自我存在于现象之中的确认。然而真的存在这样一个"我"吗?代表性的一种态度正如加缪所说:"假如我竭力把握我所确认的这个我,并加以定位和概括,那么这个我只不过是一手掌的水,会从我的指缝流走的……这颗心即使是属于我,我也永远无法确定。"②加缪表达的是:我只能在体验中体验我所能体验的东西,除此之外无法确信它们的存在——甚至如此对待"自我";另一种态度,即先验论和经验论则认为:总是"我"在感知物理世界中的存在而且确定无疑。按照后一种态度,在这样的冲突下,人时刻感觉到"荒谬"是不由自主的、无法摆脱的。从一般意义上讲,在现象中对于"我"的清理比起解决异化和存在的本真状态的冲突、物理时间观和现象学时间观的冲突来说要复杂和困难得多。因为在一般人的观念中,被给予的感觉材料本来就应当是属于"我"的,而物理对象反倒是"客观的"(objective)、公共的、无人称的。在加缪看来,支撑这种见解的论证本身恰恰是因为混淆了现象世界与物理世界的结果。用加缪的例子来说——比如树木吧——我熟悉树木的颜色、粗糙度和干湿度。我怎能否认我知道到了的这些东西不是属于我的呢?然而按照加缪的思考,"我对自己对世界是陌生的"。关于这个世界我们以为我们"知道",其实我们根本就"不知道"。"如果说我通过科学懂得现象并一一历数,我却不能因此而理解世界。即使我用手摸遍全球的高山峻岭,也不会知道得更多。"至于科学,"本该教我懂得一切的科学在假设中结束了","现实是可靠的,但对我毫无教益,而假设硬说对我有教益,却根本不可靠"。正如前面所

---

① 参见马赫著,洪谦等译:《感觉的分析》,商务印书馆1986年版,第14—15页。
② 柳鸣九、沈志明主编:《西西弗神话》,《加缪全集》(散文卷I),河北教育出版社2002年版,第78页。

述,主体是在已经具有主体性的材料之中被构造出来的,因此无论是先验论还是经验论都会赞成将自我设定为感觉的所有者,即"我的……"构成了"我"。然而加缪则认为"我的……"不等同于"我",前者属于现象世界,后者属于物理世界。日常生活中人们多是将现象世界与物理世界混为一谈,这才有了"我的……",世界就是客观的、公正的物理世界的误解。甚至以为对于物理世界"知道"的越多,现象世界就"理解"的越多。而在物理世界中的存在也就是具有持存性的存在,不出现在现象世界中。物理世界的存在了解得越多,不能够等同于现象世界的体验获得的越多。加缪认为,自我在现象中不存在,自我就像手中的沙子一样,它不是直接给予物,是被构造出来的、受到遮蔽的,因此它不在现象中。人生的意义不是被知道的,而是体验和经历的。人生的不同生存状态展现的不同生活态度、处事角度都是人之为人的意义的理解方式。在这里,"知道"不等于"理解"。由此可见,加缪的思考中不对自我进行先验论意义的或经验论意义的区别,自我根本就可以说是无人称的、不等同于人称的现象,这也就是加缪之所以会对胡塞尔的"超时间本质"特别不感兴趣的原因。加缪认为胡塞尔的"超时间本质"正是上述主体的意识在主体性的材料之中已经被构造出来了,然而又说主体性材料是由主体意识所构造的悖论体现。"意识并不构成认识自身的对象,之确定不怠,是关注的行为。"①这进一步也意味着加缪并不认为康德意义上的先验主体有存在的必要。

4. 人对于理性的热爱与非理性的行为之间的冲突

从古希腊的赫拉克里特的"火"、巴门尼德的"存在"、柏拉图的"理想国"到近代斯宾诺莎的"单子"、康德的"道德的绝对律令"、黑格尔的"绝对精神"等,都是人类追求世界和人类自身终极原因的历史见证。永恒成为人生意义的鉴定人——是否追求永恒也成为是否道德的衡量标尺。人类历史就是以有限的人生追求无限的永恒的全部过程,这成为传统理性主义哲学的主流。现代哲学正是在对永恒的反抗或者解构中开始自己新的篇章。尼采的"上帝死了"、陀思妥耶夫斯基的"一切都是允许的"、海德格尔的"此在"等等,都是对于永恒、理性和终极意义的"解构"或"消解"。传统哲学和现代哲学这两种哲学思路体现出追求永恒和消解永恒之间的冲突。对此,克尔凯郭尔曾经"绝望"过——假如世人没有永恒的意识,假如在一切事物的深处,只有一种野蛮和沸腾的力量,在莫名其妙的情欲漩涡中产生万事万物、伟大的和渺小的,假如永远填不满的无底洞、无隐藏在事物的背后,那么人生不是绝望又会是什么呢? 加缪认为,世界对于人所希

---

① 柳鸣九、沈志明主编:《西西弗神话》,《加缪全集》(散文卷 I),河北教育出版社 2002 年版,第 92 页。

望的人本主义存在方式从来不感兴趣，并始终与人的愿望保持距离。因此，面对世界与人之间的这种疏离感与因此而产生的荒谬感，哲学家、人类学家用一种"超越性"(Transcendental)的存在来予以表达。超越性存在以假设永恒存在为前提，追求世界或现象的原因，最终希望获得关于世界的真理和知识的科学。然而，对于永恒来说，加缪的荒谬存在永远都是消极的，即"不为永恒做任何事情，也不否定永恒"，这就是世间的荒谬之所在，一切虚无到百无聊赖。根本不会再对"人生的意义何在"进行提问。但是，如果人类社会的存在、普遍价值和规则赋予人生追求永恒的意义，那么为何竟然有人会以死拒绝这样一个人类社会呢？"上帝不在场"是一个直观而经验的事实。在《鼠疫》中，加缪写道："既然自然规律规定最终是死亡，天主也许宁愿人们不去相信他，宁可让人们尽力与死亡作斗争而不必双眼望着他不说话的青天。"在《反抗者》中他又写道："上帝的唯一借口，就是他并不存在。"在《西西弗神话》中，他谈到基里洛夫时写道："他感觉到上帝是必要的，它的确应该存在。但是他知道它不存在，也不能存在。"他不只一次地在《局外人》、《致一位德国友人的信》等作品中论述了他对于上帝、神甫的反感——神甫"所确定的命运，他们所尊奉的上帝，对我又有什么重要？……所有的其他人无一例外，都会判死刑，他自己也会被判死刑，幸免不了"，"未来的生活并不比我以往的生活更真切实在"。似乎在加缪眼中，上帝与现实体验的生活本身而言，是无关联的，加缪的态度类似于孔子"不语怪力乱神"的态度。这种超验性存在无法语、不能语。人们具有对于理性追求的热爱，然而现实生活的荒谬不会使所有的人都坚强的选择理性和正义。当我们需要在"要么是上帝要么是刀剑"中进行选择而没有中间道路时，德国人选择了上帝要为杀戮行为服务这样的非理性行为，而加缪这样坚守爱与正义的法国人却认为，世界的意义不是上帝赋予的，"生活因没有意义而过得更好"，"不应该生活在时代中而相信永恒"。对于理性的追求这种爱"是不健康的爱"，因为爱有时是盲目和非理性的。这就无疑使得在对理性的热爱和非理性的行为之间产生了目的和结果的冲突，加缪称冲突最基本的产物为"荒谬"。上帝可以不存在但不能不被希望，但是正如卡里古拉所说，"没有什么东西能够消除人们内心中对于神明的渴望"。加缪认为荒谬来源于人对世界原因的探寻和世界对此答案所保持的沉默之间的冲突。现实生活的这一切都成为加缪笔下荒谬的根源之所在。

何谓荒谬，就是无规律可循，无法作理性解答。然而，加缪认为荒谬不是理性的对立面而是"非理性的反面"。荒谬是人与世界关系的一种把握，它可以说是一种理性的特殊形态(并非是不理性或非理性)。

二、面对荒谬的三种生活态度

既然荒谬是人与世界的唯一联系,人在荒谬之中逃无可逃,那么置身荒谬之中的人究竟要如何面对荒谬而生存? 正因为人们对于荒谬充满了迷茫但是又无法摆脱,因此令人们对于加缪的荒谬哲理充满了兴趣——荒谬经加缪之手,通过西西弗、默尔索成为了一个个脍炙人口的故事流传下来。加缪认为,任何人都是以某种既有的态度对待生命与荒谬的,这些态度可以归纳为三类:即生理上的自杀、哲学上的自杀、反抗。

(一)面对荒谬的第一种态度是"生理上的自杀"

这是一种直接的也是严肃的、是非理性的也是理性的态度。加缪曾说过,真正严肃的哲学问题只有一个,那便是自杀。判断人生值不值得活,等于回答哲学的根本问题。自杀恰如回到其本身,是对自身局限的勇敢承受,但是自杀也有高级和低级之分。加缪认为陀思妥耶夫斯基的《群魔》(1871－1872 年)中的工程师基里洛夫之所以决意自己剥夺自己的生命(自杀),乃是"为了一种理念,一种思想去准备死亡。这是高级自杀"。他们怀抱自己的理念而死,是无畏的自杀,因此被加缪誉为"高级自杀";低级的自杀是因为看到了只要世界、人存在,荒谬就存在,所以就"以自身的方式解除了荒谬,把荒谬拽住,同归于尽",然而如此一来,最终荒谬还是无法彻底解除。既然我们面对的结局注定是悲剧性的,那么荒谬是否就必然要引出自杀的结果以结束这种荒谬的在世生活呢? 人都是被判了死刑的,终将会有一死,世界中的存在本身已经成为荒谬性的存在。也许自行进行生理上的消亡是摆脱人生的无意义和荒谬重压的一种低成本方式,但是这样的方式是一种逃避式的,以绝对否定自我意识、否定个体生命而向荒谬世界俯首称臣的态度。它无助于改变世界和存在本身的荒谬性,是一种变向利己主义。利己主义是以一己私利为行为和思想的出发点的。对于生命的自行了断就是以自身作为行为和思想的出发点。一味以利己为出发点而结束生命以求得解脱,有悖于个体自由的初衷而使自由流于形式,而对幸福的利己性偏执取向反过来又使人生的神圣感归于失落和荒谬。

深入研究自杀行为后发现它与虚无主义有关。虚无主义是一种哲学上对待荒谬的精神现象:在虚无主义的支配下,人们无力正面对抗荒谬。加缪在《西西弗神话》中表达过一种他的"生活哲学":"尽可能地生活"、"义无反顾地生活"、"重要的不是生活的最和睦,而是生活的最充实"、"一个人的道德,其价值等级,只是通过人经历的经验所积累的数量和种类来看才有意义。""任何深度、任何动情、任何激情、任何牺牲都不能把四十年有意识的生活和六十年持续的清醒等量齐观","二十年的生活和经验,是永远替代不了的"①。加缪这种"生活哲学"并不是说,因为人都是要死的,所以苟且偷生地逆来顺受以尽量延长生命。恰恰相反,他是告诫人们不要为了盲目空洞的虚假幻象而放弃现实中的真实生活。

(二)面对荒谬的第二种态度是"哲学上的自杀"

这是精神领域的一种现象。如果生理上的自杀消灭其肉体,那么哲学上的自杀则虚无其精神,它就像鸦片一样属于慢性自杀。它认为现实世界是荒谬和虚幻的,只有寄托希望于来世,将肉身和生命的意义皈依天国世界或神秘宗教,才能得以永久的脱离荒谬的现实世界。这种精神状态在实践上表现为:看破红尘、无所作为、逃遁生活、消极避世。与生理自杀是对自我意识的否定相同,哲学自杀也是一种对于人自身理性的绝对否定,是对荒谬的虚无性否定。面对荒谬世界的虚无主义态度不但扼杀了自我意识,也同样扼杀了另一个自我意识(他人),因此它是在整体的类意义基础上对于人类理性的否定。人类的精神现象归于虚无和荒谬,虚无主义除了消极逃遁以外,对此一筹莫展。既然面对荒谬,我们逃无可逃,不可避免,那么我们就只有勇敢面对,积极反抗了。加缪正是在这个意义上提出了著名的命题:"我反抗,故我们在。"这种反抗精神是继笛卡尔的"我思,故我在"命题之后,对于人的存在方式进行更具有实践意义的发展。如果说笛卡尔把我思提高到人之所以为人、人之所以存在的唯一条件的高度,从而赋予人类理性主义、主体性哲学以崇高地位;那么加缪是把反抗视为人之所以为人、人之所以存在的条件。的确没有哪个命题将人面对荒谬的反抗态度如此之高地定位在存在意义的角度之上。正是在这个意义上,加缪展开了关于反抗问题的理论体系。然而有人不禁会问,既然世界已经是荒谬的了,那么反抗还有什么意义?

理性主义是要用有限的生命把握无限的宇宙,是要在纷繁复杂的世界中把握其内在的普遍必然性。这种普遍必然性被我们称之为"规律"、"本质"等概念把握的人的逻辑思维能力。当人的各种社会角色被存在主义运动的反人本主义或者说是非理性主义剥离掉之后(即个体被还原之后),是成为"虚无"呢,还是说个体这时还可以再次还原为社会?如果说个体被还原之后成为"虚无",那么自

---

① 柳鸣九、沈志明主编:《西西弗神话》,《加缪全集》(散文卷 I),河北教育出版社 2002 年版,第 102 页,第 103 页,第 104 页。

身意识的完全毁灭根本谈不上个体的自由问题;如果个体还可以再次被进行社会还原,那么一切就都将在社会的必然性法则之中运行,也就没有自由可言。也就是说"我们"可以还原为"我",但是我不能还原为"我们";但是这不等于说我们的知识优先于我的知识,而是从实践的角度理解个体与群体的关系。超越虚无主义,需要沉思重建起已被摧毁的东西,力图在科技时代下使人的价值生存有实现的可能。

(三)面对荒谬的第三种态度是"反抗"

何谓反抗,正如荒谬一样,加缪自己也未给出明确的定义。他只是通过列举法告诉我们什么是反抗。"反抗是意识到自己的权利并已觉醒的人们的行动。但我们决不能说反抗仅仅涉及个人的权利",反抗产生于对于人的某种有价值的东西捍卫的意义。逆来顺受的奴隶为自身尊严和自由的反抗;俄罗斯恐怖主义者为同伴争取权利的反抗,这些都是一种"要求讨还某种东西的"反抗——前者是被压迫者反抗压迫的反抗,后者是在当他人受到压迫时的反抗,情不同但理同。反抗激励生命而非消耗和否定生命,帮助人们摆脱现状而不是苟且偷生地逆来顺受。如果认为生理上的自杀和哲学上的自杀都不能为你提供行动规则的话,那么加缪关于反抗的态度就非常值得一读。加缪认为,"反抗的事业中,也许含有荒谬未能向我们提供的行动规则",那就是向荒谬说"不"!说不,不意味着完全的否定和拒绝,它首先意味着对自己身上某种东西认为"值得……"价值的认可和自信。因此他同时具有肯定和否定的意涵在内——是既说"不"也说"是"的反抗。反抗是对他人或自己的超越,而不是出于单方面地对他人的完全否定;反抗有别于并超越了塞勒的人本主义中一方绝对压倒另一方的"怨恨"或"征服"。塞勒认为"人本主义中含有憎恨世界的因素",憎恨之深以至于"自我毒害,在与世隔绝的状态中长期萎靡不振",甚至"乐于看到他仇恨的对象遭受痛苦"。而加缪认为,"反抗不是征服,而是要人接受","反抗原则上仅限于拒绝屈辱,而并不要求屈辱他人。只要其人格得到尊重,它甚至愿意尝受痛苦"。如果说憎恨源于妒羡,那么反抗则来自于理论的公正与现实的不公正之间的冲突——是否可以从进入神的世界到进入反抗的世界,关键取决于人们对于荒谬的清醒认识和觉醒的程度。反抗为走出神的世界的人们提供了价值判断和行动准则,他的作用和意义宛如笛卡尔在"我思故我在"中的"我思",使人摆脱荒谬中无助、虚无和孤独的个体角色成而为存在本体论的前基础。

加缪在评论萨特的《恶心》的一篇文章中说过这样的话:"令人感兴趣的不是发现荒谬,而是人从其中引出的结果和行为准则。"加缪全部作品的核心思想,就在于如何面对荒谬开辟出路的问题。他在《西西弗神话》中指出,荒谬迄今一直是当做结论的,而在本散论中则是出发点。荒谬哲学的这个出发点,在加缪那里指的是一个包括从荒谬感到意识到荒谬的觉醒,最终落实到对荒谬的反抗行动等一系列完整的哲学思想。在加缪看来荒谬仅仅是个出发点,重要的不是认识到荒谬,而是对荒谬采取什么态度,在荒谬条件下的人应该如何行动的问题。加缪认为反抗是荒谬世界中人的唯一出路。尽管"反抗并无解决一切问题之意,但至少能面对一切。"反抗是种态度,是人之为人的态度,是人拒绝神话,共同承担荒谬命运的现实宣言;是人"挺身而起反对其生存状态"的全部创造力。面对支离破碎的世界,单个的人无法独自承受荒谬的命运,人类必然会产生将世界和人统一起来的美好希望。然而当他们进入历史,进入革命和政治领域时,在社会历史中人却恍然领悟到反抗的历史化必然倾向于否定价值从而走向虚无的宿命。一边要么是绝对的"心灵的否定",另一边要么是社会秩序在暴力下的虚无——这样的两难处境使历史的不公正成为神的不公正的翻版,现代社会中人的生存状态遭受历史的不公正压迫从而又产生新一轮的不义和反抗。加缪对于现代性中人的生存状态的分析切中要害。

三、荒谬哲学思想的美学方法

荒谬之所以能成为现代哲学新的审美范畴,主要原因是"荒谬"已成为现代人的基本生存状态。荒谬总是人的荒谬、世界的荒谬,生活总是个体自身亲身经历的过程,因此哲理性的反思总不能充分直观地显现现实人的荒谬性存在,文学的体验在这里就是要将荒谬的人在文学形式的语言表达中感受到却无法用反思逻辑言说的荒谬感描述出来,这正是哲学反思难以使其身临其境的个体感受。

加缪积极倡导现代悲剧精神,他想让悲剧的审美功能在荒谬时代发挥作用,使人摆脱生活中精神的樊篱,获得精神上的飞跃。他想通过"审美"的意义,给人以生活的勇气,让人们即使面对生活挫折时,也要笑着面对生活中的一切,他明白生活就是有反与正的两面,生活本身就是人的本真存在。

(一)以人的价值生存方式丰富价值思维方式

理性的普遍规律具有客观性,尽管不经过这样的抽象,我们对事物的认识就永远只能停留在浑沌的表象阶段,永远不能把握事物的内在联系,但它只知冷静地观察是与非、善与恶、有罪与无罪,却既不知怜悯也不懂愤恨,它只解决"是"与"不是",而根本不考虑这是"人的"还是"非人的"①,即丧失了最直观的、悲天悯

① 弗兰克著,徐风林译:《俄国知识人与精神偶像》,学林出版社1999年版,第244—248页。

人的人文情怀。对生活直观体验的尊重,体现出哲学对人类自由及其与宇宙万物间多元关系的领悟,体现出哲学研究模式对西方理性主义为代表的普遍主义与东方哲学"我为天地立心"思维方式差异的深刻洞见。尽管哲学在这里的直观中的"我",指的是个体自我还是指我们仍不明朗,但这种直观生命体验的原初性方式所体现出的生命状态,是属于现实世界中人的不同生存状态的思维方式,开启了现象学与科技相结合的理论新路径,这就是当前科技哲学中的科技现象学前沿问题。体验,是不虚伪、不强求,是将无限回到有限,回到事情本身的生命活力和人生无限丰富的生命展开,是人们以直观体验的方式力图摆脱那些先验逻辑式的、从抽象概念到抽象概念的逻辑证明。因此,这种体验不可以由普遍主义经由自然主义式的逻辑推理方式认知它,而只可以通过真正感性直观的生存体验回到某种生命状态之中。超越二元论意味着在人类的哲学思维能力中,人对自己的生存状态更加具有灵活的变通性。

(二)以知识的人文意蕴丰富人与世界的和谐

究竟有没有真正的"我"？"我"究竟有没有"自由"？"我"怎样才能获得"自由"？对真实交流主体与说话主体的区分暗示两个背景:一个是言语结构具有普遍性形式,言语的本质包含言语结构的普遍性形式,涉及说活者期待的言语结构和听众能够听得懂的言语结构,因此语言是一种意识;另一个是"话语是自我的再现"。① 这两方面蕴含了现代性的必然性和人与世界断裂或中断的可能性。现代科技社会中,科技使得现象不断地成为科技的对象。原本在一个真实交流的话语中,即便非发声的能指,也能在人与人的灵魂中留下生命的痕迹。而科技中人与人面对面的交流逐渐符号化,最后甚至连自我也成为科技的对象,这就使网络中对自我的再现也并非必然地展现为真实主体间的情感与思想交流。虚拟世界如此,脱离网络的现实社会对人的社会属性也提出了同样的问题。人总是作为工人、学者、政治家或商人等角色出现,因为它总是与他所从事的某种职业与科技关联着:做工,研究学问,从政,经商……因此"我"看起来很简单,但实际上角色中恰恰没有"我"。自我与世界发生中断,人不是首先作为自我而是作为他者而呈现。这就是现代哲学家提出恢复知识的原初之意的深刻意图,即丰富知识的人文意蕴,走出二元论的禁锢,让人与世界的知识扩展开来。这就需要首先改变主客二分的、客观世界的自然主义的思维方式和生活态度,改变既有哲学研究模式。

(三)重视价值对人生的意义

亚里士多德的哲学曾经使用过最详尽的逻辑,说明价值体系等级秩序的必

---

① 雅克·德里达著,杜小真译:《声音与现象》,商务印书馆 1999 年版,第 73 页。

要性。在亚氏开创的哲学思维模式中，具有较高规定性的等级次序比较低规定性的等级次序价值大，反之则小。因此，在亚里士多德那里，真理的普遍必然性与否对应着价值的大小。在俄罗斯宗教哲学研究模式中，价值判断的滥用是力图要被避免的。而哲学的这种求真的事实判断又不同于自然科学意义的求真过程。后者求真的认识论含义过于浓厚，是将客观对象的本质固定下来以便主体认识的、"寻宝式的"求真思维方式，这种思维方式本身就使认识论的一切行为以求真为最高价值标准，其他行为都在它的主导下进行淘汰和取舍，因此事情不再成为事情本身，而变成别认识切割后的认识对象和认识的客体。正如索洛维约夫所说："任何追求共同体利益的哲学都必须回答的第一个问题，就是存在目的问题。假如我们的存在是恒久的极乐，那么也就不会提出这个问题了。因为无上幸福的存在本身就是目的，不需要任何解释。"①在现代科技社会的生存状态中，实现人与科技的对话并不是简单地科学问题，更是一个哲学自身思维模式和研究方法变革与创新的问题。曾经被近现代哲学认识论所扭曲的人及其生活世界，其自由的展现被遮蔽和隐藏，这在极大程度上局限了事物作为它本身在世界中价值显现的整体性，因而也就影响我们对事情本身的理解。因此，即便是康德也在他的《纯粹理性批判》中表达了令事情回到它本身，即还原为"回到事情本身"的现象学意图："一物之可能性决不能单凭该物的概念不自相矛盾来证明，而只能通过我们赋予它以与之相应的直观来证明。"②

　　因此，现代哲学特别注意渗透到文学和艺术，渗透到日常生活之中，形成哲学和生活的诗化，不但加强哲学的诗性，也提升生活的审美价值。正因为哲学创造在游戏中进行，当代哲学特别注重哲学论述的策略和语言游戏的实践智慧。从而对加缪文本的研究就有了新的意义。

---

①　索洛维约夫著，李树柏译：《西方哲学的危机》，浙江人民出版社 2002 年版，第 156 页。
②　康德著，邓晓芒译：《纯粹理性批判》，人民出版社 2004 年版，第 226 页。

IV
文学、艺术与美学

论现代文学理论的适当条件

——一项哲学性的探讨

成中英

一、适当条件:前言

任何对于文学理论的深思及对文学或艺术的批评与反映,都使人感到疑惑——我们所评估的文学理论为何? 如何去评估一个文学? 理论有鉴于东西文学中有关理论与批评的丰富历史,我们必须认清,一个文学写作者,无论是诗人、小说家、文学评论家或哲学家,都多少和一个道德家或政治家一样,经常遭遇到辩解、评价、比较、褒扬、贬抑上的种种诘问与挑战。虽然无人能指定一套赋予决定性的说法,且在时代不断改变之下也无人能如此,对于一个现代文学理论,我们似乎仍有必要陈述某些基本上所需的适当条件,以期适合我们对人性的观察及对人类境况的了解。就现代文学理论的建立及由其而出的批评原则而言,人性和人类境况应该是最基本也是最重要的。不过,在此我们对这两者暂且不做系统上地解释,而先就我们对这两项作背景的了解,再透过下列六项适当的条件,给予部分解释。

(1)一个现代文学理论不但要描述在文学历史上所找到的文学类型,也要阐明各类型的源起及其相互关系。例如,应该更细类的解释文学创作的各形态,一方面如诗,另一方面譬如小说。

(2)一个现代文学理论应解释各文学活动在其代表类型中对广义的生命、文化、社会的关系,以期使人更容易理解文学形式及用语(即文学个体)的变迁。

(3)一个现代文学理论应对文学中所谓的意义,真相、艺术、善,提供清晰的概念与认识。换句话说,一个文学理论当能回答例如下列的问题:"意义"在诗中系指何物? 在文学作品及评论中"真相"是什么? "艺术"或"美"扮演着何种角色? 文学对于人类,社会以及其间诸活动有何等价值? 文学如何定义"善",或对此既有的定义有什么贡献？ 文学如何在一般及其他方面，面对并反映建立在意义、真相、艺术、善等诸观念上的批评？ 很明显的，经由上述的个别问题，不但能引人对文学的哲学基础作更深一层的探讨，同时也能对文学中某部特定作品做更进一步的鉴定。这项特殊工作的意义将依一般及普遍的文学价值论予以评价或诠释。

（4）一个现代文学理论应如同语言学的系统，提出对文学语言的分析。从另一方面而言，在诗学及文学活动中提供一有关人类语言的成功综合理论，就另一方面而言，在分析或阐释文学语词的功用及其内涵上，提供一适当的现代语言学理论。上述两方面有关语言研究及对语言学本身的文学理论思考，是目前在美国及法国为很多人讨论的热门话题。① 不过目前尚未有概括性的作品能见上述两方面并为一理论整体——包含文学理论的整体及以文学语言为主的语言理论。

（5）一个现代文学理论不仅需要描述并解释可界定文学作品及其价值的特质，同时也应提供文学评论的基础。换言之，一个文学理论不但应具叙述性，也应具规范性与标准性。当文学理论把陈述文学优劣的价值原则当作一个分论时便成为规范性的。这样的标准性分论理当建立于文学中对意义、真相、艺术（美）、善的思虑之上，并与实用文体论及写作心理发生关联。就这层意义而言，文学理论赋有实用的形态，以内在解释已存有伟大作品的价值外，它无形中也为写作伟大的作品提供一项指引。

（6）一个现代文学理论应考虑文学创作类型及此类型在东西方传统中所具有的价值。它应该给予来自人类两大传统的重要建树一番持平之论。就目前我们探讨的阶段而言，上述之言乃指：我们应该同样重视中国及欧美传统中的伟大文学作品。这是我们的当务之急，因为使我们的伟大文学作品与西方及我们本身的理论相结合是得益于我们的。这样做当然需要一个高秩序的综合及一建立于普遍理论架构之中，不偏不倚、公正无私的集成。②

上述六个对现代文学理论的要求或适当条件，可以简单扼要地分别赋予名称：文学型态发生学、文学个体发生学、文学价值论、文学语言学、文学实用论与批评理论、东西综合理论。当然，这些并不就是一个现代文学理论最适当的条件，因为还有很多其他可提出的条件。然而，这六个条件都需要彻底且独立的发展，以带向文学理论或其次级理论的不同原则。次级理论

---

① 参照 Karl Uitti, *Linnistics and Literary Theory*, Prentice Hall, 1960.

② 由此可推出一重要的方法性结论：我们可就西方文学理论解释中国文学作品的结构及意义，同时也就中国文学作品的眼光，查验西方文学理论的实效。

譬如文学型态论、文学固体论、文学价值论、诗和(或)文学的语言学(语义、语法、文法)、文学实用论及实用批评理论、东西比较文学的理论及批评。不过,以一些简单的原则为基础去统一,且使这些原则被确认为源出于上述各点,似乎更为重要。如是的统一原则必须存在,因为在文学思考的历史及实用中,这些条件相互关联;再者,对这些条件所做的反省,将把哲学探讨带向统一基础。

由上述两方面,我们必须下一结论:一个完备的现代文学理论必须是一个哲学性的理论,且要包含对哲学意义中一些基本观念的参照。这一点在条件(3)与条件(4)中特别标明。不过,就人类经验、人类活动、经验与活动的结构及对它们的解释而言,这一点对其他诸条件一样的真实。作为一个哲学性的理论,一个现代文学理论不但在阐明文学经验与活动,同时也在解说人类经验与活动。这正是一个现代文学理论终极的自我辩解与存在理由。

二、人性(人的本质)与人类境况:文学个体发生的基础

为了明了解释文学个体的发生起见,虽然自亚里士多德以至目前,已有各家纷纭的理论,但是这里仍提出两项就文学个体发生的理论而言,是既简单而具包括性,且赋普遍意义的基本观念:人性(人的本质)以及以后会解释到的人类状况。人性在此即指为哲学家及诗人一致公认的一系列持续的人类情感、理智、欲望。不过,这一观念再过去或许未有文学固体发生学方面的足够分析。

为了进行如是一项分析,我们应承认至少下列四种限定:

第一,我们必须承认人性具有丰富的潜在内涵,我们没有(或许无法)定义这份潜在的内涵。

第二,我们必须承认人性具有特定的恒久性与普遍性。这一点似与第一点相互矛盾,其实不然。人的本质在内涵上是丰富的,因为我们既无理由,也乏证据限制人所能有的经验。即使我们对于人的经验能给予某些界限,经验的内涵是在时间与空间、历史与地理之中的运作,这些依然是无界限的。除开这一层运作上的依赖,我们还须做一假定:毫无理由能说人的本质一次就可固定。人的本质的构成要素的进化潜力,必须依循历史事实而予以断定。人适应环境,但由适应当中,人也能主张己见并与环境冲突。一方面,可借此提高兴趣;另一方面,则或有损兴趣,譬如对命运的讽刺。独一、不变、转变、转换等诸状况,对了解外在及内在的人性而言都很重要。证诸这些状况,我们可以以回溯过去展望未来的态度,比喻性地讨论人性所能达到的深度与广度。人性的复杂性可进一步由其自我评价、自我鉴赏、自我

批评等诸本能上看出特征。人性就哲学意义而言是意向性的,而且带有所有人类的心灵活动(诸如所有的语言活动)的意向性浓密结构。人的心灵有如人性的一面镜子,孕育着用不尽的无限繁衍力。事实上,语言的繁衍结构在某方面映照人的心灵。如同 Chomsky,正确的观察,尽管组成语言的主要符号有限,就各符号的组成概率而已,语言本身无限丰富。① 人类语言的创造力(更明确地说就是繁衍创造力),很清楚的是人的心灵及本质的一种度量衡。人的本质比人的心灵更具创造力,因为人的本质没有限定的特征。这份特有的繁衍创造力带向人的本质中另一点,即:人性中不同机能及能力的相互作用关系,构成最复杂且多方面的现象学,它藐视精确的定义及预测。我的意思是,假定人的本质由我们所谓的欲望、情感、理智所组成,则一系列与欲望、情感、理智及其不同个体相关的层次,便使欲望、情感、理智成为就人的情感反应及理智活动而言,具高度差异性的结构。在我们念及个人内心情感、欲望、理智思考相互间的关系时,便导致一项更具差异性的结构。欲望、情感、理智的自然交叉,对一个属于有机整体的人而言,乃是一普遍经验。不过,没有理由假定,欲望、情感、理智一定要相互谐和。事实上,就我们眼界所及,对生命、历史、文化、人类关系的广泛内涵而言,凡出自人性者不必皆是谐和的。人性无须实现与现有环境中与生俱来一致性,也无须达到谐和整体的理想极致。冲突、对立、敌对的确存在。就人的情感研究个人状况,将足以证明,在情感、欲望、理智的相互作用之中的复杂性与意向不连贯性。当上述所言由个人推至一个人类团体时,连贯性及一致性缺乏的情形下,可能还要更多。

　　第三,我们不必采用有关人的本质或人的存在的特殊道德理论,但却可以由一基本的实验观点拟出人的本质。譬如,我们无须假定人的本质一定好或一定坏,或一定在理论上被设想为某些特定的形式。人的本质不能完全定义,但必须在实际人的存在中体现;就这层意义而言,人的本质存在及其所具有的价值,必须让诸与人的存在有关的实际经验而予以判断。人的存在并非永恒的本性,而是带有价值内涵及自我意识。不过,我当然不会同意萨特,从根本就否定与排斥人的本质。我只是假定,由于人性中的意向性,而使人的本质具有历史、社会、未来的意义。人的存在包括在过去、现在、与未来之中的人类文化经验的所有层次。由于这些历经文化磨炼的广泛层次,我们不能视人性为一消失点;相反的,我们必须扩大人性中的可能性而至一无限领域,而这些可能性既不互相独立,也不与现世界分离。

　　第四,虽然我们终将怀疑人性内涵的价值判断,但基于经验及理智,我们必

---

　　①　参照 Noam Chomsky,*Cartesian Linguistics*, Harrper & Row, 1966.

须认清,人性包含对和谐的一份隐含且基本的情感及想象力。就有机整体的多样性或共相对立这层一样而言[以中国哲学范例而言,即阴(a)阳(b)在太极(c)中的单一性],和谐是人性恒久及终极的愿望。和谐甚至可为一解释人性理性的终极目的之人性基本结构①。但就了解人性而言,了解和谐最为困难,其原因在于人性面对的现实情况。如果理想中的和谐为我们完全了解,则此了解必定要经由一了解人类状况的过程。我们必须假定,在了解人类状况的过程中,充满着冲突、压力、对立、困境。这些冲突、压力、敌对、困境,可以借由个人内在经验而发,也可借由人际接触与交往而生。后者特别可由对立双方的审视中看出。

人性是复杂的,这项事实无疑于其单一而普遍的目的与问题。立在个人及团体的水平基准上,人性的目的在于学习,何种生活方式才能满足及完成人性。人性的最大问题在于当人类本着得到满足及完美的企图去试图了解本身的潜在能力时,面对的冲突。何谓冲突?最简单的解释是:由意义上下相连,却不能导致个人或团体的满足与圆满的各事物间的差异及区别所共生的一项敌对性焦虑。冲突是痛苦、忧虑、恶的根源。

虽然我们将人性比做展现于世界的一出戏,我们仍要了解:世界究系何物?在何种情况下实现或认识人性?世界包含人性但不等于人性。人性具有非人类的一面及非人类的内涵。不过,我们当然不必假定人与世界之间一定有冲突及对立。事实上,也许我们中国人的哲学最能表现出人与世界虽对立但也相契的关系:世界(道)孕育人类,人类因而才能了解世界的潜能。另一方面,人必须面对及反应世界,如此才能了解并完成自我的人性。就这层意义而言,世界不仅为人性的一层界限,同时亦予人性以克服其限制的场合。我们也不必仅视世界为一自然环境。事实上,正如历史所证明的,由人类所反应的世界势必包含着人性,及其在历史与社会形式中的延伸。人一定要在时间空间的世界中认识自己,这是人类本质的一部分;就此意义而言,世界亦即自存在;而上述两者对人性而言都绝非偶然。但是,由人性所创造的世界存在,并不仅受人性意志及觉醒的支配。推远而言,世界存在是独立的,而其与人性的关系必须要在为了解人性所做的努力中加以确定及厘清。世界虽具人性的意义,却也包含与人性一样丰富的奇妙事物。这些奇妙的事物并不必倚靠或相关于个人性的任何内涵。世界以其本身客观性提供一个媒介背景,人即将在其中定义自己、辨认自己、处置自己,赋予自己以意义。如此,使形的人开始行动、说话、思考、感觉、及理智的过程。

我们可以把人性寻找自己、实现自己及了解自己的此一所在世界称为状态。

---

① 比较作者在 1975 年 3 月于旧金山研究协会年会中发表的《中国哲学中的和谐冲突》,文字见于《中国哲学杂志》。

而人的状态与人性及其所有的特质与结构的相性则可称为人类境况。如我们前所提及,人类境况除了分享人性的丰富及多样性外,亦还有其客观的一面,即使其自身复杂化及使其自身意义含混而暧昧。因而,人类境况不可捉摸的变迁性,即为人性的显现、辨正、自我陈述、及人类问题的引出的全景方面,提供一项挑战。但是,就我们对和谐的观念而言,上述所言不应该改变对人之人性的基本想象力。事实上,人类境况如是困难也是一项需要,也许就是要给予人性一个以种种不同的方式来表达自己、扮演自己、因而充实并证明自己的机会 ①。

我们有了对人性及人类境况的观念之后,才能于现在谈论有关文学发展的主题:无论何种形式的文学活动,都是一项在人类境况中了解及实现人性的具体努力。在人类境况或显现人类景况的情况下,描述并界定人性,就是一项努力。如同人性及人类景况在其背景上相当丰富,且表现出普遍与特殊的结合,文学活动亦为反映及表现人性和人类境况的丰富及一致的方法之一。文学活动方式的独一性将于下一节中叙述。我们在此必须注意的是,只要能发现人性及人类境况,文学活动即随而诞生。进一步而言,如果在一经由各种可能及具体的冲突与压力以达和谐的过程中,我们考虑到人性的隐含理想,则我们可进一步视文学活动为一独特的意义方式,为组织个人或集合经验所做的努力;如此,才将有利于和谐在人性及人类境况中的实现。文学活动的独特方式由下列事实可予以定义:在人类境况中人的存在所具之意义,并不因理智或哲学而尽,但必须借由一对实现人性的整体目标有贡献的活动而加以显现及传达。这项活动即我们所谓的文学。

明确地说,我们可将文学作品定义为:一项为传达人性整体而做的努力,而其目的在于分享及表达人性的深切期望。就人性一整体而孕育其意义,是一项努力及活动,由此,才不致失去和谐及整体的想象力,且在成就过程中,其所有的困难,也将由于预先的主义,而使努力继续不断。文学活动在本质上采用具体的语言,乃为和谐及人性的最终想象力,及借由文学活动本身传达对此想象力的需要。文学活动的特有形式在整体及和谐的形式下组成,乃为必须人注意其本身、其人性、其人性的活动及对人类境况所有之期望。文学固而为人类本质的观念及人类境况的实在之结合与对证。

---

　　① 值得注意的是,我对"人类境况"的用法较 Heidgger 或 Jasper 来的广泛。因为,我并未将此用法限于反面感觉到的人的存在状况。相反的,我在此用法范围之内添加入所有的过渡阶段,而人即在其中试着达到和谐的客体,以使人性得到满足与完成。

三、语言中"表达"与"陈述"的分别：一条探讨
文学意义、真相及价值的途径

　　文学创作的本质为何？在文学可与历史、科学、或哲学相提并论的范围之内，一部文学作品之所以为文学而非历史、科学、或哲学的主要因素为何？几世纪以来，东西方哲学家及文学理论家都探讨过这些基层问题。目前在西方，甚至连语言学家及人类学家，诸如萨皮儿、布龙非尔德、雅各布森等，都曾努力就文学或诗（确切一点的说法）的语言去定义文学的本质及文学作品。自 L. A. Richard 始，美国一些新起的批评家，借由专注于诗领域中，各文学作品对结构的解释，发展出一条探讨这些问题的清晰途径。

　　由最近所做的探讨，有人提出一项概念——一部诗的作品，由于其独特的组织体与能够接受解释与评判的结构次序，其本身即为不朽。① 一般认为，批评家及创作家与诗形成的必要整体息息相关。如是，诗不但为有机组织体，且可以分析：由其创作过程而为有机组织体；由其批评过程而具分析性。② 对诗的这项观念可推广至文学的其他类型，且易于引向文学语言，即：在将诗独立时，我们必须忽视诗形成的历史背景及文化内涵。就如卡尔·尤蒂所认为的，这种方的态度将把邓恩、弥尔顿、雪莱当做同时代的诗人。③ 事实上，说得更正确一些，当我们忽视萨皮尔在其作品《语言论》中所谓的"文化"时，我们即将连带的忽视一部文学作品的时间意义——其切时、其辩证及诗的创作与语言形式之关系。如此，势必产生一不良效果：剥夺文学作品中人性的多层面；因为，一部作品并不只是借分析所揭示的纯架构，亦非仅是有机相关部分的相结合。一部文学作品还包含生动的对话，及其与一个时代的社会、政治、或个人等诸因素相关方面的交互作用。一部文学作品的形成与其存在同等重要。虽然，把文学作品的存在视为其形成是错误的（如同在历史学上）；然而，忽略其形成而假设其无效或不相关亦为错误的。如何认清文学作品中语言之形成与存在的重要性，以及如何在意义、真相、价值的取决于评估上达到适当的平衡，是文学语言一直面对的问题。

　　我们在解释一部文学作品时，必须考虑文学广博的历史文化内涵及其内部的有机结构，这样才能了解其真正的本质。在这方面我们可说，文学的真正本质

---

① 参照 Karl Uitti，同书 158 页以后。
② 此项观点与 Stsphen Pepper 在他的 *The Basis of Criticism in Arts* 中所说的有机体相关。
③ 参照 Karl Uitti，同书 158 页以后。

决定于内涵及结构,而文学的意义即由此衍生而出,亦因而为此两者的运作 。[1]

　　为了就结构及内涵方面把握及细述文学的存在,我认为我们可从当代哲学中借取有关"表达"与"陈述"的分别,作为一项解释工具,作为文学作品确切表达其意义、真相及价值理论的基础。

　　根据维特根斯坦的看法,很多事物皆可诉诸言,但非皆可言[2]。当我们对话时,既对世界下了一些可是可非的断定。正确的断言能描述世界的一些结构特征,而错误的断定却不能如此。"陈述"就这方面的了解,很明显的是一种理性认知作用。为了达成其建立知识的目的,必须照实的描绘这个世界。虽然我们可以不同的原则去断定许多事物,但语言用法的独断形式主要还是认知真理的断定。科学与哲学就严格的认识论及玄学而言,皆为认知及理性的。在此范围之内,其同样的为"陈述"之模范。科学与哲学之间的不同,并不在于使用"陈述"语言本质之不同,而在于使哲学与科学的讲述有所不同的"陈述"的对象及范畴之不同。另一方面,"表达"不同于陈述,其与世界相关的方式也完全不同:"表达"是对世界结构的一种呈现及论证,它是世界本身形式的揭露。世界包含各物体及事件,故有其形式及结构。我们所做的陈述或各断言,也许涉及物体或反映(或描绘)世界的一些事件,但没有任何断言足以揭露世界的形式及结构。世界的形式与结构并非世界的物体或事件;相反的,如果维特根斯坦所言,表达即为世界的物体及事件之意义。物体及事件具有的意识及意义,形成世界的形式及结构,并赋予世界一呈现或了解其本身的观点。

　　由上述对"陈述"及"表达"的不同观点,我们可以说,人是决定物体及事件其意识及意义的动力与媒介。人经由人性解释世界。在人性尚未给予世界任何意义之前,我们可视世界为一无固定意义及形式的符号。人性的功用之一,在于解释世界的物体及事件。事实上,就世界为一符号而解释之的这项事实,定义了我们前所提及的人性。当世界的形式及结构与世界的物体及事件所具之意义及意义相一致时,对前者的表达即对后者的了解。但是,"表达"也将造成前所未有的存有:"表达"使一些感动及影响发育完全的我们的事情具体化,而其感动及影响我们者,即世界的形式与结构,以及世界的物体与事件之意识与意义。由此,"表达"不在于断定存在的物体及事件,而在于赋予世界新的东西。就这层意义而言,"表达"有其由世界的真实性而生的外现的本体形态,即其先天及后生的自我显现。如是,"表达"即"针对某一背景以表达一些事物"。"表达"就海德格尔的

---

　　① Stephen Pepper 视文脉为一条通往形式主义、机械论、有机体之外的美学的选择道路。我在此辨获的只是一个立场——同时综合文脉及有机体原则的立场。

　　② 陈述与表达的区分(即将有简短的介绍)在 Ludwig Wittgenstein 具影响的论文 *Logicophilosophicus Tractatus* 中是一个中心主题。

观点而论,是由背景到以人为注视焦点的前景间的"暴露事件"(Entbergung)或"揭发事实"(alethia)①。

由上述有关"表达"的意义,我试将文学活动定义如下:文学活动是世界形式与结构的表达,其方式为借"无中生有"而引出各物体与事件的意识与意义。文学活动吸引我们的注意力,且提供一远景及焦点。这项文学活动的定义,清楚地解释了文学活动的两项重要特征:其一,文学活动为一自我认同的实体,且其具有独立于世上其他事件及物体的特征。其二,文学活动是人性及人类境况结合后的产物;因此,它乃由历史背景及社会中伸展而出,且产生其对世界的震撼。"表达"之所以能独特的决定文学作品"自我认同"及"自我显现"的性质,毫无疑问的是出于"表达"的解释。"表达"需要一肇始的背景,很明显的也由其而出。一部文学作品根植于人性及人类境况的所属世界。它表达或说明了这项根植的意义,因为人性及人类境况都不可与人找寻自己的历史及社会过程分离。基于这项对"表达"的观念,我们可就文脉的相关性及组织性,提出对文学作品的一项解释。有机组织体描绘文学作品的内部结构,而文脉的相关性则描述文学作品所据以定义及成形的背景。上述两者之间的结合亦使我们以为,内答决定形式,就如同形式使内容更丰富一样。对了解一部文学作品的意义、真相及价值而言,内容及形式的相互倚赖,正如同为一部文学作品提供其特征的意义一般,两者同为必要。

有关于一部文学作品的意义、真相及价值,"表达"及"陈述"两者间的差别似乎澄清了下列一点:一部文学作品所表达的真相及其语言做具有的意义,既非指断定及相关上的问题,亦非指在逻辑与数学的情况中一致及统一上的问题。一部文学作品的真相及其语言的丰富,将以一自我认同实体及一有组织的整体,显现于作品及语言的真实、生动及丰富之中。一部文学作品若真正源于此世界,其则为真实;换言之,如其真植根于人性及人类境况的世界。文学作品的语言若表现出一种能表明人性及人类境况的有机组织结构,即真有意义。语言若非植根于对人性及人类景况的深刻了解之上,将徒具意义而不具真实性;或因此而缺乏对人性及人类境况在其自我实现及历史与社会的发展前进过程中的相关性。不过,语言的意义仍有助于其价值。另一方面,文学真相也许并不具有意义,但是我们必须假定,真相有赖于意义作为其界限。因为若缺乏文学意义,就无法决定文学真相。文学的真相或其真实性,主要乃指附丽于真实世界的意义:这里所指的真实世界,即人性与人类境况所在的世界。

---

① 比较 Martin Heidgger, *Vortrage und aufstatze*(《演讲与论文集》),Pflillingen,1954;Unterwegs zur Sprache(《走向语言之途》),Pfullingen,1959.

一部文学作品的文学价值,是文学作品真相及其语言的功用。文学的意义,部分可由文学作品的美学观点加以解释,而另一部分则进而解释此美学观点。一部独特作品,经由实验及探讨,方能达成其最终形式。上述之言为高度独特的,且包含一部文学作品之整体及其各部分的相互作用。如此,美学观点不过是作品意义中的一部分而已。但是,一部文学作品的价值,绝非仅限于美学观点,亦包含对文学真相的相关性。文学的真相于我们对自己根植于世界的人性及人类境况之了解有所贡献,它激起我们浓厚的关心及兴趣,为的是要避免冲突以达成或保持我在前文中所提的和谐。最终,它还为如何藉由在人类境况所面临的屈辱及失望之中,判断历史的命运及社会的良善,提供一想象力。

四、文学个体的发展:由诗到小说

关于文学活动的发展(或文学形态论),我们打算局限于探讨两个主要文学形式——诗及小说——在逻辑发展及形态方面的不同。为了辨识诗和小说在个体的发生及形态的起源上之不同,我们首先须解释诗及其语言的起源及本质。诗的语言很明显的在许多方面都不同于一般语言,而其间最重要的不同在于:一般语言通常具有一般的相关内涵及实际应用,诗的语言则非为实际应用而设,而在其非实际的应用方面,亦不包括一般相关性。造成此种差别的原因是:一般语言为处理及简化实际性生活而设,而诗的语言则为达成人性需要的揭露及陈述而设。这并不是说,诗的语言不具实际效用,也并不是说,一般语言无法揭露真相。事实上,情况恰恰相反。

奥斯汀认为,一般语言包括所有的简易性、暧昧性、及明确性,以期使用于社会生存的使用目的。[1] 因此,一般语言即由于其用法与生活的实际情况相关联,而具有实际的重要性。另一方面,诗的语言则和实际情况脱节,其所表达的是一种揭露真相的情况:唯当其与实际情况相关联时,才具有实际性。

根据 Chomsky 的变形法[2],我们可将语言及其语意与语法分为表面结构及深层结构两部分。但有一点须立刻注意的是,此种区分法并非仅考虑到变形文法,而是同时根据对语言发展及形态的考虑。据我们的分析,深层结构在基本上属于个体发生:此为意义决定的层次;且在此层次中,就思想及情感等外在形式,而体会及形成真相。它是心灵自由创造意义、范例、及想象力(此三者可界定、创

---

① 比较 J. J. Austin ,*How to Do Things with Word*(《怎样用词语做事情》),Oxford,1965,Lectures 1&2.

② 为了解释变形文法之中,深层结构与表面结构的差别。参照 Noam Chomsky ,*Aspects of the Theory of Syntax*(《语形理论面面观》),Yale University Press,1965。

造及把持真相)的层面。表面结构则指:就所经验者而言,具有意义的事物之象征组织,根据一定的规则在语言形式中显现。基于深层结构与表面结构的差别,我们可先视诗形成于个体发生的深层结构之中,再视其为语言表面结构的语言象征。如同其根植于语言个体发生,诗决定及创造其本身的意义,特别是象征意义。因此,诗在语意方面与表层结构中所含的普通意义不同。换言之,诗由其发展当中,有了自成一体的语意。如是,所有的好诗与一般语言不同,因为其在语言之外,却又加入其在发展的意义上所有的意义;为此,它即与一般语言有了距离。此距离将可解释为:使一般语言在深层结构之中,使面目一新的个体洞察力具体化;或换言之,自深层结构中引出另一种表面结构(亦可称为上层结构)。此一结构就一般意义而言,与缘由的表面结构相互对照,如此解释的原因,在于表达与人类本质或人类景况有关的个体发生经验(发展经验)。为使此一表达成为可能,人必须发展出一些展示及表现的形式。此种展示及表现的形式,唯有在个体发生的经验中有限地被"表达"出时才能达成。在早期的"表达"中,可能已有既定形式的建立。但是,诗的想象力之真正形式只有在个体发生经验的特殊具体之中才能达到。

当语言被视为一观念及形式的储存时,或当语言如同黏土般被塑造成各种表达诗的洞察力之形式及结构时,我们就说,我们以诗的方式使用语言。此乃为在根植于深层结构中的表面结构之上建立一上层结构。

上层结构(诗的语言)

表面结构(一般语意)

深层结构(个体)

有许多重要的方式可创造出一种诗语言的形式(既以诗的方式使用语言思念,以期捕捉一项个体上的深层结构):

(1) 必要时,可自由重新组织一般表面结构的语法。

(2) 必要时,可自由抛开一般对因果关系及时空秩序的要求。

(3) 若非诗本身的需要,不可以理性去分析结构。

(4) 让发展经验的内容决定表达的形式及效果,不要一味的强使经验的一致性成为一种形式。

(5) 必要时,可自由介绍新的意象的及比喻性结构。

此五项原则包含了我们所谓的"诗的自由语法"及其"自由语意"[①]。此五项

---

① 我们可由中国诗里引用不同的例子说明这些原则,但为了节省空间,我们不如此做。台北三民书局所编维廉在《谈文学》中报告《从比较的方法论中国诗的诗境》中有一些好的例子。(Taipei, 1973, 147—168)

原则一致时,既孕育了诗的语言。当然,没有必要说,这五项原则为达到诗的目的,必须自然而然的相互一致。许多好的诗都显示出,要达到诗的距离,只需与此五项原则中的一或二项一致即可。有时候,实际个体经验的内涵告诉我们,在根本无需任何原则的情况下,好"诗"仍然存在。因为即使在一般语言法及语意的模式里,个体的"表达"仍是自发及自然的①。

就诗而言,"表达"或根植于人对人类境况的洞察,或根植于反映人类本质的想象。不论上述何种情况,诗皆着重于对世界的全然主观及直接反应。诗的语言重建了个人在其人性或人类境况或两者的经验中之主观意识。若说诗包含主观的意识,并不就暗示其不再真实或不再感人。事实上,由一重要的观念,我们可说诗着重于实际的真正形式及结构,此观念即为:自我主观意识赋予一切被创造者以人类意义。

关于中国诗的完成,虽然王国维将它区分为"无我之境"及"有我之境",且坚信前者高于后者②,但我们仍须注意,在一适当的解说下,甚至一首"表达""无我之境"的诗也充满了人类意义:此意义源出于中国哲学中所形容的人类最深切的期望及想象。同样,有我之境及无我之境同具有光辉及伟大的价值,其原因在于:对于此一世界的陈述,可以"表达"一份对人类境况其形式及意义的伟大洞察力。至此,我们就大体上考虑陶潜和杜甫的诗。或许有人说,陶潜的诗多表无我之境,而杜甫则多表有我之境。除了极主观的原因之外,我们没有理由说,谁比谁更具有价值。然而我将要指出的是,这两者其中之一较属于道家,而另外之一则较属于儒家:两者分别展现对生命的想象力,且皆符合善良的人类本质。毫无理由用单一方式将其置于价值天平上而加以衡量③。

根植于主观意识的单一透视之诗,无法将人性及人类境况的多元性阐述详尽。因为,人性得以显露的世界是一种许多人及事物的错综复杂之交织,而个人的实际经验亦发生于此。对社会及历史的复杂多变性之陈述或表达,不但与人性及人类景况有关,且有助于我们了解自己及本身情况的意义及真相。人性及人类境况的呈现,不仅只包含自我透视力;它既不描述实际发生状况,也不必与之相符;它能伴随我们的实际生活状况,在各种情况之下显示人性或人类境况。换言之,此种表现方式或至少可以满足下列三个需要考虑的问题:

---

①　李白、白居易、陈子昂、王维的诗都是有关这类诗的上好例子。

②　参照王国维的《人间词话》。

③　参照陶潜与杜甫的例句:陶潜:(A)采菊东菊下,悠然见南山。杜甫:(B)锋火连三月,家书抵万金。(A)即王国维,无我之境之例,(B)则很明显的为"有我之境"之例。不过,我们无法武断的决定谁的境界较高。当(A)表现一种超乎世俗的真实,而(B)表示人性属世的一份深厚情感时,两者就人性及人类境况而言,都同样的真实且具有见识,也因此具有相同的价值。

(1)它在一具体环境、某特定关系、或人性得以显露的人类境况中,"表达"人性。

(2)它本身不像诗一样的包含主观意识,但是它从一客观的描述观点去呈现此世界。事实上,它着重于"表达"人性与构成人类情景的世界之关系及交互作用。

(3)在描述此人性及人类境况所由发展的世界时,它假设出一般语言结构,且不与之脱节。

这三点情况,并不全为诗所接受,但为艺术的新一类型——小说——所接受。这些情况将小说的特征描述如下:就一般语言而言,小说为一种赋有客观性、场景性、且有关于人生戏剧性的艺术;但就诗而言,则为一种赋有主观性、透视性、且在透视的非实用语言中表达人类思考的艺术。但是,在视小说为呈现或"表达"人性及人类境况真相的一种方式时,我们不可把它与真实历史或人类问题的报道相提并论。因为,它无关于任何实际态度或实际对历史及社会问题的了解。相反的,它有关于显露人性及人类境况的真相及意义,而一种实际的态度即可能由此而生。为了保持小说显露真相及保留意义的能力,除了以上情况之外,它必须遵守其他情况(如下段所将举之例),这些情况将藉由在真实与表现之中创造一距离而了解其艺术本质。在此一方式下,小说的呈现就大体上言,将与诗一样的显示出一种完整性、一种自我认同及一种自我完成的实体。

下列是小说作为一种"表达"形式,所必须遵守及接受的两个附加条件:

(1)小说可尽量包含描述及断定的陈述。但大体上言,它应该有良好的组织以显示其无意对此世界做任何论断:它应该表达这世界及其意义,但绝不为此世界作辩解或记录。换言之,它必须有一思想、地点、行动、及人物上的平衡综合,以不至于偏重任何一项。

(2)小说必须着重提供人性及人类境况而避免任何实际考虑的特殊情况及经验。正如斯坦芬·罗斯所说的:"描绘人类生活中极重要的处境;至少从特具人性的人之某些方面去展现他们;披露极其重要的道德上难题及置身其中的人;且决不以任何不相关的情况去破坏作品的特有文学价值"①。

此二条件及早先提及的情况,构成了小说在客观方面为表达人性及人类境况真相的个别必须条件。我们可以发现,过去及现在,所有西方伟大及成功的小说,都接受了部分或所有的上述条件。我们考虑一些作家,如狄更斯、哈代、陀斯妥耶夫斯基、卡夫卡、黑塞、刘鹗、曹雪芹、吴敬梓及其他知名的中国小说家。如以上条件所举,他们都是在客观方面使得人性及人类境况以艺术或具有说服力

---

① 参照 Stephen Ross, *Literature and Philosophy*(《文学与哲学》),1969,第 216 页以后。

的方式呈现之最佳例证。

对于小说作为一表人性及人类境况真相的可行方式,我们必须再做三点的评论。

第一,小说是人性真相在一客观透视下的呈现,此与以客观透视呈现人类真相的诗不同。小说的形成表达了一项事实:主观透视不足以显露所有和人性及人类境况,且不足以揭露或表达其真相。但就人的本质及人类境况中的人类真相而言,客观透视并不能取代主观透视。其实,这话反过来说倒是对的。此乃意味着为了显示人类存在的多元性结构,客观及主观透视皆为必需。人类存在于社会及历史中个别及集体的进展,已使诗及小说的系统发展成为可能,因为两者皆源于人性及人类境况的同一个体发生来源。因此,两者虽不相同,但却相辅相成。

第二,在人类社会结构的日趋复杂及历史不断累积经验之时,综合、冲突、调和、及疏离感必定要发生。且就人类大体而言,将为之所困扰。以客观方式去了解真相的这份需求日趋强烈。这也许可以解释,小说及类似小说的非小说对现代生活渐增的相关性,及对现代人渐增的重要性。对照之下,诗似显得遥远而落伍。但是,若能具体了解诗及小说在文学理论中的系统背景,我们将不会忘记,诗是表达真相的有力及辅助性方式。

第三,我们必须注意,艺术的类型即是文学的类型,不限于诗及小说。这些只是以语言为工具的艺术创作中之两大主要类型。在文学及艺术中还有许多其他的类型。如果我们视诗及小说占有艺术缘起的两端,则可以实际参照它们而指出其他主要艺术的所在。如此一来,我们可以视"音乐"为诗的提炼——它是高度主观的,且无须涉及任何人性及人类境况的特殊内涵;它能产生一种使人性及人类景况得以实现的真实形式及意识。[①] 另一方面,我们可视"戏剧"为小说的提炼,因为戏剧不会除去对人与事交互作用的实际描绘;它也不会集中焦点于实际生活演出中的行动及人物之上。由此一特殊方面那看来,戏剧可说是小说的具体化。它是人性及人类境况生动及真实的表达于动作中所借之高度客观的艺术。[②]

五、文学理论的文化及哲学因素(层次)

就一般文学理论而言,我们总是探入其文化及哲学的背景及理论动机,以对

---

① 也可因此视诗为音乐的形式之一,如语言音乐。
② 当然,在现代电影里,我们可以找到建立于小说、却源于戏剧的客观艺术形态。

之更有所了解。每一个文学理论都多少适合于反映及指引人的文学需求及其时代的文学观念。正是这种文化与哲学的心智状态，使得一个文学理论能达到及说出其问题及标准。试想，在英美文学界中的新批评运动。这个运动所提出的学说，清楚地反映了 20 世纪早期英美的心智趋向和哲学看法。从理性及客观的观念，就文学作品为一结构上的整体而加以分析之的新批评之主要原则呈现了 30 年代英美哲学界中逻辑分析的一般实证哲学。新批评的另一着重点是将诗的语言当作批评及鉴定的对象之原则，同样也反映了 20 世纪早期一般哲学上的看法，如罗素、维特根斯坦、奥斯汀、卡尔纳普、艾耶尔等人的著作所示者。因此，在考虑建立一文学及批评的现代理论时，我们必须保持对我们所处时代的心智趋向及需求之敏感度，并发掘此理论必须满足的条件，以应付由文化及哲学的潮流和困境所构成的挑战。

一个有关于现代文学理论的条件，便是综合中国（或东方）传统及西方传统，以使一足以解释文学作品的个体发生及全体现象，以及一有足够资格在人性普遍基础上评估文学优劣的文学理论得以发展建立。不幸的是，在这方面没有任何文学理论曾被提出。虽然，不可否认的，这是一项最艰难的工作；然而，这仍为一个现代文学理论家迫切的及最具挑战性的工作，尤其是对那些在其文化及心智生活上，时常面临东方及西方价值选择上的问题之人。为了与上述我所说有关其他现代文学理论的条件一致，我将在此试着指出在中国传统中，有关文学的适应方向及其哲学基础的一些典型及应考虑的重要事项：上述所言应于一现代文学理论中加以综合。

如我已经指出的，哲学气质和态度是建立文学理论所必需的。它们在引导文学创作方面同等重要。证明我们所说的人性和人类境况，我们就知道：哲学中有来自人性及人类境况的永恒不变的主题及问题，就如同文学中，也有永恒不变主题及问题。既然这些主题及问题是包含在一个带有特异性的语言及文化传统里，文学就像哲学一样，必定带有其文化上的特异性及影响。的确，诚如哲学比文学在呈现观念方面更具有活动的意识，我们可以将哲学当作一单独指出某一而非其他文化传统的特性之文化特异性指标。同样的，我们必须小心：这并不是否认一个传统中人类意义及真相的普遍性，而是进一步肯定其普遍性必须存在于某一或其他文化及哲学态度的特异点中。

文学作品于其中的文化及哲学内涵，不必被视为文学创作或其价值的限制。相反的，这些是创作文学及表露文学活动价值的唯一机会及刺激。除去这些，任何文学创作都不可能；没有任何文学创作能在文化及心智的真空状态下发生。文学所自然"表达"及呈现的人类意义及人性真相，将有超越人类历史及社会之文化及心智的一面，以及普遍人类的一面。一部文学作品的伟大及其具有价值的程度,端赖于其如何能成功的体现一个传统,且同时揭露人性及人类境况的深度。后项努力或可导致一项针对传统中已被接纳规范的挑战。

如此说来,我们首先可以注意到:在中国文学传统里,早自远古就已建立及影响中国社会、历史和中国人生活形式的文学价值和哲学倾向,曾深深地与中国文学理论、批评,并创造融合在一起。其融合于中国文学传统中,更甚于主要西方哲学、文化及心智传统的融合于西方文学应用之中。所谓融合,我指的是哲学传统与文学传统中的持久存在,且可预期之和谐、顺应或一致。为说明上述所言,我首先将指出,中国文学传统的本质乃由中国两个主要的心智哲学潮流所定形及指引——儒家及道家。

从西方之前 6 世纪到现在,儒家在为受教育者①定义及描述文学目标及价值方面,一直具有影响力,这点是不必提的。举一例而言,子曰:"不学诗,无以言。"②"不知言,无以知人也。"③很明显,孔子视诗(即他所编纂的《诗经》及一般文学集成的诗)为个人教育的必须部分。诗和礼一样,能使人行社会礼节,也能建立人与人之间的了解。在此,诗的隐含理论便是:诗为人性发言,诗是为了具有"大我"而超越"小我"所必须知道的人性语言。

在肯定学诗的社会及人性价值时,孔子一点也不迟疑;此外,还隐约肯定创作诗的附带价值。由下段文学中,孔子清晰地陈述了诗的社会、教育、及人性价值:"兴于诗,立于礼,成于乐。"④"小子! 何莫学夫诗? 诗,可以兴,可以观,可以群,可以怨。迩之事父,达之事君;多识于鸟、兽、草、木之名。"⑤

孔子指出"兴"为了解和欣赏诗的重要观念。他认为人皆有仁心,而"仁"就是关心他人。正如孟子所引诗语,仁即"他人有心,予忖度之"⑥。然而,如果一个人不修养自己的感情,他如何对别人的感情有所反应? 因此,"兴"是培养仁或人性的先决条件。教养一个人使其具人性,乃当务之急。孔子视诗为自我完成、自我成长、人类社会的完成及成长之不可或缺因素。虽然,似乎孔子只要求其学生学习存于当时的颂诗及歌谣,却毫无任何迹象显示,学诗对孔子而言只是了解其诗意,或是运用理智分析他便算了解。这个"兴"的观念似乎暗示,孔子愿意将诗的创作看成人的最高使命:作诗是为了展示人性及扩大之。没有任何证据能说明孔子自己创作诗;但在诗经中,他对学作诗的深厚鉴赏力,一定早已肯定了

---

① 我们必须指出,儒学以中国旧学中,具象了其正规传统。
② 《论语·季氏》。
③ 《论语·尧曰》。
④ 《论语·泰伯》。
⑤ 《论语·阳货》。
⑥ 《孟子·梁惠王上》。

一种欣赏及再创作的过程,而这也使最上乘的情感修养具体化。

孔子对诗的看法在孟子及荀子的正统儒家传统中得以延续;对于后两者我们无暇再作讨论。虽然孔子的观点似乎在暗示,诗在其本身心智及创作的模式中,为人性的完美提供了道德意义;就这层意义而言,诗在道德上是良善的。在正统的儒家观点中,没有迹象显示,人必须为了预先指定的道德目标而学诗或作诗。这是很重要的一点但也常被误解;它导致很多文学批评家和评论家站在道德立场上,针对诗的写作或文学写作而加以批评。我希望强调,这既非孔子原先的看法,也非其直接继承人的看法。

正统的儒家观点是:诗就揭露人性而言,扮演一个了解及改善人性的角色;因此,诗是良善的。这与我们所说有关文学创作着重于“表达”或呈现人性及人类境况是一致的。因此,诗的创作目的,在于人性及人类境况的表达,这将导出对人及其渴望完善和改革的道德了解。所以,我将就孔子意义中的“兴”来具体说明这个用主观模式或透视之法以“表达”或呈现人性及人类景况的观念。用这种方法,我们可以解释我们曾说过的诗之个体发生。当后进的儒家力辨及提倡诗及文学的目的在于把握“道”(文以载道)的真相时,事实上已误入歧途;因为,他可能视“道”为一种在文学中被具体表现出的外在真相,而因此剥夺了文学活动中为文学创作所必需的自律自发性。如同已确实发生的,这可以导致六朝时代的文学理论中所曾显示的“对自己不必要及同样错误的反应”。

总括来说,诗能兴发人的感情,使人说出心中想说的话:这点儒家所认为诗与真理(道)之间的关系。如同诗序所指出的“诗乃人情之所止,心之所有为情,以语言表之即成诗”。因此,若个人情感(之止)为真,且个人心灵为纯洁及真实,则情感与心灵皆应表现出“道”,且与真理一致。因此,接踵而来的即:当一个人真正参与文学活动时,就等于参与事实的揭发,因而,与“心”、“道”在内容及本质上合一的前提下,诗与一般文学就成为真理的工具,如同其成为个人情感及心灵的工具一样。依我个人的意见,对“文以载道”的再释,不仅正确的再建了儒家观点,且亦指出了文学创作的真正价值——特殊及普遍的统一。

现在我们来看看儒家对文学创作的观点。就老子及庄子的解说,万物所由生的道,视真实为无限、无数、含混及空虚的。无定的“空虚”(无)如同万物回归休息之处,是创造的来源。“道”(无的实体)的运行包含所有,且存于阴柔、微妙、显着、及阴晦之中。生命的创造力不为事物的有限形式及色彩所阻挡及滞碍的运行。由此而观,一个人唯有由无限的“道”中取其精神以自由运行及体验世上最微妙的变化,方能具有创造力。要想具有创造力,其所能做的就是超越自己的界限及自我,且与道(即创造力的来源)合一。在与“道”合一方面,他将处于一经验自然事物的真实状态之立场。自然是“道”的显现,也因此表达了事物的真实性。这种对事物真实性及真相的表达,在创造力本身,是一项无穷喜乐,同时也是个人的自我满足或自我实现。

　　当个人与"道"合一及探究事物的生命起源时,即打破了主观自我的界限,且达到客观与主观的合一。就这层意义而言,他将经验及展示生活中的纯洁及单纯。如同张钟元所说,他将会有一种"人类与宇宙合一所经由的经验"①。这项视"道"为实在的无限不定来源,及就万物生成与回归而言的创造力量,在老子《道德经》中皆有充分的说明。庄子更进一步的解释,人类就与(道)合一而化为其他事物,及超越有限透视的先观性及主观性,以蕴含"道"(所有透视中的透视)的无限透视及主观意识。每个人在问及两位作者时,都会感到:他们对"道"及其创造力的解释,为文学创作提供了一最刺激但也最稳周的基础。事实上,中国诗学及艺术(如绘画)就广义而言,均为道家哲学对"道"的想象及理想所影响,正如同其亦为儒家对人性的想象及理想所影响一样。

　　道家哲学经验的影响力及具体实现,乃在下列几项:

　　(1)诗的经验乃为具体实现自然界中事物的存在真相。它要求诗人去经验精神的(形而上学的)运行以及自然界中事物的创造力;如此,诗人才能表达此种运行,而非运行的事物。

　　(2)"道"是清净、纯正、质朴的;它充满活力,但在创造力方面又是非常隐匿的。因此,真正诗的经验必须反映质朴、纯正、清净及如同自然般的活力。

　　(3)"道"由其自发性及自由性而生成万物,因此,一首好诗必须含有自发及自由的特性。

　　(4)虽然"道"深邃而微妙,但由其所创出的东西,纵使充满各种可能性,也还是明显易了的。因此,一首好的诗必须让一般人了解,且应显示真相的一面,以求反映及对真相本身的再体认。"道"本身是不可分的整体、不被扰乱的虚静,因此,好诗应该展现整体性及虚静性。

　　(5)"道"本身是不可分的整体及不被扰乱的虚静,因此,一首好诗应该单纯质朴的展现整体观念及虚静观念。

　　(6)"道"不限于主观个人,它必须统合主观与客观。因此,一首好诗不可以使主观遮盖了客观,相反的,必须使主观的情感成为陈述显露客观的内在境域。在这层意义上,我们只有客观地明晰展现,而不见个人的涉入。

　　(7)"道"的客观性充满了宇宙整体的生命与精神。因此当我们不带主观的阻碍,尽可能自然好的表现诗中之客观性时,我们所表现的方能具有生动的人性意义。

---

　　① 参照张钟元:*Creativity And Taoism*(《创造性与道家》),1970,第169页以后。

这些为诗的创造而属"道"的原则及观念,导向艺术观念的形式,且引申出中国文学理论及文学理论的特征。为了说明起见,我们可以提出两项主要的观念及其附带特征。其中的一项就是为张钟元解释成"神韵"的精神韵律①。"神韵"就诗及绘画②的运用而言,指的是诗人或画家,在写作诗或创造艺术中所体验的震动韵律。它表示一种无限精神的活动。这份创造的经验将主观渗透入客观,反之亦然。它也表示,"道"的运行已经达成其最微妙的会悟,正如同树上新叶的生长。张钟元以如是之观念解说成"诗人的主观与物体的客观真实性间的混成结果"③。

另一项观念则为"境界",张钟元将其解释为"诗人之内在领域,而神韵动乎其中"④。换言之,"境界"是人在对本体的经验之中对本体的经验与参悟既深达且玄奥所达到的内心世界。如果他的经验肤浅又有限,则其"境界"也同样的是肤浅及有限的。最玄奥乃至上的"境界"孕生于诗人与"道"的本体相融为一体之诗,且在整体中藉由事物及其性质外显。这项内心上的成就在反映诗的意象及其创作之中,已将"道"的本质及"道"的自发性带入语言的形式中。这项将"境界"视为诗人潜在价值之观念,与诗本身的潜在价值有关。诗表现人,正如同诗人借诗的创作表现诗。其间的关系即:

诗人(表现)——诗(创作)

诗(表现)——诗人(鉴赏)

再可指出,诗的创作是个人自我实现的一项成就及索引。在诗中,我们发现诗的创作即如以下过程:

形而上(道)——形(诗)

而诗的鉴赏即为以下过程:

形(诗)——形而上(道)

此又再度显示,中国诗学中对"境界"的观念,有一隐匿或基本的"道"之前提。

中国诗学批评家及理论家已为中国诗及中国人开展了分类及评价方面的复杂体系。有关此体系的佳例有如六朝时代的钟嵘《诗品》及皎然《诗式》。根据这些体系,我们可以依据诗及诗人揭发事实的能力及诗人自我实现的层次,按者他们的价值差异来判断诗及诗人。这一观念似乎很普遍,即:诗的最高成就就是由

---

① 参照张钟元,同书,第171页。在《刘勰的有机整体概念》一文中,Vincent V, E. Shih 视刘勰所谓的"神"为精神 或思想;参照 Tankang Review , Vol iv No 2, Oct 1973,21—36。

② 运用在绘画上,即艺术批评家,对生动的节奏之用语。

③ 参照张钟元,同书,第171页。

④ 参照张钟元,同书,第171页。

"至高"、"至远"、"自发"等字所代表的质朴、自发性、及自然。根据这些标准，一些诗人势必要较其他诗人"高"①及"远"。晚近的朱熹也支持如是之主张②。

现今，我们已有王国维"有我之境"及"无我之境"的著名区分。后者掌握了道家永不为辞藻而受累的自然及自发之观念。一般相信，据此样式，将得以展现及传达最高层次的真相及意义(即道)。事实上也可如此假定：当一首诗完成于自然及自发的情况下，将可自然展现其中的生动性，及传达存于事物的生动性中之道的真谛。在诸如此类的诗中，诗人的内心世界与"道"的精神合一，且不在对事物的显露上，扮饰其自身或外物。这就是王国维所谓的"无我之境"。由对此观念的理解及依此标准，陶潜、李白、谢灵运才够得上是一流的诗人。

由表面上看，道家与儒家对诗的观点似相矛盾。儒家批评及诗人着重于外述的重要性，他们由社会及道德历史的内涵去表现人性及人类境况；而道家批评及诗人则主张超越上述种种界限，以表现及了解道在一切自发之自然及生命中所具有的真实性。

儒家及根植于对人性及人类境况的了解之道家，皆存有对创作诗的不同意见；然而，此意见的不一，靠着儒道双方为了解人性及人类境况所共享的努力，即可加以统合及协调。就儒道所各表现到处的意义之人性真谛及人性意义而言，其双方的意见皆同样真实且为人所接受。诗所能陈述及"表达"的事物相当丰富。为"表达"真实中一切的真相所做之真正及成功的努力，势必将证诸我们对人性及其境况与其想象及喜乐的了解方面而具有意义。倾向儒家的诗将激起我们对人性及人类状况的深远共鸣。倾向诗家的诗则将带领我们走向对个人精神自由及个体发生喜乐的满足状态之参悟。

人性有许多相关的层面。如果我们承认人性的多元性及其潜在的相关性，则准能够认清儒道对诗的观念之一致。儒道的不同处，成为洞察人性及人类经验的丰富及深奥之一项来源。伟大的诗人不论其崇儒或向道，总是有鉴赏的能力。儒道的批评家在下属观点是一致的：诗是诗人的一种投射，它应该反应诗人的真实人格及其内心精神世界；如此，才可说，诗的伟大之处及由其本身之伟大而生成。诗人在反应真相及人性，或以最敏锐及自然的方式将其表现出来之前，必须要修养自己去探查真相及关怀人性。

为要在儒道观点中写作好诗，诗人有必要做一番修养。因而，一位好的诗人，能经由不同的形式及想象力，表现人性及人类境况，或与不同的情况发生关联。因而，他唤醒读者的心灵，也将读者带向人性更高更广的层面。儒道两家的

---

① 皎然将"高"解释为一种在内容及形式上皆未受到压力并开放的状况。
② 参照张健在其《朱熹的文学批评研究》一文中对朱熹的评语，台湾商务印书 1969 年版，第 929 页后。

诗都能达到此一作用。因此,所有伟大的诗人,无论是倾儒的杜甫,或是倾道的陶潜,他们在洞察人生及真相方面,都同样伟大,只不过其一较具社会意识,而另一则较诉诸个人。这道理也适用于其他诗人及文学家,如:白居易、王维、屈原,同样也适用汉魏古诗。

前面我们已表示过,文化与哲学的倾向如何在中国传统中体现于文学作品的不同类型,以及文学和诗学标准上的不同类型。我们也举出,在文学上创作诗的综合理论中(其强调表现人性及人类境况的重要性),诗及文学的呈现模式如何发展并竭力解决或协调人性及人类境况的不同目标。事实上,这些不同的存在,为文学理论的综合力量,提供了一项好的实验。现在,我们须在理解东方(中国)与西方在设立一概括性及作用性的文学理论之时,面对所有的文化及哲学的代沟以及不同之处。在这篇长文里,我们无暇再详述西方文化及哲学的特质,以期接触中国文化及哲学,或在自觉的文学理论重视用其调和。但我们可对两样事情做一样概述。

首先,西方对文化及哲学所持的态度通常与中国不同。西方文化及哲学的一大特质在于强调,视以神为中心的宗教及超越哲学为启发、畏惧、吸引人的一种永恒理想及超越主义及理论倾向,以及分别有希腊及犹太民族发展造成,且大大决定了西方在生命及文化的不同领域内之思想方式。当一些早已定型或由客观超越意识所提出的不同观点在竞争中得以发展时,他们就带向许多冲突及压力。

一个现代哲学(从文艺复兴时代至目前)的读者,不能为来自生命、社会、及历史的各色各样竞争观点而遭受打击。较妥当的说法是,由各样的主题,诸如:多样性、冲突、进步理想、神为超越客体及客观真相,都表达出西方人对人类生命及命运的想象。这些主题不只在西方哲学中为人所讨论,其本身亦试图表现西方文学活动的特征。就西方人而言,文学活动或许可说是出于以杰出的方法去探究或解决冲突之冲动,而非出于中国式的人性或人类境况之个体经验。这是第二项有关西方文化及哲学态度的观察。

心中存有此两项观察,则我们便可解释,为何在目前西方的现代社会中,诗愈来愈不及小说或似小说的非小说,能成为观察现代人的生活及文化真相之工具。由于现代社会的发展及人类越来越感觉得到身于其中的困境,客观的描述观点似乎渐渐取代了主观的描述观点。一个现代文学理论,毫无疑问的,必须注意到西方文化及哲学的状态,及在现代社会中发展对西方文学的个体发生及种类进化之解释,以与古典西方或传统中国做一比较。这些问题势必将带向诸多有效的观察,及对文学创作、批评理论和其在现代社会中所有具有的地位之了解。他们也将带我们去了解孕育于其中的一项文学理论,如何能在现代世界中,提供对人类情景所有的问题之参悟。①

六、批评原则的基础

如同批评原则必须在最终的分析中借由一个文学理论而加以辩证，一个文学理论也应提出批评原则的基础。批评原则的基础是一个现代文学理论形成的条件，也就是我于文章开头所提到的"一个现代文学理论的应具条件"。很明显的，一个文学理论若是越普通，则批评原则就愈能一致而有力的由其而出。如果我们有一无须文学理论的辩证及推敲即很明显有效的批评原则，则此批评原则即为任何一个文学理论所应综合，且有关于理论中的辩证原则。由古至今，皆有在东西方不同理论中发展成的不同批评原则。如亚里士多德的"诗学"（Poetics）中就曾提到创作一连贯性的戏剧之时间、地点、人物三一律。② 戏剧写作在现代社会中，远比在古希腊悲剧或喜剧中来得复杂；因而，就现代效用而言，亚里士多德的三一律必须加以修正、综合、解释、或变通。现代音乐、现代小说、现代诗或现代电影的制作，其道理亦同。由《诗经》时代到五四运动的白话诗，中国诗的发展可告诉我们一些教训：文学实用中的某些批评原则如何能时有改变，而其他的一些原则又为何要时时变通、改写、体认。如同文学理论将解释文学作品及其持久性的文学价值及批评原则同样也必须解释过去、现在、及未来文学创作的优劣性。这些原则也必须基于一致的立场才得以如此。

批评原则不仅要分辨好坏及价值，也要发挥其功用，以综合现代及过去的文学，进而使我们了解自身的文化遗产对我们的现代意义，及与其有关的文学活动所占之地位与所扮演之角色。批评原则不仅回溯过去，延伸于其对现代作品的批评；证明其对现代与过去的了解，批评原则也展望将来为文学创作提供一目标。就这层意义而言，批评原则势必具有规范性及价值。它们将以最相关及负责的方式，引导及提升文学活动。现在谈及此，并不表示批评原则支配管理文艺活动。如同一般经验与理论间的关系，批评原则与文学理论一方面与文学活动另一方面，都相互刺激、相互提升、及相互定义。未有一个文学创作的精彩时代不具文学创作的辉煌成就，也未有一个真的文学批评理论研究没有关于广义的文化及生命之文学作品。东西双方都可以举出很多这样的例子。

---

① 在如此广泛的文章中，不可能讨论到这些点，我们尽希望为发展一必要的综合文学理论而指出研究的丰富领域，并于其中提出包括诗创作的正式形态及东西文化哲学经验的内涵因素之应为之进。我们之所以发展我们对人性及人类境况的早期观念，乃基于综合的目的。

② 参照亚里士多德在 Introdution to Aristotle 中《诗学》（De Poetia）一篇，by Richard Mekeon, The University of Chicago Press, 1973, 第 62 页后。

　　见诸文学批评的历史,我们通常面对如何组织批评原则的问题。我们必须坦承,各家思想在任何的活学活动中都有其批评原则。但是,如何使之在一组织阶层中相互和谐,则是最令人困惑的问题。每一个批评原则都有其效力范围,但其如何结合其他的批评原则以产生合理及相同的批评,则又是最困难的重要问题。

　　除去这些困难,还有另一个困难。一部文学作品有多项层面,它可被视为其所欲为的一有机体。但是,如何以有组织的方式去批论一部文学作品的所有层面,则可能是为公正批评而言最具挑战性的试验。

　　见诸前面我们所讨论到的有关现代文学理论的适当条件,我们也许能就下列理论说明及陈述批评原则。我们所将提出的,事实上乃出于理论上的适当条件。这些条件同样可以视为现代文学理论实际运用下的产物。

　　(1)人性及人类境况中的个体发生原则:我们必须就其个体性及境况中个体发生基础去判断、分析、评估一部文学作品,且试着去明了他们视文学作品为了解人性及人类境况的原因。我们对人性及人类境况的经验,自有其深度或实现的程度。批评家应就此经验浅白及不相关的一面,判断及说出其深奥及相关性。

　　(2)说明及自我表达的原则:如果我们视(1)为有关文学创作的内涵之原则,那么(2)即有关文学创作的形式。像这样的一种理论,其所关注者在于:一部文学作品如何综合其所有关于人类生命的材料或资料,及将其具现为一独特形式,因而彰显人类生命的真相。我们必须判断,那一件作品断言过多而"表达"过少,以至于无法解释。

　　(3)哲学及文化相关的原则:在判断一部文学作品的价值时,我们不可忘却作品本身的文化及哲学内涵、先决条件及暗示,此原则附属于作品的内涵,如同(2)的原则附属于作品的形式。我们必须公正以待文学作品的社会及文化内涵,以充分鉴赏及了解此作品的力量及界限。我们须考虑系,力量与界限在一文化传统或哲学传统之下的内在标准,以抗衡于建立在其他文化及哲学传统下的标准。

　　(4)语言用法的独特及创作原则:任何文学作品都必须发展其呈现的语言,因为文学作品犹如人,是一活的有机整体。诗、小说或任何其他的文学作品也都一样。我们已就诗或小说而讨论过语言的相关性,但就一整体而言,一首诗或一本小说都能被视为一赋有自我完成意义及照会的完整语言结构,不过,此一意义及照会也都必须由批评家加以解释。

　　(5)特殊呈现的原则:此原则再度适用于成型的过程,而一部文学作品即于其中陈述其主题、内容或经验。此文学作品必须尽可能具体及特殊,以期了解其生动性。在诗中,因为上述之言表示真相无碍的呈现,才能由所有的生动及发展中而显出。在小说里,则表示其在陈述人类境况或人性真相(与人性有关的真理)中的丰富性及多向性。

(6)想象力及其经验、真相的深奥普遍性原则:由对人性及人类境况的经验及了解而生的文学个体,应在最终的分析中,就其如何既深奥且自然的显示解说人性及人类境况而加以评断。我们必须知道,人性、人类境况、人的想象之深奥与普遍,是一部文学作品的最终目标。如此的目的乃在于持久,并打破人类沟通及了解的界限。

(7)全体性综合及组织的原则:一部文学作品在其既已满足所有上述原则之后,其最终目的在于提出一有机整体,以便其中所有的元素完美地结合在一起,且为呈现带来最有效、最优美的形式和结构。此言附属所有形式的最终形式,如同作品所必须证诸一综合及组织过程而予以评价一样。

(8)反身自我批评的原则:结合批评的原则,使其成为一现代文学理论的要素,其重要原因之一为:这些原则将足以在文学理论的引导下,证诸文学作品,以鉴定此理论的有效性。虽然批评的原则为文学创作及其方向提供了一些标准,但并不阻断文学的创作。相反的,这些原则应该保持开放的态度,并由文学作品来批评;如此才能证诸对文学创作及其内涵的更真切了解,而证明或改写其本身。因此,这项原则将使一批评家具有创作力,且参与人性不断成长及实现的过程。

有了这些基于前述"一个现代文学理论的适当条件"的批评原则之后,我们会问道:这些原则在最先运用及重要性中该如何以加以组织? 很清楚的,由于组织方式的各不相同,这些问题便没有独特的答案。但是,问题的提出本身是很重要的,因为它使批评成为一项更合乎逻辑且更具意义的事。姑且不论所有想象得到的困难,我愿意提出两项组织这些批评原则的规则。其一,内容决定形式。根据这项本身在文学创作的个体发展及类型演进方面具有辩解力的规则,我们对人性及其境况所有的人类经验,就其内容元素决定并定下其本身呈现的形式。因此,我们必须先考虑内容再考虑形式,也就是先考虑满足内容原则,再考虑满足形式原则。

第二项组织规则包含对下列事项的认清:虽然内容最初决定形式,但是,一件统一的文学作品之形成仍旧含有事物(内容)及形式越来越高层次的循环或急速上升。因此,即使在最初的创作层次上,内容决定其呈现形式,而此呈现的形式仍将带向一决定更高形式的内容之更高度综合。这一点与亚里士多德"形式完成内容,且积极的移往愈来愈高的组织次序"的理论相似。不过,在他认为形式远比内容重要的同时,我们并不必与其一致。事实上当我们颠倒亚里士多德有关形式及内容的推动力量时,即可视我们自身的规则为保留亚里士多德精神的上升层次之规则。我们的理由是,人性及其境况的内容,有其潜在的"形式";当此形式被个别了解时,可以清晰地呈现出数类结构。

有了这两项组织原则,我们现在可以就下列方式对此八项批评原则加以分类:原则(1)与(2)在第一层的文学作品组织意义上,分别为内容及形式上的原则;原则(3)与(4)第二层意义上,分别为内容及形式上的原则;同样的,在第三层及最后一层组织意义上,原则(5)与(6)为内容的原则,(7)与(8)为形式的原则。因此,证诸我们的上两项原则,我们可在下列概要的顺序中,继续运用我们的批评八原则:(1)——(2)→(3)——(4)→(5)及(6)——(7)及(8)。我们也可以生动的去表示这些批评原则在其对一文学作品的价值运用上之如下进行:

(1)——(2)

(3)——(4)

(5)及(6)——(7)及(8)

此项对组织批评原则的讨论,当然只使用于一般概要及解说性的目的。这些原则并非用来指出任何评估出任何判论上的固定形式。但是,这项讨论确实足以解说,某些组织能存于进一步的批评中;批评如同文学作品,需要辩证及评价力并非全不可能。就任何具体且实际的批评,我们都必须证诸文学理论,倚赖对这些属于此理论的原则内涵之了解,及倚赖一个能了解眼前的文学作品之批评家其所具有的直觉及才华。

从哲学看文学

——论文学四义与文学十大功能

成中英

绪　言

在"从哲学看文学"这个大题目下可谈的问题很多。我们可以问：哲学怎样说明文学的根源？哲学怎样解释文学对人生的意义？怎样从哲学观察文学的价值？文学的哲学基础是什么？哲学家一般怎样看？问哲学家应该怎样看待文学？等等。我认为要回答这些问题，首先要做的是把哲学是什么、文学是什么弄清楚，我们就可以顺理成章地深入探讨文学的本源问题了。本文的要点因之放在分别说明哲学与文学的四种意义，借以点出哲学与文学相互交流的密切关系；进而检讨某些哲学对文学所做批评的缺陷，进而阐发文学的十大功能与文学所含的人生教育意义；最后就哲学立场简论当代文学必须关切的问题，当做结论。

在未进入正文以前，我要说明我的观点：我认为哲学与文学是人文科学的两大部门。两者都肯定人的价值观点的重要，因之与重视客观事实和价值中立的科学观点是全然不同的。但这并不是说文学与哲学根本没有性质上、功能上与理想上的差异。任何一个从事哲学或文学研究的人，都能觉察到两者在这些方面上的差异。这些差异的存在是好的，也是为了了解人生所需要的，因为两者的差异也正好给予人生多样的满足与充实。故而相对人生的把握来说，文学与哲学这两种活动是相辅相成的。本文就是从哲学与文学相辅相成的观点来讨论文学的哲学价值与哲学含义。

一、哲学四义

哲学有四种意义。哲学的四种意义也代表哲学的四种层次境界。因之也可以说是哲学的四种不同的进展阶段,四种不同的价值。相应于哲学的四种意义,我们也可以举出文学的四种意义。文学的四种意义自然也可以相应于代表文学的四种层次和四种境界,因之也可以相应的说是文学的四种不同的进展阶段,四种不同的价值。文学与哲学的对比和相应也就可以衬托出来了。

(一) 哲学第一义

就第一意义的哲学来说,哲学乃是一门利用理性求得知识的学问,其对象不外客观世界的事物,其目的乃在建立系统的理性知识,并确定理性知识的基础,使吾人了解客观世界的本质,透视客观宇宙的奥秘。这种肯定客观性,着重系统与理论的哲学是与物理科学或自然科学连成一气的。事实上,这种哲学是自然科学开创者,也是自然科学集其大成者。希腊早期的自然宇宙论就是最好的代表。近代物理科学家往往基于物理科学立场强调客观性、概念性、理论性、律则性为说明真实的要素。他们并假设经验中任何现象均可获得科学的答案,也可以说是第一义哲学的推演。康德在《纯粹理性批判》所肯定的"理解世界"(world of understanding)也就是这类哲学的活动范围。我们不能否认这类哲学有其经验上的必然性,也有其理知上的号召力。我们面对万象缤纷的自然界,不能不发生一种知识上的好奇心。肯定自然界独立于人的存在,追求对自然界的系统的知识都是人类最自然的心态。故第一义哲学的发生乃是最自然不过的事。

(二) 哲学第二义

在第二意义的哲学中,哲学的对象是人群与社会。哲学的目的在于肯定人群的意义与社会存在的价值。这种哲学也可以说是源于人的社会与社会价值的自觉。这种自觉帮助人形成社会、政治、经济各方面活动与制度的观念,同时也帮助人获得了对历史的认识。因为历史可看做纵向时间进程中的社会,正如社会可看做横向空间架构中展开的历史。社会与历史是人在空间与时间中的延伸,自然成为人的观察与经验的对象,因之也成为哲学思考及探索的对象。了解社会与历史也就获得一种对人的价值更高一层的了解。凡是人所肯定的价值,诸如真、善、美、和谐、充实、光辉和正义等等,也可以透过社会与历史的形式和实际得到具体而广泛的说明。

(三) 哲学第三义

哲学家与理解自然现象与社会现象之余,进而反省及探求人的创造性与精神性。因而肯定人生的精神价值世界。人不但有认识世界的好奇心,更有了解自我的欲望。但所谓自我并非客观物质,亦非社会现象。自我乃见之于心灵和精神活动,亦即理智、情感、欲望、意志等能力的活动。这些活动都有目的性,且由此成为意义与价值的根源。自我存在的意义与价值就是肯定及实现的心灵活动,并获得一种价值上的满足。这也就是所谓实现自我的含义。要实现自我,要求得心灵活动的满足,我们必须肯定两个条件:自我必须追求统一与和谐;自我必须享有自由与自在。第一个条件是自我充实的基础。心灵的活动涉及意志、欲望和情感。如何使这些心灵活动的各方面避免冲突,产生秩序,就是自我所面临最基本的问题。第一个条件显示只有追求统一与和谐心灵活动才是最有价值的活动。理性的指导和规范是实现自我的一个不可或缺的因素。自我的实现是在理性的指导和规范下从事丰富的心灵活动,也就是在秩序的引导先充实自我。第二个条件是自我获得满足的基础,同时也是自我创造及表现其独立性与独特性的基础。没有自由与自在,自我就只有局限在物质生活的平面上,无法创造精神的价值和价值的多样意义。所有的价值,诸如真、善、美、和谐、充实、光辉、正义等等,均是自我在自由和自在的条件下肯定的。没有这种肯定,这些价值也失去了满足自我的意义。

一个人要了解自我在于了解自我之为人的意义,这种意义来自对自我普遍性与特殊性的同时肯定。自我的普遍性是人和人沟通的认识,自我的特殊性是人对自我实现的认识。两者皆须基于人的自由与自在来决定的。人有自由,就有自在;人有自在,人就有满足。同样,人有自在,人亦即有自由,人亦即有创造的能力。这并不否认自我不受客观世界的限制。人因有自由自在,故能自由自在地接受自己的命运,接受世界。当人尽其自由的能力实现自己,世界也就充满了自我的意义了。在这种情况下,吾人便可说是自我创造了自我的命运。

基于以上的讨论,我们当可看出哲学是一门实现自我的学问,一门追求生命或人生智慧的学问。这种意义的哲学也可称为价值哲学和价值之创造与实现的哲学,其目的是发挥生命的精神潜力,开拓一个满足人类精神欲望的价值宇宙。

(四) 哲学第四义

这一意义的哲学是自然世界的认识,主观自我的反省以及社会生活之体验的统合。这个意义的哲学是以最后统一性及全体性为其引导原则。要把知识、存在与价值所包含的问题与疑难完全解除,而呈现一个知识与智慧、自然与人生、自我与社会圆融和谐的境界。在此境界中知与行,理性与情感,秩序与自由等对立均化合为一元,而不再有矛盾冲突的倾向。此种境界的实现是哲学家至高的理想。中、西哲学家均分别肯定此种最高的理想,或名之为至善,或名之为"最后的真实",或名之为天道,或名之为上帝。哲学家不但可以认识这种理想的最高价值,而且能够追求实现这种理想的生活。柏拉图的"哲王"观念,亚里士多德有关"对神冥想"的观念,史宾诺莎有关"知性的爱"的观念,黑格尔有关"绝对精神"的观念,老庄有关"真人、真知"的观念,儒家有关"圣、贤"的观念,佛家有关"佛性"的观念以及禅宗有关"顿悟"的观念,都以个别不同的方式来表示或表现一个最高的真实和一个最高的真理与理想。哲学在这个层次上指向一种绝对和无限的价值,而成为以上三种哲学层次的提升。

以上简述了四种意义的哲学。我以为古今中外的哲学都不出于以上这四种层次。第一种意义的哲学可称为自然世界(the world of nature)的哲学。第二种意义的哲学可称为社会世界(the world of society)的哲学。第三种意义的哲学可称为心灵世界(the world of mind)的哲学。第四种意义的哲学可称为全体性或全体世界(the world of totality)的哲学。若就这四种哲学的内容的丰实性与复杂性的次序而言,自然世界的哲学是最单纯的:对于客观世界的认识完全建立在理性的运用上面。社会世界的哲学则是更进一层的追求历史和社会的真实,肯定人的行为的意义与社会相关性,这已涉及理性以外的意志与情欲因素了。是故社会世界的哲学较自然世界的哲学更显丰富与复杂。心灵世界的哲学则于前两者之上更肯定精神与心灵的领域,开拓多姿的精神价值,也就是超脱物质世界的条件来肯定人的创造与自由性,肯定人的独特性。此种精神基于真与善的价值之上创造美的价值,即以一个道德人格的建立为证,道德人格的建立不但是普遍性的善且是特殊性的美。这也是第三层次哲学的成就之一。最后一个意义的哲学是把自我的人格在自然、社会、与精神三个领域中完全圆融一致地呈现出来,并消除三个领域间的任何矛盾与距离,达到至真至善至美三者统一的境界。这也就是给予"真"一个"善"与"美"的形式:给予"美"一个"真"与"善"的内容;给予"善"一个"真"的立足点与"美"的完成面。因之我们可以把第四种意义的哲学视为最高层次的哲学。

二、文学的必然性与独特性

相对于哲学的四义和四层次,我们可以描述文学的四个意义和四种层次或境界。在说明这四种意义与层次之前,我们先说明文学存在之必然性。

文学是用直接而具体的方式来表达人对自然世界、社会世界和精神活动之感兴。什么是感兴呢?感兴就是生活在这世界上的人对其周遭环境的一种以情意为主的效应。由于人是全体性的存在,他的反应并不限制于理知与理性,而可兼及于理性与理知之外的情意活动。《毛诗大序》中说人有赋、比、兴的三种反应和表达反应的方式。这三种方式都是情意的活动。赋是借比附现象以表达情意。兴则是直接抒发情意的活动。我们所说的感兴就是表现于赋、比、兴三种方式的情意活动。情意活动是人性的素材,也是人生的内涵。人性与人生都脱离不了情意的活动。这些活动也是创造与选择价值与目的的基础,是不能为理性与理知所取代的。文学的存在之有其必然性的理由即在于此。《毛诗大序》说得好:"诗者,志之所之也,在心为志,发言为诗,情动于中而形与言;言之不足,故嗟叹之;嗟叹之不足,故永歌之;永歌之不足,不知手之舞之,足之蹈之也。"朱熹《诗集传·序》也说:"人生而静,天之性也,感于物而动,情之欲也。夫既有欲矣,则不能无思。既有思矣,则不能无言,既有言矣,则言之所不能尽而发于咨嗟咏叹之余者,必有自然之音响节族而不能已焉,此诗之所以作也。"

简言之,文学的独特性与必然性乃在其为人性与人生表达情意活动,满足情意活动的一种方式。故文学同时代表人性的能力与人生之需要。我们亦可说,透过文学的创作,人才能成为一个完整的价值创造者。我们如此肯定了文学的存在,我们就可以由文学招眼的对象与表现的题材来简述文学的四义与四种层次了。

三、文学四义

(一) 文学第一义

相应于第一意义的哲学来说,第一义的文学是以感兴的方式表现人对自然生命与宇宙事物的反应和观赏。我们可说文学不但脱离不了对自然生命与宇宙观象的描写,而且是以对自然生命与宇宙现象的描写为其最自然的开端。如果我们考察中外古今的诗歌,我们不难发现诗人对自然生命与自然现象的感兴是永无休止的,也是最易于引发读者的共鸣的。许多脍炙人口的诗篇皆是因其能成功的表现诗人对自然生命或景象的生动活泼的感兴而脍炙人口。魏晋诗和唐诗中有许多对自然的描写可以用来作为说明:

> 白日曜青春,时雨静飞尘。(曹子建)
> 山气日夕佳,飞鸟相与还。(陶潜)
> 池塘生春草,园柳变鸣禽。(谢灵运)
> 星垂平野阔,月涌大江流。(杜甫)

若没有对自然敏锐的感觉,没有把自然与自我统合为一体的同情共感,诗人也就不能成为诗人了。王国维说诗成之于意与境之相合。诗人的意便须透过自然的境显露出来。然而此种显露不得有勉强的痕迹,必须是发自对自然的一种自然的感兴,也可以是自然之境已隐含了诗人之意义。自然之境与诗人之意相互感应,就形成了诗的意境了。在这种境界中诗人已与自然浑成一体,故自然的生意充盈诗人之心灵,而诗人的哀愁和喜悦也在自然景物中充分流露了。

第一义的文学是要透过自然之境来实现自我之意趣与情感,这是一种客观化的过程。自然生命及宇宙现象成为文学(尤其是诗歌)的题材便是由于它们是最自然的客观化形式。一个诗的化境就是要透过自然的客观形式表现主观的感情和意味。自然生命与宇宙事象也就是诗的语言了。在这种意义之下的文学就不外两类活动:透过自然的形象与生命的情趣与意境而将其表达出来。这两类活动是情意的知觉活动,亦即是人类心性自由创造性的表露,与知性的概念活动不同,也非哲学之理性与分析可兼摄的。

将第一义的哲学与第一义的文学加以比较,我们可清楚地看出两者之相关性。此种相关性在于两者均以自然为对象及题材以表现两者的特质。就特质而言,哲学主理性而去情意体验;文学则主情意而轻理知抽象。所以文学与哲学各有范围,互不相涉。若以人之全体而论,两者均为人之存在的不同表现,均根植于人性的本体。所以两者应同时作为充实与发展人性全体性和潜能的必需品。在哲学的第四义中,也就在哲学肯定主观与客观全体性的层次上,文学且取得哲学的首肯,反能充裕地运用哲学所提供的理知与智慧来更技巧地表现其情境或意境了。

(二) 文学第二义

第二义的文学是人对社会与历史的感兴,以表现社会中人生的境遇及其深含的意义。

人是社会动物,社会的组织构成人的生活的重要部分。社会变迁也能影响人生的经验与价值选择。由于任何社会都有其独特的问题,社会与人生的配合也就不能尽如人的理想。个人和群体利害与价值之冲突自然也在所难免。如果就和谐与冲突两个范畴来衡量人与群体,人生与社会的关系,我们会发现前两者之间与后两者之间均有不同种类的冲突与和谐;也可见到社会、人生、群体、个人之间无绝对的和谐也无绝对的冲突。生活是多向的。社会的形成就是反映人的生活之多面性;既存的社会更促成人的生活多向的发展。社会与人生,群体与个人的交互影响形成社会的复杂性,也造成人生的复杂性。社会的多向性、复杂性以及其引起的和谐与冲突的局面,都是文学家或诗人感兴的对象,也是文学创作的题材。社会的存在具有促使文学家发生感兴之力量,社会万象则成为构成文学创作的机缘。

亚里士多德在其《诗学》(De Poetica)中说明希腊戏剧(悲剧与喜剧)发生的原因便与人对社会生活的反应有关。他认为人有"模仿"(imitaion,类似于《诗经》中所谓的"比")及描写事物的天性。模仿是用文字或颜色、声音、动作对现实人生发生的事件作有节奏的描述。他又认为戏剧仿效人的行动(action),能够带给人一种快乐,这自然就是文学创作的一种自然诱机了。人的行动显然是社会性的,是在人群中发生的。故戏剧之发生是人生在社会生活的一种自然表现。亚氏还提出戏剧发生的第二因素:戏剧能够引起观众兴趣,且能令人学习到新的事物,而学习也是一种令人愉快的事情。故自社会客观的需要而言,戏剧也有其发生的条件。如果戏剧能够教育人,则戏剧显然是以社会人群或广泛的人生为对象,是传递思想、情感及价值的一种社会过程。

概括言之,文学可说是人在社会中表达自己,反映社会的方式和工具;同时也是媒介思想与情感的学习过程。进一步讲,我们可说文学是社会的一面镜子,用来反映人的经验以求得社会的改进和改善,与夫人生的圆满。

亚氏讨论文学(亦即广义的诗)具有教育性的话是很有启发性的:"学一习样东西不仅是哲学家最大的快乐,且是一般人最大的快乐。不管一般人的学习能力多么小,对于用绘写描画本来丑陋的东西也可能引起美感。此原因不外是:在作这种欣赏时一般人也学习了点什么;也就是对事物的意义得到一些了解。例如了解某人是怎样怎样的。"亚氏肯定喜欢模仿正如人喜爱形色声音的和谐与节奏一样为人之天赋。故吾人可说人之本性是文学(即广义的诗)之源。诗(狭义的诗)为文学之开端。文学随社会进化而表现于不同的方式,应用不同的技巧,甚至表现不同的题材,但在本质上仍是诗,即具备诗的特质,亦即根植于人性之喜好和人性的喜爱学习的精神。社会分工愈细,人的需要及生活方式就愈加复杂,故文学表现的方式也愈加新颖多姿,文学创作的题材也愈加丰富实在。小说、散文等文学作品乃应运而生。

亚氏讨论希腊悲剧之特质时曾提出其著名的悲剧界说如下:"悲剧是对一个严肃之人的行动的描述(即模仿)。此项行动是一完全的整体,有其深度与广度;此项描述则是透过令人闻之而生快意的语言,即美的语言来加以表达。美的形式各不相同,但皆应情节需要而选择表示出来。模仿并非陈述(narrative),而是行动的演出,其所表达之内容乃一串事件情节,令人生悯与生惧,因之达到消除与净化这类情绪之目的。"

由于文学表现社会与生活的内涵可以诉之不同形式,我们可以把亚氏对悲剧的界说作如下的补述和扩大,借以说明一般性的第二义文学的特质:(1)亚氏所重视的行动可扩大为人生的遭遇,这种遭遇可视为人在社会所面临的种种情况。文学的要素之一就是表现人在社会中所面临的情况以及其所代表的意义。(2)亚氏强调人的行动需要有深度、广度及严肃性。人生社会中生活的境遇可显示不同种类的深度广度及严肃性。亚氏着重动作及情节,乃早期戏剧的特质。但由于社会的发展,人类表达及传递消息的方式都有所改变。人所知悉和学习的不只是一串行动或一类情节,而应包含形态、性格、思想等方面。故我们应把文学的范围扩大到包含社会上的形形色色的现象,以及人之生活中的形形色色的经历。(3)亚氏重视模仿表现的方式,排除陈述的题材。我们则不妨把陈述也列入文学表现社会及生活的方式之一。同时我们更可以允许任何其他文学表现的种类,完全以表现的有效与无效为衡量标准。(4)亚氏强调的行动之完全性是可接受的,但我们不必局限于他所称的"三一律"范围。我们可以在时空与人事行动上容纳多层的复杂结构,以达到有效的美感与学习目的。(5)亚氏把怜悯与恐惧当作文学宣泄的重大情绪。戏剧的表现引起观众这两种情绪,并使之随戏剧的完成宣泄出来,造成观众心灵的"净化"(catharasis)。这是亚氏对文学心理学的灼见。但由于人类社会及生活的发展,我们应把文学能够予以宣泄的情绪范围扩大,使之包含所有重要的情绪。文学引发这些情绪而适当地把他们宣泄出来,达到净化心灵的木的。此种宣泄作用及净化效果不但使用于观众或读者,亦适当用于作者本人。我们因之可以把文学的创作当作人的情绪及欲念的宣泄及净化的过程。凡能达到宣泄及净化广大深刻的人的情绪的表现方式就是好的文学表现方式。

人在社会与生活中经历的情绪可分成两类:高尚的情绪与卑劣的情绪。人生就不外这两类情绪之浮沉。社会的发展也许使多数的人丧失感受的能力,甚至缺少任何高尚情绪或卑劣情绪的体验。这可视为一种麻木不仁的情绪,无聊的情绪,因之也有反应社会及生活的特殊情况的意义。近代存在主义的小说就可说是源于此类情绪的宣泄,而使作者与读者获得一份心灵的净化或思想上的解脱感。

(三) 文学第三义

第三义的文学是对人的心灵世界的探索,表现对人生理想与精神价值的追求。在理想与对象上,第三义的文学与第三义的哲学的接近程度,都较第二义的文学与第二义的哲学或第一义的文学与第一义的哲学的接近程度为大。显然,文学除了对自然世界与社会生活有所反应而表现外,且能进而表现人的心灵与自我所面临的种种存在与价值问题,诸如人生的生死问题、责任与自由问题、善恶问题、命运问题等等。从这些问题的相关性来看,第三义的文学也就最具有哲学意味了。

第三义的文学的发生是由于人有在物质环境中追寻精神意义和理想的冲动,这种冲动是要把客观世界看作一个与自我息息相关的整体,并赋予客观世界以人的存在的最基本价值与意义。因之第三义的文学较第二义的文学更能脱离对特殊时间、空间与人事的依赖。其所反映及表现的不是某一特殊时空中某一自然环境或某一社会的特殊问题,而是与人存在的意义及与人命运的趋向密切相关的普遍问题。

第三义的文学也可说是人的心灵所经历的精神价值的肯定以及实现人自己的理想的一种方式。在人类文明初拓时期,所有哲学与宗教的观感都可说是透过文学具体的形式表达出来。以早期希腊文学来说,荷马史诗,赫希俄德的《神统记》(*Theogony*),都是以文学表达哲学与宗教的最好的说明。在中国,《诗经》就表现了深刻的形上学、道德哲学与宗教思想。楚辞中的《天问》更可说是以文学手法来表现思想性与对根本真理和知识的追求最好的例证。中国先秦哲学甚至可说都是透过或多或少的文学手法展开来,因而同时成为中国哲学与中国文学的宝贵遗产。孟子与庄子的著作尤其是文学与哲学兼而有之的创作典型,也可说是第三义文学的典型例证。当然,我们并不一定要第三义的文学局限于深含或表彰哲学思想的论文或散文。事实上,西方纯文学中的作品如但丁的《神曲》,歌德的《浮士德》,弥尔顿的《失乐园》等伟大诗篇也都可以作为第三义文学的最好代表。

如果我们把人的性灵倾向分成思想与理性及情感与想象两类,第三义的文学也可以大致分为偏向思想与理性的文学和偏向情感想象的文学。但两者均可以表现价值理想或宇宙与人生的真理为鹄的。文学史上,古典文学是属于力行主义思想型的,浪漫文学则是属于情感主义想象型的。两者又与偏向描述社会经验的现实主义不同。这两型文学看起来是相反的,但其重视普遍人生与人性的基本问题以及自我意识的表现则是一样的。以充满浪漫文学为例:一般所熟知的布莱克的诗,华滋华斯的诗都是充满哲学意味的文学作品。

古典文学与浪漫文学表现自我的方向固然不一样,但因其均能有效地揭示人的精神价值与理想为目的,只要两者各尽其长,它们的文学价值实无上下之分。但若两者各走极端,则必暴露其弱点。古典文学可能因重质轻文而流于枯燥的教条;浪漫文学则可能因重文轻质而流于荒诞不经,或因重质轻文而流于幻奇无实。每一个时代的文学都有其属于古典或浪漫派的一面。但只有真具才华的文学家才能创造出古典与浪漫文学的典型。从第三意义的文学着重理想与价值的观点,我们可以见到古典文学与浪漫文学相辅相成以及并行不悖的关系。

(四) 文学第四义

最后谈谈文学的最高境界,也即是第四义的文学。此一意义的文学完全不受对象技巧的限制,但却以糅合前三义的文学为其目的。要说明这种意义的文学是比较困难的,因为我们或许举不出任何具体的文学作品为此项文学的典例。这种意义的文学因之也可以说是一个完美的理想。当作文学完美的理想,它看仪是所有文学的极致,也可以是所有文学活动的最高的目的。为了要了解这个意义的文学,我们可以提出几个要点:

(1)这种文学的价值是自文学作家的全体作品来界定的。如果一个作者早期先从事写作自然文学,再从事写作社会文学,再从事写作理想文学,这个文学家的总评价就要以这个文学家全部的创作来评定,甚至也要以这个文学家所受的时代影响以及提高人性价值的贡献来衡量。这种总合生活理想、社会背景与文学表现能力的总体批评立场就是第四义的文学立场。

(2)第四义的文学不但包含上述三项文学,且包含任何反映人性,揭示人生价值的文学创作,而不论其体裁为何。刘勰在《文心雕龙》里把文体分成几十种之多。其中诗、赋、乐府等是文学一般所接受的内容,而诏、策、章、表之类,则殊感政治意味太重,但我们却也不能否认这些文体可以表现文学特质,且有文学的意义。

(3)如前所述,第四义的文学不拘泥于特定的形式,而具有不可限制的形式之可能性。它必须融于文学发展中已经成就的形式而推展出新的形式;它也必须把特性与普遍性作适当的结合,表现作者的完整观念与创造能力。

(4)第四义的文学是要表现其整体性的以及圆融性的真理,其目的与哲学最高的境界是一致的。要达到这个境界,文学家不但要在文学作品的形式、表现方式以及内容体裁的体验上下工夫,他更要在人生的实现过程中充实自己,获得人生的智慧。由于文学家整个人生对其文学作品的相关性,我们也不能不自文学家的生命体验与人格修养来评量文学作品的价值。

最能说明第四义文学的要推刘勰在其《文心雕龙》首篇《原道》中所标举的"文德"了:

> 文之为德也大矣,与天地并生者何哉? 夫玄黄色杂,方圆体分,日月叠璧,以垂丽天之象;山川焕绮,以铺理地之形;此尽道之文也。仰观吐曜,俯察含章,高卑定位,故两仪既生矣。惟人参之,性灵所钟,是为三才,为五行之秀,实天地之心。心生而言立,言立而文明,自然之道也。

文学家如果具有与天地相参的抱负,并能发之为文,与天地并存,这种创造性的精神也就是第四义的文学精神。简而之,第四义的文学精神就是立天地之心,成天地之德,尽个人之所能,以实现最高创造的理想。

西方文学理论中对第四义文学有深刻认识的首推亚里士多德。我们已述及亚氏诗学中"诗"的观念实乃包罗万象,可以拟为刘勰所举之"文"。亚氏在讨论诗之功能时称诗比历史更富哲学意味,更具严肃深刻的思想意义。他的理由如下:诗的文字代表普遍观念,历史的文字则仅代表特殊的事实。他又指出诗是透过具体特殊的事实来表现可能及必然的真理。总言之,亚氏对诗的观念允诺其无限制的可能性及创造性。在这种意义下,文学是人的真实全体性的创造过程与创造成果。这也就是文学第四义之根本所在了。

孟子说:"充实之谓美,充实而有光辉之谓大,大而化之之谓圣,圣而不可知之谓神。"这几句话也充分说明文学最高的境界与人生最高的理想与宇宙最高的真理,都是相通的。如果我们把第四义的文学当做生命之充实与光辉,则任何能够增进生命之充实与光辉的事相均可以成为文学的内容,也都成为文学创造的基础了。

四、哲学与文学相辅相成

基于上面所谈的哲学四义与文学四义,我们可以看出,哲学与文学有相应的层次、对象与活动,分别地反映和表现人生丰富的理想价值。如果我们肯定人生是一个完整统一的连续体,则哲学与文学的层次与活动之相应,正好说明哲学与文学的相辅相成。何谓两者相辅? 因为无文学不足以显示人生的情趣与生命的境界;无哲学则不足以把握人生真理与智慧的理想,绵延生命对理想价值的追求。何谓两者相成? 因为有文学则人生充满创造的喜悦,有哲学则人生表现理性的秩序,两者相合,同时赋予人生以全貌,并给予人生一种立体的完整感,使现实与理想均含容于其中。

当我们了解了文学与哲学可以有不同的层次与意义,我们也可以了解文学和哲学对人生具有不同的作用和不同的关系,因之也可以了解人生不同的层次与境界了。我们指出哲学与文学的四种意义和四种层次,表示我们不能单纯的界说文学与哲学的特质。我们不能说文学仅仅反映人生,也不能说哲学仅是抽象的真理。我们更表示人生和人性的真实与理想是决定文学与哲学的力量,因之我们唯有透过对人生与人性的了解才能了解文学与哲学的丰富创造性;当我们了解了文学与哲学的丰富创造性,我们也就更能看出人生与人性所包含的意义与内涵了。

文学与哲学的相应可自两者的对象来看:哲学与文学均以自然、人文社会、心灵世界、与人生及人性全体性为对象,但两者处理对象的方式与重视的内容均因不同的层次而有所不同。哲学是把自然世界当作理解的对象,文学却把自然当作表现人的情意的一个机缘;哲学注重发现社会的规则和理想,文学则注重揭示社会的问题。但在有关社会与人性的全体性的层次上,哲学与文学相通之点则更为明显。尽管两者所用的语言与表示方式大不相同,但理性、想象、情感和思想在文学与哲学中均可获得同等的深度及广度。尤其在第四层次上,也即是第四义的文学与哲学上,文学与哲学的对象不但相同,甚至两者表现方式也可以合而为一了。一个最深刻的哲学智慧可以采取文学的美的形式显示出来,一个最精妙的文学形式也可以涵盖最深刻的哲学智慧。在一个极致的情况下,文学的最高境界也就是哲学的最高的境界,哲学的最高境界也就是文学的最高境界。这种境界的相合也表示哲学家和文学家可以合而为一的可能性:一个最好的哲学家自然可以成为最好的文学家,反之亦然。自总体的人生来看,哲学与文学也接合而为一了。我们可以用下列图形表示两者的关系。

第四层次　　　　全体性的观点
第三层次　　　　心灵的观点　　　人生与人性的真实的与真理
第二层次　　　　社会的观点
第一层次　　　　自然的观点
文学——表现方式的距离——哲学

五、哲学对文学的批评

虽然文学与哲学自一个人性与人生哲学的观点来看是相辅相成的,但由于两者表现的方式不一样,哲学史中哲学家往往基于纯理性的立场与最高的境界视文学为等而下之的活动,不足以与之比类同观。当哲学肯定理性的立场而不对人生与人性做通盘的考虑,不但文学不受重视,就是构成文学根源的人性中的情意与想象活动也受到贬斥。哲学家中自然也有十分重视文学与艺术之价值的,但哲学家肯定与文学与艺术的价值,往往只是基于理性主义的立场。譬如叔本华之重视文学与艺术,其理由是它们能够创造一个不为人生欲念及意志改变的美的观念或形象世界,因之是人类挣脱意志盲动得到超越解放的一种方法。文学与艺术固然可以由此而具有一个哲学基础,但文学与艺术的对现实人生实现生命的独立意义却是被忽略了。

柏拉图是完全采取理性主义立场对文学大加挞伐的哲学家。他首先肯定一切真理与真相的观念型式,而任何具体的形象与事物都是次要的,比较不真实的,且都是在时间之流中对观念型式的模仿,因此具备不完全性。模仿一词仅指形象之相似,而无内容的相当,故不能等于理型的存在。当艺术家或诗人利用文字及颜色来描写具体的形象时,他们的创作也就只是模仿物之模仿了。

柏拉图不仅把文学与艺术的本体价值看得很低,他更认为文学及艺术的作品往往可以假乱真,造成混淆,故主张将诗人及文学家放逐于"理性王国"之外,使其不能对大众发生败坏作用。柏拉图放逐文学家及诗人的另一个原因是:他认为文学与艺术不仅是假相,且是人类放纵欲望与情绪的产品。诗人的作品因之也有激起欲望与情绪的潜力,对于依持理性支配的灵魂是一项莫大的威胁。据此,柏拉图要放逐诗人和艺术家的目的是很了然的了;人为了要为维持理性的生活,并使灵魂逐步获得真知,代表人性堕落的文学与艺术也就没有任何哲学价值了。

我们对文学与哲学的相辅相成之看法,显然可以用来驳斥柏拉图对文学与艺术所持的偏见。首先我们没有理由认为真理与真实只是抽象的理型。真理与真实是和人生与人性具体的世界脱不开关系的,因之真理与真实必须在人生与人性世界的范围中表现出来。抽象的理型不但不等于真实与真理,相反它的抽象性正可以说明所谓真实与真理的贫乏。其次把握真实与真理可以透过文学的方式。哲学是用观念与思考来表现真理与真实,文学与艺术则是用意象和情趣来显露真实与真理。表现的手法固然不同,但所表达的真实与真理在最高层次上却了无轩轾。

就较低的层次来说,真理与真实既为宇宙与人生的全部,哲学与文学只能各尽所长,表现其所能表现宇宙与人生真理的一部分。对某些具体复杂的生活情况与问题,往往文学比哲学更能深切入微的表露出来,对人生某些最独特的体验,也只有文学的表现方式表现哲学所不能表现的生活意蕴。文学因之不但不与哲学相悖,且为哲学理性的完全性所必须。相反的,如果哲学不允许文学的存在,哲学即会剥削人生的事实,不但使人无味,且将使哲学与实际人生脱离关系。于此可反证文学不但不应自"理性王国"(即"理想王国",the republic)中被放逐出来,且应在"理性王国"(应改为"人性王国")中占一要位。诗与艺术不再是模仿物的模仿,而成为真实与真理的一种重现与创造。

柏拉图认为诗及艺术是放纵情绪与欲望的结果,具有引导情绪与欲望放纵的效能,这也不是不正确的看法。诗及艺术是透过一定形式表现情绪和意志的活动的,在形式上已接受了理性的约束。无可否认的,欲望与情绪能够引起艺术与文学的创造。但文学与艺术的创造过程却不只是欲望与情绪的发泄,而是两者的升华,也就是两者被提升为精神价值。情欲世界能否被消灭是一个问题,但情欲世界能不能提升则是另一个问题。哲学企图用理论回答前面的问题,文学与艺术却以实际行动来回答了后面的问题。艺术与文学使人性中的情欲世界得到提升,正显出人性的尊严和人性的伟大。人性的情欲世界亦成为艺术与文学创造之材料,而文学亦在人性的现实中占有一个不可取代的位置。经过了文学与艺术的精神提升,人性的光辉与精神的纯净已成为人的生活中的真实与真理了。正因如此,纯正的文学与艺术活动是绝对不会引起人性和情欲方面的堕落的。反之,文学与艺术能够净化人生和人生的情感与欲望,使人更能认清人性的真实与理想而有所反省,有所醒悟,从而促进自我的实现与完成。

在 20 世纪里,自另外一个哲学立场对文学加以批评的是辩证唯物主义。他们肯定文学与艺术为阶级斗争的工具。从这个唯物主义的观点,文学与艺术失去属于自身的独立性。此种看法的前提是错误的,因为社会的发展并非一连串不停的斗争。这种看法的结论也是错误的,因为文学和艺术有其人生与人性的基础,并非社会经济结构的单纯反映,更非阶级斗争的工具。故唯物主义的看法是双重错误的。我们认识了文学与艺术有其独立的境界与价值,也就可以看清这种看法的双重错误了。

六、文学的十大功能与文学对人生的教育意义

我们已经解答了文学与哲学的本质问题,也讨论了文学与哲学的关系问题。现在我们可以自哲学立场,肯定文学在人生与人性世界中的十大功能:

(1)文学有显示自然生命的形象的功能;

(2)文学有提供美的形象的功能;

(3)文学有发掘社会真实的功能;

(4)文学有传播人生智能的功能;

(5)文学有表现人性的功能;

(6)文学有揭示人性弱点的功能;

(7)文学有促进自我深省的功能;

(8)文学有净化人生情欲的功能;

(9)文学有创造人生理想的功能;

(10)文学有实现与完成自我的功能。

自文学的创造者着眼,文学的这十大功能可给予创造者一种创造的满足,因为文学的创造者创造了这十大功能所代表的价值。自文学欣赏者着眼,具备上列任何功能的文学创作不仅能够增进美感的价值,且给予欣赏者一种高度对人生与人性的透视,从而使欣赏者的生命境界提升与充实。由于文学这种双重人生的意义,文学在人类历史与文化中自然成为不可取代的一种精神活动了。文学的创造与欣赏也可说是一切文化活动的开始,并有孕育一切文化活动的潜能。因之,文学的创造与鉴赏也可说是文化生命的命脉之所在了。

我们指出文学的十大功能,就是要说明文学对文化所具备的深刻意义。就这十大功能来看,文学的影响力与传播性是其他文化活动所不可比拟的。因为文学诉之于人生及人性,是每一个人都能亲切体验的,因之也是每一个人都能亲切反省的。即使没有受过教育的人也能间接的透过戏剧的演出、诗歌的朗诵而对文学所蕴含的智慧与真理有所领悟和欣赏。更进而言之,文学在文字上保存下来,也成为文化传播与人生教育最有效的工具。教育是人自幼至长的求知过程和人格发展过程。如果一个人的教育不使之限于学校的课本,则人生教育的最好题材就是文学的创造成品。文学创造与文学鉴赏也可以说是自然最深入的教育过程了。总结地说,文学保存文化的智慧,也提供人生的教育。以上所列之文学十大功能因之也可以视为文学教育人生的各种功能。

七、结　论

文学的教育性在空间上可以广及整个的社会,在时间上可以涵容整个的人生。从这一点来看,文学可说是文化与思想最基本的型式:它是以情感、意志、观念作为思想。文学因之也最能提出一个正确的理想与真理以诉之于人类大众借以促进社会进步,提高人性的自觉。苏俄作家索尔仁尼琴的巨作《古拉格群岛》就是一个揭露社会真实以反抗迫害人性的文学佳构,以及一个文学作品具有教育意义的最好说明。

文学家若要发挥教育性便不能不具备下面三个重要的条件。第一,他必须对人性有绝大的爱和信念,深信人性能明辨是非正邪,深信人生有接受良知和理性的潜能,深信人能够接受理想的价值去改造现实。文学家要有这些信念,才能发出人性的心声,得到人群的共鸣。有了这些信念,文学家也就具有一种客观的精神和一种发自人性深处的喜悦。这也可以说是文学家的哲学智慧。第二,文学家必须具有诚恳的感情和亲切的感受力。文学家要了解人生,不能不把握自我,对自我有深刻的反省,对人生有深刻的体验,然后以真实的感情去把握人生真实的价值。文学作品能感动人就是文学家真诚与亲切感受力的投射。第三,文学家必须是不断充实自己的人格,不断扩展自己的眼界,不断提升自己的理想。这是文学家自强不息、开拓自我、实现自我的努力。文学家绝对不应自满自大,更不应自限于一个狭隘的境界。否则,他必丧失文学的创造力,更无法把自己贯注到活的人生和他面临的时代,以表现他的人生与人性的体验与认识了。

以上所述,作为文学家的三个条件,不但是文学家所应具备的,且是文学批评家所应考虑的批评原则。如果我们仔细研讨文学批评的基本原则,我们不难发现文学作品的价值往往就决定于其是否具有人性与人生体验的内涵,是否表露作品真实的感情与智慧,是否具备教育社会及透视时代真实的意义。在这些文学批评原则的观点下,文学家人格的修养与其人生的体验也都成为衡评文学作品价值的一份资料。因为文学作品绝对不是一项单纯的存在,而是与作者的人格、知识与理想打成一片的。古今中外的文学作品莫不一方面代表作者的人格修养与人生理想,另一方面代表普遍人性的真实与时代中社会的价值理想。这两方面的内涵构成一个文学作品的教育价值。

基于以上的讨论,我们提出两个重要的命题作为结论。

第一个命题是:要正确了解文学,必须了解文学的现象。了解文学的真相就是了解文学的各项意义、各个层次、各种境界,以及其哲学背景和哲学关联。本文提供了一个了解及分析文学真相的架构,但更具体的发挥则有待更深刻的研究,朱光潜曾提出文艺心理学的研究,其目的在从文艺心理背景来了解文艺。我们在此提出文学现象学(phenomenology of literature)的研究,肯定了解文学必须自文学不同创造型式与创造目的及内涵去了解文学,而且配合对哲学的了解来了解文学在人生、自然、文化、社会、人性、心灵世界中的地位。

　　第二个命题是:要创造优美的文学,不能不掌握人生与人性的哲学于教育意义。关于这一点,我们可就当前文学面临的人类两大问题来说明。当前人类面临自由与不自由的选择;物质价值与精神价值的选择。前者是人类政治制度危机的问题,后者是人类机械文明面临自由与不自由的选择。很显然地,当前人类已走到一个十字口,必须对代表不同价值的生活领域加以抉择。人类文明的发展已使人类对文明的发展失去信心,恐惧将遭受其理智的制造品——机械——的全面控制。不管是在东方的社会或是在西方的社会,人类所面临的一切问题都与这两种作茧自缚的困扰有关,亦与人类面对这两种威胁所引起的各种抗拒与反应有关。如何去了解这两个问题;如何去了解在这两个问题下人类生活的真实愿望与感受;如何去清楚表现此种愿望与感受;进而提供明智的判断和抉择,这不但是哲学家的工作,也是文学家的使命。任何一个哲学家或文学家,如能够面对这两个重大的问题,在文学或哲学的范围中发挥他的智慧,开拓出一个境界,他的贡献将是任何人在这个时代中所能做到的最大的贡献了。

论悲剧意识与悲剧

成中英

一、何谓悲剧

文学作品里所谓的悲剧,并无恰当的界说。普通总认为凡以悲剧场面作为结尾的戏剧,就是悲剧。实则,许多戏剧并不以悲剧场面作为结尾而仍不失其为悲剧。亚里士多德说悲剧要能引起人的怜悯与恐惧,但并非凡悲剧都要引起人的怜悯和恐惧,有时,悲剧反能激发人的同情或超脱之感。不过,悲剧在主观方面具有悲剧的内容,在客观方面一定使人觉其故事之可悲。悲剧的内容具悲剧中人物遭遇到痛苦和灾难之种种安排,由此而形成悲剧的情节或种种力量冲突斗争的结果。这些力量包括命运、神、个人性格、社会制度等等。由此看来,悲剧的意义在于其内容而非在于其形式,于是,悲剧的范围推广了,史诗小说均可以是悲剧,而不局限于戏剧里的悲剧。同时,透过悲剧,我们发现悲剧作者关于悲剧情节内在意义的一种意识活动,这种意识活动决定悲剧的创造,而早发生于悲剧创造之前。此即是悲剧意识。悲剧意识不是悲观,而是一种富有艺术性的心灵创造活动。悲剧意识可以引起悲观,而要求人生的解脱及寂寞;也可以引起乐观情绪,赞赏生命,渴慕生命。前者正是叔本华精神,后者正是尼采精神。

二、悲剧意识与悲剧的诞生

人类生命具有两种精神:一种是超越向上的精神;一种是实践行为的精神。生命的理想需要超越向上的精神来创造和推远,也需要实践行为的精神来实现和完成;生命的现实需要实践行为的精神来确定和体验,也需要超越向上的精神来提升和拓展。从理想俯临现实,这是超越向上精神的作用,同时从现实瞻仰才有追求。理想和现实之间原有一段距离,但两者却调和于上述两种精神交互活动中,理想倾向实化,而现实却倾向理想化,这就是两种精神活动的结果,也就是生命内涵价值的表露。实践行为的精神渴望生命理想的达到,以完成他自己;而超越向上的精神常跳出那"理想达到"的范畴,观照和赏鉴那活动的精神,赏鉴那活动的精神,俨然是客观自足的存在。由于此,我们可以说生命的实践行为精神是经验的我,生命的超越向上精神是观赏的我。悲剧意识即从经验的我诞生,美感却从观赏的我诞生。

现实状态中的生命在其为达到理想对象之前,满含渴慕理想之情,发舒其内在的力量,向前奋勇创造,以求实现其追求的目的。但生命在其创造过程中必然遭遇种种危难和障碍,濒临种种险象和困境,他必得克服这些危难和障碍,战胜这些险象和困境,才能获致相当的成功。然而就在生命"克服"及"战胜"的经历里,生命领会内在冲突矛盾之感,识透外界境遇无常的消息,经验失败和磨折,体味痛苦和悲伤,聆怅知惘和烦忧,而终于形成对自我和外界的悲剧感,此即悲剧意识的活动,出之于生命经验的我。经验的我必认识失败和痛苦,必经验生命一切的境界,运用极大的智慧和勇气及毅力,突破黑暗的重围,一步一步地实现其理想境界,凸露其伟大价值。这样,生命的悲剧意识才有积极的意义:悲剧意识构成于生命对意识的境遇之反省及自觉,而呈现生命对其自己肯定的庄严。生命有其内在的德性,他的实现理想的活动,有着先天的必然。他的光荣实现于他的胜利,或实现于他的失败;实现于他的幸福,说实现于他的痛苦。因为他的理想是灿烂光辉的,是可以透过失败和痛苦与之统一相化,卓然共处的。这一方面是生命的信心及刚强的显明,一方面也构成了向上的精神超越于现实世界之上,以理想照耀生命现实的活动,使经验的我经历痛苦及失败而仍维持其对理想的信任,对自我的肯定。同时发现那种经历痛苦及失败实践活动之价值,赋予它以一种美的形象,而观照鉴赏之,这即是美感的活动,也即是观赏的活动。

观赏的我和经验的我是统一的生命之两面,生命有此两面,才能维持在和谐平衡中从事于不断的创造,和对理想永不失去信心。当经验的我产生悲剧意识之时,观赏的我立即发生美感与之相应,使悲剧意识不至流于悲观,反而表现庄严的价值,有此两面勉励生命,使生命的绝望转变为希望,使生命的痛苦闪耀光荣。观赏的我是生命超越向上的精神,是理想精神,是理智清明的精神,亦即艺术精神;具备着先天的美感活动可能,透过它,生命乃有艺术上的创造,透过它,悲剧意识客观化为文学中的悲剧或悲剧性的作品。

因此,悲剧本身含蕴着积极的意义,具有崇高的。故自希腊时代以来,悲剧一直在文学中占据重要地位,亚里士多德以为悲剧是文学价值的最高的表现,不是没有理由的。

三、悲剧意识在人生活动中的意识

以上说述，人生既无时不在渴慕理想和新理想的创造，亦无时不在现实世界里从事奋斗和解决困难，在不完美中追求完美，在不和谐中实现和谐，在丑恶中成就善良，而悲剧意识即在那"追求""实现"和"成就"的过程中诞生，又因为完美和谐善良是人生永恒的理想，对这种理想自觉的观赏的我赋予悲剧意识以美的形象，而使其客观化为具体的悲剧。故悲剧意识的活动是人生中广泛而深沉的活动，悲剧的创造是文学中广泛而深沉的艺术创造，都具有深刻的人生意义。悲剧一般的价值即在泄露人生种种奇情险境，表现人生种种不平凡的气概和情操，是人体会生命变幻雄诡，而发人向上升追求完美境界的精神。

人生在原有几分悲剧性，悲剧意识的活动就是对于这种悲剧性的自觉和反省，然而如此肯定生命内在的悲剧性以后，我们并不想如叔本华一样准备否定人生的价值，而意欲自己超脱于现世之外。他的哲学只注目于生命的冲动意志，而不曾理解生命可能含藏的自觉理想精神。这理想精神或是理性或是一崇高的心灵或是一广博淳厚的生命力。而今，我们认为人生有一个观赏的我，这观赏的我是审美的艺术精神，同时又是一理想的道德精神，（当然它仍有更高的形上学基础），悲剧意识透过它而有美感，而有道德的意义。因之，人生也不必呆滞于悲剧感里，而可超乎其上，欣赏其美。我们也不必把人生当作一场悲剧，而可视之为一段富有戏剧性的生命发展过程，它含有悲剧性，但不即是悲剧，而悲剧性在生命的自觉活动中变为悲壮的美感，人生最伟大的气象就是这种悲壮的美感之发泄。由此，生命有其本有的尊严，生命亦必从现实世界中逃向一个神秘的绝对世界，他可以在他自己的世界里实现他自己。

一种悲剧意识可以透露一个民族，一个时代，或一种文化的某些具体而深刻的特质。换言之，悲剧意识是具有历史的民族人格或时代精神之意义的，而这种悲剧意识最好向文学中的悲剧作品探询。以下即论西洋文学中悲剧的两种形态，以文化及时代的悲剧性和文学中的悲剧关系之说明，于此我们也可以更进一步的明了悲剧意识在人生活动中的重大意义了。

四、西洋文学中悲剧的两种形态

广泛地说，西洋思想不自觉的有两种生命观：一种是以生命的实践行为精神冲动的意志，而以生命的超越向上精神为宁静的理性。生命基于理性的要求而建立理想世界，故这种理想世界是充满着无上的合理秩序及静穆的和谐的，生命最主要的目的即是将意志实现于理性。另一种生命观是以生命的实践行为精神为冲动的意志,同时又以生命向上超越精神为一种较现实遗志更自由更强有力的意志。生命基于其对高级意志的要求而建立其理想世界。生命最主要的目的即是将现实意志寄托于那超越的意志。第一种生命观是希腊人精神,而第二种生命观却是罗马帝国以来的欧洲人精神。当然,由于其他因素的决定,后一种生命观可以有种类不同的划分,但大致都蕴涵唯意志的成分。两种生命观的形成有其历史背景,以至于使其所偏重之点不同。

在希腊人精神的第一种生命观下,产生了实现理性的悲剧。在欧洲人精神的第二种生命观下,产生了实现意志的悲剧。一般说来,第一种悲剧充满雄迈浑阔的气氛,悲剧人物多是魄力豪沛的英雄,第二种悲剧充满诡奇突唐的意味,悲剧人物多是属狂偏情的常人(指人物性格的基本内容而言)。

(一)实现理性的希腊悲剧

尼采论希腊悲剧诞生于 Dionysius 的热情荡放的生命精神和 Apollo 的清明璨丽的精神之结合融贯,生命由于 Dionysius 精神的冲动,遭受痛苦,而终看透生命另一个安谧壮丽的境界,乃将生命正个投射于其中,在 Apollo 具有理智气氛的艺术灵感中,从事于创造,达到理想,领取生命悲壮的乐趣,实现宇宙和谐的秩序观。原来希腊人的宇宙是他们自身生命对完美的理想之客观存在,而为生命的意志及理性冲突的结果,但终以实现一和里的秩序世界为其理想。希腊人生命努力的即欲完成那种宇宙人生的和谐秩序——即使那必在斗争和痛苦中才能完成,而事实上的确是如此。于是,一方面生命表现了努力的创造奋斗精神,一方面生命的理想也凸显了它的价值,生命实现之,即可安心立命。这正是理性精神的作用。希腊人极重视命运。命运是他们生命遭遇种种灾难时体验的一种悍强力量,人必受命运支配,甚至神亦为命运所驱使。命运是必然,是合理的必然,而可衬托生命内在的庄严及理想秩序。命运在其权力的施展过程,仍维持一种合理的因果报应之平衡,故命运又是有伦理性的。它是生命在灾难和痛苦中发现和谐及秩序的力量。希腊悲剧人物都是有某些德性的英雄或勇士,他可以毫无罪恶,而悲剧在他身上实现,因为命运注定了他的痛苦和灾难,他可以得到预兆,但他却绝对逃不出命运的掌握。于是悲剧开始,生命虽牺牲于痛苦和灾难中,但生命的德性显现了,理性的因果关系之和谐也透露出来。索福克利斯的俄狄浦斯三悲剧,即命运与个人意志冲突而命运终于实现这个观念最好说明。伊斯契鲁斯的亚加梅农一剧也充分表现这种精神。希腊悲剧又有另一个特色,即悲剧人物所遭受的灾难和痛苦愈多,责其英雄气概亦愈荣发。在伊斯契鲁斯的被束缚者普罗米修斯一剧,普罗米修斯在极大的痛苦里,实现了正义精神,表现至刚不屈的道德个性。他是一个胜利者,但胜利者的伟大却非闪耀于痛苦中不可。

（二）实现意志的欧洲近代悲剧

欧洲近代悲剧可以说全是意志和意志冲突的写真——大意志与小意志的冲突；权力意志与权力性的理性的斗争；个人性格中高级意志与低级情欲的冲突。于其中几乎找不出清明宁静的理智境界，但处处都是奇境、幻境、梦境，故其情节漫难把捉，生命活动其中，或发世间虚无缥缈之思，或兴人生凄清神秘之感。总之，生命迷茫狂荡，无所寄托。生命备尝辛酸悲苦，而极欲从现世解脱，因而悲剧的理想乃是实现神的世界，但神是绝对自由和超越的，人仰望神，若无神恩，人仍不得救。因此悲剧人物长辗转流露凉悲之情。

希腊悲剧人物性格中并不含有内在的悲剧因子，其性格是统一和谐，其内心是坚定豪强。悲剧性人物构成纯因外在命运的作用。故其人物一直至死，始终维持于自我肯定之中，庄严美丽。但欧洲近代悲剧人物个性中却常带有内在矛盾种子，它的力量已足使生命陷入悲剧，再加上与外在矛盾力量的冲突，生命遂更沉溺于悲剧事实而不可救药。因之其悲剧人物性格，是破裂的，一方面是自我肯定，一方面是自我否定。这都是实现意志的悲剧最大特点。生命在那种种内外斗争矛盾中，牺牲殆尽，悲剧亦告完成。其悲剧人格即一命运，但非如希腊命运之可预言，而常是诡奇变幻的。它是偶然，一种致命的残酷的偶然，亦即冲动无常的意志实现。故悲剧人物常在无意和不自觉中饰演悲剧，他不但痛苦悲伤，而且迷惘悒郁。

歌德的《浮士德》悲剧算是能代表这种实现意志的悲剧了。他泄露了文艺复兴时代和近代欧洲文明的悲剧性，浮士德渴慕人生及自然显示世界的丰富价值，听命魔鬼，以其怀疑和神秘的精神从事生命的冒险，开辟了新境，却也发挥了破坏力量。但他空虚而失望，仍不满足，仍坚持向外向上的追求，他纯是一个意志，那支配他的魔鬼也不过是满足支配欲理性化了的意志而已。浮士德不明了他自己的命运，但他的命运却决定于上帝和魔鬼的打赌中。他固然终于向善，但那善却只在他悲哀的死于现实之后才实现于天上。这不是神秘的意志之作用吗？

除歌德悲剧外，莎士比亚的悲剧也是欧洲近代悲剧实现意志的典型。他的悲剧构成于个人性格内在矛盾性和个人与外在盲目的命运之斗争。这盲目的命运包括历史的传统，社会的习俗，人性中的罪恶等等。但他的悲剧却有一种和谐的平衡持续：即使在痛苦和灾难中，爱情和胜利必然实现。他的悲剧常能引发人无限惊叹和感慨，这是他的悲剧之伟大性。至于如法国高乃依表现人格中各种情意冲突的历史悲剧；莫里哀的喜剧形式下之悲剧意识；拉辛表现生命中意志和情感之矛盾的悲剧；拉马丁、维尼诸人表现忧郁的浪漫情调悲剧性的作品；波得莱尔颓废派的悲剧意识；哈代表现客观的自然意志戏弄人生的悲剧；易卜生表现个人意志与社会势力冲突的悲剧；梅特林克表现弱者悲哀神秘主义的悲剧；托尔斯泰、陀斯妥耶夫斯基表现社会或个人诸种向善或向恶的力量斗争的悲剧,均可说是充分实现意志的悲剧,而也充分流露欧洲近代文明中特有的悲剧精神。

悲剧、生活世界与现象学

——以熊元义《中国悲剧引论》为例

王学海

一

存在是哲学真正的和唯一的主题,对某一精神存在的淡化提出警示,并在历史的解构中试图重新建构中国悲剧精神,这同样也是一个宽泛的社会学意义上的大问题。于是,现象学从它的基本点出发,跳入这个中国悲剧精神回归的问题,就会是它自身的可能性与新阐释之新的维度,也即既是胡塞尔还原到事物本身之最基础的一维而生发的四维五维类的构成链,又是从中出现的新视角、新判断与之的多方位、多层次的文化算计,其中尤应以后者为是。

提出中国悲剧精神的回归,是以古老的悲剧来印证当下社会进程中出现的问题及其悲剧,以理性的批判来警示现代化自由中的过度乐观。是环顾历史、回味历史、思考历史中重新审视当下的生活、爱情、交往与友谊,引导大众在娱乐化时代怎样防止过度浅俗和膨胀感官享受而忘乎人性、人道、社会正义、责任和道德的担当。

我们曾经从文艺作品和民间传说中知晓中外历史上最为惨烈悲壮的时代,我们也曾因为历史的久远,特别是当下生活的丰富又杂浅俗,而被淹灭了对历史悲剧的"为鉴"之用。即令像"9·11"以及连续不断的矿难及其他一些社会殊为敏感的悲剧事件,我们对其悲剧的历史渊源,对其悲剧产生新的气候与土壤,对悲剧表示的正义意识,对人性在物欲环境中的异化,特别是对人的人格以及生命的尊重,都在淡化认识甚至走向冷漠与麻木,一些文艺作品也以另一种貌似贴近生活,实则是在美化平庸生活的样式,将悲剧的价值予以消解甚至嘲弄。

悲剧死了吗?《中国悲剧引论》正以上述理性的批判与前瞻性的提示,给我们重新提出了这个问题。事实上,历史大概是不会泯灭或深埋悲剧的,因为它既代表一种历史进程中的矛盾必然,更是昭示一种人类社会形态生生不灭的正义与邪恶、真与假、美与丑之间永恒的对立。

　　文化的深层语义来自历史的积累,它深刻如胡塞尔所说的那样,是从生活世界的复数之中积累起来,并又为各自独立的门类建立起极其个性的单数,从而让其显出在境域的生活世界中,凸立非同一般的意义。悲剧也不例外。《中国悲剧引论》溯源中外悲剧的产生并注重中国悲剧在当代的发展轨迹,这就让人们能从当下的生活中惊醒过来,重新面对现实的悲剧发展。它提醒了人们不能一味沉溺在现代化的高科技发展形式与小康生活的乐滋甜味中,它更理性地启示我们,当我们疏远一下身边的热,才能感受到周围的冷。只有深刻全面地去认识周围的事和人,你才能真正认识你自己。也就是说,认识了悲剧的价值,你才不会丧失自我。一个社会体制的作用与价值,一个社会人的生活与生命价值,不在于自我消耗中闪光,而在于不断反诘与自省中寻找到新的增长点,其中的中介,就在于对悲剧发展的清醒认识及和它同时在场。

　　历史的进程似乎不再证明神性,但历史进程中的中国却在提倡一种俗性,这就是《中国悲剧引论》所要批判的三大现象:宣传躲避崇高观、鼓吹粗鄙存在观和提出警惕壮烈性。与此针锋相对,熊元义先生尖锐地批判并指出,躲避崇高在一定程度上就是不相信崇高的存在,是市场经济条件下人们私欲的更加公开化,为欲望张目的。粗鄙存在只承认人的存在,否认了人的发展和超越。提出警惕壮烈说是作家的精神背叛,正是这种精神霉变,导致着中国悲剧的消解。在这其中,我尤其关注"精神背叛"这一说法。作为人,他是有思想的,作为一个作家,他更是一个有思想的自由主体。作家的身份可以虚构,但思想着的自由主体却是一个实体,说实体,是因为它是必得依傍于现实的实践而自由创作。我们从这个实体的感受出发,又不囿于实体对象的唯一性,这样,让思想着的自由主体抽象出来,投入到放大了的社会范畴之中。在这社会现实的实践中,人性、道德、理想、追求、责任、正义、真善美等等,无不事事处处在交融着这实践(实体),又让我们既以独立的个体,又与社会人这个双重角色介入生活。这样,明显的一点就是你不能因为个体,因为自由主体而放弃整体,即放弃社会。这就需要我们在又一更高的层面去俯视生活与自我,当历史的进程不需要神化时,我们还需要思想坚守精神化,即一种精神价值的判断及其合理化(我否定用合法化,因为这是必须注意尊重主体的自由性),尤其当我们看到当下社会许多暴发户及其一个中产阶级正在兴起的时候,坚守和倡导这种精神价值的判断及其合理化,既是一个健康高质社会的必需,也是每个人(特别是跻身中产阶层之人)生活中的审美必需。当然,事实与精神有时会脱节,有时甚至会被暂时消蚀掉,但是这正是一个悲剧的价值所在:人类的主体在逐渐成熟和发展中,也膨化了他内在的私欲、残酷及其他不人道等。社会的客体在运载人类走向一个个明天的时候,它又被人类主体不断地异变,所以,它更需要的是新的、不断填补进来的精神化的东西加以壮实。而人类的主体有时候就偏偏什么都不是,只关心他自己,他自己的利益高于一切,并不顾去损害运载他的客体,于是,当代的替罪羊就会高举精神的旗帜出现,如月球与地球的探险,救灾、铲恶,政治上的民主抗争等等,这是人类主体中深层处值得敬畏永恒的东西,这是人类作为地球上伟大生命体的价值所在,也正是《中国悲剧引论》以文字的理性所要告诫我们的价值所在。

"中国悲剧是邪恶势力可以碾碎我们的骨头,但绝不能压弯我们的脊梁。身躯倒下了,灵魂仍然要战斗"[①],这是《中国悲剧引论》对中国当代悲剧及其发展论述的又一亮点。在现代化及全球化的大环境趋势下,中国当代知识分子及其文艺作品,他们中相当一部分人和作品背叛了精神,入俗随流,并竭力鼓吹这种消解悲剧精神的时尚文化。熊元义先生由分析当代长篇小说并挖掘中国知识分子社会背叛的历史根源着手,大胆肯定了另一部分作品能"在一定程度上突破了人性论的局限,挖掘了有些中国知识分子包括作家社会背叛的历史根源。"[②]并又睿智地指出:"中国知识分子包括作家的社会背叛不仅是一个人性的变化,而是一种历史的衍变。"[③]为我们既批判了部分文艺作品与中国知识分子的变异流俗的现象,又肯定了另一部分作品与中国知识分子在继续为中国的悲剧与发展作着贡献,同时也以自己的作品为载体,批判着种种背叛现象。同是一个环境下生存与生活,却有截然不同的两种对悲剧理解的文化现象,这也正是人类自身分裂与对立的一种悲剧。从悲剧的本质来看,无论是英雄悲剧,家庭悲剧,还是小人物悲剧,无不都与人类的本质有关。人在内在生命运动中,由于社会诸多因素的介入,既有丰富独立、崇高精神的一面,即在理想与现实冲突中把握好精神化,又有入俗随流,单一自私并失去自我的一面。抗争(知其不可为而为之),探索与追求,常常与欲望、情感、人性便产生了歧路。

在这里我们还应反思悲剧的发展衍变及其悲剧性张力在我们日常生活中的作用。就历史层面与当下态势来看,悲剧的发展衍变与悲剧性张力,还得要求我们具有超越性,这就像一个境界对于一件艺术品具有明显意义那样。我们不可能一手遮住暴力、私欲,一手高举理想主义的人文大旗,但我们可以在私欲中净化,在暴力中和平。人性之中,具有贪婪与自私的基因,在不断被赋予新的内容。而一种人性由于精神的介入,它便会超越人性恶与物质诱惑能力的界限,使原本

---

①　熊元义:《中国悲剧引论》,解放军文艺出版社 2007 年版,第 343 页。

②　同上,第 349 页。

③　同上,第 349 页。

存在于一个结构中的人性的本质,具有了突破性的创新,在于现实的相处与抗争中,让人性的本质在肉体的付出(流血甚或牺牲)与磨难之中,形塑成具有意义与价值的新文化的力量。

悲剧对于社会与人,也许是一场永无休止的历程,所以高扬悲剧精神,绝不是前者对于后者的发展,而是后者于发展中对于前者更趋深入的认识和总结,并由此基础上应对不时生成的前者作着现实的倡导。当我们反顾中外悲剧的历史存在,特别是回顾中国悲剧的历史面貌与特征时,我们就会在"历史的进步与道德的进步统一"中看到日渐显露的希望与成功。同时也让祈盼中的人性进步得到实现。可以说,这才是人类与社会同步的和谐发展,也是历史心智的具体发展。

《中国悲剧引论》是个体学术著作,但它也是融合中国现代化进程的历史中的知识整体的一个部分。当现实的世界还在进发,当贪婪与罪恶还在疯长,当中国悲剧的回归价值与意义正在被人们重新深入地认识,它的学术价值就会愈加以进步性的姿态凸显在我们面前。

悲剧精神回归的最后落实点,其实就是人的本性与人的社会本性的共融点。我们知道真善美,我们也知道上帝拯救人类的神性与菩萨倡扬人间佛教的佛性,对于历史进程中的人,特别是资本暴发时期物质性与享乐性掩盖人性中倡导的至真至善的悲剧精神,我们的记忆与创新(造),应该不会是精神与物质生活分裂的时代人,人的精神美的个体弘扬,与社会整体精神的合缘上升,必然既是现象学的,又是公民政治环节之中的。

二

胡塞尔说:"无论什么与纯粹直观中可被把握属于被还原的体验的东西,不论作为真实的组成部分还是作为后者的意向相关物,都是属于现象学的,而且对现象学来说这是绝对认识的一大源泉。"[1]正因有此"不论作为"与"还是作为"之"真实"与"意向相关物",还是"绝对认识"的"绝对"之说,胡塞尔便执着地认为,现象学的背后不存在实体,现象背后仍然是现象。[2] 我们理解,作为现象学的现象,就是实体赋予现象于新的生命形式,即存在于人的意识中又被加工成为记忆的感觉,在研究时它被不断唤醒,唤醒过程中又被介入进来的思维共融(加工)后

---

① 胡塞尔:《纯粹现象学通论》,转引自张云鹏、胡艺珊:《现象学方法与美学》,浙江大学出版社 2007年版,第 33 页。

② 张云鹏、胡艺珊:《现象学方法与美学》,浙江大学出版社 2007 年版,第 33 页。

被刷新的一种复杂物。只有这样理解，在这里才可与胡塞尔的现象背后仍然是现象对应。因为此时不需要依赖实际之中进行意识的活动，而是纯粹意识内部的交互变换刷新的那种思维的变化与求证，是以意识为唯一手段(方法)的还原体验的意识重新温习与思索的过程，更是乘着思辨在上升着的一种纯理性意识的思辨，因此说它的本质也只能是现象。于之，"本质和观念是同义的"①也就可以理解了，因为它们的指称立足的基础是在同一个层面上的。

本质是纯粹意识，现象是意识的。本质的存在是意识的母体，纯粹的意识决定了现象的存在性与它的合理的衍生性。假若就是面对一个虚幻的世界，由于意识早先存在着的实在世界的实体赋予意识的记忆感觉，所以当换环境换对象，在虚幻的世界之中，现象依旧会从纯粹意识的母体之中孵化出来，面对虚幻而意向先验的体验，作出新的意识的还原体验，梳理内在之意识与意识之链的脉络，把握更高层次的认识。由此，"回到事情本身"(胡塞尔)便是进掘到了非无而实有的一个新的更深的层次，而与事物一与多之关联的生发的关系，是可能的多彩的颜色。

理解胡塞尔现象学的困难之处，在于本质直观与感性直观在方法论运用上的容易混淆性，以及运用现象学进行思辨后怎样才能获取真正的纯粹的本质。其实，本质直观与感性直观并不在于注重本质直观的对象是观念物，而感性直观的对象是个体物②这样一个常识的把握问题。而在于对作为个体物对象的感性直观，它在思辨中意识的处理行程与作为观念物对象的本质直观是否同行一辙，否则，就跳出了胡塞尔命名(创造)的现象学，反沿着康德的二元论老路走了。当然，这里困难的症结更在于感性直观对象的个体物是否就是康德指认的现象依据的实体，因为在胡塞尔看来，哲学根本不朝向实在世界联系的事物。③ 厘清迷糊的方法，在于意识本身。如果同意哲学是纯思辨的，那么，意识本身开展的各种研究活动之中的感性直观对象的个体物，也就包含在纯意识之中的了。也只有这样理解，才能说"从认识论的角度看，哲学不是直向地朝向对象，而是反思地朝向意识"。④ 面对现实世界存在的实体，现象学的思辨是现象只在现象(纯意识)之中作超越的研究，而不是现象借助实体从中寻找酵母，再返回意识之中去进行有物依托的所谓唯物辩证，而是意识之间不断在哲学场中循环、穿插、反思等多方式地思辨，是意识内部的思想大战。直观只是一个粗浅的接触，真正的现象是一种上升，一种整体的穿透单个事物的本质上的普遍把握。当然现象学不

---

① 张云鹏、胡艺珊：《现象学方法与美学》，浙江大学出版社 2007 年版，第 33 页。
② 同上。
③ 同上。
④ 同上。

是不要物,而是与物的对象只是感觉,且这感觉绝不是以意识深入到对象的物中去进行思辨,而是带着感觉立即跳出这个单一,而去运用意识深入到这个物的类的哲理的层面,即纯粹意识内的存在之中,在这层面上展开一种先验还原——即现象的还原(也类似中国哲学上的"澄怀"之说),尔后让意识再上升到一个认识的高度。

在人类文化史上,人们为之最为关切与震撼的东西,是死亡中的自杀。历史上不乏一些爱国爱民族的忠臣将士,在感到国家将亡或强国理想破灭的当刻,会选择以身捐国的自杀行为,如屈原之于汨罗江,王国维之于昆明湖,已成历史典型。当代诗人海子的卧轨,其影响力在诗界经久不衰。华师大教授胡河清,人民大学教授余虹,都在一个雨夜的晚上,从高楼主动坠楼取亡。这种以肉身取死亡的方法,抗衡的,正是生命对死亡的不可抗衡性。人类生命的历史与自然界生命的历史其实是相同的,都是顺其生成—成长—衰老—死亡这么一个过程去自生自灭,当然中间不乏病魔或意外的伤害,这跟自然界之生命遭遇自然灾害与人类的戕伐是一样的。对之死亡于生命的终结性的裁决,人类总是被动地去接受,主动地去逃避。而屈原之于祖国,王国维之于文化,海子之于美,胡河清、余虹之于真,他们恰恰是抗衡并战胜了死亡之于生命的终结性裁决,于这"天庭法律"之外,自由主动地接受死亡,成为人类之中一切生命为之敬仰的生命形态,其悲剧价值溢于历史。然而敬仰之下,我们又总在哲学上很少思考这一现象。前者,我们指死亡对于生命的终结性裁决,是生命的肉身化的一种体现,是肉身与现实场域的具体化。所以,它虽然是自由的,有充沛生命活力与活动的多样丰富性,但在蓝天之下大地之上,它们还是有束缚性与依赖性的。畏惧死亡对于生命的终结性的裁决,使得肉身的自由度大大受到牵制,生命活力与活动丰富性的局限,也随着生命自由的成长,以及活动场域的不断打开,而在逐步地扩散,似癌症般地在扩散。这是因为我们始终停留在对物的感受这样一个层面所致。而后者,我们指生命超越了终结性裁决的死亡予以我们安置的樊篱,突围了肉身只是可能在现实场域活动的具体化的唯一性,在打破俗世常规的前提下,虽然肉身停止了活动,随即也会腐烂消失,但生命之破碎,却又上升到了永远不会消失的一个境界场域,即存在于现实场域之中的精神场域。它碎在胡塞尔所说的"还原的体验的东西"成为"真实的组成部分",尔后又进入哲学现象学的视域,成为"意向相关物"的来自物质又绝对跳出物体的新的现象,最终产生出记忆的不朽性来。

人、自然、时间、生命与现实场域构成的四维时空,它的特性又是什么呢。人,既是一个自然物,又不是一个纯粹的自然物,因他具思想而言,他就只能是一个异物。自然,既是生命生存之场域,又是物类之中一个个串联起来的单个的本体。时间,虽然离开人类会毫无意义,但时间之于自然物类之生存基础,却存在着实实在在的意义。生命与现实场域首先建立在自然场域的基础之上，其次他们的互动始终是有开始而无结局，因为彼此都在生生不息。在相当的范畴内，他们既是相互维持，又是相互较量的这么一个两极状态。人、自然、时间、生命与现实场域，这四维时空不仅决定了被称之社会的这个世界的进退与兴衰，同时还产生了社会这个世界的被称之为生活与经验的多样的色彩。从哲学的物质层面上讲，人是通过自然感触到生命的存在，又是通过时间积累起生活的经验，这是第一性的。然而在这过程中，人又在认识和改造自然中把这第一性飘浮起来，在与时间的经验的递进认识中不断刷新时间与经验曾经层累的东西。这样一来，还原的体验的东西就再不是最初的，或者说它只能是真实的被改造过后的新的真实。于此去理解，"现象学背后不存在实体，现象背后永远是现象"（胡塞尔），正是这四维时空给我们的差异性与可靠性。但这里我们也要对胡塞尔进行更正和是，现象背后永远是现象之现象，绝不是一个按照预先设定的一个构成境域进入，而应该是开辟性地生发一个新的维度。

　　人、自然、时间、生命与现实场域这四维时空，又是一个被不断充氧的新的互联关系，在这关系中，开启人与生命的新的现实场域，由此形成文化的不断层累与刷新，让人们在文化的差异性与丰富性中，寻找对自然新的理解，对人肉身与生命的分层认知，对生命与现实场域统一性中不可分割性与抗衡对立性的理性梳理，从而再让对物的感受还原到记忆的不朽性之中。

三

　　饶宗颐先生曾在《中国古代的"胁生"传说》一文中，以应用语言学和文献学，解释和比较中国古代帝王胁生的传说，与西域印欧语系感生说，有着惊人的相似之处，并由此考证出古代人类文明起源发展，在口述传说神话历史上，人类先民崇拜先帝神明的敬畏意识，实际上宗教信仰并没有受到地域限制而分异，而相反在文化特征上更具有普遍的共同性。[①]对于这个普遍的共同性问题，谢林在他的《自然哲学体系纲要导论》（1799）里就说道："心智"（intelligence）之为创生性的，乃以两种方式，要么是盲目、无意识的，要么是自由、有意识的；无意识的具有创生性乃在世界观之中，有意识的乃在对理念世界的创造中。"[②]海德格尔解释说："此间世界观未被立即归于感性观察，而被归于心智，尽管是无意识的心智。此外还强调了创生性（也就是直观之独立形成）的要素。这样这个词就接近了我

---

①　沈建华编：《饶宗颐新出上文献论证》后记，上海古籍出版社 2005 年版，第 267 页。

②　谢林：《著作集》，转引自《复旦哲学评论》第一辑，丁耘译，上海辞书出版社 2004 年版，第 229 页。

们今天认识的涵义,(就是)以一种自身实行的、创生性的、因而也是有意识的方式理解并解说存在者全体。"①对存在者全体的解释,是一种文化的需要,但因存在者全体乃是平常的、数量众多的小民,就必得以率小民去直观这个世界的神灵,即神帝类,这一点,西方派遣耶稣降临人世救罪一说,即有上帝一词,而中国《庄子·大宗师》中,亦早有神帝("神鬼神帝,先天生地")一词,两者其意甚为相似。所以对存在者全体的解释,首先在于对存在者之首领的解释。由此,这里的创生性应是两种方式的糅杂,即既具无意识的世界观,又具有意识的理念世界的创造。这样来理解海德格尔对谢林的解释为"接近了我们今天认识的涵义",也就似更贴切。因为任何理论的意图,都不是为说而说,徒作一虚空的形式而已。理论的意图,无论是逻辑的、推理的、论证的,等等,都是企图以其阐释让人理解对事对物对人的意义与目的,或是对历史的回顾与思考,从中让我们有一个清晰的总体的把握,于意识中确立人生观并放大至世界观中。自然的、民族的、地域的、文化的乃至社会与社会各阶层之混合体,既是理论意图游弋回旋之天地,又时时在对理论意图进行干扰与影响,为此,我们就现象学而言,理解胡塞尔之还原说之生发的存在的记忆,就是一个既被规定,又在不断被修订完善的经验与科学的体验与认识过程之中的活的阐释。王国维先生曾以"二重证据法"更新了辨字考史的学科,饶宗颐先生在 20 世纪八十年代又提出了"三重证据法"(即田野考古、文献记载与甲骨文字研究)去探索扑朔迷离而又厚重博大的文化,这就使得理论的意图在认识论上首先它必得尊重史实,尊重客观事物与客体世界,然后才可从表象抽象到理论的高度,以正确的人生观与科学观(技巧)转向真正的、高度理性的世界观哲学。如此,哲学最基本的问题:人是什么? 他从那里来? 他向那里去的问题,就会随着社会之进步、历史之演变、科学之发展,而在理性层面上不断地充实与见新,并向人类理性的终极目标更趋接近。

同样,研究悲剧,提出批判精神背叛与中国悲剧的精神回归,注重的是我们生活世界的更高的人性,也即张祥龙先生理解胡塞尔"悬置"说的一个"剥夺了一切自然(主父)的兴趣,切仍然带有意义构成的'深度'的世界"②。在这里,我们可以撇开胡塞尔具体所指的欧洲人是最高人性体现的这么自己还原到先验主体,与康德、黑格放站在同一起跑线上的倒退的一个研究基点,诚如张祥龙先生指正的那样,必须要"从现象学的而非自然主义的角度讲清楚这种转换与提升的

---

① 海德格尔著,丁耘译:《现象学基本问题》,上海译文出版社 2008 年版。
② 张祥龙《生活世界与更高的人性》,《中国现象学与哲学评论》第四辑,上海译文出版社 2001 年版,第 81 页。

可能,说明它们能经受得住先验悬置的理由"①。

　　最后,我对胡塞尔关于"身体的确是一种不同于其他事物的特殊构造;它并不是由意识所产生的'表象'(vorstellung),而是一个在意识之中的自我建构者(ein im Bewu Btsein sich Konstituierendes)"②之说甚感兴趣。胡塞尔在这里把肉身精神化,又将肉身还原到实体性但抽出了它被自行建构的主宰——意识,让我们看到作为复数的人类之中的单数的个人,是怎样被意识自在自为的。这又是一个精神层面的大问题。我们知道意识作为一种存在,它既是流动的又是增长的,并不时受社会大文化的影响,而在这其中,作为绝对的个人的意识,它的意向性又并非是唯一性质的单向与纯粹。所以,就为自己"显现和建构一个完整的现象世界体系"③来说,它应该与社会之整体是对应的。单向与纯粹只有这样,才真具了社会意义与美学走向。肉身与精神世界的分裂,也只有在这里,才会真正找到它新的愈合点。

　　必须随时重温胡塞尔告诫人们的那句话:切不可为了时代而放弃永恒。

---

　　① 张祥龙:《生活世界与更高的人性》,《中国现象学与哲学评论》第四辑,上海译文出版社 2001 年版,第 89 页。

　　② 罗丽君:《胡塞尔现象学中的单子论》,《复旦哲学评论》第三辑,上海人民出版社 2006 年版,第123 页。

　　③ 张祥龙:《生活世界与更高的人性》,《中国现象学与哲学评论》第四辑,上海译文出版社 2001 年版,第 81 页。

美术现代性的源起及对东亚传统美术的再认识

——走向跨文化美术学

王才勇

一、美术现代性的源起

19世纪中叶以印象派为代表的美术现代转向的出现由美术外部和内部两方面因素所致。就外部因素而言,西方社会的现代化进程在19世纪进入快速发展阶段,以城市化为标志的现代化在改变人生活方式的同时也改变着人的审美需求与指向。这种改变从外部催发着视觉审美领域的变化,印象派时代美术领域转向现代的革新便是应合这种审美嬗变的产物;就内部因素而言,引发当年美术革新的原因主要有三:(1)此前的浪漫主义绘画从美术角度为革新传统奏出了前奏;(2)19世纪上半叶摄影的出现及其快速传播对传统写实画法形成了直接关涉存亡的冲击,从而为革新奠定了走离传统写实画法的方向;(3)东亚传统美术的进入从画法层面启明了走离传统写实画法的具体路径。正是在这些内外两方面因素的催发下,西方美术在19世纪中叶转向现代发展。

西方社会的现代化经过数百年的努力和拓展到了19世纪开始进入飞速发展时期,该时期随着城市化进程的加快,现代化对人生活方式的影响和改变也进入了一个前所未有的深度变化期。就关涉美术的方面来说,这个变化明显包含视看方式的巨变,使无需言说或文字相助的纯视觉领会跃上历史舞台。20世纪初,德国文化哲学家西美尔就指出了对现代人来说"具有典型意义的东西,"即"大都市的人际关系鲜明地表现在眼看的活动绝对地超过耳听,导致这一点的主要原因是公共交通工具。在公共汽车、火车、有轨电车还没有出现的19世纪,生活中还没有出现过这样的场景:人之间不进行交谈而又必须几分钟,甚至几小时彼此相望。"①最初,人们在日常都市生活中每天面对那么多生人必须凭借没有任何非视觉手段相助的单纯视看去应对,而且必须快速应对,因为都市中族拥而过的人群使人往往没有任何思考余地,必须用单纯视看去作出快速反应。久而久之,在人的视看方式中便建起了这种单纯视觉反应机制,以致在审美视看上渐渐失去对与非视觉要素联在一起之传统方式的兴趣。本雅明在 20 世纪初便试图基于这样的递变去解说印象派画法的缘起。② 作为社会现代化标志的都市生活不仅在视看方式层面赋予了单纯视看以重要意义,而且也在视觉生活内涵方面使这样的单纯视看越来越成为视觉审美的所需。现代都市生活的安身立命越来越单一地取决于基于思考的脑力活动,这就使得在与之脱离的视觉审美活动中需要有一种起调适作用的样式,一种远离任何思考单凭视觉反应的新样式。19 世纪西方社会现代化的飞速发展便从这两方面催发着美术的现代转向。

就美术内部来看,西方自文艺复兴始的新文艺运动在主体精神这个内涵框架内到了 19 世纪上半叶已出现了以浪漫主义美术为代表的突破传统方式的萌动。那时欧洲,尤其英国和北欧浪漫主义风景画中出现的对自然之浩瀚和神秘的刻画与渲染,表面看是开始关注自然之神秘的一面,其实是在展示与传统基督教信条不同的某种泛神意识,其中蕴涵着对个性的明显张扬。对后世来说,这样的变化一方面预示了突破传统理念的必须,另一方面也预示了这种突破的路径在对个体精神的弘扬。在画法层面,这种弘扬就具体体现在对传统三维写实的偏离,即便那时英国风景画家们喜爱的直接调配色彩法③表面看是为了追求鲜明的色彩效果,实际上蕴涵着对个体直接性的关注。浪漫主义美术中出现的这些画法预示了西方美术此后的发展方向:对个体直接感受的关注。就在此时,摄影的出现和快速传播进一步在美术内部催发了向浪漫主义美术所预示方向的发展:突破传统写实画法,因为写实映现的不是感受,而是辨认。同样在 19 世纪上半叶,法国画坛出现的以安格尔(Jean Auguste Dominque Ingres),德拉克罗瓦(Eugene Delacroix),热洛姆(Jean-Leon Gerome)等为代表的东方主义(Orien-

---

① 格奥尔格·西美尔:《相对主义哲学散论——文化哲学文集》(A. Guillain 译本),1912 年版,第 26—27 页。转引之本雅明:《发达资本主义时代的抒情诗人》,江苏人民出版社 2005 年版,第 158 页。

② 本雅明说道:"每天看这样的人群晃动也许会有朝一日出现一个眼睛必须先去适应它的景观。如果人们认可这样的推想,那么紧接着出现的推想就是:一旦人的眼睛把握了这个任务,他们就会乐于找机会试验一下他们新获得的官能。这样的话,印象主义绘画那种用色块的叠加勾勒画面的技巧就可被视为大都市人的眼睛已熟悉的那些经验的自然结果。莫奈的《Chartres 的大教堂》的画面宛如一堆密密麻麻的石头,这幅画便可以作为这种假设的图解。"(本雅明:《发达资本主义时代的抒情诗人》,江苏人民出版社 2005 年版,第 133 页)

③ 直接调配色彩法(direct color)系在 19 世纪英国风景画中出现的一种不像传统那样在调色板上,而是直接在画面上调色的画法。

talisme)（画作中出现了中东和北非的一些服饰、人物等）从另一个角度演示了对非西方艺术的关注。在这样的美术语境下，以日本浮世绘为主的东亚美术传入了欧洲。在对非写实画法缺乏任何经验而又越来越意识到要向此方向发展的欧洲画坛，东亚画法自然引起了极大关注。

较之于西方传统画法，东亚美术显然以其特有的非完全写实显出特征。本来，在东亚文化圈这种非完全写实是与对象性内涵密不可分的，可是，在由于文化差异无法完全领悟其内容含义的情况下，当时的欧洲画家们便不顾其内容含义地将视点专注于形式效果，进而根据这千年不衰的美术样式宣称：真正属于绘画的东西并不是对日常对象性内容的复现，而是单纯形式的某种自主表达。在美术语汇层面的这种启发下，当时以印象派为先行的创新艺术家们便开始渐渐抛开传统的指向对象内容的写实画法，而只关注对象形式对观者展现出的效果。于是，印象派画家们便将视点朝向了光色变幻和瞬间印象，因为正是这些东西引发了对象形式在观者那里具有的视觉效果，而不是基于辨认性视看的对象内容。于是在抛开故事性（文学性）而只专注于形式效果的口号中，西方美术走上了转向现代的征程。此后的发展只是进一步地将形式，乃至某一形式要素从日常对象中独立出来，以致最终走向抽象。

二、东亚传统美术的现代意味及其现代性瓶颈

从东亚传统美术样式在西方美术现代性转向中所起的作用来看，这种古老传统与现代主义无疑具有某种同一性。但是，就像当时印象派画家们只是关注而并没有简单移植或拼贴东亚传统一样，这种同一性只是极其有限地在特定层面存在。我们不能因此认为东亚传统天生地就是现代的，不能直接地将传统作为现代的去对待。当今中国美术，尤其水墨、书法等领域出现的回归传统倾向，表面看似乎在复兴具有现代意义的传统，实际上是在无以应对现在的情况下误以为传统本身直接地就是现代的。殊不知，西方现代派对东亚传统的关注绝没有采取直接拿来主义的做法，而只是从中获取了创造灵感而已。

毋庸置疑，19 世纪中叶西方文化界虽然掀起了一股大量译介东亚文化典籍的热潮，但是，真正对东亚传统有所感悟的要数当时的一些画家，正是他们凭借视觉语汇特有的跨文化性率先领会了东亚美术文化的一些要义，进而从中开发出了一种全新的现代美术形态。此间，由于文化差异导致的与内容之隔，形式问题尤其引起了关注。他们在东亚美术中由于对所展现之对象性内涵无以通达便凭纯视觉感受会其意义，以致能较专一地看到了东亚美术的一系列形式特征，并以此为据走上了现代美术的创新之路。如果说东亚传统美术与现代派有什么同

一性的话,那么,这个同一性就仅在美术语汇的形式层面,而且在此层面相通的并不是直接的具体形式本身,而是具体形式赖以构建的一些法则和效果。正是在这形式法则和效果界面,东亚传统美术才显出现代意味,而不是具体的形式本身直接就是现代的。

就印象派时期画家在创新实践中对东亚传统美术的关注来看,其形式特征中引发美术现代性转向的主要在形式的自主表达上。显见,较之于西方传统美术,东亚美术中形式与对象间具有特定的离异,正是这种离异使得形式能在一定程度上脱离对象行使独立的自主表达,而这种纯视觉性的自主表达又应合了现代都市生活所催发的审美需求,这就使得当时美术现代性转向的焦点落在了对纯视觉性会意的关注上。美术中形式与内容之间如果没有视觉上的离异,那么,对形式的感悟就离不开对内容的领会,而对内容的理喻往往来自非视觉的理智活动。东亚传统美术对西方美术现代性转向的贡献,同时也是其现代意味集中所在的地方,在于它具有纯视觉表达的一面,从而使观者能视觉性地而不是凭借智性理喻地感受到画面内容。纯视觉性的形式表达由于没有智性活动参与因而具有不确定性和偶发性,波德莱尔于现代派出现伊始(1859-1860 年间)在其《现代生活的画家》一文中正是据此将现代性描述成是"过渡的,短暂易逝的,偶然的"[1]。

使东亚美术呈现出现代意味的形式自主表达是由一系列画法策略得到体现的,如二维空间构图,具体如画面前后景的扁平处理、俯视构图、放弃阴影、用色淡雅、材质效果对画面造型的参与等,所有这些都给西方美术现代性转向提供了具体的启示。也就是说,这些画法策略都在用不同方式,沿着不同路径使观者走离日常辨认性视看,进入真正审美的感受性视看。画面中虽然能见出日常对象造型,但那已不是日常辨认性视看中出现的情形,而是由于注入视觉感受而出现某种视觉变异的,因此唯有凭借视觉感受才能感悟其意义,那是与借助理智活动的日常辨认性视看不同的。在造型特点上,所述这些画法策略走向的无疑是一种平面化效果。没有了辨认性视看就见不到景深,见不到阴影,用色淡雅是减弱了色差变化,空间和色彩的平面化都在消除辨认性视看,引发视觉上的感受性会意。因此可以说,成为现代美术造型特点的平面化最初源起于东亚美术。

可是,就像无法在平面化与东亚美术间简单地划等号一样,东亚传统美术虽然具有如上所述的现代意味,但它同时又带有着转向现代的先天性不足。我们知道,东亚美术在 19 世纪中叶西方美术现代性转向中呈现出意义是因为当时画家们基于其中形式与内容的特定离异而不顾内容地专注于形式感受,进而沿此

---

[1] 转引自戴维·弗里斯比:《现代性的碎片》,商务印书馆 2003 年版,第 20 页。

方向进行再创造的结果,而且这个再创造主要是将形式开发成了进行独立表达的视觉符号。显然,这样的开发同时也来自于特定的文化误读。就东亚美术本身来说,形式与内容虽然具有某种离异,而且这种离异也凸现了形式的自主表达功能。但是,这种自主表达指向的绝不是西方现代美术刻意追求的纯主观情感,而是跨越日常视看对象和日常视看主体的超然境界。置身东亚文化圈,美术中形式与内容的那种特定离异造就的形式自主表达因此与现代美术追求的自主形式完全是两码事,一个指向超越主体的主客无差别境界,另一个指向单纯的主观世界。这就给东亚美术注入了转向现代的先天不足。正是基于此,画家林风眠在中国美术意欲转向现代的时刻写下了这样的话:"西方艺术,形式上构成倾向于客观一方面,常常因为形式之过于发达,而缺少情绪之表现……东方艺术,形式上之构成倾向于主观的一面,常常因为形式过于不发达,反而不能表达情绪上之所需求。"[①]

　　此外,东亚美术独特地兼具写实和抽象双重功能,这就使得其来自于对象特定离异的形式表达本身最终离不开对象。恰是在画面对象的共同作用下,与该对象日常形式具有一定距离的画面形式才具有了所谓的独立表达,即不同于日常对象形式的表达。但是,这个不同只是不同于对象日常形式而已,它并没有整个地游离对象,而只是由对象日常形式游向了另一种对象形式,一种由主观情感渗透了的对象形式。这种形式一方面不同于日常对象,另一方面也没有完全抛开对象而成为一种纯主观形式。正是这一点使得东亚美术不会像西方现代美术那样由于对形式自主表达的执着而最终抛开对象,走向抽象。可是,就此似乎还不会出现阻止东亚美术转向现代的屏障,因为它好像可以简单抛开对象性指向而将形式独立开发成对现代性精神的表达。殊不知,东亚传统美术中形式的自主表达本身是与其指向的对象内涵不可分地联成一体的,迄今历史上所出现的那些样式、画法,乃至材质等都是与特定对象内涵联成一体的,花鸟、山水、人物等便是这些对象的范型体现,以致改变对象地用传统画法,材质去画现代题材,如高楼大厦之类,传达的主要地并不是画面高楼大厦所带应有的现代内涵,而往往依然是传统意蕴。这就很容易使人以为传统美术的一些样式,乃至材质等是民族文化不变的载体,比如水墨。其实,东亚传统美术样式与其原本依附之对象内涵的不可分表明的并不是该样式的永恒性,而是其转向现代的困境。就像中国书法虽然具有对同一字的丰富视觉表达,但离开了字本身,那些丰富形式也就失去了意义。这个封闭性标识的其实并不是那些书写样式的永恒性,而是其转向现代的屏障。因此,东亚传统美术在其对写实和传情的兼顾中同时也使形式

---

① 转引自《江苏画刊》1993 年第 3 期,第 40 页。

与内容不可分地融成一体,使之难以传达新的内容。

进一步看,东亚传统美术所带有的现代性瓶颈最终来自社会现实。由于后发展和文化传统差异的缘故,当今东亚所走向的现代化显然与当年西方的情形不尽相同。不同的文化语境自然不会产生相同的现代性,这也使得东亚传统美术不会完全转向西方意义上的现代。

三、中西视阈里的视觉现代性构建

东亚传统美术所带有的现代性瓶颈表明的只是它无法走向西方意义上的现代主义,它在西方美术现代性转向中所起的作用是跨文化误解的产物。不仅由于母文化的缘故,而且在当下语境下,这种误解在东亚本身都不会发生。因此,传统美术在当下中国既不会直接地成为现代的,也不会按照当年西方路径那样促成现代性,它的现代性转向不可避免地将以一种全新的面貌出现。就像当今社会现实是自身传统和西学影响交互作用的产物一样,这个现代性转向自然也离不开这两种合力的共同作用。此间就出现了在中西视域里进行现代性构建的问题。

"中西视阈"就是说要从中西美术交互作用中去营造和拓展当下美术现代性转向的路径,"交互作用"映现的正是当下活力的生成域。由于跨文化的缘故,中西美术的交互作用绝不会是两种美术文化整个的交接与交融,而必定是基于当今社会审美需求的间性互喻。就当今中国社会现实来看,西方美术引起关注的无疑是其间对主体性精神的弘扬,尤其在西方现代美术中,这种弘扬更是由专门的形式语汇得到了纯视觉性的体现。鉴于我们传统美术中缺乏这种弘扬,尤其缺乏对主体精神的这种纯形式表达,而现实生活中由于走向现代化的缘故又越来越滋生这种表达的需求,西方美术对当今中国社会来说呈现出的这些间性特质便会产生效用。自西画东渐以来,中国传统美术中出现的嬗变,无论就强化写实性,还是就转向变形,浓墨重彩来说,都是西方美术在我们这里引发的效果。但是,从当今现实中依然存活的传统来看,这种外来文化的作用又必然受到传统的制衡和消融,因为我们的传统美术文化弘扬的是与之完全相反的客体性精神,一种即超越自我,又超越具体对象的"心游万仞"精神。这就出现了一个异体文化的交互作用域,在此交互作用中,异体对峙的东西将被消解,异体互喻的东西将被转化成当下的活性。当下中国的美术现代性转向就是在中西视阈里对异体互喻东西的当下转向。

从西方美术现代性的源起,尤其东亚美术文化对其启迪来看,中西美术之间虽然存在着许多根本相斥的方面。但是,其间也存在着一个富有启发意义的交界面,那就是画面形式由与日常视看对象的特定离异而来的自主表达。这个自主表达之所以富有意义主要在于它应合了现代人的审美需求:拒斥将主体视看静态地定于一点,拒斥外在地(由对象内容出发)给视看注入意义,而追求视看活动本身生成意义的整个过程和方面。这个中西美术交界面的现代性进一步表明,美术现代性转向的方向在于使一些形式要素自主地具有表达。西方美术转向现代伊始呈现出的平面化趋势就是在于使画面形式脱离日常对象,使之自主地具有独立的表达;东亚传统美术中的二维构图同样在于走离与日常对象的直接关联,在于引发形式的另一种,即不同于日常对象的表达。这样的现代性由于使视觉元素脱离对象自主地具有表达意义,进而便将特指的绘画艺术转向了视觉传达。表面看这似乎走向了"后艺术时代,"其实是展示了现代人对生命意义的理解由定格于某一点转向了整个动态过程,这是现代社会的快速变化在人心灵中注入的生命感使然。因而,这样的视觉语汇在回应和印证当下的生命感。当初摄影的出现之所以会很快得到传播并进而引发了大众传媒的出现应该与这样的社会变化相关,否则就像历史上很多发明由于没有社会心理的支撑很快销声匿迹一样,摄影也不会在人类历史上产生如此巨大的作用。

　　然而,形式的视觉表达只是标识出了美术现代性转向的方向,其间还有一个表达什么的问题。在此就出现了中西美术交互作用的冲撞点。西方美术样式由传统向现代的转变其实是将原来辨认性地得到印证的主体转变成了主体自身的直接表达,前者由对客体对象的辨认或由客体对象的存在印证了观照主体的存在,后者由对客体对象的放弃使主体无需对象依托地直接进入画面进行表达。因此,在文化内涵上两者都没有脱离西方现代主义的主体性原则。而中国美术由形式表达的虽然同样不落在具体的画面对象上,而且竭力引发观者走出所见对象,但也不是纯主体性内涵,而是既超越所见对象,又超越视看主体的某种物我无差别境界,这样的境界是西方文化中没有的。这样的冲撞点便是中西视阈里视觉现代性构建的关键所在。

　　一个来自西方现代文明,另一个来自中国传统文化。在当今中国现实中两者都具有存在依据的情况下,孤立地偏向于任何一方的做法显然都不会奏效。那么问题是,在这样的冲撞中,哪些将会留存?哪些将会被冲撞掉?就西方一面来说,现代主义美术对主体性形式的开发所展现出的对主体精神的表达力度和广度恰是东方传统的不足所在,但由此不足而直接转向西方显然又是有悖现实文化语境的;就东方一面来说,形式自主表达在超越日常对象的同时并没有一味倾向主体性精神,这显然不具有西方现代主义走向没有客体依托之极端主体的不足,但是,由此对主体性精神的放弃显然也是与当下社会现实相悖的。据此按照"取其精华,弃其糟粕"的原则而对两者进行"强强联合"式的重组听上去似乎无懈可击,但在事实上不会行通,因为双方作为独立自在的美术样式都是一个有机的整体,其间的每一方都是与另一方相互并存的,因而对任何一方面的刻意摘取不是改变了该方面在所属整体中的本来意义,也会带上与之交互依存的另方面的内涵。所以,就像当年西方美术现代性转向中对东亚传统的关注并没有采取简单拿来的做法一样,当今中西视阈里的现代性构建必须抛开简单拼贴的机械方法,而必须在双方交接面和冲撞点的启发下,按照当下审美需求的走向进行创造性构建。唯有如此,才能营造出真正具有现代生命力的视觉新样式。

四、走向跨文化美术学

这样的视觉现代性构建当然不仅指向美术创造实践,而且也指向美术学学科建设与发展。在当今中西视觉文化交互作用越来越走向深入的时代,美术学本身的发展自然也越来越面临着转向跨文化界面的问题。所谓跨文化(intercultural)在西语中所指的并不是单纯相遇在一起的不同文化,而是不同文化相遇时发生的那种交互作用,它指向的已不是这些文化的自为存在本身,也不是单纯地参与到该交互作用中去的各自文化部分,而是这些部分相遇时发生意义重组的交互作用过程。

因此,跨文化美术学主要地是一种基于跨文化艺术现实的新方法,这种方法首先要超越中西二分,用间性思维关注两者的间性特质。迄今美术学视野中的中外美术描述往往力图客观地展现各自的面貌特征,而看不到这种"客观"往往是被特定个人或时代视野所左右的。这种"看不到"错把原本不客观的东西当作客观的去对待,失落的便是对艺术之真正现实的把握。跨文化美术学就是要正视现实地从当今中国语境出发去看西方美术,从现代视角出发去看传统美术,并进而挖掘出其对现时具有影响的方面,也就是说要关注西方美术及自身传统对当今中国呈现出的间性特质;其次,跨文化美术学要关注两者交互作用的发生机制。就像印象派时期艺术家之所以能将东亚传统美术样式开发成具有现代意义的新形式源于特定的误解一样,中西美术的交互作用往往是其各自特定方面的交接或碰撞,而不可能是两者全方位的交互作用。而且,这种对特定方面的关注虽然就整体而言是某种误读,但在跨文化视阈里这种误读却往往具有积极意义,它能够撞击出真正具有现时意义的东西;再者,跨文化美术学要在总结与提炼现代美术的跨文化特征基础上为现代美术的后续发展提供有效的历史资源和价值指导。

无论中国还是在西方,现代美术正处于或依然处于蓬勃发展中,而且这个发展越来越明显地来自两者的交互作用,这就将美术学的现代生命力越来越系于对这交互作用的理喻和把握。伦敦经济学院政治学教授赫尔德先生（David Held）新近提出的"间际关联"（the interconnectedness）之所以很快在全球范围内引起关注，就在于这个新概念贴切地揭示了全球化时代谁都生活在特定间际关联中这个新事实。据此完全可以说，当今人文学科的发展要贴近现实的话就必须关注当今时代跨文化界面上的"人文间际关联"（the human interconnectedness）。而跨文化美术学说到底也就是要关注当今时代的"美术间际关联"（the art interconnectedness）。当年，印象派时期的画家们正是应合了东西美术当时具有的间际关联，才从中获取了紧贴现实的创作灵感，从而开启了美术的现代性转向。跨文化美术学对当下美术间际关联的关注就是要贴近活的现实，进而使学科发展具有真正的现实生命力。

东方抽象绘画的美学反思与意境美学

赖贤宗

探索意境美学在当代绘画的涵义,必需回到中国绘画的现代化运动之中,回到中国传统的意境美学与西方现代的抽象画理论的遭遇,面对两者之融合的问题。回到现代中国美学史来重新反省意境美学,吾人就不能局限于东方来讨论东方美学,而是涉及东方的意境和西方的抽象这两个绘画传统之间的融合以及如何建立"东方抽象"的问题,对于此一问题,笔者在此从"本体诠释学"(Onto—Hermeneutics) 的角度来加以讨论。

受到李仲生的影响,高举西方"现代主义"的大旗,创立于台湾五十年代的五月画会和东方画会,如萧勤、刘国松等人,他们受到李仲生的影响,在中国绘画的现代化的运动中,提倡重新掌握"东方精神"与"传统中国画论",呼应了欧美的抽象表现主义,而创作中国现代抽象画,也发展了若干的东方抽象的理论反思。本文在此对于"东方抽象"的课题加以探讨,从事意境美学与东方抽象绘画的本体诠释学的美学反思,期能建构当代绘画的东方抽象绘画的本体诠释之意境美学。

一、中西比较美学问题的提出与东方抽象的美学反思

探讨中国绘画的现代化运动之中的"东方抽象"的课题,笔者必须先回到 20世纪二十年代和三十年代关于中西美学的本质的探讨。二十年代和三十年代和今天的美术界一样,关于中西美术的美学论争一直在持续进行着。1926 年,潘天寿指出了四点推崇西方绘画的原因,其中第一点是欧洲绘画已转向了纯粹色块和线条的绘画,和中国以意境为宗旨的绘画传统相通。宗白华的中西比较美学讨论了中西美学不同的空间观和实在观:

(1) 中西美学不同的空间观:中西绘画的空间观之不同,可举中国的山水画的空间观为例,这是景外有景,虚灵绵邈的空间观,而有别于西方单点透视的

空间观。宗白华在 1936 年指出"宗炳在西洋透视法发明以前一千年已经说出透视法的秘诀……中国山水画却始终没有实行运用这种透视法(西洋透视法),并且始终躲避它、取消它、反对它"①,而"中国人对于这空间和生命的态度却不是正视的抗衡,紧张的对立,而是纵身大化,与物推移……中国画山水所写出的……重重景象,虚灵绵邈,有如远寺钟声,空中回荡"。②

　　(2) 中西美学不同的实在观:宗白华在 1934 年指出,中国绘画追求的是内在气韵的表现,而非对于对象的具象的机械复制,宗白华可说是最早为追求东西融合的艺术家们做出关于"实在"(真实,reality) 这一概念的定义的美学家。像宗白华那样的美学家,当然能够较为恰当地理解康定斯基的观点③,中国绘画所重的意境的气韵,而康定斯基所重在于抽象的精神性,两者都对实在重新加以定义,而超越了具象的藩篱,追求内心的感动的极简生动的图示化,因为他们正走在东西美术与美学的会通的道路之上。

　　因此,中国绘画的气韵生动的传统所追求的不是关于物象的具象的模拟再现,而是对于象外之象的心象的意境之创生与呈现,与西方的康定斯基以降的抽象主义有其相通之处,都建立在对于"实在"的诠释之上。如笔者于另文所述,李欧塔 (J. Lyotard) 尝试从康德的崇高美学与海德格尔的存有思想重新探讨前卫 (Avant-garde) 的艺术概念,从"发生的问题"(Is it happening ?) 重新对"实在"加以提问,开辟了未来的美学和艺术创作的新路,相通于中国美学的境界美学的传统。尤其是在康德哲学当中,崇高的审美经验指向统一人的主体机能及诸价值体验的实在自身,尤能架起中西美学的桥梁。

　　为了进行东方抽象的美学反思,探讨中国绘画的抽象画美学,重新研讨南宗山水画的意境美学是相当有益的。南宗山水画意境美学是当代中国抽象画美学的理论建构的思想资源,因为南宗山水画之精神并不是在于山与水的具体物象的传移模写而已,而更是超越具象的山与水,从而象征地显示了雄浑与优美的精神性。此中,"山"取雄浑之意而"水"蕴优美之态,而两者在终极上又呈现"阳中有阴"与"阴中有阳"的道之美感经验。这种象外之象的意境,也就是东方抽象的精神性,在此观点之下,中国以意境取胜的山水画同时也是一种东方抽象画,两者精神血脉相贯通。所以,笔者在此也由此来探求意境与抽象这两个东西绘画美学的传统之交涉共融之可能性。

---

　　① 宗白华:《美学与意境》,台北淑馨出版社 1989 版,第 168 页。引文为《中西画法所表现的空间意识》,原是中国哲学会 1935 年年会的一个演讲。

　　② 宗白华:《美学与意境》,台北淑馨出版社 1989 版,第 169 页。

　　③ 苏立文 (Michael Sullivan) 著,陈瑞林译:《东西方美术的交流》,江苏美术出版社 1998 版,第 212-213 页。

笔者在讨论当代绘画（詹金水）的抽象山水和意境山水的主题的时候①，曾讨论到中国绘画的抽象美学具有下列基本要点：

(1)肌理、质感与气韵；

(2)虚与点线面；

(3)道与非表象的表象；

(4)墨与美彩的精神性；

(5)人文内涵的升华与道的内在超越。

从意境美学的本体诠释的观点出发，吾人将这些思考可进一步阐明如下：

(1)浑然一体：肌理、质感与气韵；

(2)象外之象（虚实合成妙象）：虚与点线面；

(3)自然天成（法自然）：道与非表象的表象；

(4)气韵生动在创作材质上的特点：墨与美彩的精神性；

(5)象外之象在创作主体与鉴赏主体上的特点：人文内涵的升华与道的内在超越。

中国绘画的抽象画美学的基本质素可以用上述五点论述之。前三者构成了中国绘画的抽象画美学的本质性的三个环节，表现了本体诠释的基本构成。这三个环节不是互相分离孤立的，而是构成一个有机的整体。用中国哲学的体用论来说，"道与非表象的表象"是体，而另外两个环节的"肌理与质感的气韵生动"和"虚与点线面"则是用。

后两点则是再就作品素材、创作主体与鉴赏主体而论。在下文中，笔者展开中国绘画的抽象画美学之建构，同时也以詹金水的"抽象山水"、"意境山水"的画作为此处所讨论的中国绘画的抽象美的艺术作品的印证，这是在当代中国抽象的意义脉络中，来探讨传统山水意境所可能蕴含的当代转化之可能性。

二、中国绘画的抽象画美学之建构

前面已经讨论了中国绘画现代化的历史之中，在中西跨文化美学沟通之视点下，中国绘画的抽象画美学的美术史、艺术理论史之意义脉络，并点出笔者所进行的中国绘画的抽象画美学的美学反思，进行东方抽象的意境美学的本体诠

① 詹金水：《抽象山水》，台北爱力根画廊 1997 版。詹金水：《意境山水》，台北首都艺术中心 2001 版。詹金水于 2001 年以"意境山水"取代"抽象山水"以代表他创作的进展，乃是起源于笔者的建议，《意境山水》收有笔者的画评《詹金水"意境山水"与意境美学的本体力动》。还可参照的是徐毕华《心灵花园》；以及李萧锟《李萧锟油画集》，包含了"梦境"、"心境"、"心象"与"幻象"诸系列；李萧锟《李萧锟的单刷版画》。

释。以下就后者再予申论。

（一）中国绘画的抽象画美学与南宗山水画意境美学第一个要点：肌理与质感

就"质感、肌理与气韵"而言，东方人文传统中的绘画十分强调质感与肌理，并总结于气韵（气韵生动）。从质感、肌理到气韵，呈现了一个本体诠释的逐步深化的过程。"质感"是画面的生命质感，画面元素的线条、用色等客观材质所呈现的"德行"与"生命力度"、"沉淀之后的纯粹度"是所谓的"质感"。"质感"之间的变化构成了"肌理"。"肌理"之间的灵活变化、灵动性则是"气韵"，或说是"气韵生动"。质感和肌理在绘画艺术中，一方面是借材质的自然而呈现，另一方面是透过创作者的笔法和笔意来呈显。所谓"意在笔先"，真意之凝聚在艺术创作中，肌理与质感的呈显在艺术表现中，是优先于笔、优先于规律性的技巧的。肌理是道在生命的风霜岁月所刻下的年轮，老子说"道，敝不新成"，东方人文十分强调这种岁月的风霜之后所最后沉淀下来的东西。"质感"则是指生命的内在质量和德性。

以下以詹金水绘画艺术为例。就詹金水的"意境山水"（1999年以后的创作）的成熟过程而论，詹金水的画作在他早期的"回归本土期"（1989—1993）就强调了"肌理与质感"，这个特质延续到他后来的"抽象山水期"（1993—1998）。在"回归本土期"，詹金水的画作在肌理和质感的表现方面，多取材于台湾乡间的民舍和人物（如九份和澎湖），较倾向于人文性的素材。在他的"抽象山水期"，则更多是直接师法自然，直呈心源，呈现山水云岚的肌理与质感，让人在大自然的浑成中，得以领悟道在天地不言之大美中所遗留下的宇宙的肌理和质感，得以领悟道的自笔者生发和生成，甚至得以领悟道本身。[①] 西方的抽象画往往和人类的潜意识的原欲原我结合，东方抽象则强调道在人的人文生命所沉淀出来的肌理与质感，东方抽象多了一个东方人文与天道性命的向度，从原欲的沉沦走向超越的人文、天道，这是东西抽象画美学的又一个差异。

（二）中国绘画的抽象画美学的第二个要点：虚与点线面

就"虚与点线面"的本体诠释而言，中国绘画的抽象画美学的点线面是一种"化约的非化约"，"化约"是就"物象的拆解"而言，将物像拆解为不具象的表象，"非化约"则是指此一不具象的表象仍呈现了心源和宇宙整体的神韵，是一不可化约的纯粹，此一纯粹就为其人文性的，则是一内在的德，就其宗教性的，则是一不可言诠的绝对和本体的自笔者空无化，例如道家的虚与佛家的空。将物象

---

① 李萧锟的"心象、心境、梦境"抽象系列透过黑的肌理和纯粹美彩的卓越质感，直呈了生命的渊奥，让鉴赏者在无言中整体灵动底向上拔升，与道冥合。

化约至点线面,这是共通于从康丁斯基以降的西方抽象画理论的①,但是指明化约为点线面的去除物象之后,仍然在此一不具象的表象当中,呈现人与宇宙的最后的纯粹,呈现人文的德和本体的自笔者空无化,则是山水画美学的特色。庄子论"心斋"说:"气也者,虚而待物者也,唯道集虚",②这句话就东方抽象画美学的含意而言可以理解成如下:化约成"点线面"的抽象过程,是一个物象的自笔者虚无化的过程,这样的非表象的表象的"虚"和最高审美主体状态的"气",都属于"道"。詹金水在其抽象山水的画作当中,很擅长于运用点线面来抽离物象,并表现虚寂中的动态整体中的精神性。

（三）中国绘画的抽象画美学的第三个要点：道与非表象的表象

就"道与非表象的表象"的本体诠释而言,詹金水的当代抽象山水、意境山水系列是山水画美学的杰出的当代尝试。在抽象艺术的创作之中,此一道的抽象性一方面是心灵的原初心象,另一方面是宇宙间无处不在的非表象的表象（《金刚经》"以无为法而有差别";《道德经》"道可道,非常道"）。非表象的表象是就体性而言,就活动的体性而言,就意境所开显的终极境界而言,纵贯而表现于作用则有主观面能表象的"象外之象"和客观面的所表象的"气韵生动"。西方的绘画传统是在柏拉图以来的表象形上学之文化传统的中的造型艺术的一环,印象派之后,渐渐走向物象之拆解,到了抽象画,乃化约表象,直呈心象,尝试走出表象形上学的传统;而和东方艺术强调传神、写意和境界的美学传统,有可以相通之处。就他们都是化约表象和直呈心象而言,笔者也可以称东方的某些传神、写意和境界的绘画是东方的抽象。

中国绘画的意境美学较强调"中得心源"③和"气韵生动"④。其中,"中得心源"是由心源来直呈心象,借由工夫的程序,使东方的抽象更为纯粹,更能传达心源之神;再者"气韵生动"是整体论之下的有无玄同的宇宙精神之呈现,是境界的天生自成。相较于西方抽象,中国意境美学与抽象画美学于工夫论和境界论上,较能深入自得,独得其妙。西方之抽象则在方法论的审美形式的精确上见长,这是指他们较能将抽象的理念在不同的材质上运用和创新,甚至能结合装置艺术、多媒体艺术等等,使抽象艺术的呈现空间更为广大,甚至使之具有批判的功能,使艺术的真理性不仅表现为人存在的心源和宇宙的气韵,不仅是人存在的

---

① 康丁斯基著,吴玛莉译:《艺术的精神性》,艺术家出版社1985年版。
② 庄子:《人间世》,"回曰,敢问心斋。仲尼曰:一若志,无听之以耳,而听之以心,无听之以心,而听之以气。听止于耳,心止于符。气也者,虚而待物者也。唯道集虚。虚者心斋也。"
③ 张璪提出"外师造化,中得心源",参见《历代名画记叙论》卷十。
④ 张彦远:《历代名画记叙论》,述谢赫六法:"画有六法,一曰气韵生动,二曰骨法用笔,三曰应物象形,四曰随类赋彩,五曰经营位置,六曰传模移写",参见俞剑华编:《中国画论类编》,人民美术出版社1957年版。

回返本源的真理性,也是表现在人和人之间的日常性的生活空间,从而具有对日常生活的批判功能。

詹金水的抽象山水和意境山水就表现了这里所说的"道与非表象的表象"。他很重视画面整体所传达给人的精神性印象,一方面,那是精神的印记,从无中浮现;另一方面,它在呈现为有时,又动荡着使人神魄得以纯粹的精神性。例如:1997年的《圆融》①一幅,太极图形从玄色的石材中浮现,如乾坤初辟,同时又像是一只天鹅正回返于无何有之乡,而一朵明月亮和几许玄秘的锦华丛则悬挂在那回旋的中心,整体的抽象心象给笔者一种有无相生而俱泯于道的感觉。詹金水十分擅长于运用这样的画面的暂时性切割和整体性的圆成,他的画面的切割让吾人得以走入时间的贯时性的感动和震荡,但是又随即发现自己已在一个更为先在的全体性的同时性当中忘我出神。就此贯时性与同时性的在画面形象的交互运用,笔者阐明前述中国绘画的抽象画美学的第二点要点(虚与点线面)。

(四)中国绘画的抽象画美学之总述

以上三点构成中国绘画的抽象画美学的三个主要环节,亦即:"道与非表象的表象"、"虚与点线面"和"肌理与质感"。此中,"道与非表象的表象"(《金刚经》:以无为法而有差别;《道德经》:"道可道,非常道")是中国绘画的抽象美学的总纲领,它是一种道论的美学,和西方的表象主义的古典美学有着根本上的差异。东方的抽象画美学是一种非表象的表象的美学,"非表象的表象"的提法虽然也有通于西方的抽象画美学之处,但是东方美学却多了一个道论的传统,道是有无玄同之道,表象性的道和非表象性的道在常道当中同于大通。"虚与点线面"和"肌理与质感"则分别是就形式和质料两个侧面而论。"虚与点线面"是指在形式上把艺术表象化约到抽象的点线面,用点线面来拆解物象虽然共通于东西方的抽象画美学,西方的抽象强调对物象的拆解,但是东方的化约不止于拆解物象,而是进而在"虚"当中回返于不可化约的道和德。其实,东方道论所论的不可化约的道和德,就包含了自笔者虚无化的"虚"的作用。再者,"肌理与质感"是就东方抽象的质料的侧面而论,抽象画既然已经拆解物象,并且脱离了表象形上学的传统。在此一拆解与脱离当中,意识从物象与表象功能解放出来,缺乏形式之范型之意识遂有任由潜意识之原欲原我冲决而出之可能。西方抽象艺术的大部分作品因此都强调潜意识的原欲的解放和奔决。山水画美学则多了一个道论的传统,"道,善贷且成"。拆解物象之后,呈显的是生命深刻优美的肌理与质感,呈显的是道的玄德。

西方抽象画美学虽然想从表象形上学的二元分离的传统冲决而出,但是仍

---

① 收于《抽象山水》,作品18。

缺乏真正的出路和理论模型,虽然原欲的确具有强大的冲决形式和物象的力量,但难以从二元分离的系统中真正冲决而出,而不免流于荡而无所归。另一方面,东方抽象美学是道论的美学,道在东方哲学是"周行而不殆",是三法圆融之道,消融二元对立在其三法圆融的道的周行不殆之中。"道与非表象的表象"、"虚与点线面"和"肌理与质感"这三点是在一个不纵不横的圆融当中,"虚与点线面"的形式面和"肌理与质感"的质料面并不是在二元的对立当中,两者经由"道与非表象的表象"的绝对中介,也都成为互相转化的绝对的中介,所以可以说"虚与点线面"是非形式的形式,是化约到最后的不可化约者。在这里所说的"虚"当中所呈现的抽象艺术的"点线面"是"象外之象"[①];而"肌理与质感"则是超质料的质料,是老子所说"之玄德",是庄子所说的"天地不言之大美"。

由以上的讨论看来,上述的中国绘画的抽象画美学的三个环节并不是互相孤立的,而是可以圆融贯通于意境美学之中。从"本体诠释学"的观点看来,三个环节具有三法圆融、不纵不横的特质,图示如下:

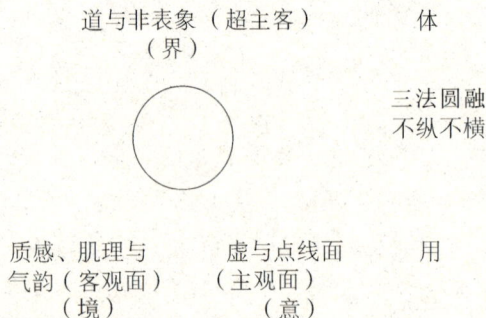

道与非表象(超主客)　　　　体
（界）

三法圆融
不纵不横

○

质感、肌理与　　　虚与点线面　　　用
气韵（客观面）　　（主观面）
（境）　　　　　　（意）

中国绘画抽象画美学的三个环节构成一个有机的整体。用中国哲学的体用论来说,图上方的"道与非表象的表象"是"体",而另外两个环节的图下方的"肌理与质感的气韵生动"和"虚与点线面块体"则是"用",图下方的用（作用）的两个环节是"横列",是在主客横列之中。在此一主客横列之中,在前面两个环节之中,主观面是"虚与点线面块体"之"意",而客观面则是"虚与点线面块体"之"境",在意境美学之中,在此中国绘画抽象画美学的三个环节的有机整体之中,主客并不是互相割裂孤立的,而是意与境浑的浑然整体,向上启悟生命存在的本体实相。又,在上列图示中,相对于刚刚所说的作用层面的意与境是横列的关系,体和用的关系则是纵贯的关系,第三个环节之"道与非表象的表象"是合主客

---

① 刘禹锡提出"境生于象外",推进了中国美学的境界说和意境说,司空图继承这个传统,进而在《与极浦谈诗书》提出"象外之象,景外之景"。

之体,是意境美学终极体现的"境界"(界),也就是说艺术作品的作用除了审美鉴赏的客观面的审美形式和主观面的审美愉悦之外,更是启悟了生命存在的向上一机,向上启悟生命存在的本体实相。

气韵生动是中国绘画理论的最高指导原则之一,气韵生动是传神的深化。《广雅》已经有"韵,和也"的说明,在文字上有声韵,音乐上有音韵。日人大村西崖在《文人画之复兴》当中说:"所谓韵者,即声韵之韵。气韵者气之韵,作者感想之韵,传余响于作品,如有闻之谓也。"又,小野胜年在《六法新释》中说"恺之的神气,是生命的自体,然而谢赫则称之为气韵。"[①]所以气韵中的"韵"乃以超越线条和形式的精神意境,超越第一自然而表现出第二自然,超越形而表现出内在的精神性,顾恺之所说的"传神"正是表现出此一内在精神性的第二自然。所以,气韵生动正是传神思想的精密化[②],在此,"气"与"韵"都表现了神形合一的道的形上超越之美,形神之所以合一是因为神和形的整体融合为一而成为形的运动原理。这样的神形合一,即可理解为主客观在宇宙的创造力当中的合一,即客观的形与主观的神相合而显发了艺术的生动浑融的最高境界,也就是超形而又能够运用形,成为妙象之大化流行。这也就是达到笔者所阐述的意境美学的艺术体验论中的"浑然一体"的主客观的意与境(情与景)的混融合一的境界,意与境浑。艺术家在自己作品中表现宇宙本体和生命的"气"与"韵",使作品充满生命力,借此彰显宇宙的道,"气韵生动"即这一艺术表现的概括,"气韵生动"也因此成为几千年来中国绘画的最高美学法则之一[③]。

中国绘画的抽象画美学强调的是"境生于象外",亦即,艺术境界创生于具象之外,但这并不必意味着对一切艺术表象的破坏和拆解。在此,中国绘画的抽象美学进一步主张"象外之象,景外之景",亦即,中国绘画的抽象美学主张其所运用的艺术表象是一种非表象的表象,是一种象外之象。就中国境界美学的发展史而言,刘禹锡首先提出"境生于象外",从佛家的空的哲学的立场推进了中国美学的境界说和意境说,主张境界生于物象之外。司空图继承这个传统,进而在《与极浦谈诗书》中,提出"象外之象,景外之景"[④],标示了美学的"非表象的

①　大村西崖《文人画之复兴》,小野胜年《六法新释》,引自徐复观《中国艺术精神》,第169—170页。

②　徐复观:《中国艺术精神》,台北学生书局1984年版第178页,"艺术之美,只能成立于第二自然之上。当时的人伦鉴识,所以成为艺术地人伦鉴识,正是在于借玄学,庄学之助,在人的第一自然中发现了第二自然。"

③　叶朗:《中国美学的发端》,台北金枫出版有限公司1987,第34—35页。《老子》的"道"、"气"之论是审美客体、审美观照的特殊相联系,于此作品才有生命力。魏晋时代所提出的"气韵生动"就是这一思想之概括。

④　司空图继承这个传统,进而在《与极浦谈诗书》提出"象外之象,景外之景",参见《表圣杂文》,收于司空图《二十四诗品》,陈国球导读,1987,此处引文参见第124页。

表象"的理论的提出，刘禹锡所说"境生于象外"只及于一般物象的超越与境界的创生的关系，还未及于司空图所论的"非表象的表象"。在《与李生论诗书》，司空图又提出"韵外之致"、"味外之旨"，将此提法深化到美感经验的鉴赏论当中。① 在《与王驾评诗书》，司空图又提出"思与境偕"，在创作与鉴赏当中，主体与艺术表象的关系是透过境界呈现中的主客合一与对话而达到终极和谐。② 山水画虚景意味着无画处的空景与留白处。笪重光在《画筌》中有云："空本难图，实景清空景现，神无可绘。真境通而神境生。位置相戾。有画处多赘疣，虚实相生，无画处皆成妙境。"王翚和恽格对此段话作了以下评论："凡理路不明，随笔填凑，满幅布置，处处皆病。至点出无画处，更进一层，尤当寻味而得之。人但知有画处是画，不知无画处皆画。画之空处全局所关，即虚实相生法，人多不着眼空处，妙在通幅皆灵，故云妙境也。"③这样的超以象外的空灵境界，是实景与虚景的浑成妙境，是具体物象之外的纯粹心象，这与司空图提出"象外之象，景外之景"④、"韵外之致"、"味外之旨"⑤等的意义是相通的。

张璪提出"外师造化，中得心源"。据张彦远《历代名画记》中的记载，张璪尤工树石山水，曾自撰《绘境》一篇言画之要诀，虽已经失传，但张彦远记载，在张璪在被问到用笔之精妙时，回答："外师造化，中得心源。"⑥张璪认为绘画能出神入化，必须先有"外师造化"，师法自然的创造力，才能使自然山川生动奥妙之处，进入灵府，成就种种妙象。山水画的师造化意境美学论，也可说是心师造化论，是一种以心来旷观自然，进而从此一观照之中，自发地贯通主观心源与客观的清真之境，这是意境美学当中客观面的景与主观面的意相通贯为一，此一通贯在天道自然当中一时并现，而达到自然天成之清真的真实境界之创生，这个心师造化是"浑然天成"的。"浑"在此有"混同而得其真"的意思，而心师造化有混融意与景的主客观而得自然之真相之意，因而能达到妙悟自然，物笔者两忘的浑然天成的境界，所以中国山水画的境界，重气韵之自然天成，如明代董其昌《画旨》⑦所云："气韵不可学，此生而知之，自然天授。"又在秦祖永的〈绘事津梁〉亦云："画境当如春云浮空，流水行地，皆出自然。"这说明了山水画浑然天成的境界美学特征。

---

　　① 参见《表圣杂文》，第118—120页。

　　② 参见《表圣杂文》，第122页。

　　③ 于安澜：《画论丛刊》，上海人民美术出版社1984年版，第171页。笪重光《画筌》，王翚及恽格评。

　　④ 参见《与极浦谈诗书》："戴容州云：'诗家之景，如蓝田日暖，良玉生烟，可望而不可置于眉睫之前也。'象外之象，景外之景，岂容易谈哉！"

　　⑤ 参见《表圣杂文》，第118—120页。

　　⑥ 张彦远《历代名画记》卷十。"初，华庶子宏擅名于代，一见惊讶之。见其唯用秃毫，或以手摸绢素，因问璪所受。璪曰：'外师造化，中得心源。'"

　　⑦ 于安澜，《画论丛刊》，上海人民美术出版社1984年版，第70页。

以上所论的中国绘画的抽象画美学与南宗山水画美学的三个环节与意境论的三个环节的关系,可明示如下:

(1) 艺术体验论:质感、肌理、气韵——浑然一体(意与境浑)

(2) 艺术形象论:虚与点线面——反虚入浑（象外之象）

(3) 艺术真理论:道与非表象的表象——浑然天成（法自然）

再进一步而论,笔者将中国绘画的抽象画美学的三个环节、"浑"之三层义 、一般的意境论美学的三个特征和一般美学的三个主要课题的关联性体系,从本体诠释的观点,列表于下:

中国绘画的抽象美学
1. 质感、肌理与气韵
2. 虚与点线面
3. 道与非表象的表象

中国　南宗山水画意境论美学的三个特征	"浑"之三层义	一般的意境论美学的三个特征	美学的三个主要课题
气韵生动（质感、肌理与气韵）	浑然一体	意与境浑	艺术的体验论
虚实妙象	返虚入浑	象外之象	艺术的形象论
师造化	浑然天成	自然之美	艺术的真理论

以上笔者论述了中国绘画的抽象画美学的三个本体诠释的基本环节,这三点构成了一个具有体系相的表达。但是也可再延伸出另外两点,来作为补充。因为:在艺术创作当中,中国绘画的抽象画美学与南宗山水画意境美学则还需论列创作时的"质材"所呈显特性,以及"创作者和鉴赏者"所呈显特性。关于前者("质材"所呈显特性),笔者讨论了中国绘画的抽象画美学的第四点基本要点"墨与美彩的精神性",这是从前述的"气韵生动"的艺术体验论延伸而来,因为,气韵生动是借由墨与美彩的材质的精神性而来。关于后者("创作者和鉴赏者"所呈显特性),笔者讨论了中国绘画的抽象画美学的第五点基本要点:"人文内涵的升华与道的内在超越"。对于这两点,再分别说明如下。

三、中国绘画的抽象画美学的两个延伸讨论

(一)墨与美彩的精神性

"墨与美彩的精神性"是笔者所讨论的中国绘画的抽象画美学的本体诠释之第四个要点,讨论的是客观面的材质的问题,是从前述的"气韵生动"的艺术体验论延伸而来,论之如下。

首先,就美彩而言,中国绘画的抽象画美学对美彩的精神性的理解和西方是有所不同的。例如:"红"在中国自始有着宗教和生命的意味,如上古时代以"朱雀"代表南方之神,即有着生命的高贵与宗教的和融之双重意涵,但是红在西方往往只是代表性与暴力。"黑"(玄)在中国则有宗教的超越和生命的升华的意味,老子即以"玄之又玄"说"妙道"。又如上古时代之玄武是北方之神,北方在庄子一书则是玄方,如说"北冥有鱼"等等,象征着生命的超越的方向,而西方美术史则往往以"黑"代表"黑暗无知和恐怖的对象"。再者,"白"和"黄"在中国代表的是纯粹,是意识的全然转化;而西方则往往仅是将之当作纯洁,纯洁并不是已经了在质上的转化,并不是生命层次的跳跃。詹金水的画即十分擅长于使用美彩的各种精神性意涵,使画面形成整体的象征力量;李萧锟的心境抽象则活化了色彩的奥秘,让笔者在心象心境的呈现中,融进道的奥秘。西方抽象画美学固然也注重色彩的精神性,但是其宗旨和中国绘画的抽象画美学有所不同。

其次,就墨而言,墨虽然是最简单的颜色,但就中国的绘画美学而言,墨却最能触及心灵深处,因为墨在素白的纸上所渲染和刻画的痕迹,最能表现乾坤初辟时天地氤蕴之景象与纯粹意识洽浃于大化之原始要终,在这样的素简的空间表现当中,实在是更适合于表现前述的"道论的非表象的表象"、"肌理与质感"和"自笔者虚无化的点线面"。另外,中国水墨画有所谓的"墨分五彩",墨在素白的画面所开展的心灵空间实在是无限的。

(二)人文内涵的升华与道的内在超越

"人文内涵的升华与道的内在超越"是中国绘画的抽象画美学的本体诠释之第五个要点,探讨的是主观面的"创作者和鉴赏者"所呈显特性,是从前述的象外之象延伸而来,论之如下。

就创作者和鉴赏者所呈显特性而言,中国绘画的意境美学强调了创作者和鉴赏者的人文内涵的升华与道的内在超越。不仅是艺通于道,更且是艺即是道。中国绘画的意境美学提供了内在超越的艺术真理,使人得以超越到道。这是一条内在超越之道,借由启悟根源意识和人类存在的内在转化而成为超越,和西方的外在超越有所不同,外在超越预设了二元对立的世界观和信仰论。东西的文化背景不同,使得中西抽象画美学有所不同。东方的内在超越的发生也必然带来人文内涵的升华,这种升华可能是内涵性的,亦即引生对品格的自觉,也可能是非内涵性的,是一种洒脱飘逸的风姿和可居可游的境界。西方的外在超越则对于历史往往采取目的论的了解,也往往预设了绝对超越的上帝存在,并预设了有限世界和超越于世界之外的上帝的分离观,这样的历史观和上帝观与现代世界,渐多其不合之处。西方抽象画美学往往采取西方式的象征主义,用抽象表象来暗喻非表象的世界,指涉不呈现的未知世界,不呈现的未知世界和抽象的表象在这里仍然是二元分离的系统,而和中国绘画的抽象画美学之内在超越有所不同。内在超越是主张本心是主客圆融的绝对中介,东方的(尤其是中国的)抽象美学呈现的是当下现成的圆融整体。

四、结　论

本文讨论了在中西跨文化美学沟通之视点下,在中国绘画现代化的历史之中,中国绘画的抽象画美学的美术史、艺术理论史之意义脉络。论述了下列本体诠释的三个环节:(1)客观面的境,浑然一体:质感、肌理与气韵;(2)主观面的意,象外之象(虚实合成妙象):虚与点线面;(3)合主客观的体,自然天成(法自然):道与非表象的表象;(4)气韵生动在创作材质上的特点:墨与美彩的精神性;(5)象外之象在创作主体与鉴赏主体上的特点:人文内涵的升华与道的内在超越。

本文着重于中国绘画的抽象画美学的美学反思的论述,许多问题展开得不够,有待他日继续讨论。

《宇宙系列》：基于本体美学的艺术诠释

上篇：(一)时代与艺术
——当代艺术转型之我见

华 鸟

纵观艺术，不论是西方还是东方，都与宗教、社会、经济乃至国际局势的变迁，科学技术的发展以及人类的生存密切相关。从 20 世纪八十年代至今，这 30 年的艺术到底发生了什么？一篇简述难以表达其中众多的问题。中国当代艺术并非一时而造就。艺术的表现不仅仅通过油画、国画、雕塑等传统形式，已经发展到了图片、影像、装置等各种综合形式。论述中国的当代艺术还是要从观察西方开始，特别是当代油画，因为油画本身就是泊来物。而论述现代艺术就要从观察欧洲开始。

文化在国家、城市发展中是一个要素，也已经成为了一种产业。

在 19 世纪末的欧洲，油画出现了一个革命性的艺术流派——印象主义派。随着国际贸易的发展，东方的工艺品不断涌入欧洲，印象主义派在巴比松派柯罗和库尔贝等人的写实画风的推动下产生。印象主义派吸收了英国、荷兰、西班牙、日本、中国等国家的绘画和艺术风格，1874 年无名画家们在巴黎举办了印象主义画家展览会。印象主义派画家认为，一切色彩皆于光，只有捕捉瞬息万变的光的照耀才能揭示自然界的奥妙。他们反传统绘画的阴影处理，主张野外观察。他们的探索遭到了一些观点守旧的保守派的嘲讽，然而，它作为一种崭新的艺术流派和文艺思潮，很快流行于法国，乃至世界，直至 20 世纪初期。

　　继而一度追随过印象主义的塞尚，强烈主张对绘画的革新和实践，在他的推动下，绘画开始倾向一个更加渗入浓烈的个人情感色彩的主观世界，形成了后印象主义，这不仅引起了人们的普遍重视，还对后来的立体主义、综合主义、表现主义、野兽主义等有较大的启发和影响。

　　文化在其产业化的过程中，由历史构成的人文景象和特征往往是一种重要的资源。当战争将这个产业链破坏的时候，艺术在文化中扮演着一个顽强抗争和玩世不恭的角色。第一次世界大战期间诞生了一个艺术攻击象征——达达主义，他们攻击所有传统的、固有的东西，反对一切有意义的事物。1917 年，一件题为《泉》的男厕小便池被送到在纽约独立艺术家协会举办的展览会上，因为是无名投票作品自由参展，引起了展会批委会的激烈争论，结果作品被拒展。送作品的正是从巴黎飞来的前卫艺术家马尔塞·杜尚。杜尚因此辞掉了该批委会委员职务。这一事件从艺术审美角度给普通日常用品以新的命题，切断了其本来的用途和实用价值，由此而赋予其新的意义。以既成品为主题的创作方式从根本上颠覆了艺术的固有概念，标志着艺术的根本性转折，给 20 世纪的艺术乃至当代艺术带来了重大的影响力。

　　20 世纪不仅经历了人类前所未有的世界大战，也是一个高度飞跃性的世纪。生产力不断解放，科学不断发展，技术不断革新，物质不断丰厚，节奏不断加速。

　　20 世纪 20 年代初，试图颠覆常规性的价值观和艺术传统的达达主义派诗人和艺术家们开始了新的艺术运动——超现实主义。他们充分吸收了弗洛伊德的精神分析理论，主张人的意识在于无意识、超越现实的现实性在于无意识。之后消费文化，电影、电视等新的媒介产生并没有削减这场运动的活跃程度。

　　世界大战蹂躏了欧洲大地，也给亚洲大地带来了毁灭性的创伤。人类第一次使用了毁灭性的武器——原子弹。二战期间，艺术的前卫性一度被贬低嘲讽和断罪，一些艺术家默默追求一种非具象、非抽象的绘画形式，他们的作品得以公众展示是在战后。蒋·弗特里的《人质》(1944 年)，其人物画严重变形，好像烙上了无可救药的战争的烙印。继而，40 年代后期，英国画家法朗西斯·培根立足画坛，人们称其为"非具象"的画家。虽然他们画风上有了巨大的改变，但是在强调浓烈的个人感情色彩的创作方式上还是延续了印象主义派的理念。

　　战后，艺术的中心移向了美国。艺术坐标的始点也由巴黎移到了纽约。许多欧洲的艺术家迁移到美国，这给美国的艺术带来了前所未有的勃勃生机，不久就造就了一个国际公认的艺术流派——抽象表现主义。其实，它融通了康定斯基和蒙德里安的抽象主义，并深受立体主义和超现实主义的影响。但由于它远离实际，在唯美形式上偏离得越来越远，在 20 世纪 50 年代衰落。但是，它对欧洲的艺术家产生的影响,对后来美国的各种艺术运动起到了引擎的作用。

在后工业社会、科学技术的迅猛发展下,形成了知识、商品爆炸的局面。在政治、社会、道德、伦理、文艺、意识形态等各个领域,各种新的问题层出不穷,具有划时代性的众多艺术主张和形式在 50 年代后期爆发了。

首先,抽象主义艺术从原始艺术、中世纪宗教艺术、非洲艺术、大洋洲艺术、东方的书画中提取要素,从东方的佛教、庄子哲学中领悟观念,高度提炼事物的本质因素。它发生在 19 世纪末 20 世纪初,在美术史上最先是用来对抗学院派和写实主义派的。到了 20 世纪 40 年代中期,融合了超现实主义的手法衍生出抽象表现主义,又称"纽约画派"。

东方的宗教思想和艺术给这个流派带来的影响,表现在抽象表现艺术的鼻祖杰克逊·波洛克从纽约到大洋彼岸的日本郊区长岛开始行动派创作的这一举动上。波洛克摈弃了常规的绘画技法,主张潜意识的冲动性和偶发性,注重禅宗般的超脱和感悟,认为画面的出现和构图皆为环境赋予的瞬间性的机缘所获得。然而,当他失去了对行动绘画的信心时,便陷入极度的精神上的苦闷。1956 年,波洛克因酒后驾车身亡。而此时他已经在 1943 年举办的个展或得大成,并获取美国收藏大家古根汉姆的资助,他已经闻名欧美了。

我认为,现代艺术可以认为是从杜尚的《泉》开始到二次大战结束。那么,二战后就是后现代艺术的开始。成中英先生用"问题美学"对现代艺术之变及其特征加以概况,是富于启发性的。

抽象表现主义为后现代艺术、当代艺术打开了一道大门。继而色域绘画、硬边抽象和后色彩性抽象的出现,其共同特点都在于强调色彩、几何形态或单一或连续来构成作品,轻视事物的个性,提炼事物的二维形式,甚至到极限、极简。虽然,二战后爆发了朝鲜战争,越南战争,中东、非洲的内战,但是,整个世界局势并没有对世界超级大国产生直接的影响。后现代艺术在一股超越西方美学范畴的热潮下,与政治学、心理学、社会学、伦理学、建筑学交融,开始向世界范围形成一种新的文化现象。东方的艺术家,如日本的草间弥生,在世界艺术的中心——纽约不断地被认可。

当英国艺术家理查德德·汉密尔顿在 1956 年握着"POP"字母的网球运动员的拼集作品《是什么使得今天的家庭如此不同往常、如此丰富多彩了》发表之后,波普艺术开始盛行。波普艺术最具影响力的是安迪·奥霍尔,他把黑白广告用的玛丽莲·梦露的头像照片变换成紫红、天蓝、金黄色,做成丝网版画,大量复制销售。新一代肖像画的产生是技术革新所就,并且它一反肖像画原则上是当事人在画家眼前被画的常规,而是根据梦露死后一系列电影照相机而制作,因此将风靡世界的明星永远铭刻在大众的心目中。然而,这种讴歌消费文化的波普艺术缺乏思想和感受而遭到批判的思潮,但是变化的时代正使这种创作风格成为宠儿。梦露难道不就是在欧洲不断被重复刻画的圣母形象的创作吗?不就是人们心目中憧憬和赋予安慰和拯救的圣母形象吗?是电影技术孕育了20世纪的女神,它归属于20世纪的宗教绘画。

艺术很容易走向极端。要么过于精细,要么过于简捷。

马塔·卡拉克的《切断房屋》在1974年发表后引起了震撼。房屋在人们的观念中是整体物,而卡拉克却将其内部构成、基部结构由切断而露出真相,将看不见的事物暴露于阳光下。这种创作方式极简的奇想天开的思路,不愧为在前卫文化中长大的艺术家鲜明锐决的创意,从而赢得人们的喜爱。将整体物体一切两断就成了一件艺术品!例如,戴米尔·赫斯特的《母与子》将母子两牛切断分开,通过让观众从中走过去的展示方式带来了视觉上极端残暴的效果,而他也达到了痛述的目的:你们不就是每天在食用它们吗?让人们正视生与死,反映了西方的宗教思想。接着,理查德的·乌尔逊的《真实的切断》展示了切断的30年前制造的船帜,反映了一个时代中即使再新的技术也将被新的技术所取代而变为废墟的人类自身的行为。

将既成品再创成艺术品,从体积上已经变得越来越巨大,展示的规模也更为广阔。继而大自然的环境也成为了艺术家关注的对象,地球环境的变化激发了艺术家创作的激情。奥尔特·马里埃在1977年将400根不锈钢柱树立在美国新墨西哥州森林的外围,雷电落在钢柱上的壮观景象是一瞬时的。而理查德·隆戈的作品是瞬时的,这位走遍世界各地的艺术家在1988年将火山岩石摆放成最大4米多的三个圆用照片拍摄下来后发表。1991年,安迪·奥兹瓦查在日本山川河流中将落下的红叶片片贴在岩石上,拍摄照片后所发表的作品原作也只是一瞬时的,溪流映照鲜艳的红叶将被雨水打落乃至溪流冲走,达到回归自然的艺术目的。

艺术是从自然界与人类对话而产生的。从洞穴壁画到石窟,乐山的摩崖大佛,都不乏宗教意义和某种机能。长久以来,民众和艺术品的接触多半在教堂寺庙,当博物馆、美术馆诞生之后,艺术品的内容和展示方式在不断更新,作品百花齐放,形式眼花缭乱。然而,当这些都局限在一个建筑物的空间中的时候,这些回归大自然的巨大作品已经无法在展览馆容纳。那些具有反骨精神的艺术家们为了逃避作为商品而流通的艺术品的未来去向,回避大都市文化的狭义的价值观,重新审视人类文明,他们逃避享乐和安逸,挖掘大地,将倒下的树木和叶子重组,通过自己有限的肉体来扩展与大自然对话的艺术意境。当然,这并不是否定在大都市里的艺术家的关注和创意。都市生活的艺术家们有感于文明危机开始对城市所产生的大量垃圾、新的疾病、药物以及事物发展和由文明所带来的负面和危机开始了艺术再创作。

1966年,马尔萨尔·布罗塔斯完成作品《贝壳的大锅》。1979年,托尼·克拉克将废品塑料用彩虹色组成的巨大作品公众于世。那个年代,由于大量消费而产生的塑料品的自然分解还趋于难题,用鲜艳的颜色促使人们在日常生活中注意到文明生活给地球环境带来的破坏。1982年,法国艺术家在《东京压缩》中将小汽车压成废品垃圾的残忍的原样保留在了东京的美术馆。

对人类来说,垃圾是消费的跟随物,古代社会里,弃置物原本可以回归大自然,那时并没有威胁到人类存亡。随着新材料的发明、新技术的开发和人口的增长,加速了生产和消费,现代都市里产生的废气和巨大的垃圾堆已经让生态环境陷入恶性循环。作为艺术品,一直以来"真善美"是美学上判断的一项重要准则。当垃圾作为艺术品创作的材料时,到底美不美将由个人去判断。这种创意蕴含着艺术家们自发性的对文明批判的真实情感和对人类存亡危机的警觉性呼唤的善意。这些不仅没有偏离艺术家面向社会创作的使命和自发性的职责,而且,提升了人们对艺术的新的审美意识。

事物存在着正负两面性,艺术也不例外。

从人工和自然对立的二元论的思想构想,观察技术和人的界限,将机能和幽默融合于其作品的韩国艺术家 NAMUJUN·朴在1980年发表了《蜡烛电视》,将电视机挖空,中间点燃一支蜡烛,幽默地警告人们新的媒体蕴含着操作情报和事态的危险性。这位活跃在纽约的艺术家的才华在此充分得到了认可,在1987年发表了《更多更多》。这是用1000多台电视机放映出不同的画面组成的装置艺术作品。他不断运用先进技术,如电视机、放映机、DVD等发光物体,甚至以卫星传播网作为创作主源。

电视是消费文化的欲望的象征,它可以放映出政治上的困惑和人类面临的各种问题。当放映获得了自由的时候,它投放给人们的是超越国境、超越意识形态的可能性,这是网络时代到来之前探索作为媒体的潜在力的革命性艺术创意。艺术已经从二维走向了三维,向着四维,或更广泛的范围发展了。可以说当代艺术由此拉开序幕不为过言。这时,美苏冷战也将结束,开拓媒体的新的可能性已经成为挖掘技术的局限和人类高度极限的新的挑战。那么,艺术及其艺术创作也将面临一场新的挑战。

艺术作为一种个体创作的产物留存下来,早就不是艺术家个人所为了。杜尚的《泉》早已经去向不明,幸好他留下了照片,为世界美术史留下了佐证。强大的经济、民主的政治是带动社会、文化的动力。文化与经济共存演进将是未来经济增长的典型化趋势。

战后的中国,由于种种原因,并没有像同样遭到战争重大打击的日本一样走向经济高度成长。中国直到改革开放以后,经济才开始向着国际化发展。同样,艺术上的各种自由思潮也同步开始了。直到20世纪九十年代,一批批中国艺术家得到世界的公认。因为世界艺术的中心在美国,所以,也有人把他们列入"后殖民文化"的艺术家行列。主要分三组:一组是留学后留在国外活跃的;一组是在一直国内的;还有一组是留学后回国的。从艾未未到蔡国强的《草船借箭》、《收租院》,从陈逸飞到周铁海的《维纳斯与丘比特》,从吴冠中到叶永青的《涂你个鸦》,从方力均到张晓刚的《遗梦集》、《血缘》,从岳敏君到周春芽的《绿狗》、《桃花盛开的日子》,从张恩利到毛旭辉的《有绿色背景的红色剪刀》,从曾梵志的《我们系列自画像》到向京,蔚为大观。因为他们被西方人挑中的作品频频出现在国际拍卖舞台,继而身价不菲。中国经济的快速发展,进一步推动了中国经济与当代艺术的产业链的关系,同时,也进一步证明了西方审美观在东方当代艺术上的延续。

事实上,老一辈的徐悲鸿、林凤眠、朱德群、赵无极等艺术家,都是通过学习西方美学来实现对中国绘画艺术的改革和创新。他们起到了中国当代艺术向国际的推动作用。

我有时会想:西方有学法律和政治经济学的抽象艺术大师康定斯基,东方有木匠出生的国画大师齐白石,那么,21世纪的中国为什么不可以有一个学媒体的国画艺术家华鸟呢? 这不是我个人的自誉或自负。

我的200多幅《宇宙系列》的作品是在东京创作的。早年中国的书画篆刻艺术从一定程度上无意识地影响了抽象作品的创作。书法是以线条为造型的抽象艺术,也是人类抽象艺术的巅峰。在东京期间,我接触了先进科学技术。同时,在理论上,阅览了从佛教到心理学、化学、物理学、天文学的书刊。那个以神话来解释宇宙的时代远去,现在人类运用科学技术和丰富的想象力赋予了宇宙各种各样的面貌,进一步带动了人类的心智和视野的开拓。

我在思想上受到佛教的生命"迂回轮转"的影响,也钦佩道家庄子学说。庄子将自然界的中心概念和最高范畴归于"道",而"道"乃宇宙万物本原,为"周行而不殆"的运动实体,无形又不为人们感觉而感知,却真实存在,可以为我们的思维所把握。这种"把握"促发了我的创作灵感。

当今日新月异的技术使人类能够通过高尖端望远镜观察到了或极其微观或极度辽远的宇宙世界。人类已经从硅、氧、锰、铁、铝、铜等原子到发现氢、一氧化碳、二氧化碳、甲烷、氨氮等分子,从氨基酸、蛋白质到发现脱氧核糖核酸分子,从原子、粒子到发现中子、质子、电子、光子,又到发现臭氧、氟氢碳化物将给人类带来毁灭性的危机,认识到宇宙就是生命自己,是生命的总体。霍金赋予了宇宙学研究中最强的理性力度,那么华鸟在绘画中赋予宇宙一种感性的力度不会是件荒唐事。

德国哲学家 W·奥林格的著作《抽离与移情》对抽象主义美学观念这样解释道:在艺术创造中,除了情移的冲动以外,还有一种与之相反的冲动支配着,这便是"抽离的趋势"。产生抽离的原因是因为人与环境之间存在着冲突,人们感受到空间的广大与现象的骚乱,人们心灵既然不能在变化无常的外界现象中寻找慰藉,那么只有到艺术的形式里求得宁静。

绘画艺术和艺术家的思维、心理、个人体验,感情、经历是相关的。如果没有对美学上、对美术价值上、对理论上的诸类问题深思过,那也谈不上创作《宇宙系列》了。我所关注的事物,我所经历的事物在我的潜意识里支配着我,让我去思考一些不仅仅是本民族的以及其他民族之间的问题,并且试图洞悉事物轮替运行的本质和规律。

我在 20 年海外生活期间也陆陆续续地回国,2006 年正式回国,我从创作《宇宙系列》进而试图在又一个新的主题上——本体论绘画与画论——挑战极限。基于宇宙本体观而创作,体现的观念是对人类当前处境的深切关怀,《宇宙系列》——愿这束艺术之花在新世纪初的中国大地盛开,这对艺术家本身来说,这是苦难中创作挣扎后命运给予的一种莫大的安慰;对社会、文化来说,一位伟大哲学家的赞许则是对我莫大的鼓舞。

(二)追求本体性的艺术

——当代艺术本体论转型之我见

华 鸟

　　近年来我一直在思考的问题是:本体论美学如何作为当代中国艺术的开端。很高兴我自己的一系列作品如《宇宙系列》有可能呼应这一开端,推进中国现代性的美学和艺术。我是本体论美学的追随者和实践者。《宇宙系列》的创作适逢其时,幸运又分外荣幸的是我的创作得到具有世界影响力的哲学家成中英先生的鼓励和几位诗人的响应。我后来才知道,成中英先生不仅是"本体论美学"的创立者,他还是一位杰出的诗人和文艺批评家。成中英先生富有哲学洞察力的文艺评论,早在上世纪七十年代就对台湾的现代诗坛和先锋艺术产生积极的影响。在"本体论美学"的旗帜下,如何重新集结艺术创作的力量,在今日中国文化复兴的前景下,是我深为关切的。《宇宙系列》的创作倾注了我整整十年的心思。让我感到分外荣幸的是,在"第十三回世界易经大会"上,以"宇宙的本体与诠释——杨宏声、华鸟诗画展"为题的《宇宙系列》展,得到了成中英先生的热情推介,我的作品传播引起国际媒体和展览单位的关注,这也表明"本体论美学"在理论和实践上富有启发和推动的力量。这篇文章谨记下我当下的一些感想,作为对哲学家成中英先生创说的实践的呼应,愿有更多的同仁加入我们的行列。

　　《宇宙系列》作为艺术文本,是转向本体论艺术的尝试。宇宙既是事物的一切,又不同于一切的事物,宇宙大于一切事物的总和。说宇宙为"一"也许比说宇宙为"多"更有意思。宇宙之为空间和时间的交相重叠而构成整体,可谓无形的大象,但它的特殊面貌在现代宇宙学的背景上变得明显了,正是艺术使我们认识自己在宇宙中的位置。现代以来,艺术发挥的作用,完全可以与科学媲美,且随着哲学推进,它告诉我们所谓宇宙经验不只是无形的、难以辨认的。艺术揭示了当今世界和未来世界的真理,它包罗了整个人类历史、自然历史、宇宙历史,并永远凝固了人类宇宙性进化中许多关键性的时刻。

　　如此看来,在世界里我们能看到的什么,不正是世界能让我们看到的么? 正如艺术作品让我们看到的,既是我们能看到的,也是我们所能看到的。能与所能,看与所看之间形成了建设性的关系。审美的发现根本乃是艺术性的、创造性的发现。那么,绘画从具象变成抽象以后,形象世界解体之后,还有什么可看的呢?从艺术的"看"之为发现的观点,或可说:抽象既是一种从绘画语言或艺术造型的语言,也是一种富于发现性的世界观:观大千世界缤纷多彩的现象,发现事物有无相生的过程。

在人类早期的原始艺术中,具象之观与抽象之观已经协力而发挥其作用。很早就有一些我们可以称之为"符号化"的作品,且发明了大量的艺术符号,经过一系列复杂的演变之后仍然为后世所沿用。有意识地借用这种原始符号,则成为现代艺术的特点之一。易学家所谓伏羲"一画(划)开天"的"一",可以说就是最根本的抽象,且以最大的抽象对应于最大的具体,这是我创作《宇宙系列》时所领悟的。我们有理由认为,先哲伏羲"仰观俯察"的观察,乃是包括艺术在内的整个世界观发育的缘由。中国传统的画论认为学画即学易,首先强调视觉的"观"或看的引导作用。"观"是从自然现象及其明暗、有无、隐显着眼,当作是理解世界上的事物的形象、形式、形态和形成过程的一种重要行为。"观"的过程作为一个开放的过程,从事物的实际形态、形象中识别出抽象形式,再把形式应用于事物,从而更其美妙地理解事物。因此,艺术的抽象形式有其细密的心理领会和超越经验的冲动。是"观"建立了抽象或象的抽象,这样,也就发明了"象"。庄子论"观"整个地基于艺术活动与审美,基于对世界现象的本质性的领会。《庄子》里有两段话特别重要,可以联起来解读。一段是《秋水》:

> 以道观之,物无贵贱;以物观之,自贵而相贱。

道"大象无形",道"齐物"故只有阶值之差,而非价值之别;物则是"名物",每一名物的价值都是突出的。若从形象的观点理会"道观"与"物观"的不同就更有意思。还有一段是《人世间》,讲犹如"看"一般的"听",从感官的通感立论:

> 一若志,无听之以耳而听之以心;无听之以心而听之以气。听止于耳,心止于符,气也者,虚而待物者也。唯道集虚,虚者,心斋也。

整个一段实际也是从"听"的感官与超感官活动讲"以道观之"与"以物观之"类似的区别。从个别感官,到感官的感通,到物感到道的寂然无感,"气"恍惚无形,却能无中生有,气韵生动。整个现代艺术的表现手法、意图、精神风貌,是可以借助于中国哲学与美学的"观"加以深切的说明的。

我们从西方印象派绘画谈起。印象派绘画从19世纪七十年代产生,他们在艺术上有同道,既有所谓音乐的印象派,也有接近印象派艺术概念的诗人。整个19世纪末期,印象派的影响广泛。在这段期间,绘画语言与概念正在发生根本的转变,孕育了此后全部现代流派的雏形,抽象绘画的意识也在其中发展起来。

印象派试图创建一种新的绘画语言和描绘世界的方式。在典型的印象派莫奈、毕沙罗、马奈的作品中，自然物象焕然解体，分解成色彩的组织、分解成光的组织，正是在这种印象玄奥又捉摸不定的光景中，画家将物体与环境呈现出来，印象派的作品富于乐感和诗意。当代艺术的先锋派将印象派艺术当做过时的手法看待：明显的视觉真实感、严格的透视，巫巫着意于对象的瞬间光色景观变化，所有这一切都已经被当作某种保守和落伍的标志了。其实不然，印象派艺术为现代艺术提供的经验极为精微，欲深参绘画之道，潜心于其作品细细观摩，上可接西方绘画的现实主义，下可通抽象主义之变，并可将"印象"与中国绘画所谓平远、高远、深远等观念和画法进行比较。

　　印象派之后，塞尚在画面上建立了不同于日常透视规则的异乎寻常的画面结构。塞尚是海德格尔最喜爱的画家之一，他在赠法国诗人勒内·夏尔的组诗中有一首就以《塞尚》为题。海德格尔在诗里直接对塞尚的画作了评论："在画家的后期作品中，/纯然成就在场者与在场之二重性，/同时'实现'又消失，/转变入神秘的同一。//从中不就显示出一条路径，/通入诗与思的一体么？""在场"内在于"在场者"，用庄子的话说，既是"以物观之"，又进而"以道观之"。这是全面的现代艺术见地。塞尚明确地意识到，艺术不仅是自然物象的摹写，更是与自然平行、与自然物相互映照的和谐体，正是这一点为海德格尔激赏不已。20世纪初的十年，艺术家和哲学家一样激动、发奋、富有干劲。1905年，塞尚生命的最后一年，巴黎的野兽派和德国的表现主义运动拉开了帷幕。马蒂斯提出，可观物象在进入画面时，需要经过艺术和心的"翻译"，由画家把它们翻译成色与线的纯平面效果，才具有绘画的价值。翻译的意思就是将自然的语言译为艺术和艺术家的语言，改变自然话语的形态。色彩就是情绪的流露，悲喜可睹可闻。1909年，作为抽象绘画前驱的立体派出现了。1910年，康定斯基创作了他称之为"抽象画"的第一幅作品。一种新的艺术眼光确立起来了。表面看来，用抽象眼光观察物象，似乎显得粗暴：不是把物象当做日常的、具有各种物质功用的实体看待，而是把它们分解为或还原为若干组视觉元素之间的关系，实体被这种眼光拆成断片。其实，深而察之，抽象根本也是综合。用这种不执着于实体、不落形迹的灵动之眼观看绘画，不去追究画面图形与自然物象的表面相似，而是去倾听画面本身的色调和韵致，用貌似化解的要素来重建一个新的视觉世界，从图形色彩本身组织构成关系去品味其自身的内涵。

　　因此，自20世纪以来，发生了最激烈的变化的艺术类型，就是造型艺术，而造型艺术最激进的变化就是艺术的造型：一种无形之形的艺术虽然难以作审美的领会，在观念上却容易被接受。今天，中国艺术论的"无法之法"、"大象无形"、"无声之声"、"空白"、"默然无间"之类的说法，早已成为口头禅，不同艺术流派皆能道出一二。可挂在口头是一回事，会之于心而应之于手且落实于创作又是一回事。这一点与中国接受西方抽象艺术的情形相仿佛，值得深思熟虑。根本而论，艺术领域里的具体开端恰恰必须首先深入分析具体的作品或创作一件作品，而不能一味从宏大的纲领出发。因为这个"开端"是要让艺术当下呈现，对着我们说话，而不是一些关于艺术的空洞理论。它是要为艺术效力而不是使用艺术。当然，艺术家是否能够成功地做到这一点，那还是不明朗的，尚有待努力从事。作为艺术技法的现实表现手法，印象表现手法、抽象表现手法以及浪漫主义精神、超验的意向，苟能善用，都能派上用场。艺术经验积累的原理一直会是有效的。因此，现代艺术的"效果历史"或许随社会风尚变化而变化，其"历史效果"或"效应"却一直会给后人带来启示。

近年来，成中英先生倡导的"本体论美学"的理论和实践，重视对西方现代和后现代艺术问题的研究，已有一群追随者。我的《宇宙系列》的创作，虽然在最初的构思上是从自己的艺术经验出发，即我采用了将宇宙按照七个演化阶段：诞、交、奏、合、护、灭七个组画来呈现或"诠释"宇宙的"本体"，其根本精神与成先生的原理或原则相合，这使我感到欣喜和鼓舞。

正如成中英教授一再强调的，当代哲学和美学研究重新回到"原点"的必要性和可能性。任何一种有意义的探索和研究，任何一种创造性理解和创作的尝试，都不是盲目进行的，而是受一种"诠释学"的先行领悟引导的，是由一种自行筹划引导的，实际上即是由一种对那终究能找到的资源，且在人们在追问有待探究之物时，必须设定之方向的先行筹划来引导的。我这里只要指出康定斯基对于我的基本重要性就可以了。康定斯基不仅是一位富有创造性的现代艺术家，同时也是一位哲学家，是康定斯基将我引导到成中英教授的学说，且能从艺术上作出响应。我们在现代艺术中看到的，同样不是人的一种任意的表现或艺术家任性而作，而是某种非同寻常的东西，即使像杜尚的《泉》，安迪·沃霍尔的《布里洛的盒子》，看似完全利用现成的物品———一个小便池和数个包装商品的纸盒——看似现成的"发生"，其实是"发现"或是赋予它以发现的意义。其命名的意志仅从其业已在艺术史上产生的效果看，根本上是"创造"性的，自此以后，我们对艺术的看法不得不引进更为复杂而又具体的眼光。所谓"非同寻常"并不脱离通常事物的领域，而是对内在于通常事物的意义的发现。艺术的命名之举，既把概念搞成事物，又把事物概念化，从而达到特殊的艺术目的。艺术的把握方式犹如概念的把握方式，并没有超出对世界的意识。概念是某种"太人性"（尼采语）的东西，这是大可不争的。这就使得"艺术的非人性化"现象值得深思了。正是在艺术的发生、发现、创造现象中，我们看到人类揭示、表达其世界关联的基本可能性及其更新的过程。我们在艺术之为最古老的人性形式中，就已经发现了这种表达。即使在后现代艺术的诸多"反艺术"成"非艺术"的倾向中,也没有终止这种表达与世界的关联。艺术创造的形象言说自己,却以接近无言的方式言说,因此,困难在于我们既要理解言说内容又要理解言说方式,这样一种理解必须深入到言说内容背后而加以追问。

《宇宙系列》的创作经过十余年的努力达到了它现在的模样,它的艺术主题引起了国际学术界和艺术界的关注,也让我收到鼓舞。艺术乃是一种需要解说的语言,尤以现代艺术为甚。现代以来,艺术的诠释的必要性变得愈加明显起来。所谓"问题"美学,乃是需要追问的美学,而追问根本上是本体论的追问。因此,艺术诠释与艺术本体的问题一体联动,不能偏废。我自知,一种艺术创作,即使得到最好的哲学解说,并不能保证其艺术价值的充分性,却能敞开新的艺术探索的可能性。

我自知,艺术的探索并不因为依傍于一种好的哲学就消除其风险。或许,更为实际的是,艺术家为此而鼓起勇气,敢于作新的历险。在偌大宇宙中,艺术家不仅应该揭示世界的关联性,而且应该进而促进这种世界关联。

下篇:(一)《宇宙系列》序并诗

成中英

在我看来,今日艺术家再度回归宇宙的整体观念,对于重新考虑"后现代"世界中艺术发展的多样性和可能性,是很有意义的。近年来,在各种讨论艺术与美学的场合,我都强调确立宇宙本体观念的根本意义。"宇宙"这个词有很多比喻性的用法,在艺术上,艺术家更多地经由与精神专注的特定领域而关涉整个现实世界。作为个体的人可以同时涉足几个不同的"世界",这样的经验是艺术家所精通的,他们擅长以小见大,以近显远,以周流旁通的手法而作形象的表现。这里我要强调,艺术抽象形式的感性特征根本是形象性的。

我从杨宏声君那里看到《宇宙系列》,一本印得很好的画册,洋洋大观,确能给深邃的思考留下鲜明印象并激发兴趣。我对画家的艺术用意和表现手法颇为欣赏。

西方现代抽象艺术之兴起有一个宇宙观发生变化的背景,即以抽象而立宇宙本体,从世界的存在(being)之存在(beings)去理解事物。抽象兼有理致和情趣,类似哲学修辞的隐喻的运用。故卓越的抽象作品,往往不是枯燥乏味的,而是既有很深的寓意,同时又不失生动性。

值此人类生态危机时代,事无巨细皆关乎全体的人,亟需哲学家和艺术家确立整体的眼光,同时又能以自己的专长去谋求化解之法、创造之道。有抱负的画家有如雄心勃勃的科学家和哲学家,通过对某种认可的宇宙模式进行描绘,引导人进行沉思。从事美学和哲学研究的学者同样可以在艺术家所从事的创作中学到许多东西。

西方人把"宇宙"一词的用法往往作为一个实体看待,认为宇宙的发展,有开始也有结束,仍有其不周延。更进一步看,宇宙间无处不在、无始无终的本体真理,用中国哲人的概念加以表达就是"道"。大道无形而显之于大化流行,具体于表象与数序,抽象于意义与原理。易学谓之象、数、义、理,亦为中国画学所本,而加以发挥阐扬。因此,绘画的表象与表象性之抽象已经表明抽象方式之发挥的

　　诸多可能性。善用艺术程式者并非墨守而成,而是默运而变,得其神韵而日新其用。我对中国现代绘画艺术是寄予厚望的。

　　古代中国哲人和画家很早就意识到人之为人参与天地创化的职能和意义。宇宙的基本问题也是人生和艺术的基本问题,其重要性在于它们共同涉及生命的价值和生命内涵的持续创新问题,从而也构成了思索并呈现人类处境与个人存在的意义的隐秘边界,及其理解的终极背景,因而关涉地球上的每一个人。忧患元元,从根本上领会人在宇宙中的位置及其意义,吾与画家同此心也,同此情也! 不尽之意,寄托诗言:

> 宇宙之变,
> 七变而何?
> 大有始终,
> 尚或未畛。
>
> 懽心孔洽,
> 栋宇谁邻?
> 乃敷长卷,
> 乃著新诗。
>
> 乃聚如阜,
> 乃训方傲,
> 乃鞠尘服,
> 乃冀可续。
>
> 无生一曲,
> 调满虚空。
> 白雪残迹,
> 已消苦楚。
>
> 五颜六色,
> 唤回记忆。
> 载言载咏,
> 以写我忧。

（二）十七帖：肉身与意象

——华鸟《宇宙系列》的生命意识

朱来扣

　　旅日上海画家华鸟，对现代艺术之变极为敏感，对艺术理论也深有兴趣，致力于艺术本体的美学阐释。一位艺术家的美学观念及其对艺术本体的阐释，必定要诉诸作品，其创作无疑是最好的也是最有力的阐释和证明。华鸟潜心创作的 200 余幅《宇宙系列》作品，立足于"易道"之阴阳本体，以"诞之篇"、"交之篇"、"奏之篇"、"升之篇"、"合之篇"、"护之篇"、"再生篇"等七个篇章，通过图式渐变的铺展，以及色彩与线条等绘画元素整合，进行充满当代性的抽象艺术叙事，表达了现代个体生命对宇宙客体变化互为观照和艺术审美的阐释姿态——"我即宇宙，宇宙即我"，即每个个体生命的存在就是宇宙本体在不同状态的呈现。本文试图运用诗性与意象的通感思考，尝试以中国传统文献之"十七帖"形式，将华鸟创作的《宇宙系列》绘本作为艺术认知的本体，给予审美意义上的解读与阐释。

一

　　哲学的直觉一旦艺术化，这个世界就将被重新发现，重新组合一个新的世界。艺术的感动在于将所有的情欲凝固。每个人的身体都是一个宇宙。未来与当下，此岸与彼岸，一组联结的通道。通道很长，甚至无法看到尽头。或许，黑暗是存在的更深的本质，而明亮不过是一种生命自觉的本能而已。欲望如蛇，信子在黑暗中飞舞出没。所有的话语，在瞬间的颤抖中走向终结。

二

这也是开始。我还无法看清这一切。世界的通道有多少出口，总是错过对接的最好时机。山峰是一种柔软的视觉，线条出没与探望。出口，永远无法明白真正的目的地。可以有激光指向的精准，锁住可能，击中的永远是靶心之外的诱惑。射，或是反射，无法思考的枪口漾开一股淡淡白烟。勃起或委顿，打破了出口的慌张。我们需要及时地抵达。

三

嗅觉的忠实之狗，在苍茫四顾的道路上奔跑。视线之外，红色烈焰腾升，赤壁千里。惊涛拍岸，卷起千堆雪。进入还是退出，无法肯定阵地的争夺延续多久。金生水。命题很古老，命意却是新的。我们等候命令下达的瞬间。黑色松林微风吹乱，变形是一次次愉悦的来到。水生木。命运同样古老。我们得到了灌溉土地的无数可能。

四

北溟之鱼跃出。所有圆柱，在青色背景里慢慢湮开，光润如瓷。最柔软的，撑起了有形的空间。不需要抚摩，一种距离的实现在虚无的白色中飘荡。节奏从来不敢躲藏。大音希声。悬挂的一双气球，不断发出基本粒子的喑哑。张望的慌乱。靠近，再靠近。色彩，在画布的空白处飞扬。五蕴如花。

五

千山鸟飞绝。荒凉的果断竟是如此柔软。透明的思想，被一只寻找先生的金色母蝇慌乱击溃。裂帛惨烈于室。一只蚂蚁悠然而来，在你的脚下呼唤同伴。洞穴幽暗，孤独在所有锐角的边缘粉碎。身形似锋利之刃，破寂，破空。山草摇弋。墙角的童年之花，哑然失笑。一股暗涌的潮喷薄抛洒，虹在阳光里闪烁。

六

纠缠,还是纠缠。紫藤不再属于远处的景观。不再是课本定义中的蔓生植物。形而下的情欲纠缠如藤,形而上的情欲如藤纠缠。线条在时间之河中交合,无始无终。一种新的命名诞生。仓颉夜雨鬼神泣。娲,交叉路口的红绿灯失灵。香烟点燃,徐徐烧于藤蔓的间隙。是否重来?鸟飞过。

七

春山沉睡。色之妩媚如你的光滑。蚊子的眼神嗡嗡不断,艳如桃花切断信使之手。见山是山,见水是水。街头通往小巷深处。深处,深处,见山不是山,见水不是水。花瓣在头顶灿烂打开,露珠在梦里呻吟。山就是山,水就是水,管他什么硬山柔水!信使的脸孔莞尔,温情泛滥,情欲煽炽。犹如车驶过街头。

八

一种停留,着魔于黑洞边缘的锯齿。吻合之际,出现永远无法消除的多余。停留只是一个点。无数之点构成思想的隧道,兴奋或者疯狂。花蕊在海浪里沉浮,光芒四射妖娆,轻轻吟唱一曲天籁。记忆失去能力。停留是风是雨是雾是霭,是流淌起伏的河流。一切归于瞬间的释放。

九

大地暧昧,雷电劈开了一团混沌。手不是手,脚不是脚。山谷闭合,平原上一捧蔷薇,渐渐袒呈,霞光如血。切断所有的纠缠之线,无惧无畏亦无怖,叙事之种子落土。生根了,发芽了,蜿蜒于所有经过之路径。天空宝蓝,粉红叶茎注定越发娇艳。欲滴的茫然,搅动了太极。

十

注定是一种轮回。一生二,二生三,三生四……两仪、四象、八卦,万物俱现。妩媚或暴戾,骄傲或卑怯,疯狂或明哲……鱼在水中般若,人在岸上行道。黑色之河与白色莲花,色界于绚烂的奢华里凸现。火焰见性,形已化却;水若是形,此身是性。苍凉于静寂之山顶。

十一

海藻散开,搅动水面的静谧。水泡怡然而至。水泡无法独立。水泡在鱼之欢跃中傲然。蓝色的透明逼近,恍惚不再是一次真实。肥腴之花天空绽放。神秘的籤语在紫色花瓣上显示,灾难或幸福,过程永远在破坏的喜悦里继续。捡起一根褐色毛发。不要问昨天前天,任何时候皆有可能。

十二

天空浑圆,一线暗沟破开阴阳的本质。皱褶开始漂浮滑行,一个未被命名的词语:运动,在液压之下的稀薄空间诞生。向日葵之梗茎撑开金黄的怒火。动或不动,手恍如爪子一样专注。宛若时间的绳节散乱,无论贫瘠还是肥沃,此刻需要勾勒,需要涂抹,需要填充,需要温暖。

十三

小街回荡跫音。声线穿透所有的门窗。风起青萍之末。海水摇弋星光,蔷薇的微笑展露于回眸。爱是本能的释放或延续。寻找词语,抛弃词语,回环往复,在生命的切片上呈现。无关高跟鞋的坚硬,金属冷光闪烁。沿着巷子深处,沿着涛声的曲线,自由在废墟之巅飞翔。

十四

箱子冰冷,细节温柔落体滑行时。同类相和,异质相合。虚像之幻媾和所有的兴奋。打开或闭合,深入或淡出,土地已经远去。光线黯淡了。形状是一次把握,框架的空间阐释时间之流的存在。圆柱体还是凹面体,混沌或旋转都是悲伤的合成。大楼倾塌,钢铁袒露了原子本质。

十五

天容地器,观念而生。猎豹穿行山林,云水相合远方。术数起于念。大衍五十,蓍草卜命。乾坤为容,一生万器。观于行之,得于念至。色空于相,相生于色。无论茅庐华舍,容与不容一般器用。陌上之桑,袅娜多姿。孤独者之为道,抑或之为器,一种状态的实现。

十六

孤木悬于大街。色彩的射线穿透衣衫。兽皮之纹的激情,风中颤抖。嶙峋的骨架迎面撞击,无法回避。转身的瞬间,所有饥饿在丰满的欢畅里实现。衣袂飘飘如雪。蓝色曲线流畅,红色奔涌于盆地、山巅。月圆之夜的明亮,刺激于点的沉醉,无始无终。无咎之美。

十七

夏云如峰,叙事流水。火星与水星瞭望,无法把握的孤独潜入夜色。所有的触点,在对视消失之际完成,或燃烧成烬或无动于衷,你还能拥有什么。虚无无形。灵猫迈开轻盈之步,来或去。舒服在敏感的抚摩中消失。云在高处笑了。潇湘夜雨清冷。可能是永远的极限或彼岸,诞生于时间的灭寂。肉身如峰如峦永恒。

(三)穿越宇宙的七重门

杨宏声

想象空敞的,合乎立方体和球体的彩色之屋。你可以想象它们极大或极小,极原始的窗和门和路径和户外。上下、左右、前后匀称,然而,绝非刻板。

现在,七个抽象的个体(用无形的彩绳维系,或可作机械运行)

(1)蓝色——精神最初的变形之后,就固定下来,成了晨昏之间充塞的虚空之物。

(2)黄色——四方形的、原始的方整之物。

(3)白色——长线形的锋利的点,尚未与黑色形体形成对立。

(4)红色——火状物,呈现深思熟虑的狂暴和蛮横,构成天地间永久性的因素。

(5)绿色——立柱的集合体合乎一棵参天大树的几何学原理。

(6)紫色——可塑性的极动的卵形物,或显出颓废的情调。

(7)黑色——多球体。自动变形,亦可打开它们。犹如白色上的黑色的点,呈现并放大。

进而:幻想的透视效果乃是软边抽象。

我们称之为场所却只见场所之物,犹如焦点柔和的巨型广告,把人物排列成戏剧彩排一样的环境,在同一基因上创造又一个新作品。至微的新意显现时变得朦胧,瞬间之物坠落、溅泼、扭动、跳跃、发生和爆炸——乃最后的机会之物的奇观。一种时髦的全新的事物创造自己的环境,物质与艺术的平行,机械与情感的平行。

整个创作和布置类似于一座艺术迷宫。

一、诞之篇

理所当然,生命是浑圆的,因为诞生时刻是浑圆的。有如混沌创造的结晶,重又燃起我们从未言说的欲念。天穹之波出现振荡,听见天河极远处响起水音。风混和众生的窃窃私语,波光则如银纱缓缓下降。

看哪!悦人的柔光是蔚蓝的,轻轻触抚你阴沉的思绪。蓝光更为神奇,柔和悦人。每个光环像茅舍,也像华屋广厦。屋宇中闪烁着的是故园的灯,让你怀念。

理所当然,最初是光,更确切地说:是光的子民。在第一时辰的最初顷刻,元初之子的嘴唇粘着陶土。(那是史前神物)吮尝着世间万物之至真者,天空中未经漂白的丝帛一变而蓝。

赞美者一如造物者,独自面对这个世界。而天风则以青色来与孤独的人相聚,复以轻柔之光将他远古的记忆环照。阳光在众生之脊背镶嵌了一道金边……

理所当然,绿色显得如此自然,随之显出宇宙家族中珍视的金色或红色。先祖把颜色一分为二,再分为四。在北方涂上墨色;南方是红色,殷红如血;西方的白色晶莹剔透;东方纯绿;在中间的橙黄则醒目,稳重,不可逾越。

那些长者深谙色谱有如精通族谱的智者。每一物种都钟爱其原色,记载着它们原始根源和力量。

理所当然,白热化的光徒然而高。徒然降落,弧线怒张,然而却是柔和的。在隐蔽的地方,其色更白,白如地平线上闪烁的一线光芒。风光的众生中最为风光的人类,就像初出茅庐的年轻的佛或得道者一并塑造着痛苦和欢愉。

定非凡物所能造就的生物啊,理所当然地,纯白之素仍然是最高贵的德性。你当敬之如神并通晓其义,或如那个老而又老的哲人所言:"我追寻白色直到极端的强度我追寻黑色的启示直到热泪盈眶我追寻蓝色的希望直到绝望的边缘。"

理所当然,为将这个冬日携入你的春天,就得将每个字写得像融融的雪,任其融化的指缝中筛滤阳光,并让它轻柔地潜入你的梦境。

普照的天光下,融化的雪花变作突涌的泉眼。预卜的金色胚胎或如种子,早已想见头上的苍天宽广寥廓。倘若你想深究种子的奥义,总有一天将会获得援助。

理所当然,圣言宛如一阵馨香消失了,神秘的音节宛如物语之至为奥秘者。

这威胁则如见证者,始见荒原复如泉涌源头。复见万物之欢欣并对此做出允诺:"你在语言中挽救的一切并非徒劳,终将纯净地绵延在永恒中。"
是时间的会合之力,是遥远的视觉拯救这古老誓言。

理所当然,明天仍然需要你正视,而主宰的力量你仍然毫无觉察。如同你觉察不出自己手上的脉搏,如何携带创生时的消息。你的心壤异常渊深,因而你得不懈地向地表探进。

仍未挣脱天穹的视线,立在上面你便能生成和平衡。超越此点将重陷混乱和黑暗,而落地生根又会招致诸神的妒忌。

二、交之篇

然而,这个偌大的宇宙,这些渺乎小者全然能够胜任。疑问已然超过了疑问。因为微小之体能大能久。从中能窥见宇宙永生的脉络,幼小的生命需要形成以前的漫长岁月。在那儿,你不登方舟也不用划桨,像自由之神之最自由的兄弟那样。跨越苍莽的海面,又歌又舞,而幸福就像暴风骤雨那般欢腾。

将世界变蓝又把云彩涂得彤红的人让我们把天地间的王国变得明亮吧!与前来会合的神祇共商大计,致力于认识更高的世界。

然而,梦者能有多少耐心持守其梦呢?梦想不褪其本来之真。或像望气者提醒了自己,无聊调息。积累和突然而袭的气收紧时,骨骼骇然阵列。危厄的睡意掉落虚阴中,展望未来的快意已不止是快意。因为醒者已参透大梦,大梦者从心灵深处投以一瞥。

犹如一座山峰觉悟时的回首,能从孤独的体内窥见,那变成化石的古老的爱情残迹。

　　然而，回到感官之心犹如撞钟，和声在交合时岂不更悦耳悦心。它在开着花或含苞欲放，捕捉太阳散发出的一束束光。

　　所有的喧嚣之上是寂静，丝毫感觉不到微动的风息。善歌的神女也沉默不语，那是另一种赞美方式。果实则垂如沉钟向虚空倾落，在阴影下生长和成熟。

　　然而，目睹者的诉说和暗示，疲于游荡，向往回归。它目光所及的天外追忆，全为自我，全为付出。

　　无限既成，依然混沌充沛。轻风成圈，在此临近，未解内心液汁如何获得。此地此刻，既渴且饥，我们依然是偶然的空间的穿越者，上驱爽朗，下临深渊。为我们解说史前的历史吧，每个细节，无不谙晓。

　　然而，呼唤与怀念我的一切：宁静，顽强，不可逾越，像不眠的啮咬的心灵。

　　而力量，静止之女，血脉中贲张。星星金色的成熟和神秘燃烧的声音下，情人沉默无语。

　　然而，此地给予的乃一世之耐心，俟之以时日而不使其质变。宇宙开辟以来恰如这个魔法时刻，大地之夏总得呈现我们独特目光。

　　遍寻群龙咀嚼过的暮色，凤凰嘶鸣，顺势闪入梢顶之浓荫。树影劈开石之炽热的欲念，托身给自己的双重命运，分身于风景中央。

　　余温犹存倩影，凝视最后余辉。

　　然而，在这被剥掉了语言的想念里，名字与形体都会被遗忘。

　　被你的血气活生生见证的虚无，唯血脉在强烈地坚持和流动。这是你的血流在汇聚时间，从而返回岁月之源。

　　回归自一个挺直的欲望，宛若花儿迷恋着清露。

三、奏之篇

　　静听一会儿吧——

　　他们一直在谈论新艺术，新道德，以及所有的新玩意儿。他们试图用新的手法驱除撕心裂肺的孤独和隔绝感。盈盈相迎之物中有使人安坦的成分，亲近如你接住一瓣让自己安静地飘落下来的叶子。

失去或失落者则如华丽楼台，或怨愤或模仿的幻想。或如重新被允诺的步伐。

精神像每一件感应之物，战栗了。

静伫片刻吧，曼舞者，还有那些更加狂热的舞者。

片刻的欢愉岂不珍贵，让别人继续投以赞美的目光吧。只有与我相似的人，才能将我从沉醉的音乐中唤醒，掀起诗兴。

舞者身上的一切，只该是一个欢乐的节日。当我们料想不到的事物，当我们意外收获的事物，当我们厌倦了有美丽外表的事物，就按我们的心照直宣讲。

风人，我只伴你其舞，并为你戴上花冠。

静静抬起盛情的手，并且为了吻合，为了接受另一只，犹如神奇的手拒绝骰子的偶然性。孤独之星因而高高升起。

这时候，我想，与我们擦肩而过的事物很少能被抓住，犹如旋舞时手张开又合拢，因为我们不仅承受其变幻不定的性质，而且承受其四肢的简单运动，不同的爱抚丰富我们的姿势和想望。

这一运动从未完成，很快形象被变形，犹如我们思想中球形的芳香。

静思者无思又无虑。只有一种不幸加于那些流离失所者，不像任何其他的不幸。它在辛劳或怠惰里闪烁，有着可爱的品质，构成一张天真无邪的脸。但舞动时怎样的动力，旋舞旋无，怎样攫取终点的狂奔，因为它随意赋形的影子躲避召唤，它总是及时溜走。

舞者有年龄。舞蹈没有。但什么是整个源泉的瞬间？

静观者在这观音似的风里忘记之谜样的时光和季节。可这样的风光里的精神状态是喜悦的，尽管残酷的白昼成为黑夜的记忆。

有些字飘逸，成为多义的；有些学会了拒绝的意思；有些意义是拒绝的意义。

或许，逸人高士首先到溪流里梳洗。水的清洌是无声，它的形象则不然。（我学会了热爱那使我头昏目眩，然后在我体内排泄黑暗的东西。）

静于其自动或动于其自静，轻快地跃动因而跃动得更轻快。

这个跃动于其内的世界为了成为人的世界和众生的世界，承受着多大的痛苦。但愿被焚毁的美丽眼睛从我们的泪水和懊悔中找到重新创造的尺度。我们的审美动机施于各种压力且对准我们的机遇,并使我们屈从于这一简单的模式。

那丝毫不愧欠人类的至美者,向我们索取美,并激励我们:"更轻快地跃动,跃动,跃动……"

沉静近乎愤懑而非忧患。走向本质的沉静在悲悯在乎我们的人数,我们的对应,我们的差别,我们的过程,我们的真实,以及比自身的运动行进得更快之物。

接受你的悲伤,抓住你的幸福,迎着你的危险走去。接受转危为安的双重真理。勇敢地用魔力和更高明的魔法同命运之物搏斗,从沉静中释放出极端的狂奔,这是舞者的使命。

有理由信奉一条简单的原理:宇宙在总数既未增加也未减少。

四、升之篇

和风的产物,红移的旋涡。一条龙在浮云中。一朵方块的浮云,在大地的天空滚动。

云中君啊,你奔波于沉睡的描绘之梦。越过收割后的田野和半掩着花园的小道,你不过是一股柔化的微风。

比任何谚语更善解人意。被我的思绪惊扰,它轻柔地上下飘落翻飞。

委付于你啊,自由之子!

赠你以连环的枷锁,还有开启的钥匙。犹如宇宙间的游子,依偎着大地的胸怀。

今天你蓦然闯入我的记忆,把我心底的奥秘窥探。在你身上我追寻甘甜的宁静,是怎样的风景令我黯然神伤。我的故乡在遥远的南方,眼泪和忧愁炽热了它。

一座乐园——谁的——优钵罗花,忘忧草……拈起一朵花的微笑……

花微笑着说:"我愿重现华年的手将它变为一面华镜,镜中毕现你的曼妙无比,而你的百千化身是树木、云朵、丘陵……"

一种表情瞻前顾后,园中小径通行于影射与暗示之间。这时候,忧心于怀的人被祝福了——

这时候,抵抗也许是无效的,却是必要的,因为这是坚持。

用云水后的武器做成自己的盔甲,两尊金狮和瑞兽则充作护卫。以思想为门岗,门楣上的铭文则如密码。

每个印记意思自明,因为目光在钻透岁月之谜。进者与退者——活的印记。赤裸裸的日新又新的秘密。

充满回声的斗拱和门洞,既无云朵也无掩体。

这些弯弯曲曲的线条和圆形字母,连接又分开,全无杂念。

在纸面如同在掌面或脸面,密密匝匝地写满命运。它们是一种预言,一种应验,一种失而复得的记忆。

它们是意外的权杖,时间之手握紧了它。

未来尚不真实,时间在怀疑。唯心不动,却又生机盎然。

怜悯的永恒的外部秩序,让事物循行,犹如苦修。

面壁者但见巨石在孵卵,空谷的回声则如低语。

凭借触觉的阶梯,在空间当中物我一体。趺坐者如同一棵会呼吸的树,其高无尺,其光无涯。

而当满壁花香,四面袭来,你既不聚精会神,也不漫不经心。

重复和对重复的暂时维持,使我们绝望时进退维谷。

对于高贵的雄心,时间是轻飘飘的。

大地容易测量它有多宽广,我们的脚小心翼翼地转弯。把手臂伸向不爱你的人,以新的方法来完成这个拼图。

朗朗天光之下,梦和白日之间,绝望乃是希望的可见的本质。

五、合之篇

日子青郁,这一切组合在一起,驱散古代牺牲的神圣静谧。

这就是预感,甚至超出了预感,把它奉贤给至高无上的苍冥,且规定那些远大的目标。我们将为实现它而一生辛劳。

我追想在夜霭中逐渐淡薄的记忆,回味安睡的迷迭香之欣喜。

我在思索一些没有答案的问题:"为什么制造这么多小块的绿色:这儿的一只小鸟,那儿飞舞的一只蝴蝶,或者一株野草,一块佩玉,一泓湖水,它仅仅以绿意悦目又悦心——"

春天的祈祷这么开头:"今天我们以白花初开之欣悦,不为那些遥远的事业和那些捉摸不定的收成而烦心……"

真理储存在情感内部的是语言一样的东西,或介乎情感与语言之间。比一切神和一切人都悠远的语言构成我们。

仍未能挣脱天穹的语言,若超越它就会陷入混乱和黑暗,而落后了又会招来自己的烦恼。助长天地的力量,那是自我的力量,会激起愤怒、欢乐和伤感。你会在那里认出自己并恢复元气。

犹如年深日久的柜橱一般深藏的秘密吱哑打开时,从内心掏出故事。

相约于梦幻之林,尚需寻求进入梦境的途径。

随便找个借口入寐,比如说,在梦中化蝶让我们重现蝶形。

是期待于梦的现实酿造了你的诗,是授形与无形或变形的诱惑。我听见蝴蝶的尖叫声。

它在耽于怠惰时闪烁其词,有着可爱的品质,有一张令人欢心的脸。

和骨骼和皮肤和眼神和那里的绝对的黑暗或光明的开始和这唇语和口型之合上或打开如同卷起或放下帘子和你滑上梦幻的情感和无情的骨骼和尘事关联的智慧和嘴巴和眼睛交缠了数世纪之久和人类有关的可见灵魂的语言和传进布莱克的老虎的耳朵的咆哮渐渐平息和天和地一起移动不已和每朵花都是佛眼和如此广阔而温柔之极的呼吸和风雨如晦时深藏于心的力量并承载同样重量和无限的无名……

而这必将安慰心灵的痛楚,抵抗真实的灾难——仿佛自然的足迹让我们以最炽热的目光凝视。杂念里没有掺杂别的东西,只是掺杂纯粹的修辞,却不用词语。犹如一个字使一首诗丰富,或是改变一个客体。足迹杂乱,这是无形之物的后继者。

而在视线和记忆中,这是精确的精神的替代物,这是季节中色彩缤纷的情绪的一部分。

自我和自然——自你的思想,自你的情感,自你的信仰和怀疑,自你的整个独特的情节。一种暗哑的感觉严肃地占有它们。

一个世界仅仅是一大堆的习俗和公约,而每一种契约都会产生一种模糊的冒犯。连接在一起的则是快感的自高自大。

大千世界的一体性可以是广阔世界的繁衍，也可以是微妙的内心独白，在正午的征兆和思想之间建立多样的联系。

重建的巴别塔通向另一些台阶的阶梯。阳光斜映在残存的塔身，塔身更加醒目，更加轩昂。

远离创世的记忆，它是一次庆典的结尾。当剩余的世界勉强凑合，我们像虚无主义者那样忽略世界的所有的色彩。

开头有什么东西对头或不对头，顺从它们，我怎么听到它们的就怎么说它们。于是有一些叙事不得不是晦涩的。诸如："我学会我原因一个规定时刻远远地在后面一段很长的时间然后从那里出发那时候以及伺候默写很长时间的自然次序。"诸如："我学会我援引一个规定时刻远远地在后面一段很长的时间然后从那里出发那时候以及此后某些时候很长时间的自然次序。"诸如"看那形象在其不连贯之中那些旅行它便是总和由各阶段各次歇息构成而这些阶段旅行便是其总和"……

如此种种，新的物语有如新的艺术风格的生成，有朝一日，它们也许会流行于天下。

六、护之篇

无人之境，只有树和星星向着天穹繁茂地生长。宇宙间的流星掉落的方式如同落叶扫过。

处在一棵树和一颗星星位置的诗，词与词之间是否挨近了？一首诗怎样重新排列那片最高的松树林。涛声挪动岩石，在云中开路？一首诗怎样安排星座，让照命之星放射吉祥之光。因而，对命运的不断研究并非全无意义。

恰如其分的形象就这么形成：变成它自己的。

在无弦琴上弹拨轻轻的音乐，乐声犹带夏日红色的芳菲。以非个人的手势弹奏的曲调即高于弹奏，也高于自己。

犹如一根弦上观世音以一千只手拨弄，有一种虚空是纯音乐性的，这是你娴熟于心的音乐。

心的世界要大些，在无人之境的冥想中，它大于它自己的冥想。

　　暮色流倾大地，欲望不再移动。隔不久，星辰在各自的视野方位闪亮，更远的是湮没在田野小径的脚步声。

　　夜观星象者半知半解，就会具有行星的某种性格，某种乖张的性格，某种影响深不可测，而他们原是行星的一部分。

　　它重新变得博大，寻找着天体会合的地方。再一次称它为心，这无名的激动。

　　走动，把自己提升到地平线之上。自我的形象接近曼陀罗的崭新的比喻。通过把自身投入，从虚空中创造出崭新的宇宙。正如一瞥或魔法般的一触，揭示了出乎意料的真谛。

　　作为基本的修行，想象加入真实的事物和词汇，把四方全部的词汇都加入。

　　昏昏欲睡时，在假设的范围内思考彼与此。犹如沉浸在一个永恒的梦境，那梦昼夜相接，且赋予那梦一个名称，以及超出普遍事物的特权。

　　走动，把自己提升到地平线。

　　格式化的只是其象征的事物：可能的天体。

　　人类已经达到天体进化的高级阶段。这就到了天堂的门槛：街上的行人变成天庭的行人，人们庄严地沿着从炼狱到天堂的上升的路庄严地运动着。所以我们在明亮的宏大中看清了真实的微小膨胀时的模样。

　　纯粹崇高的音节已不用言语，风雨侵蚀其赤裸的威严。重复的钟声不愿让仁慈成为寂静的神秘。

　　一首诗歌的声音中专注其语句的虚词，犹如留意于一幅画的空白，似乎一首诗所有的语词的设计，从思想获得形式和框架，终于得以实现。

　　神秘的运动，昏昏欲睡的渊源之源头的运动？回到那里或尽情地扩展，在思想之前，言语之前，形象之前。在过去的其始。

　　影子回到了形象，话语返诸口、意、心。心在至为真实之上，超越现在的时间和地点。甚至很难选择语词形容虚无主义者冥然的宁静和伤感的诗人无缘无故的忧郁。

　　渊源越过了景观中所有的刻板部分，这是有灵魂的空间：树木、岩石、花草、云彩，每种东西，包括聚精会神的我们，还有忙碌于世界之上的高高地笼罩它的阳光。

风把我们和万物融合在其中。天气晴朗，合乎心愿。敞开的天空、街区、草地、树木、流动的云和水——完全的倾谈和回复的快乐。

依违之心铭记的事物数不胜数，这是永远的风物。风情、风景是一些近义词。一种相似，宛若树叶飘落，我们回到关于世界单调的感觉，仿佛走到了想象的近头。

我可以想见，新世界的早晨，将来的将在这些街道或乡间小路上漫步的情人们，和着我的歌拍，同我一起吟唱，我已经深深地爱上了大地上的这片景观。

七、灭之篇

没有寂灭，灵魂就不会回归命运。哦，时光，你是万物的消耗者，灵魂得经历多少次再生。

谁会留意于更多的空白，指着天空让枝繁叶茂。让花和果绽开和垂落，每年增添一圈年轮。

自生者毫无理由地自灭，自己也没有意识到是在藏匿或逃避。

如果往生净土，如果一切都被神佛或魔鬼看透，我该露出怎样的惊异。

逃脱不了攻击，犹如逃脱不了诱惑和考验。世故的诗人随遇而安，他们是自然的客人。

逃避现实，从古老的父性的威慑中挣脱开。诗中悄然散落的东西，已然与渴望不相称。

仿佛看不见的恋人絮语。一直隐藏着的东西，现在被抖落出来。

那么你已决定你的去向。高高筑起的自由，孩子般喜欢失重的感觉。

从前的语言，或者从前的诗篇相传久远。潜藏在寂静里的语词，诗人为之着迷。

留下的不只是韵律，还有暖暖的气息。情感与情感之争在沉默中进行。

时间的纤维密集，编制的感情稠密无间。此刻，屏住呼吸。

白发狂夫仍然保持着一个痛苦的形状，任凭泪水尽情地流淌——

普济苍生需要勇气。勇者何人？属吾，属彼等？饮之太和者气象非凡，它必须是抽象的。

或是这半遮半露的脸。最初的苍生，史前的心灵。生命的前历史人物，悲剧配角簇拥的喜剧主角。

远行时的告别,是邀请的一部分。先有机遇,后有一触即发之物。

诉诸一种绝对的怪诞,那是人类内心世界中另一种意识的变体。

众生说话里的闪光,分享的是星光。且认可了那行星,那个形象是深沉的。

这方天空,这片土地,明天和今天一模一样。最初明亮的暗示来自早期星座形成的爱。

不确定的生命的认识,犹如爱情那样不确定,诗人只争得一半的成功。

有声音的意义之外,有一种声音是无声的。它亲躬其事,弯成弓形。

风不遗余力,网则张罗。生命有同样的功能。这样的爱为我们所准备。啊,谁会料想心会变老。

老化的过程仍在继续,它是无形之物的后继者。额手以礼,礼拜远方。忘怀于纯粹寂静之明朗。

非目光所及的地方,有个彼岸,就在这里。我们过于有限。

黄昏最苍白的时辰,旧曲子的回声,低回缠绵。微光,你爱着什么人?

极高极深的寂灭,克服了私人情感且无情扩展。

仿佛永无休止的意志,是寂灭的微量元素。

在所有圆圈的正午,被差别和界限所侵犯。保留岁月的历代谣曲,却如同无词的纪功歌。

岩石裸露于天穹,不是作为大地的装饰,被剥夺的记忆展示其强度。

直到神殿再次闪现石之洁白,直到石瞳再次眺望大海,没有不同,没有止境……

《十牛图》：禅宗艺术诠释

弘 毅

一、概说《十牛图》

在禅宗史上，禅宗艺术最为现代人所熟知的图象，也许就是《十牛图》了。

《十牛图》为宋廓庵禅师所作。共十幅。依次是：一、寻牛；二、见迹；三、见牛；四、得牛；五、牧牛；六、骑牛归家；七、忘牛存人；八、人牛俱忘；九、返本还源；十、入廛垂手。与每一幅图相配的有一首绝句和骈文体的著语。文字体例类乎《碧岩录》、《无门关》。依图释义则是《十牛图》的特点，整个一部书图文并茂。这是一个组画，更确切些说，是一组连环画。它甚至比今天一般的连环画还要简单；无论是画中的牛、人、山、水、房屋，草木、飞鸟、天上的云朵，其形象、神志、构图等等，都以十分简括的方式画出。可就是在这种简括中，一些玄妙的意味从中透出，让你似有所悟，这是远远见胜于一般连环画的地方。用今天的眼光看，《十牛图》有点像禅宗的"大众哲学"读本。宋代以来，禅宗诸家在深入禅学的同时，一直在做禅佛道理的普及工作，寓极深的道理于平易的形式。《十牛图》显然做得很成功，它今天仍然是禅修者、艺术家、诗人、学者津津乐道的话题。《十牛图》是十幅版画风格的图，我们现在看到的也许不是它原来的模样，从创作到付梓，中间可能经过了一番修改。它有许多摹刻本，中国本土之外，它在韩国、日本同样也十分流行。总之，这是让人看了就倍觉亲切的图画，看似浅白，却有许多深意胜义可探。若将图画与诗文并参，更是意味无穷。不过，细加诠释，则可领会，所谓大众哲学或大众艺术，在入门处先破了一般大众的畏难心理而已，待你稍有入门，你会发现，无论哲学还是艺术，其犯难处正是其大有意味之处，你被吸引了，就不再着意于其难何如了。

　　读解《十牛图》得结合图画与诗文，然后见其大体和旨意。首先可留意的是，《十牛图》的主题是牛，主角却是人，即牧童。而在最后一图中，有一长者，形如弥勒佛的大肚者(大度者，可从双关语来领会)出现了，他将一物授予牧童，因而更像是此图的画题"入廛垂手"者，是否隐含着"图穷匕首见"之意，尚不能肯定。由此表明，《十牛图》留下了一些令人费解的问题让人忖思。

　　我们现在所见的"牧牛图"有两套最为完整：一套是方图，只有八幅，人与牛消匿于迹而止；另一套是圆图，就是我们所见的《十牛图》，似以圆图为胜。《十牛图》每幅构图都呈浑圆之形，圆相融通。有无相生，虚实相间，其基本造型就有象征之义；又有装饰性，观图时生起愉悦之感。整个《十牛图》或可从三层意思上来观赏：其一，全幅图画连续再现了某种精神历程：寻牛、得牛、牧牛、与牛为伴、忘牛，既有其实义，更有其隐喻的意思。从最初的寻牛不得到最后的舍牛而去，走了一圈，又回到无所执而作自由探求的出发点。不过，中间寻索过程的意义并非虚妄的，而要让你玩味这整个的寻求过程。因此《十牛图》显然是有基本构思的。其二，诗与文是对图画的诠释：提示、说明、补充、理解、阐释。诗与画的关系似更密切，所谓"著文"，则每每加以发挥。诗语通俗而又脱落俗见，这正是通乎大俗的哲学和艺术之胜出于雅正深涩的哲学和艺术之处。如此，整个文本其实是被绷紧的，犹如一种无形之力张开了一张网，观画者、读诗者、玩味文义者（如果你分开来面对这一整个文本），不知不觉如鱼落"筌"。而禅宗整个地要求确立一个全体的视界，面对哲学(所谓参禅)如此，面对日常生活亦如此。构成每一幅画的图景，若根据诗文的提示，并不是孤立的，而是按照完型心理模式朝着实现的目标移进，因而是一种意境或境界。当然，整个过程中的每一进阶，已然是一种实现。一种让人安心的情趣，让你满足，同时又唤起你进一步寻求的愿望。过激的、焦虑的情绪的作用是微妙的。其三，再细细体味，《十牛图》所表现、所观照(诗文)者看似细微，多落细节，如"见牛"、"骑牛归家"之类，其实运用了"全景式"、"全知式"的摹写和叙述手法，可谓"宏大叙事"，这一点以前似未有人说及。从一开始，寻牛者(牧童)就是一个觉悟者，由此开始了他寻牛的全部历程。我们今天观《十牛图》，完全有理由把牧童视为一个智者(达到般若觉悟的人)，而寻求所导致整个事件的发生乃是一个富于形而上学意味的事件。或可对《十牛图》作结构的分析：第一图至第六图，从"寻求"始，至"骑牛归家"，为第一进阶；寻者见得的是有得有失的有形之牛。第七图至第九图，为再一进阶：从忘牛开始，到人牛俱忘，物我皆见其全，无所待也，这才是"忘"的根本意思。牛由寻求的对象又回复其自身；人则由依赖于外在的寻索(表现为对牛的寻求过程),又回复自我之日常。"返本开源"则可从现象学的意义上来领会:归诸本而源自开。"返"有往返之意,犹如圆成而兀自往返。第十图则是一全新的进阶,所谓"新"乃是日新其新:整个地回到开头时的情景,所不同的,此时所需寻求者,已非对象化的了。真可谓,既见全牛,百体可解(兼有理解和解析之意);既见本体,百物可亲。或可将整个《十牛图》按圆型做环形排列,就可以见其全体结构。此显现于表象的结构,其意思却是不是表面的。还有隐含的结构:即诗与文各言其所宜,多有言外之意,可谓诗文双遣。作为一个文本,《十牛图》须画、诗、文参观,相互发明,然后知《十牛图》所以极妙也。

二、《十牛图》释义

(一) 寻牛

或许,仅仅从玄学上参观《十牛图》倒是方便的。但还是避免不了在读画和诗文时会一再碰到的疑问:整个寻求何由而起? 其寻求的背景或处境又是什么呢? 这样的问题,既虚又实。我们首先要做的,就是看着这幅画,长时间地逗留于画面,先放弃任何直接理解的要求,而比任何直接理解都直接地看。

想一想,我们会看见什么呢? 看见显而易见的事情:牧童在溪边;瀑布直下,激起水珠;垂柳轻拂水面。画上的牧童背着小包,里面装的可能是干粮,手里执着空鞭。于是,疑问就来了。前面我们假设说,寻牛者一开始就是一个觉悟者,就像寻牛这件事一样,他所寻求的目标是明确的。至于他所寻求的目标是否贯穿了整个目的,我们还不能断定。但是试着下一判断:寻求者已经开悟还是说得过去的,因为他知道自己要寻找什么。但是,如果牧童一开始是在寻找一头丢失的牛呢? 我们明明看见牧童手里执牛鞭,不见牛影而心里着急。画面上,溪边的山路上,牧童的脚望前跨出,转身却贪恋地望着飞瀑:显然,他是懂得欣赏景色之美的。因此,可以断言,此番寻牛的历程一路虽有辛苦,山间景物足以补赏了。题画诗把一开始寻牛的情景描述得很生动:

> 茫茫拨草去追寻,水阔山遥路更深。
> 力尽神疲无处觅,但闻枫树晚蝉吟!

牛逸深山,草木萧然,涉川跋山之辛劳可想而知。"力尽神疲"刻画了几乎绝望时的身体状态。结句写放下寻求的心,倾听晚蝉在枫林中吟唱的情景,欣欣之情跃然纸上。诗由视觉形象而转入听觉形象,仿佛一片蝉唱溢出画面。画面和诗里唯美是求的微妙表达可以留意。看到这里,我们拿不定主意了:似乎有两种"意向性"在突出出来:农家失牛、寻牛本寻常,寻牛之时的感遇的不同寻常往往有之,这一寻常事件如何而异乎寻常? 也许,这是观画读诗者的疑问,作画、作诗者之兴起,别有会心:他只画想画者,而诗意的本体越出诗歌本事,乃画家诗家之常例。因此,所谓画外之意、言外之意,我们得量境而求。这种无来由的话头及其言说方式,正是禅家风格的标志。

再可寻味的是"著语"一开始就拆话头的意思:"从来不失,何用追寻?"等于说,这一种追寻,乃至所有的追寻都是多此一举了。这种预先的设问,等于立了一个大前提:在结构成立之前,解构先期就已经在起作用。因此,结构与解构只是一回事的两种起作用的因素。那么,"失牛"之失,非牛之失,乃失者之失。寻牛之事,非牛之事,乃寻者之事。这样就合了"从来不失,何用追寻"的意思。失牛之事就成了觉悟的转机。接下来的话,只是常理:"由背觉以成疏,在向尘而遂失。""背觉",等于说不觉;"疏"是疏离、疏远。觉在自心,疏与亲亦是自家的事情。"由",由来、缘由,说明觉是关键。至于根本的觉,前面两句话已一语而尽,现在是说如何是"背觉"及其后果。"向尘"是"在"的姿势,面向尘事的事情,得失即起。这是以因果说法。"家山渐远,歧路俄差。"这句说的意思与诗的前句相近,作概括的描述。只是老生常谈的话,禅家不避。"得失炽然,是非锋起。""得失"一词显然是省语,是说得失之心。得失之心炽然,必然引出是是非非。从具体方面展开其语境。

或可略作归纳或提示:画的技法,完全不是宋元兴起的文人画一路,倒是接近佛道俗讲的插图的画法。不过画法虽简单,可画时是有考虑的。诗则完全具有禅诗风貌:讲究修辞,不避俗语、口语,富有寓意,意象和观念都追求表达的生动性。著语则用工整的骈文,多作四六对,既非语录体,也不循韩愈、欧阳修古文运动的路向,而是返诸六朝绮丽的文风。文言雅语,浸透了文人情趣。

(二) 见迹

"见迹"中"见"与"迹"两字皆作抽象语,可以看作是概念性的命题,或命题性的概念。当然也有形象性的概括的意思:看见牛的踪迹了。若依后一义,也可以当作一个句子缩略的表达法。不管怎么样,比字面更深一层的意思是包含于词义之内的。

童子看见了牛留下的蹄印,显得高兴了。画面上牧童作奔跑状,两臂张开,舞动,鞭子从后边扬起,似乎牛已跑在前边,而作催赶状。天上飘着云朵,是装饰的画法;蹄印点点,沿着圆边而上,既有前路向上,又起装饰作用。整幅画简洁而生动。

诗将"见迹"之情写得透彻:"水边林下迹偏多,芳草离披见也么?"这是反问,遍地都是见证?! 肯定的意思在设问之前先已确立了。这溪边林下之"迹"、之"见"，已近乎所以迹、所以见了。所谓迹其所迹，见其所见就是这个意思。接着是放大的写法，又用问句："纵是深山更深处，辽天鼻孔怎藏他?"着眼的是普天之下、深山之更深的一隅，偌大一头牛，怎能隐藏不见呢? "辽天鼻孔"写牛的鼻息向天而嘘的样子，写牛之显象，而不只是形容牛如何与辽天相对应。诗设二问有两层意思：一层写见证，再一层写见证之显。因此，"见迹"不仅是主动的发现，同时也是客观的呈现；"见迹"之见，既是发现，又是呈现；"见迹"之迹，则由迹象纷然而见践迹者之心。

著语写出另一层意思，纯从理路进入："依经解义，阅教知踪。"经与教对应，皆可视为根据；经重言，教重行。讲的是返回之途：由禅宗而返佛教。"义"是既成的文义，"踪"则是往圣之行踪迹象。"明众器为一金，体万物为自己"，"明"是阐明，明理。"金"乃五行之金。举一反三，金可说是物的代称而用作总名：众多器具皆由物制作而成，归之物理，可谓"一金"。"体"是体验，自体之体；体验万物皆立于物之自体，物自体而各体其体，归于自己，也是"一"。"正邪不辨，真伪奚分?"作价值之辨，设问的语气显得严肃了。强调"见迹"乃至人的行为领域。结尾："未入斯门，权为见迹"，与前句相应，"见迹"虽有所见而犹未辨别真理，留一个识别的标记。日后有进则知所以有进也。说教的语气是明显的。

（三）见牛

画面上，在山崖前牛露出背影，还未见全身，确实是初见牛时的模样。牧童则用打量的目光看者牛的背影，整着鞭，神情中有几份是得意的。枝繁叶茂，笔致一笔而下，连着山石，整个背景富有装饰性。

诗似乎是对画面及画法的说明：

> 黄莺枝上一声声，日暖风和岸柳青。
> 只此更无回避处，森森头角画难成！

鸟语殷勤，似作邀请。我们在画面上没有看见啼叫的黄莺，它一定躲在树荫的深处。接着写包括画面在内的更大的环境，是想象的写法。青青岸柳在我们的视界之外，却同样可以被我们所领会。见牛之时，日暖和风，正是吉日吉时。接着写，当一切敞开时，我们都无所避开。所谓"避"有几层意思：一如我们见着牛时，无所回避。这是一层意思。还有一层意思说到作画及其画法：如何将这相见时的无所回避的处境呈现出来。结句颇有感叹之意："森森头角画难成！"言此牛的头角非常显豁，但因活泼不羁，难以描画。

著语的话头接诗语而起："丛生入得，见处逢源。"鸟语仿佛先在接引，相见处即左右逢源。只此一番追寻功夫，才得逢此胜景。"六根门着着无差，动用中头头显露。"六根各有其能，得其清净，则归于一门。写见牛者之见，见其所见，及种种无差等之见,乃根本见。"动用"则是牛的动用;"头头显露",言牛象生动,浑然天相。"水中盐味,色里胶青",写物色浑然于境。"眨上眉毛,非是他物。"此时所见,只是此牛。对于寻牛者,见牛则见全体。世界在此敞开。

(四) 得牛

画面上,唯有人与牛,没有任何背景之物。牛雄强奋蹄,作难以驯服状。人则顶力牵缰,相持不下。那么,童子所觅得的牛,是一斗野牛了,犄角则是公牛。得牛之喜,继之以驯牛之难。人与牛向着两个方向而动,牛背向,人转向挽缰,要它转身,最紧张的那一刻,表现出来了。

诗把"得牛"之难写得很生动:

> 竭尽精神获得渠,心强力壮卒难除。

> 有时才到高原上,又入烟云深处居。

前联写费心竭力之收获,如渠汇水,得牛来之不易;牛则不服于人,其本性难改。后联则写得牛时顺从的情形,上上下下,抵达高原之高远,居于烟云深处,颇有折腾是可以想见的。

著语显得生硬了,过于写实了。"久埋郊外,今日逢渠",也可说离开城市久了,今日相逢有期,"由胜境以难追,恋芳丛而不已",写一路的胜境,美不胜收;景物芳菲则不觉有贪恋之心,隐含警示之意。"顽心尚勇,野性犹存;欲得纯和,必加鞭挞",写得牛而驯服,牛性难驯,鞭挞的必要性。纯从驯牛者而言"纯和",难免执一面之词。

(五) 牧牛

牧牛之道,一言以蔽之,曰:"放"。此非天放,而是人放。人的解放之类多是人放,而非天放。合乎天放,其实还不是,庄子一再抉出此理。放任悠游,而鼻孔里仍穿着一条绳,此乃所谓"必加鞭挞"。所谓"鞭挞",乃是收,收其野性逸心,则知所归。归于人,亦牛之道。或可谓之牛的后天之道。这里已经有一个莫大的悖论无由以解了。连禅的高明微妙的道理也没有超越过去。所以,只得一边收,一边放。这就是日常所说的"放牛"了。

图画里的童子收拢鞭子,手执的缰绳松弛又有弹性。童子昂首,似望天色,若有所思的样子,耳孔微张则不失警觉。牛则亦步亦驱,随着童子的步子,眼睁大着,乖乖的样子,又有不服的神气。童子与牛的关系,表现得很生动。路上的长条的阴影,由东向西,那是早晨光线的投射,是一天的开始。

诗句写的就是开始放牧时的情景,也写出牧牛的心理:"鞭索时时不离身,恐伊纵步入埃尘。""鞭索"乃童子牧牛之具,引之、督之,无非使它驯顺而已。心理刻画细致入微。虽然是假设之辞,却将牛的逃逸或放逸的后果形而上学化了。"埃尘"浮沉,一切还没有着落。"恐"一字有多重意思:恐其又走失的担心还是其次的,恐其又失觉心(通过驯服而获得?)的意思很严肃。"纵步"一词极妙,将假设中的逃逸急急而奔的样子,刻画无遗。"相将牧得纯和也,羁锁无拘自逐人。"羁锁无拘,等于说戴着镣铐跳自由的舞蹈,那是怎样一种修辞与逻辑呢?可以一参。前句有想象的意味:经过这一番牧放达到人与牛"纯和"以处的境地。不过,在纯和的境界里,人和牛,物与物的差异并没有消除,羁锁只是一切实际的或可能的约束。任何的时候,约束都不会去除。因此,领悟者所领悟的在于化解约束,无拘于约束,遂人而遂愿。

著语多从心识念觉着眼,作意识的描述:"前思才起,后念相随。由觉故以成真,在谜故而为妄。不由境有,惟自心生。鼻索牢牵,不容拟议。"语调中有一种不容置疑的口气。

(六)骑牛归家

离家的路与回家的路是一条路,其实已不是同一条路。归之于"路"的共名,掩盖了差异性,而差异性乃是原本起作用的事情。"家"的意思同样也很微妙。

家还在远方。现在,人与牛走在同一条路上。牛走在路上,人骑在牛上,竹笛横在嘴上,乐曲飘扬在笛上。路呈现了人事和物理的叠放的结构。差异性依然保留着,但彼此间的亲密确立起来,呈现让人看了喜欢的样子。牛与人相和,近乎道了。童子骑上牛,往家里去了。

细心留意,童子手里的道具原来是一支鞭,现在换成一支笛。原来的响鞭的悦耳的节奏,节节中听,但那还不是音乐。只有音乐才能表达"纯和"之情,它让差异性的事物声音相和。牧童短笛,那是画家、乐家、诗家喜爱的题材,这幅画乃是原创之作,是原型、典型。可牛还不时回首,依依不舍的样子,回望着离开的那条路,眼神流露了忧郁。因此,人回家的路,也是牛离家的路。因此,终极的探寻是个人的,个体的。作为对象组成部分的人,如何相关于我们自身内在的探寻,是对照之象么?

回家的路音乐般的欢畅:

> 骑牛迤逦欲回家,羌笛声声送晚霞。
> 一拍一歌无限意,知音何必鼓唇牙!

写将然之事。颇有假设之意。羌笛,征笛、胡笛,联想起边地。画与诗有广阔的背景,广阔的空间。如乐音缭绕不已。那么,知音是谁呢?

叙述,而非叙事。没有细节,然而,所有的细节都包含在情节中了。那是沿着领悟之途的愉快的返回。笛声嘹亮、悠远,犹如报喜,还未到家,乐声先已抵达了。

这是绘画意境向音乐境界的转化:发为欣悦的笛声,为我们放大了艺术阐释的问题:绘画、音乐、文字之间的不同之贯通,表明确立一种普遍阐释的方法是可能的。

犹如征战:"干戈已罢,得失还无。"现在从征程返回。无得无失,写的是心境。回家的路充满田园情调:"唱樵子之村歌,吹儿童之野曲;横身牛上,目视云霄。"牧童短笛,这是所有田园诗取之不尽的灵感的来源。"呼唤不回,牢笼不住。"这是宣告!

(七) 忘牛存人

"忘牛存人",一毁一成,一去一存。这是拆解了一半的生活世界。在这个存在着的其存也龘,其龘也存的生活世界里,牛不是单纯的名称,也不是单纯的实体。牛非名,甚至也不是隐喻。因而不是这头牛,而是天地一牛,万物一牛。得牛之时,此乃初存之牛,以前无牛;忘牛之时,渡过劫波,以后无牛。虽然,仍然可以有牛之名,借此牛名,或可喻牛非牛或牛有是牛之道理。那么,存人之事与忘牛之事,岂非同时发生之事。存人既是存全,也是存忘。存人是对人的生成之存的发现,忘的方式因而也是存的方式。虽然,现在还是两回事,要一步一步来。

这可是一件错综复杂的事,如果你尚无所求,你就是孤单的;如果你知所求索,你就成为独自的。孤单是孤立无援的,独自则既受之复授之。"存人"之人是独自的、独立的,但并不是孤单的,而是一种完整的无需依赖的状态。自己就足够了。如果牧童寻求,牛就被认同了。同样,如果忘牛,牛同样也被认同了。认同与认同的方式或许是一回事。存人不是忘牛的条件,存与忘皆分享存在。存人是存在的盈满状态、充溢状态。寻求者起先或许是孤单的,也许这就是最初寻求的原因。当寻牛者寻得还家,牛与人都有了归处。或许,牛的独自的状态启发了寻求者,并没有双倍的孤单,因为再多的孤单仍然是孤单。孤单的人开始领悟,开始发现自己独自的独立性和自足性。一番对抗孤单的探寻,发现人以自我实现为成果或成就:如果你让牛获得自由,牛也让人获得自由,这是"存人忘牛"的根本意思。当人重新让牛也成为独自的,变得因它自身之是而如其所是,这将是一种自由需要的满足。出于这种自由,分享是可能的,分别则是完整的分别。知所寻求的人是独自的,无论忘记的、记起的,都是存在状态。相忘者无碍于相助,无碍于相近、相亲。所存者使你自由,而非占有。每一个存者都是它自己的目的,这是可能性的最基本的形式

那么,人对其自存之存,能够依赖到什么程度? 首先,内在之存岂非自己之存,仅关乎自己,它自动。一受动,人就失去我们称之为能量的东西。存者留在开悟地方,追寻开悟时的状态。忘是一下达到的,已然相忘。存人而人存、存在也包含在里面,人之忘不是单纯的忘,人存忘。相忘之事犹如记忆之事。人相忘于忘、知所忘这般事,倒像是一件礼物。它已经给予了,犹如它早已被记起。忘在一种深深释放中让人顿感释然。

　　图画中,童子倚石抱膝,无所望,无所思,无物系于心的样子,全无懊恼。庄子所谓"坐忘",大概也是这副模样。依傍岩壁而建的茅屋,虽然简朴,足供安居。竹叶瑟然,摆弄清影,月相正圆,盈然朗照。牛不在场,亦不复挂心。唯人独处,忘牛之时,心无牵累。画上的圆月,用随意的笔法画了一圈,图画中的一个圆,显然有象征意味,或可象征圆融世界中的圆的显相。我们能感受到时间的流逝。但不是抽象的时间,而是周而复始的日子和季节。正所谓:坐忘而忘牛,存心而存人。犹如一幕戏剧,这组画再现的历程到了这里也就到了最富于戏剧性的时刻,一些背景、角色、道具纷纷从舞台上撤退:最先是牛,最后则是人。现在,人还逗留在这里,无思无念地从意识的深处,抵达现在的最深的本源,从中获得其力量。细加体会,"忘"是有意识地无所记起,犹如将原物存放起来,它摆还原处。这种忘实际也是意识的积极状态。

　　在《十牛图》中并不是没有问题,而是无须设问,只需处此情景中,有如某个从他的心灵作出自发的、当下的回应的人。闲坐着,忘了牛,最后也忘了自己。这样的忘,已然消弭了焦虑不安。忘是在足够的觉知作用中觉知充然,盈然。当全然忘了的时候,一头牛是一头牛是一头牛,它只是作为一个相忘的事实而是其所是。

　　那么,牧童整个寻牛、得牛、驯牛、放牛,甚至忘牛,只是将牛作为一种暂时的、权宜的对象么? 兀然而问:"忘牛之忘是什么?"这一问几乎是一个条件俱足的公案。

　　诗写的是骑牛归家后的一派空闲悠然的情景:

　　　　骑牛已得到家山,牛也空兮人也闲。

　　　　红日三杆犹作梦,鞭绳空顿草堂间。

　　诗有田园诗的情调,亦可归入隐逸诗的范畴。一番辛劳之后,终于赋闲的自得之意,溢于言表。"已得",已得其所得,得以成返回之行。山乃稳固之象。"家山"一词表明家在山里,或傍山建家,主要不是写与山外有所隔,而是写出其自足性和安稳性。上联写归家后,牛与人各得其空闲的情形。牛放归而空,其归境虽非其旧,但其空是一样的。人归家而赋闲,其闲情仍如其旧,但有了许多的领会。接着一联,意思有夸张处:"红日三杆犹作梦",写昼梦接夜梦,做白日梦。"鞭绳空顿草堂间",写忘牛后鞭绳无所用而闲置,暗示缰绳已解除,不复是牵牛之具。犹如一个镜头,诗歌的意象定格在闲置的鞭绳上。

　　著语专释"忘牛"之牛的隐喻之义:"法无二法,牛且为宗。"写牛之法象,或可谓之法牛,其法不二,法其所法。人法牛,法其天然,故可以 (依)牛为宗旨。禅宗有一门,曰:牛头宗,即其例也。"喻蹄兔之异名,显筌鱼之差别。"前句言个别(蹄)与全体(兔)名义之异,后句则比喻言意关系,显示劝说与被诠释之间的关系,用了道家的成语。"如金出矿,似月离云。"比喻本相从现象中剥离出来的情形。不过,金子从矿藏中提炼出来,用了一番人工,不似月云相分,任云块移离而显露其相,这其实是两种显露本相的方式。"一道寒光,威音劫外",前句从视觉上刻画,后句有音乐性,诉诸听觉。总写顿然而悟的敞开之境界。"寒光"自上而下,"威音"则向上而远。寒光豁然透出,显然,昭然。然而,见证之事,莫可一定。空劫无量,若以成象而言,则可一定,所谓"劫外",乃空劫之前;所谓"劫后余生",则写初成之佛境。所谓彼此,乃据劫而量。《法华通义》六曰:"此乃空劫初成之佛,已前无佛,故宗门称向上曰:威音那畔。""寒光"一道,或许早已连接这畔那畔。

(八) 人牛俱忘

至第八图而大变。所有的对象之物都隐匿无迹。空空圆形,从道家的观点看,乃是一个大形、大圆或大象。欲见其忘或欲显其忘,画一个空白的圆形也许是合适的。画者当然也可在"人牛俱忘"的标题下,什么也不画,留下的只有空白,可这么一来,《十牛图》的完整的构图设想就欠缺了。既然是绘画,画空画无,还须顺从绘画之理法。

圆相中的空白是般若恰当的图像,即一幅般若的图画:圆相乃智慧之相,也是意识的相,世界的本相。我们似可将纸面的空与图画的空,视觉的空与意识的空,意象的空与概念的空区分开。一幅空的象征图画为一个圆形只是暗示圆相的显于言表的模样,并不发挥认识作用,亦非所意味的事物的一部分。这是佛家的抽象画,归属于空的空间。

注视那些空白的画面,它们原来写满的是心识、思想、感觉和空间,还有无声地流逝之物,还有纯粹的流逝,还有那些尚未涌现的涌现和涌现之物。在这亲切的注视中,许多事情好像发生了,但又没有发生。原来的文字如是、如时来临了,作纯粹的呈现:一无所显,但不是没有,但还不是有,但见其隐而未显的模样。如果静默代替了语言,如果无形中让你对形象更为敏感,它开始向你呈现:它是空间之空或空的空间,是停顿的强音。你不会担心虚无主义降临的时刻整个地被吞没,因为你知道这是有无相生的时刻,有无相变,无中生有。正是透过这有净化之功效的空白、无,新的真实出现了,隐蔽的世界敞开其真相。

动词性的空或无,是正在发生的最大的事情:逝者如斯乎! 那逝者本身,逝者的逝,就是无的无化的时间作用及空的空白的空间作用。作为存在或道命名的空或无,则如涌现的源泉和深埋的种子,又是开始又是结束,又是最初又是极致。那就学会观空或空观,如观妙有。学会如何观看空白的页面,一幅空的画:进而领会一幅空白之画,一张空白之页所拥有的如何比任何有图画文字之画面和页面要多得多,它是画中之画,诗中诗,文中之文。你将在里面读到终极。它比表现的东西更多,因为它是象征的原型。它又是一种具体的启示:像画面的空白一样美妙,把它作为一种静观:以静观动,以无观有。让空白的呈现合乎心愿,让两种空白——画面的空白与心的空白(想想庄子的话:虚室生白)——相遇、相融,这不仅是相同,更是相和,你将照出一种无形的东西,因而是未知的、不可名状的、永远奥妙的东西。可人还在这里,牛还在这里,他们隐去了牵累之物,而显现其纯粹性的本质之本源。人与牛在当下与神明融为一体。只有空白宜于显明并与神明融为一体。禅宗故事中最有意思的故事之一是达摩面壁:坐十年之久而见出壁上的一片空白。然后,人与壁俱忘。《十牛图》中,这一幅画最值得留意的地方,它将类似达摩最后领悟的根本见识,纳入一个过程,它重新显露的形象,将接着这个空白再度表现或体现在人与牛、人与人的关系上。一切都是一条规律,而不是两条。一切或可或不可,或在两可之间。这也不是三种规则,而是一种规则。

圆形之圆何以在心理上显得这么特别,是难以说明的。如果说,全幅《十牛图》都是圆图,那么,第八幅"人牛俱忘",则是圆中之圆,或可说是由后天而返先天之圆。第七图"忘牛存人"开始转空,呈现圆相的半圆之形。到了第九图,又从先天的空无之圆,无中生有,发现圆的本相的生生不息之显现事物的力量。

纷纷然忘,再是自忘。忘是忘记,遗忘,也是意识向潜意识深处的探寻。这里的忘是主动的行为,是主观达到客观的境地。因此,忘(记)本身呈圆相,隐然若空,若一无所有。犹如空空的舞台上,所有的人物、道具、背景都隐退了,声音全无,而仍有一道看不见的光在移近,极细微的声音从机警之极的地方响动。世界寂然:浑然圆融,顿然若失,犹存其遗形,就是这个圆。自然之显之隐,就是这是化机。

寻牛也即寻人:寻求作为自我意识的本质之本源的人(禅宗的人论之丰富的蕴涵仍有待进一步探询)。忘牛先于忘人而导致人牛俱忘。相忘而忘相,无论牛之相人之相。我们或有理由认为,相忘基于圆相所能揭示的信息。这圆相乃是绘画概念心理学(借用阿瑟·丹托的一个用语)所理解的空,即是说,仍然是形象性的空,是假(借)空,或妙空。所谓假空而妙,乃艺术的转化并非虚无,而是空白、腾空或纯圆。

圆泯合了无差别的空而与佛教般若智慧的意象联系在一起。我们有理由认为,这幅图的精神意义,影射了"三乘"的大藏经文或空白的书写。正是:清净界非无尘埃,尘埃落定自清净。

诗歌处理的是可能存在的某种事情:

鞭索人牛尽属空,碧天辽阔信难通。

红炉焰上争容雪,到此方能合祖宗。

人与牛,鞭与索,凡与圣、情与意,归属于空的空间。空空着,凡间即是空间,空以容纳一切物,包括距离及其阻隔。物无所用是"鞭索"的空,相忘是人与牛的空,"辽阔"是碧天的空,空使得事物的归属自由自在。空的信息信可达也,这一层意思诗里是有的。这青天是多么广阔,确实难以通达,却是可以信赖的。难通而通难,就是空的实在的作用。间不相容之处,仍有空隙。想想:在一堆熊熊燃烧的火焰中,一片雪花如何存在片刻? 要到炉火纯青的境地方合乎佛祖的宗旨(空理)?

"凡情脱落",脱落平庸,只是平常。"圣意皆空",然而,不是落空的空,而是宽裕的空,意识没有了局限。凡情脱落未必就是圣情,这是一切脱落。圣情不过是凡情之一。空非有非无:"有佛处不用遨游,无佛处急须走过。"与佛同游,已然悟空。不追寻开悟的状态,也不留在没有开悟的地方。"两头不着",非也,非也。不在悟与不悟之间徘徊。不着,比着处更多。"千眼难窥",或许因为我不在这情形中徘徊,眼睛看不见我。眼所不见,莫非空么? 悟或不悟,尘世,涅槃——一切空空如也。"百鸟衔花,一场懡㦬。"如果百鸟聚拢在我的路上衔来满地的鲜花,如此赞美之意大于赞美。

道家的牧牛图,到了这里就结束了。当一切的有完成了无的转化(海德格尔谓之"无的无化"是禅的讲法),一个过程就完成了,结束了。结束了又没有结束的周而复始的意思是有的,可道家没有接着加以表达,免得有画蛇添足之嫌。廓庵却不避其嫌,接着又创作了两幅画。这就是后面的第九幅和第十幅。禅宗接着道家而作画,别有所见。这是禅宗的发现和创造。

(九) 返本还源

当一件事情完成时,犹如画了一个圆。当一件完成了的事情成功之后,又继续的时候,犹如圆相自破,开始了更大的圆。这就是第九图向我们展现的情景。

在第九图中,物象已从空白的圆中显露出来。细心的观者会留意,牛没有出现,童子也没有出现。再见童子,他已现身于另一条路上。这番出行,童子显然不再是为了寻牛。若有所求,而另有所图。整个《十牛图》至此而大变,这大变之图是廓庵的创作,禅宗《十牛图》也显出它整体的面目。

万物自适、不会介意它所没有的。唯独人却不然,岂不怪哉。人又知道,凡物唯有适于生命之宜方能自适。由私心自用,而返物之自适之境,煞费工夫。禅家谓之自功夫而见本体。立本体最费工夫。求道心切的人或许会抱怨,如果不能达到那源头和本原,还不如一开始又盲又聋更好写:"返本还源已费功,争如直下若盲聋?"要么全有,要么全无,既合乎常人的心理,求道者亦有如是想。

重新开始需要自信,需要信任。对自然的信赖与对自我的信任之一致是有效的。"争如直下若盲聋",非不见也,非不闻也,若不见矣,若不闻矣;若盲者不是盲目,若聋者也不是闭听,而是信任,信任更大的聪敏。信其自明性或明见性的作用,庵前之物见矣,不见矣。有的已不在场,故不见;有的不足观,故不见;有的不累于观,故不见;有的避人耳目,故不见。有的事情只能得之于你的见闻,有些事情不执于见闻才能成其见闻,有些事情你不在那里做的时候才做成。更大的事情只能在一种深层的不做(无为)中做成:生成之事,荣枯之事,皆有大力推动。你是幸运的见证者和领会者。不见之趣,微妙矣哉! 在静观默照的对称中,可以见出一种平衡的原理如何贯穿于过程,诸如花之荣枯,一种形式形成与另一种形式消解。已居庵中,则居于真正的居所,不复他恋,只有自足,犹如水一派茫茫,花红成一片。诗一问一答,疑问已决,自是欢喜! 这是诗里一层意思。

　　本源是现象性的。它给出,它有。它在场并与所有不在场者构成一个更大的敞开场所,并让我们领会本源的易感特征或诸如此类的问题。本源之物现在从符号和象征返回日常之物,返回它的经常性。返还之途已有劳顿,比直接更直观。现在,返还时的本源还是出发时的本源,可见识不一般了,或者说,见识更一般了。既有的世界现在显示了它更为质朴的面貌。"庵中不见庵前物,水自茫茫花自红。"

　　庵中庵前各见其见。水自流,花自艳。山门洞开。犹如无人之境。山河自在,云水自在。不视。不听。不受。不为。不假。不疑。不近。不远。静止的、铺展的画面和构图。所谓的不隐然有肯定的意思。或许,知觉具有不同的代数结构。所谓"得事物之心者"之绘画形态,通乎物理。难以言表的东西在画面上铺展开来,让你不知不觉地有了领会。

　　本源是半透明的。所谓半透明性是指呈现某种内容的对象。但呈现的方式一显一隐,必定与决定对象意义的内容融为一体。由于内容与呈现方式的相互作用,构成一件艺术作品的修辞特征。日常事物的变形与原形,与感知(反应的)心理有着内在联系。禅宗将最纯粹的觉悟与世俗的考虑结合在一起,一切锲而不舍的寻者皆是同道。

　　你只能成为自己,你只能在自己的世界里寻求,而自我与这个世界是敞开的:它随同你而发生,而发现,而创造。在场的,不在场的,全都是真的。"不同幻化"的说法是双关语,双重的意思在即幻即真的意义上是一致的。"观有相之荣枯"不着一边,保持着敏感,然后你就理解了,那是禅的理解。

　　还有一层意思:本体纯粹,不染不杂,所谓"本来清净,不受一尘",是后设的说明,乃假想之辞。虽是假想之观,又可真观,或观真,而成通观或遍观,在时间中展开的整个过程都纳入观的视界:"观有相之荣枯,处无为之凝寂",观者处身于无为之域,甚至连变化的时间也作用不了他,"凝寂"是极为生动的过程隐然而作的状态。这是洞察真相,"不同幻化"。幻化不同于幻化之观。真幻之变,深乎其观即幻而见真者,不必费工于修行对治之事,借一时之功。坐观类似静观、旁观、而非参观,兼有镇坐和闲坐的意味:绿水自绿,青山自青,坐者自坐。这是一幅总体的图画,万物之中,人处其一。而非整体图。整个的图景中,人的意图全然被抹去,这不是冷漠,而是清净,温温然的清净,万物因感受到对方的善意而独立自足。这里关键的问题还是人的问题,是人的主观自大的意识的化解。

这是经历了寻牛、见牛、忘牛的一番过程,而返观自己周围的世界,返观自我。现在的事情因触及事情本身而显得十分质朴。现在或许仍然有一些问题要问,这"本来"是什么? 这清净是什么? 这"有相"是什么? 这"荣枯"是什么? 这"无为"是什么? 这"凝寂"是什么? 这"幻化"是什么? 这"修治"是什么? 这"成败"又是什么? 这些仍然是深奥的问题。因此,事已至此,一切似乎显得简单明了,暗底的问题仍在深化,观画者,诵诗者、参照文义者,放下心思时仍不能大意。禅之魅力与它难以领会而仍然能吸引你这一点有关。《十牛图》一则有简化之功,损之又损,仿佛见道;一则仍保留其繁难性,看似简洁的话,其概念的复杂性无减其初。

自然是一种伟大的呈现,当你留意于自然的本真性,它就揭示自己,向你显露它全部的奥妙。没有自然,自我意识无由构成。自然与自我之间的隐蔽的渊源关系是最深刻的艺术和哲学。如果说,整个自然使假设更本真,那么自我的假设或许就是自然的整个要点。自然是自我的内心收获,自我则见证自然变幻最为逼真的一面。达到源头,返回自我之本,还复自然之源,这是禅宗的先验本体论原理。后天之变,何其繁多,那么多的变化显然都是有意义的。可为你所不取,这假设表明只有当你来到第九个点上才会领会。当你像童子处身于另一个过程的开始时,你不能说,以前寻牛这件事与现在的事情如何不相干。这两件事何以不同又如何相干这件事,倒是要思量一番的。

一步一步行进,然后,跳跃是可能的,必要的。这是进入未知的跳跃。虽然还不知道,但已然明白。不止一点点明白,而是全然明白,故不容易知道。这样的说法有点拗口,然而,实情就是这样的。作自主的行为,你却不是唯一的决定者,这也是实情。更大的实情则整个地呈现出来,无所掩藏,连不在场的也不掩藏自己,这才是让你犯难的地方。一次跳跃与你之间是间断的,因而有更大的连续:这将是一个更长远系列的决定性的一步。"转折"在所难免,每一个更大的过程就是一次转折:转出又折回,这是生命构成的基本特征。因而在一种具有决定性意义的哲学和艺术中,转折必定要发生。《十牛图》是最有趣的一个实例。

(十) 入廛垂手

垂手:双手放下,通体放下。犹如落体之物,顺从物理之力而为自己埋没,混同于人,垂手而拱,无为之象。

当童子重新上路的时候, 他是兴冲冲的, 或许还有点好奇。那个露胸跣足的来者更是兴冲冲的, 风尘仆仆, 他似乎专程是来迎接的。

画面呈现童子与一位和尚最初相遇时的情景。童子还未角色化, 看不出道是儒是佛, 还只是一种可能性, 他也许不会成为其中任何一家一宗的人物, 他现在是他自己。而迎面而来的一位长者显然是佛门中人, 虽然他是那么无拘无束, 自由自在, 作为一位和尚, 还是身着袈衣, 但那不是他唯一的标志; 袒露大胆, 满脸堆笑, 才是他真正的样子。他的布袋又装得满满的, 可以出很久的远门了, 或者可以与许多人分享。

露胸跣足的僧人兀然走来。犹如红楼梦开篇时的道士、和尚。又像早已相约, 如期而至, 他们在走向城里或从城里走出的路上相遇了。童子与和尚相向而行, 一位离开乡里, 一位离开城里。现在绘画者和作诗者, 都将眼光投向城里。这是可以留意的: 悟道者的入廛异乎寻常, 乃是鲜为人知的行走和思维风格, 向着人群密集之处游荡。

诗与画似有不合, 尊者明明是离城而行, 却写他风尘仆仆向着市廛而行: "露胸跣足如廛来, 抹土涂灰笑满腮。"笑容可掬, 那是通体透出的快活的笑颜。接着两句用了道家语: "不用神仙真秘诀, 直教枯木放花开。"神仙真诀可使枯木逢春。可这里用不着, 世界的不用秘法即会产生奇迹, 因为这已经是一个奇迹的世界, 快活的人, 脸上的褪不去的笑容或许已经就是奇迹了。这种与世界共枯容与世人相交融乃是一个伟大的认识, 当你如此认识, 你就拥有转枯为荣的力量。

著语八句整个着墨是写尊者, 对童子只字不提! 这是什么意思? 用尊者作镜像, 让他在镜子显出么? 难说, 姑妄猜之。或者, 著语上半阕的四句, 也可以用于童子: "柴木独掩, 千圣不知; 埋自己之风光, 负前贤之途辙。""负"有背向、反向的意思, 写童子隐居有年, 已有能耐"负前贤这途辙", 不是一味追随前贤, 而是改弦更辙, 这是禅宗自立的工夫。柴门独自掩上已见居者独处的模样。"千圣不知"有几层意思, 一千个圣人中没有一个认识他, 或他是一千个已知的圣人中的另一个。后半阕四句写尊者招摇过市的样子: "提瓢入市, 策杖还家; 酒肆鱼行, 化令成佛。"当然, 两者都对各自的环境领会至深, 是可以互换的。后两句写酒肆鱼贯而行, 排列如鱼群, 那么沽酒者买醉有如捕鱼了, 或作鱼行状, 与酒肆混为一体。最后一句, 顺着酒兴而说"化令成佛"是很得体的。在禅人看来, 诉诸更加世俗化的生活和世界, 似乎更有意思, 更值得赞赏, 诗和著文将这一点写得酣畅淋漓。化佛即佛化。成佛不是什么外的事件发生, 而是佛成为另一个内在固有的品质。"化"是整体的, 囊括一切的, 包括佛, 包括所有的人。

读解第十图"入廛垂手"给我们的感觉是: 唯有在人群中才有独行其是的可能性。这是欢愉的孤独, 在市肆的喧嚣中我们听到了如同中世纪欧洲城市所高喊的一句口号:"城市的空气带来了自由!"(Stadtlu macht frei)这意味着禅宗人物犹如市民,试图撰写自己的"世俗"法典。

作品就呈现在形式中。《十牛图》呈现三重结构:图画、诗偈、著文。对创作和书写来说是主要的东西,对于后来的研读者,参悟者同样也不应忽略。要避免一种简化而疏忽的阅读概念,这一点特别适合参悟《十牛图》,仅仅把每幅生动的图画和文字概括为概念是不够的,还须在其中逗留,驻足,否则你的收获不会比抽象的观念更多。即使在思辨哲学的文本中,我们也涉及了不只是陈述真理的问题,学习者也应了解那种真理涉及的某种观念的变化以及默识启示和生活展开的某种形式。叙事的精神体现在文本中的思想。童子的追求与我们并无不同,图画所指绘的童子的生活中的历程根本乃是漫游学习的一种方式。寻牛而得牛而牧牛而骑牛回家成了童子实际生活的一种隐喻。通过求索涉及他的精神发展的方式,且涉及了读解它的任何人。这并非宽泛的心智训练。有如学习哲学或做哲学习题,你得深入到艺术、语言、诗歌、修辞的层面,反过来检查一下,自己是否已有足够的知识和能力从事这种学习。这种学习肯定是有趣的。

一再地强调哲学真理的概念和哲学表述的形式是相当内在地联系着的,这使我们可能要承认,当我们转向其他形式时,我们可能也是在转向其他哲学真理的概念。因此,文本的构建比学派的立场更根本。《十牛图》有取于道家而增益之、润饰之,从而沟通了道与禅,使得禅机道理相得益彰。可以进而讨论的是,禅宗的一些意味深长的哲学/美学文本,是否是进化的产物,即是说,通过对大量杂多的形式进行自然/自觉选择得以呈现,这样就踏上促进禅宗且意识到其真实身份的历程,这是一条比大多数习以为常的路径更艰难的道路。具有真正新思想的禅宗应当发明传达它们的新形式,或许,从既有的观念样式无法进入这些思想的体系或结构。

《十牛图》有取于道家先前的"牧牛图"这件事表明,文学和艺术的创作,参照现实似乎是次要的,而其实它参照其他的或先前的范例实际也是在参照现实的成果,因而能直接激发的创作的动机。如果我们有可能通过它而对其他作品相对照,就能更深切理解其作品。这也许是更为中规中矩的参照。平庸或许也是构成一幅非凡作品的有效的条件。因此,《十牛图》的异乎寻常之处在于它极寻常:循旧章而释新义,衍古法而图创新。《十牛图》作为禅宗和艺术的卓越的范例,似乎与我们的生活以及美化生活的兴趣依然有着重要的联系。

哲学根本上类似禅宗的公案。每一个公案都有它公开的秘密,这个公案导向现象学式的问题:作为意识结构分析的现象,因而也是对本质直觉的分析,最终要求参公案者本人的合作:那些文本化的公案所辨思、所分析的东西,必定以某种方式具体化于参解者的意识中。《十牛图》一再言说从来不失之物:真理、真实世界觉悟、心,道,似乎是比西方哲学所言说的友谊、爱情、正义更抽象的概念。它们都是我们对之有强烈直觉的事物,而且是在概念躲避我们定义能力时,我们也能认识的事物的例证。所有可能的事物中最为接近我们的,就是人的精神,就是人的主动性或主体性。读解的生活结构:爱欲、好奇心、嫉妒、友谊、经历、冲突、危机、志愿、疾病、家境、童年、性意识、记忆、得失感、牺牲、责任感、理想。我们与这些限制一起成长。在读解《十牛图》时无形中会把一个架构确立起来,作为参照。意识到这一点是有作用的。

对《十牛图》的深入诠释表明,我们能够把艺术理解成为作为整体的文化中的某种生成的力量。艺术所品如何介入其时代和历史性展开的精神生活的视觉文化,并使得符号既有的样式走向动态化,《十牛图》是一个卓越的例证。对着一件艺术作品的专注,要求我们对这么一件赫然之物而被看作是一件艺术作品的意味着有着更加细致入微的理解。理解这么一件看似单纯而实际的构成相当复杂的作品,还要求某种关于文化生活的变迁意识。历史性的创造乃是艺术作品和文化精神卓越与否的标识,这一论断同样适宜于《十牛图》。

编后记

这一辑《本体与诠释》由杨宏声、潘德荣、赖贤宗担任执行主编,较为集中地围绕"美学、文学与艺术"的主题而对"本体与诠释"的基本课题作多方面的探讨。我们邀请了几位艺术家和诗人也加入此书的撰写中,初步体现了成中英先生历来倡导的学术与艺术、哲学与文学之间展开对话和合作的意图。早在20世纪70年代,成中英与诗人洛夫、颜元叔等人曾就哲学与文艺,特别是就哲学与诗歌创作的相关性问题展开探讨,展开了一系列研讨会,撰写了一系列论文。犹如螺旋形的上升进程,我们现在又转进到这个新的出发点上来了。

第一编"美学与本体诠释学",由中国大陆综合性文艺刊物《零度写作》和中国台湾《笠》诗刊组稿,杨宏声、赖贤宗、林盛彬三位主持。第二编"中国美学传统与艺术精神",探讨中国审美本体观和艺术精神如何体现于诗歌、音乐、绘画等方面的问题。宇文所安的文章,总标题为编者所加,编入包伟民、陈晓燕和南方的两篇译文。杨宏声、演音、海波论道家、道教音乐的论文,颇有新见,可以留意。林盛彬的论文《"美"与中西美学的基本问题》为其新作,蒙慨允首次发表,为文集增色匪浅。第三编"西方美学与诗学"收入一组论述西方美学、诗学和文学的文章。理查德·帕尔默的文章对伽达默尔《言辞与图像》的关键用语作的主题性的哲学疏证,辨析细致而深入发挥,有兴趣的读者可与上一辑译出的伽达默尔的文章相参照阅读。郑涌的《谈谈〈美的现实性〉》是对伽达默尔的美学文本的独抒己意的解读。郑涌师从伽达默尔,浸润乃师晚年思想甚深,娓娓道来,间出己意。孙斌、李元论述维特根斯坦和加缪的美学与文学思想,都是在其专著的基础上写出的。赖贤宗、杨宏声的论文则与成中英的创说多有呼应。第四编"文学、艺术与美学"涉入当代文艺领域,对其发展之现状深为关切,撰写者中,王才勇是"跨文化的艺术学"的倡导者之一,他的论述中国美术的德文著作受到推崇。王学海近年来创刊《美学问题》,推动国内美学研究甚力,同时也是诗歌、书法和绘画创作的实践者,他的论中国悲剧的文章与成中英先生的悲剧说有所呼应。华鸟是一位极有思想的画家,她的文章讨论当代艺术本体之变,表明她创作的大型组画《宇宙系列》同时也有其美学上的自觉考虑。弘毅读解禅宗艺术文本的文章富于文学性,由此表明,精微之文本研究可以启发创作的兴趣。

本辑《本体与诠释:美学、文学与艺术》自2008年底约稿至今,得到许多师友的支持和帮助,上海师范大学的陈卫平教授帮助尤大,谨致谢意!

图书在版编目(CIP)数据

本体与诠释. 第 7 辑,美学、文学与艺术/成中英主编.
—杭州：浙江大学出版社,2011. 8
ISBN 978-7-308-08938-8

Ⅰ. ①本… Ⅱ. ①成… Ⅲ. ①本体论－文集②美学－
文集③艺术－文集④文学－文集 Ⅳ. ①
B016－53②B83－53

中国版本图书馆 CIP 数据核字(2011)第 153998 号

浙江省版权局著作权合同登记图字：11－2011－147 号

本体与诠释：美学、文学与艺术

成中英　主编

责任编辑	葛玉丹
文字编辑	陈佩钰
封面设计	项梦怡
出版发行	浙江大学出版社
	（杭州市天目山路 148 号　邮政编码 310007）
	（网址：http://www.zjupress.com）
排　　版	浙江时代出版服务有限公司
印　　刷	浙江云广印业有限公司
开　　本	710mm×1000mm　1/16
印　　张	25
字　　数	462 千
版 印 次	2011 年 8 月第 1 版　2011 年 8 月第 1 次印刷
书　　号	ISBN 978-7-308-08938-8
定　　价	58.00 元